시장제도경제학
금융시장

이성섭

박영사

필자의 안사람 김연희에게 감사한다.

(1) 이 저서는 2015년 정부(교육부)의 재원으로 한국연구재단의 지원을 받아 수행된 연구임 (NRF-2015S1A6A4A01012391).

(2) 필자가 이 책과 그 이전의 저작을 만들어내는 데 직접적, 간접적으로 도움을 준 분들의 공로를 기록하지 않을 수 없다. 무엇보다 한국제도-경제학회와 회원들에게 감사한다. 이 학회의 월례세미나와 학회지 *제도와 경제*가 없었다면 이러한 새로운 생각을 만들고 발전시켜 낼 수 없었을 것이다. 훌륭한 학회지 발간을 위해서 헌신한 분들 특히 이성규 교수(안동대)께 감사한다. 필자의 논문들을 발표할 수 있도록 기회를 준 WINIR(World Interdisciplinary Network for Institutional Research)학회, 한국산업조직학회, 한국법경제학회, 한국경제학회에 감사를 표한다. 필자의 생각에 경청, 논평, 지도해준 최영백 (St. John's 대), 김균(고려대), 이상욱(한양대), 최승주(서울대), 장세진(인하대) 교수께 감사를 표한다. 이 책의 서문을 흔쾌히 써 주신 필자의 스승 김신행 교수님께 특별한 감사를 올린다. 박영사는 필자가 이 책의 서론을 발췌하여 논문으로 편집하고 이 글을 학회에서 발표하고 *제도와 경제* 14권 2호(2020)에 출판하는 것을 허락해주었다. 박영사에 감사를 표한다. 새로운 경제학의 접근방법을 모색하는 필자의 노력에 격려를 아끼지 않은 숭실대 동료교수들께 감사를 표한다. 필자의 생각은 많은 부분 강의실에서 발표되고 정리되었다. 필자강의를 수강한 학생들에게 감사한다. 필자의 생각에 귀기울여준 경제학 및 인문-사회과학 전공의 강호제현께 감사를 표한다. 흔쾌히 이 책의 출판을 결정해준 정성혁 대리 및 박영사 편집위원회에 감사를 표한다. 뛰어난 솜씨로 책으로 엮어준 배근하 과장과 편집부 직원들께 감사드린다.

시장제도 경제학 **서문**

경제학자들은 시장가격이 어떻게 결정되며 또 이것이 우리의 경제생활에 어떠한 영향을 미치는가를 연구의 주제로 삼는다. 그 경제적인 문제가 실물시장의 것이든 또는 금융시장에서의 것이든 시장에서의 가격은 일반 소비자인 개인에게 또는 생산활동을 관장하는 기업인이든 시장의 모든 구성원에게 방향을 제시해주는 나침반과 같다. 문제는 나침반이 불완전하다는 데 있다. 제도는 불완전한 나침반을 보완해주는 장치이다.

"시장제도 경제학"은 시장 자체의 기능과 작동에 대한 연구에 앞서 제도경제학의 관점으로부터 시장제도 그 자체의 형성과정에 대한 연구를 주제로 한다. 이성섭 교수 연구의 기여는 시장제도가 경제주체의 불완전한 (제한적 합리성) 행동으로부터 교환활동을 이루어내기 위한 논리적 귀결로 도출된다는 것을 내용으로 한다는 점이다. 이 교수는 이를 평생에 걸친 연구주제로 삼아 왔다. 그동안의 그의 연구결과를 바로 이 "시장제도 경제학"의 책에 담았다.

이 교수의 "시장제도 경제학"은 우리 사회를 구성하고 있는 개인과 개인 간의 경제적인 또는 기타 비경제적인 이익에 대한 서로의 이해관계를 앞에 둔 서로의 상호작용에 대한 인식으로부터 출발한다. 이 책은 이해관계의 상호작용을 공감과정(또는 공감-동의과정)이라고 부른다. 가격은 공감과정에 일부분이 된다. 시장제도는 공감과정에 작용하게 된다. 시장제도가 공감과정을 통해서 교환과 연결되게 된다.

이러한 관점의 피력은 멀리는 고전파 경제학자의 한 분인 흄(Hume)의 인식론(epistemology)에서 출발하는 '경험주의', 가깝게는 사이먼(Simon)의 제한적 합리성 이론 이래로 발전한 심리학적 접근방법인 행동경제학(behavioral economics), 그리고 애컬로프(Akerlof)의 (레몬)시장에서의 '정보의 비대칭성'의 문제로 연결된다.

이 교수의 이러한 제도경제학의 기초적인 연구는 우리가 당면한 현실적인 문제에 대하여 다음과 같은 점에서 그 시사하는 바가 크다.

① 제2차 세계대전 이후 세계경제는 자본주의 시장경제와 사회주의 계획 경제 체제로 양분되었고 지금도 사회주의 체제를 유지하는 국가들이 있다. 동구권 경제의 서방 경제로의 이행과정에서 일어 날 수 있는 마찰을 최소화하는 데 있어, 특히 통일 후 '북한에 어떻게 시장경제를 도입할 것인가?' 하는 문제에 접근함에 있어서, 이 교수는 그의 "공감 (sympathy)차원"에 기반을 둔 시장제도적인 접근이 중요한 "지렛대"가 됨을 제시한다.

② 또한, 시장경제제도에 있을 수 있는 불완전한 요인을 어떻게 제도적으로 보완해 나갈 것인가 하는 문제에 대한 원초적인 접근 방법에 대하여 이 교수는 "법치(rule of law)"가 시장제도의 중요한 구성요소임을 지적한다.

③ 이 책은 시장제도를 이론적으로 구명하는 데 그치지 않고 도출된 분석 적 틀을 금융의 각 부문 시장에 적용하여 시장제도의 구체적 내용이 어떤 분석적 틀의 귀결로 만들어졌는지를 설명하고 있다.

④ 코로나-19 팬데믹 불황을 어떻게 해석하고 어떤 정책을 처방해야 할 지에 대해서 새로운 경제학 접근방법을 제시하고 있다.

⑤ 그 밖에도 왜 국제무역의 비교우위이론과 무역협상 테이블에서 협상주 제가 논리적 연결성을 갖지 못하는지, 최근에 금융시장에서 새로운 관 심대상으로 떠오르고 있는 가상 화폐(假想貨幣)가 왜 공감차원의 현상 인지 하는 내용을 "시장제도 경제학"은 담고 있다.

시장제도의 생성 과정에 대한 원초적인 연구의 결실인 이 교수의 "시장제 도 경제학"의 출간이 경제학계의 연구에 큰 기여가 있을 것으로 기대한다.

2020년 7월

서울대학교 경제학부

명예교수 **김신행**

제1부 시장제도 경제학

제2부 금융시장의 제도형식

시장제도 경제학

견해 A: 일관된 가치－비용 척도 인덱스(CMVCI)로 모든 현상에 대한 파악이 이루어진다고 가정된다. 이 전제하에 합리적 추론을 통한 의사결정이 이루어진다고 본다. 따라서 교환은 가격을 매개로 한 가치교환이 된다.　　　　　　(서론)

견해 B: 인간의 인지시스템에서는 지각－직관(perception－intuition)의 시스템이 추론(reasoning)의 시스템 보다 직접적(accessible)이라고 본다. 교환은 공감과정을 통해서 이루어지는 관계교환이 된다. 의사결정은 경험에 의존한다.　　(서론)

ICP현상: I(indeterminate) 비결정적, C(coincidental) 우연적, P(path dependent) 경로의존적을 의미하는 형용사의 머리자를 딴 약어(acronym)이다. 결정적(determinate) 현상을 설명하는 가치－비용 합리성의 분석과 대비되는 경험론의 비결정적 현상을 말하는 것으로 그 특징을 표현하고 있다.

(별도의 정의 없이 수시로 사용)

CMVCI 가정: CMVCI는 consistently measuring of the value－cost indices 의 머리글자 약어로, 가치－비용의 인덱스를 일관되게 측정하는 것이 가능하다는 가정을 말한다. 경제학에서는 가치－비용 합리성 분석을 처음부터 받아들이고 시작하기 때문에 이 가정이 명시적으로 논의 되지는 않는 경향이 있다. 가끔 '다른 조건이 일정하다면'이란 가정이 소개되는 일은 있다. 이것은 경제학자들도 이 문제를 의식하고 있다는 의미일 수 있다.

(별도의 정의 없이 수시로 사용)

Untenable CMVCI 가정: CMVCI 가정이 성립되지 않는다는 것을 의미한다. 즉, 가치－비용의 인덱스를 일관되게 측정하는 것이 가능하지 않다는 상황을 의미한다. 가치－비용 합리성 분석은 CMVCI 가정을 전제로 작동이 된다. Untenable CMVCI이 가정되면 가치－비용 합리성 분석(합리적 의사결정모델 분석)이 가능하지 않게 된다. 즉, 경험론의 세계가 시작된다.

(별도의 정의 없이 수시로 사용)

닫힌-결정적 시스템: 닫힌-결정적 시스템(CDS: closed-determinate system)은 경제현상이 결정적(determinate) 상태로 이루어진 분석영역을 말한다. 합리적 의사결정 모델에서 상정하고 있는 분석영역이다. 이 영역에서 최적화-균형의 알고리즘(OEA: optimization-equilibrium algorithm)이 작동하게 된다. 최적화-균형 알고리즘 분석의 결과는 결정적 (균형)해(determinate solution)이다. 이 결정적 해는 열린-비결정적 시스템의 ICP 현상과 대비된다.

(별도의 정의 없이 수시로 사용)

열린-비결정적 시스템: 열린-비결정적 시스템(OIS: open-indeterminate system)은 경제현상이 비결정적(indeterminate) 상태로 이루어진 분석영역(analytical domain)을 말한다. OIS의 특징적 현상은 ICP(indeterminate, coincidental, path dependent)이다. 현상이 우연히 발생하지만, 경로의존적 결과를 낳는다. 위에서 소개된 Untenable CMVCI가정에 의해서 만들어진 현상의 세계가 열린-비결정적 시스템(OIS)의 세계가 된다.

(별도의 정의 없이 수시로 사용)

[정의(定義 Definition)] 관계교환(RX: relation exchange): 관계교환이란, 개인들의 지각-직관 및 추론의 인지시스템이 개인 간에 상호 작용해서 이루어지는, 교류행동(interpersonal interaction)을 말한다.

(제5장 1절)

[정의(定義 Definition)] 공감과정(SP: sympathy process): 서로 다른 개인들의 인지시스템 간에 교류과정을 공감과정이라고 칭한다.

(제5장 2절)

> ☞ 공감(sympathy)은 흄(Hume 1739)과 스미스(Smith 1759)의 공감이다. 공감을 통해야만 개인 간에 교류가 이루어진다는, 즉 공감이 교류의 필요조건이란 의미가 아니다. 가치-비용 합리성으로 설명되지 못하는 부분을 그렇게 표현한 것이다. 공감이란 말은 가치-비용 합리성으로 설명되지 못하는 빈칸이 있다는 의미이다. '공감-동의'라고 표현되는 경우에, 동의(consent)는 공공선택학파(Buchanan and Tullock, 1962)의 동의이다. 마찬가지로 동의가 있어야 교류가 이루어진다는 의미가 아니고 가치-비용 합리성으로 설명되지 못하는 빈칸이 있다는 의미이다.

[수정정의(定義 Revised Definition)] 관계교환(RX: relation exchange): 관계교환이란, 지각-직관을 일차적 인지로, 추론을 이차적 인지로 하는 인지시스

템을 가진 개인들의 인지시스템 간에 상호 작용으로 이루어지는, 즉 공감과정을 통해서 이루어지는, 교류행동(interpersonal interaction)을 말한다.

(제5장 2절)

[정의(定義)] 흄의 분할(Hume's divide): 가치 − 비용 합리성 차원(value − cost rationality dimension)은 오직 일관된 가치 − 비용 척도단위의 측정(CMVCI: consistent measuring of value − cost indices) 가정 위에서 성립하며, 이것이 가정될 수 없는 경우(Untenable CMVCI)에는 가치 − 비용 합리성 차원은 경험론의 세계, 즉 공감차원(또는 제한적 합리성 차원)으로 대치된다.

(제5장 5절)

☞ 흄은 자연불변성원리(PUN: the principle of the uniformity of nature)를 지적하였다. 즉, Untenable CMVCI가 된다. 따라서 흄의 경험론 세계가 열리게 된다.

[정리(定理)] 열린-비결정적 시스템의 근원성(the fundamentality of open-indeterminate system): 열린 − 비결정적 시스템이 닫힌 − 결정적 시스템보다 더 근원적이다.

(제5장 5절)

[정리(定理)] 공감차원의 존재성(the existence of the sympathy dimension): 공감차원은 존재한다.

(제5장 5절)

[정의(定義)] 가치교환(VX: value exchange): 가치교환이란 가치 − 비용 합리성 차원(value − cost rationality dimension)에서 가격을 매개로 이루어지는 교환을 지칭한다.

(제5장 5절)

☞ 공감차원(경험론 분석영역)에서 결정되는 가격은 가치교환을 표현하는 것이 아니다. 공감차원의 가격은 경로의존적(ICP) 현상이지만, 가치 − 비용 합리성 차원의 가격은 결정적(determinate) 현상이다. 전자는 팔자 − 사자(ask − bid), 흥정(haggling), 경매(auction), 마크업(mark − up), 관리가격(administered pricing)의 공감과정을 실현하는 기구에서 결정되지만, 후자는 시장청산 시스템(market clearing system), 즉 $D(p) = S(p)$에 의해서 결정된다.

[정리(定理)] 공감차원의 가격: 가격은 공감과정의 일부이다.

(제5장 7절)

[유의(Remark)] 공감차원의 가격결정 방식: 가격은 흥정(haggling), 경매(auction), 마크업(markup), 팔자−사자(ask−bid), 관리가격(administered pricing) 등의 공감과정의 방식으로 결정된다. (제5장 7절)

[정의(定義: Definition)] 사업심으로 파악한 관계교환(RX from EP: relation exchange perceived from the entrepreneurship): 관계교환이란 비즈니스 모델을 갖춘 개인 사업심 간에 상호작용으로 이루어지는 공감과정을 통해서 만들어지는 교류행동을 말한다. (제9장 1절)

[정의(定義)] 시장: 시장이란 가격을 매개로 해서 관계교환이란 공감행동이 집중적으로 이루어지도록 조성해놓은 시장제도(제도, 인프라, 조직)이다. (제12장 6절)

[전제가설] 관계교환 자생적 질서(SORX: spontaneous order of relation exchange): 관계교환 행동은 자생적 질서를 만든다. (제13장 3절)

[정리(定理)] 공감차원의 존재로의 시장형식(market modality the legitimacy of which is grounded in the sympathy dimension): 시장형식은 그 존재의 적법성이 공감차원에 근거를 두고 있다. (제13장 4절)

[정리(定理)] 공감과정으로서의 가격결정(price determination as a step of sympathy process): 가격결정은 공감과정의 일부이다. (제18장 5절)

[정리(定理)] 가격결정의 경로의존성(PPD: price path dependence): 가격결정은 경로의존적이다. (제18장 5절)

[정의] (비즈니스) 사업모델 BM(business model): 특정 거래 당사자가, 거래의 특정 상대방과, 관계교환 행동을 성사시키기 위해서, 주어진 제도환경(institution)에서, 자본(C)과 기술(T) 그리고 비즈니스 네트워크를 결합하여 만들어내는 비즈니스(공리주의적 목적을 추구하는) 수단을 (비즈니스) 사업모델이라고 한다. (제19장 2절)

[정의] 가격이 있는 (비즈니스) 사업모델 BMwP(business model with price): 특정 거래 당사자가, 거래의 특정 상대방과, 가격(p)을 매개로 하는

관계교환 행동을 성사시키기 위해서, 주어진 제도환경(Institution)에서, 자본(C)과 기술(T) 및 비즈니스 네트워크를 결합하여 만들어내는 비즈니스 (공리주의적 목적을 추구하는) 수단을 가격이 있는 (비즈니스) 사업모델이라고 한다.

(제19장 2절)

[정의](定義 Definition) 사업모델이 있는 공감과정(SPwBM: sympathy process with business model): 서로 다른 인지 시스템을 가진 개인들이 사업모델을 가지고 모색하는 교류과정을 공감과정이라고 칭한다.

(제19장 2절)

[수정전제가설] 관계교환 자생적 질서(SORX: spontaneous order of relation exchange): 모든 개인이 (비즈니스) 사업모델을 추구하며 관계교환 행동할 때 만들어지는 질서가 자생적 질서이다.

(제19장 2절)

[정리(定理)] 경험론적 기업금융 (비즈니스) 사업모델의 선택(the choice among business models of business financing by the experience): 공감차원에서 기업금융(비즈니스) 사업모델의 선택은 기업가의 경험에 달린 문제이다.

(제19장 3절)

서론[1][2]

왜 시장제도인가? 시장은 제도로 구성되어 있기 때문이다. 물론 시장의 구성요소가 제도만은 아니다. 예컨대, 자본적, 기술적, 정보적 요소도 있다. 그러나 '구슬이 서말이라도 꿰어야 보배'라고 이 모든 구성요소를 꿰어내어 시장으로 만들어내는 요소가 제도이다. 자본, 기술, 정보는 하나같이 긴요한 시장의 구성요소이지만 이들을 표준화(standardization)해내지 못하면 이 요소들이 제 기능을 발휘할 수 없게 된다.

컴퓨터 기술은 시장, 특히 금융시장의 필요불가결 요소가 되었다. 다시 말하면, 컴퓨터 기술이 없어지면 금융시장은 작동하지 못하게 된다는 말이다. 그러나 컴퓨터, 소프트웨어 그리고 네트워크가 만들어지기까지 얼마나 많은 기술적 표준화 작업이 선행되어야 했을지는 그 분야 전문가가 아니더라도 짐작할 수 있다. 소스코드 작업의 표준화, 하드웨어 제작과정의 표준화, 네트워크 구축의 표준화 등등. 컴퓨터 언어도 그 자체로 표준화 작업이라고 할 수 있다. 모든 언어는 사실 의사표현의 표준화이다.

표준화는 제도이다.

시장을 구성하고 있는 제도는 컴퓨터나 네트워크의 기술적 표준화만 있는 것이 아니다. 상품구분의 표준화가 선행되어야 시장이 성립한다. 농산물, 수산물, 공산품이 구분되어야 그 상품을 농산물 거래 시스템으로 보내야 할지, 수산물 거래 시스템으로 보내야 할지, 공산품 거래방식에 따라 거래해야 할지를 결정할 수 있다. 농산물 중에서도 신선 상품(예컨대, 수박)이나 수산물 중에서 생물

---

1) 현재의 서론은 초고에서부터 큰 수정을 거쳐서 만들어졌다. 필자의 은사이신 서울대 경제학과 김신행교수님께서 초고를 읽고 수정의 방향을 지시해주신 결과이다. 교수님께 감사를 올린다.

2) 본 저서에서 인용되는 저자의 논문 중 상당한 부분은 저자의 웹사이트 http://nyxabartar.wixsite.com/sungsuprhee에서 내려받기가 가능하다.

은 신속한 거래가 필수적이다. 따라서 거래방식이 경매(auction)에 의존한다. 그렇지 않은 농산물이나 공산품은 마크업(markup) 방식에 따른다.

이 모든 상품분류 과정이 기술적 표준화의 과정이다.

시장의 거래행동에도 표준화가 필요하다. 이것이 시장행동의 규칙이다. 행동의 규칙은 체계화 또는 법전화(codification)라고 표현하기도 하지만 큰 틀에서 행동에 대한 표준화의 개념으로 볼 수도 있다. 재산권은 시장행동 규칙의 연장선상에 놓여있다. 표준화는 본문에서 보다 상세히 논의된다. 표준화나 체계화 – 법전화 모두 제도이다.

가격은 어떻게 결정되는가? 가격의 결정도 제도의 틀안에서 이루어진다. 흥정(haggling), 팔자–사자(타토노망: ask–bid), 경매(auction), 마크업(markup), 관리가격(administered pricing)은 가격결정방식이다. 가격결정방식은 제도이다. 이러한 제도의 틀을 거치지 않고 결정되는 가격은 없다.

시장이 기능하기 위해서 필수적으로 선행되어야 하는 화폐는 어떠한가? 화폐는 그 자체가 제도이다. 화폐의 발행은 가치척도의 기준을 전제로 한다. 가치척도의 기준도 제도이다. 화폐의 발행은 중앙은행이 기준을 정해서 한다. 화폐의 발행, 화폐가치의 안정화를 위한 발행물량의 조절도 금융통화위원회라고 하는 제도의 틀 안에서 이루어진다.

시장을 말하면서 시장제도를 생각하지 않는 것은 실체 없는 허명으로서의 시장을 말하는 것이다. 허명으로서의 시장, 문제는 그것이 경제학에서 일어나는 일반적 현상이라는 점이다. 과문한 필자의 기억으로 지금까지 경제학에는 시장제도라는 교과목이 설정된 바 없다. 분석적 견지에서 시장제도를 통일적 체계로 다룬 책도 없다. 개인이 부분적 고립적으로 특수한 경우 특수한 시장에 대해서 논의한 연구는 많을 것이다. 그러나 그것들이 통일된 분석체계 속에서 논의된 적은 (별반) 없다는 말이다(Hodgson, 2015, 129–130).

경제학자들은 '시장은 무엇인가?'라는 질문에 익숙하지 못하다. 왜 그럴까? 경제학자들의 교환은 시장이 주어졌다는 것을 전제로 개념이 설정되어 있기 때문이다. 교환이라기 보다 시장거래를 합리적 의사결정 과정으로 설명한다. 가격이 중심에 놓이고 가격이 교환을 결정한다고 생각하기까지 한다. 수요와 공급은 가격의 결정을 설명하기 위한 수단으로 동원된다.

이 분석의 구도에서는 '시장은 만들어지는 것'이란 생각이 깃들 여지가 없다.[3] '정글에 경쟁이 존재하는가?' 하고 물으면 경제학자들은 혼란을 일으킨다. '정글에 자유가 존재하는가?' 하는 질문도 마찬가지이다. 정글에 적대적 쟁투(rivalry)는 존재하지만 경쟁은 존재하지 않는다. 정글에는 공포(fear)가 존재하지만, 자유는 존재하지 않는다. 경쟁은 규칙(rule)에서 출발한다. 자유는 질서(order)에서 출발한다. 이미 토마스 홉스(Hobbes, 1651)에 의해서 밝혀진 현상이 경제학에서는 아직도 분석적 구도를 찾지 못하고 있다.

벽에다 수도꼭지를 두드려 박아 놓고 수도꼭지를 튼다고 물이 나오는 것이 아니듯이 시장제도 및 시장인프라가 마련되지 않으면 교환이 이루어지지 않는다(Akerlof, 1970)[4]. 이 사실이 경제학에서 분명히 이해되고 있지 못하다는 것은 비극이다. 왜냐하면 경제학자들이 경제정책을 처방함에 있어서 벽에다 박아 놓은 수도꼭지에서 물이 나오기를 기대하는 것과 같은 잘못을 계속해서 범하고 있기 때문이다. 시장은 그것을 만들어 내기 위한 적극적 행동을 하지 않아도 언제나 어디서나 존재하고 있는 것(ubiquity)이라고 생각하는 것이다.

대표적인 실패의 사례가 1990년대 초 러시아의 사유화(privatization) 프로그램이다. 러시아는 사회주의 계획경제였고 따라서 시장경제로 이행하기 위해서 어떤 사유화의 프로그램을 시행하여야 하는가 하는 중대한 문제에 당면하고 있었다. 당시 IMF의 경제학자들은 정부소유 생산설비를 일시에 사유화 하면 그 이후 자원배분은 시장이 해결해줄 것으로 쉽게 생각하여서, 빅뱅(Big Bang)사유화 조치[5]를 취하였다. 그 결과 생산이 완전 마비되고 재화는 그것을 필요로 하는 사람들에게 공급이 되지 않아 경제는 파탄에 이르게 된다. 사람들은 굶주림에 직면하는 참혹한 실패가 초래되었다. 자원, 생산설비, 기술, 기술자, 소비자, 수송수단 모두가 갖추어 있었음에도 불구하고.

---

3) 실상 오스트리안의 전통(하이에크, 미제스, 멩거…)에서도 시장이 어떻게 만들어지는지에 대한 설명이 불분명하다.

4) 애컬로프(Akerlof, 1970)는 시장제도 시장인프라를 언급하지는 않았지만, 애컬로프의 신뢰와 시장제도는 밀접히 연관이 된다.

5) 정부소유 생산설비를 일시에 모두 팔아 치우는 정책 조치를 말한다.

당시 러시아는 시장, 즉 시장제도 시장인프라 및 시장조직이 구축되어 있지 않았던 것이다. 생산설비와 기술 등 요소는 갖추어져 있었지만, 생산된 물건을 그 물건을 필요로 하는 경제주체에 전달해주어야 하는 시장의 기능이 작동하지 않았다. 보다 정확하게 말하자면 생산의 단계 단계에서 그 다음 단계로 연결되는 자원배분을 해결해줄 시장제도 시장인프라 및 시장조직이 전혀 준비되어 있지 않았다. 사실 당시의 그런 역할을 담당할 시스템이 시장일 수 있는지에 대한 판단도 불분명한 상태였다. 그런데 시장이 작동할 거라고 생각하고 생산의 각 단계를 분리해서 사유화를 시행한 것이다.

이것과 벽에 박은 수도꼭지에서 물이 나올 것이라고 기대하는 것과 무엇이 다른가?

비슷한 실패가 남미에서 숱하게 반복되었고 심지어 지금도 되풀이 되고 있다. 지금 이 순간에도 경제학자들은 시장의 구성요소인 표준화 및 규칙(rule)과 규제를 구분하지 못하고 있다. 그들이 외치는 규제완화가 시장의 구성요소인 규칙의 폐지를 의미하는 경우를 종종 목도한다.

이 문제는 남의 이야기가 아니고, 북한을 어떻게 시장경제로 전환할 수 있는가 하는 중대한 과제를 앞둔 우리에게 절실한 문제이다. 북한에는 시장제도(제도, 인프라, 조직)가 전혀 마련되어 있지 않다.

그러면 경제학자들은 왜 '시장은 만들어내야 하는 것'이라고 생각하지 않고 '시장은 주어진 것'이라고 생각하게 된 것일까? 우선, 두 사고의 차이는 무엇인가? 후자의 사고는 현재 우리가 사용하고 있는 주류경제학, 즉 합리적 의사결정이론(RAM: rational agent model) 경제학의 사고를 말한다.

합리적 의사결정이론은 인간이 모든 경제현상을 가치−비용 척도단위로 일관성 있게 계측할 수 있다는 것을 전제(CMVCI: consistently measuring of the value−cost indices)로 한다. 이 전제 위에서 사람들의 그들의 구매의사와 판매의사를 가치−비용 척도단위로 표시할 수 있고, 가격의 결정을 통해서 구매의사와 판매의사가 교환에 이르는 합의를 하게 되고 교환이 결정되는 것이다.

이것이 주어진 시장에서 교환이 결정되는 방식, 즉 자원이 배분되는 방식이다. 시장에서 수요와 공급에 의해서 가격이 결정되고 가격이 교환을 결정하니 시장제도를 생각할 필요가 없게 된 것이다. 이 스토리에서는 교환거래와 시장(제도, 인프라, 조직)이 연결될 통로가 존재하지 않는다. 이것은 '시장은 주어진 것'이라고 생각하는 것과 다르지 않다.

그러면 '시장은 만들어지는 것'이라는 사고와는 무엇이 다른가? 예컨대 시장을 시장제도, 시장인프라, 시장조직이라고 한다면, 왜 우리는 교환거래를 설명하기 위해서 시장제도, 시장인프라, 시상조식을 필요로 하는가를 설명할 수 있어야 한다.

이 설명을 하기 위해서는 우리의 사고방식에 근본적 변화를 주어야 한다. 시장제도, 시장인프라가 필요한 이유를 생각하기 위해서는 시장이 어떻게 운영되는 것인가 하는 사고만으로는 부족하다. 즉, 합리적 의사결정이론의 사고체계만 가지고는 왜 우리는 시장제도, 시장인프라를 필요로 하는가를 설명하기에 부족하다.

시장의 기능은 가격을 매개로 하는 교환이라고 설명되겠지만, 시장 자체는 조직이다. 시장제도, 시장인프라, 그리고 복수의 시장참가자들로 구성된 조직인 것이다. 시장기능은 가치 – 비용 합리적 의사결정으로 설명할 수 있겠지만 조직의 문제는 언제나 가치 – 비용 합리적 의사결정의 영역 밖에 놓여 있었다. 이것이 경제학자에게 '시장은 무엇인가?' 하는 질문이 낯설었던 이유인 것이다.

궁극적으로 이것은 시장교환과 조직 간의 관계에 대한 문제였던 것이다.

이 문제를 보다 명확하게 이해하기 위해서 예를 들어보자. 여기서 사례는 경제학도에게 익숙한 애컬로프의 중고차시장의 경우(본문에서는 2장 3 – 6절과 6장 6절에서 설명)를 택하기로 한다.

중고차시장에서는 중고차를 파는 사람과 이를 사는 사람 사이에 정보의 비대칭이 존재하고 있다. 중고차를 파는 사람은 그 차를 타던 사람인지라 차에 대해서 무엇이 좋은지 무엇이 나쁜지 잘 알고 있다. 반면 이를 사는 사람은 차의 외형만 볼 수 있을 뿐, 그 차의 내용에 대해서 가지고 있는 정보가 없다.

차를 파는 사람이 높은 가격을 받기를 원하는 것은 인지상정이다. 자신이 팔고자 하는 중고차의 장점만을 부각하여 파는 가격을 정하게 된다. 이것은 파는 사람의 중고차 가격이 높게 책정되었다는 것(overpriced)을 말한다. 이 현상은 한 사람에 국한된 것이 아니고 일반적 현상이기 때문에 중고차 시장에서 중고차들은 그 차에 매겨진 가격보다 낮은 품질의 상품인 것이 일반적이라고 할 수 있다.

문제는 이러한 중고차 시장의 문제점을 사는 사람들도 알고 있다는 데 있다. 따라서 중고차 시장에서 일반적 불신(mistrust)이 존재하게 된다. 그래서 차를 사기를 망설이게(wavering) 되고 교환은 일어나지 않게 된다. 애컬로프는 이것을 시장의 실패라고 불렀다. 그러나 교환에 대한 망설임은 시장의 일반적 현상임으로 시장의 실패가 아니고 가격기구의 실패이다(Rhee, 2018d).

그런데 이때 각종의 중고차에 대한 표준화 작업(상품의 분류와 품질의 등급화)이 도입된다면 어떻게 될까? 그래서 중고차를 파는 사람이 이 표준화 코드에 따라서 자신의 중고차를 분류하고 품질의 등급을 표시하게 한다면, 그리고 중고차를 사는 사람은 이 품질표시를 보고 구매의사를 결정하게 된다면, 우리는 중고차 시장에 대한 일반적 불신을 상당히 제거할 수 있을 것이고, 중고차 시장에 거래를 활성화 할 수 있을 것이다.

중고차 품질의 표준화제도 이것이 시장제도이다.

중고차의 품질표준이 도입되기 이전에는 교환이 성립되지 않았다. 표준화의 도입으로 교환이 이루어지게 된 것이다. 즉 시장제도(표준화)가 시장을 만든 것이다. 이것은 중고차 시장에 국한된 문제가 아니다. 과일, 채소 등 농산물 시장, 수산물 시장에서부터 공산품, 서비스 시장, 그리고 금융시장에 이르기까지 모든 시장에 해당되는 일반적 현상인 것이다. 서론의 모두에 서술된 바와 같이...

시장은 주어진 것이 아니고, (표준화 등 제도 도입을 통해서) 만들어 가는 것이다. 그럼 왜 지금까지 경제학에서는 이 사실에 대한 이해가 불명확한 채로 방치되어 있었던 것일까?

한마디로 표현한다면 그것은 우리가 제도 또는 조직에 대해서 분석적으로 이해하는데 성공하지 못했기 때문이다. 시장은 시장제도, 시장인프라, 시장 조직인데, 경제학에서 제도나 조직을 설명할 분석적 틀을 만들어 내는데 성공하지 못하였으니 교환과 유기적으로 관련된 제도나 조직의 문제를 생각할 수 없었다. 제도는 외생적으로 주어진 것으로 간주되었고, 조직은 경제학의 연구 범위 밖의 주제로 여겨지게 되었다.

중고차 시장에서 신뢰가 교환을 결정하는 결정요인으로 간주되어야 표준화라는 제도의 역할이 정의될 수 있는 것이지, 교환을 결정하는 것은, 오직 가격뿐이면 또는 가격을 통해서만 표현이 된다고 하면, 신뢰는 외생적 요인이 된다. 제도도 외생적 요인이 된다. 표준화를 통해서 교환이 증가하는 현상은 교환에 대한 분석과는 동떨어진 고립된 현상, 따라서 가격변수를 통해서 교환거래에 미치는 효과가 표현되는 외생적 요인이 된다. 수요 ― 공급함수의 탄력성 계수에 영향을 주는 정도로 받아들여질 뿐이다.

그간 경제학에서는 시장, 즉 시장교환과 조직 간의 관계에 대해 수도 없이 질문을 제기해왔다. 이런 시도들은 교환을 결정하는 결정요인으로서의 제도 또는 조직에 대해서 설명해보려는 시도인 것이다.

본문 4장 4절에서 소개되고 있지만, 아담 스미스는 핀생산의 분업과 디너 테이블의 음식 공급의 분업을 구분하였지만, 두 분업 사이에 어떤 관계가 있는지 밝히지 않고 있다. 전자는 조직의 문제이고 후자는 시장교환의 문제이다. 코즈 교수는 1937년 논문(Coase, 1937)에서 조직으로서의 기업과 시장을 어떻게 구분할 것인가 하는 문제를 제기하고 있다. 사이먼 교수는 조직과 제한적 합리성 문제를 평생의 연구주제로 하였다(Simon, 1996a).

윌리엄슨 교수의 위계(hierarchy) 연구는 조직에 대한 연구라고 할 수 있다. 현대재산권학파의 연구(Grossman and Hart, 1986 등)는 거래비용 개념에 대한 대안으로 제시되었지만, 거래비용 개념은 제도를 설명하기 위해서 동원되었다. 제도는 조직에 이르는 현관이다. 메커니즘 설계(mechanism design: Roth, 1984; Milgrom and Weber, 1982)는 가치 ― 비용 척도를 가지고 조직을 설명하기 위한 시도라고 할 수 있다. 직접 제도를 언급하지는 않았지만, 애컬로프 교수의 레몬시장(Akerlof, 1970)은 제도를 도입할 수 있는 분석적 계기를 마련하였다.

이렇게 새로운 연구 접근방법을 여는 학설사적 연구가 모두 조직문제를 취급하였거나 그에 이르는 제도문제를 다루고 있었다는 것은 경제학이 시장교환과 조직의 문제의 관계를 해결하지 않고는 근본으로 경제학 문제의 돌파구를 찾을 수 없음을 지각하고 있었다는 것을 말한다. 그럼에도 불구하고 아직까지 경제학은 이 문제를 해결하지 못했다고 하는 것이 적절한 평가라고 할 수 있다 (Maskin and Tirole, 1999a).

되풀이 하지만, '시장이란 무엇인가?' 문제를 다루기 위해서는 시장제도, 시장인프라 및 시장조직을 설명할 수 있어야 하는데, 경제학은 제도나 조직문제를 다룰 수 있는 분석적 구도를 마련하는데 성공하지 못했기 때문에, 경제학자들은 '시장이란 무엇인가?' 하는 문제에 낯설어 할 수밖에 없었다고 할 수 있다. 이 책의 주제가 시장제도경제학이라는 것은 이 책이 조직문제를 다룰 수 있는 분석적 구도를 마련하는 작업에 도전하고 있다는 것을 말한다.

어떻게 그것은 가능한가?

이 문제를 설명하기 위해서 두 사람의 경제학자를 소개하기로 한다. 한 분은 로널드 코즈 교수(Ronald H. Coase, 1910–2013)이고, 다른 한 분은 죠지 애컬로프 교수(George A. Akerlof, 1940–)이다. 코즈 교수는 비용의 개념으로 제도를 파악하고자 하였다. 그가 제안한 개념이 거래비용(transaction cost)이다. 시장제도도 거래비용으로 파악할 수 있다. 거래는 아무런 비용을 수반하지 않는 조건에서 이루어지는 것이 아니고 비용이 수반되는 조건에서 이루어진다고 보는 것이다.

코즈 교수의 거래비용은 당시 가치–비용 척도 단위를 가지고 경제현상을 설명하는 합리적 의사결정이론에 제도의 개념을 생각할 수 있는 단초를 마련하였다는 점에서 획기적 발상이었다. 그러나 코즈 교수의 거래비용 접근방법으로는 제도문제에 접근이 안된다는 것이 밝혀진다(Klein *et al.*, 1978). 이 문제에 관해서는 본문 3장과 4장에서 상세히 논의된다.

애컬로프 교수는 제도를 설명하고자 한 분이라고 할 수 없다. 다만, 신뢰 (trust)가 없으면 시장이 실패할 수 있다고 했다(Akerlof, 1970). 여기서 시장이라고 한 것은 실상 시장이 아니고 가격기구이다(Rhee, 2018d). 가능할 수도 있었던 교환이 신뢰의 결핍으로 실패하는 데 가격기구는 그 실패를 설명하지 못하고 있다. 신뢰를 확보하기 위해서 제도(예컨대 표준화)를 세우는 것이다 라고 하는 논리적 연결성을 세우는 것이 가능해진 것이다. 즉, 시장제도가 등장할 수 있는 기틀이 마련된다.

애컬로프의 논문(Akerlof, 1970)에 대한 이러한 해석도 실상 필자의 해석이다. 이 문제와 관련해서는 본문 2장과 6장 등에 보다 상세히 논의된다.

그런데 두 분의 사고 사이에는 근본적인 차이가 있다. 코즈 교수는 가치―비용 척도를 기반으로 합리적 의사결정이론의 틀 안에서 제도의 개념을 생각할 수 있다고 하였다.[6] 반면 애컬로프 교수는 신뢰라고 하는 가치―비용 척도와 동떨어진 개념이 교환의 실패에 이르게 된다고 함으로써 제도를 생각하기 위해서는 가치―비용 척도와 다른 차원의 요인이 있을 수 있음을 생각하게 하는 단초를 제공하였다.

이 2개의 서로 다른 분석적 사고는 경제학 접근방법의 본질적 차이이다. 이 책은 분석적 설명과정에서 2개의 접근방법이 경제학 이해에 있어서 각각 어떤 차이를 보이는지를 추적하고 있다. 여기서는 2개의 접근방법을 견해 A와 견해 B로 구분하여 소개해 보자.

흥미로운 것은 2개의 접근방법이 각각 시장에 대한 우리의 이해에 대해서 나타나는 차이, 즉 '시장은 주어진 것'이라는 이해와 '시장은 만들어 가는 것'이란 이해의 차이가 어디에서 기원하는지를 설명하고 있다는 점이다.

견해 A: 일관된 가치―비용 척도 인덱스(CMVCI)로 모든 현상에 대한 파악이 이루어진다고 가정된다. 이 전제하에 합리적 추론을 통한 의사결정이 이루어진다고 본다. 따라서 교환은 가격을 매개로 한 가치교환이 된다.

견해 B: 인간의 인지시스템에서는 지각―직관(perception―intuition)의 시스템이 추론(reasoning)의 시스템 보다 직접적(accessible)이라고 본다. 교환은 공감과정을 통해서 이루어지는 관계교환이 된다. 의사결정은 경험에 의존한다.

---

6) 코즈 교수는 거래비용이 영인 경우와 영이 아닌 경우를 구분하여 영이 아닌 경우가 제도문제의 보다 현실적 의미를 가짐을 말하였다. 그러나 거래비용이 영이든 아니든, 제도를 가치―비용의 척도로 계측이 가능하다고 보고 있다는 점에서는 이론의 여지가 없다.

가치-비용 척도와 다른 차원의 요인과 관련한 사고의 가능성을 제시한 분이 사이몬 교수(Herbert A. Simon, 1916-2001)이다. 시카고 대학 학부 학생시절 인턴으로 일하던 지역시청의 예산편성이 합리적 의사결정이론의 내용과 맞지 않는 방식으로 결정되는 과정을 보고 조직이론의 분야를 생각하게 되었고, 또한 합리적 의사결정이론과 다른 의사결정 방식의 가능성을 생각하게 되었다. 후자가 제한적 합리성(bounded rationality)이론이다. 사이몬 교수는 평생을 두 분야, 즉 조직이론과 제한적 합리성 연구에 몰두하였다.

문제는 제한적 합리성 연구가 애컬로프가 단초를 제시한 가치-비용 척도와는 다른 차원의 요인과 연관된다는 것이다. 최근 각광을 받고 있는 행동경제학(behavioral economics)의 연구들은 사람들의 의사결정이 합리적 의사결정이론(RAM)에 의해서 설명될 수 없음을 심리학 실험을 통해서 제시하고 있다(Kahneman, 2003).

인간의 인지시스템은 추론(reasoning) 기능보다는 지각-직관(perception-intuition)의 기능이 더 직접적(more accessible)으로 작동한다는 것이다. 합리적 의사결정에 이르는 것이 인간인지의 추론기능인데, 그것보다 더 직접적 작동하는 것이 인지시스템의 지각-직관 기능이니 사람들의 의사결정을 합리적 의사결정이론에 의해서 설명하는 것은 가능하지 않게 된 것이다(Rhee, 2018a, 2018c, 2018d, 2020). 애컬로프 교수도 노벨상 수상 기념논문(Akerlof, 2002)에서 그의 이론의 근거를 행동경제학과 결부시켜 설명하고 있다.

이것은 경제학 이론의 접근방법에서 엄청난 방향전환을 의미하는 사건이다. 지금까지 가치-비용 척도에 기반을 둔 합리적 의사결정이론에서 벗어나서 인간의 인지시스템을 고려한 새로운 이론, 즉 제한적 합리성이론의 영역으로 경제학 연구가 진입해야 함을 의미하는 것이다.

이 국면에서 우리에게 통찰력 있는 시사를 주는 사람이 철학자 데이비드 흄(David Hume, 1711-1776)이다.

경제학 분석에서 철학자 흄이 등장하게 된 것은 행동경제학자들이 수많은 실험을 통해서 입증한 인간의 인지시스템이 어떻게 인간의 교환행동에 대한 설명과 연관되는가를 밝히기 위해서 이다. 왜냐하면 흄의 인식론(epistemology)이 지각─직관과 추론을 구분하는 행동경제학의 인지시스템 이론과 거의 흡사하기 때문이다.

흄은 일찍이 그의 저서 *인성론(A treatise of human nature*, 1739)에서 행동경제학자들이 심리학 실험을 통해서 제시한 인지시스템과 유사한 인식론(epistemology) 체계를 소개하고 있다. 사람들은 지각을 통해서 인상(impression)을 갖게 되고, 그로부터 이미지(image)에 이르고, 아이디어(idea)는 이러한 인상과 이미지에서 만들어 진다고 본다. 이렇게 형성되는 개인들의 인식론 체계는 행동경제학자들의 인지시스템과 유사하다.

개인들은 각자 서로 다른 자신만의 인식론 체계 또는 인지시스템을 가지는 것이다.

흄은 인식론 체계가 서로 다른 사람끼리의 소통 방법이 공감(sympathy)임을 지적하고 있다.[7] 흄은 공감이라는 통로를 통해서 개인들은 사회생활의 질서원칙(moral principle)에 이르게 된다고 설명하고 있다. 아담 스미스도 *도덕감정론*에서 같은 현상을 설명함에 있어서 공감의 역할을 강조하고 있다. 여기에서 주목할 점은 공감(sympathy)능력이 서로 다른 경험세계를 가진 개인들에게 주어진 유일한 소통의 통로라는 점을 흄이나 아담 스미스 모두가 지적하고 있다는 점이다.

흄이나 스미스 모두 공감을 통해서 설명하려 했던 것은 사회생활의 질서원칙이었지 교환 또는 교류 자체는 아니었다고 할 수 있다. 그러나 행동경제학자들에 의해서 밝혀진 개인의 서로 다른 인지시스템을 받아들인다면 개인들이 서로 교환 또는 교류를 할 수 있는 유일한 통로는 공감(sympathy)이 되는 셈이다.[8]

---

7) 아담 스미스도 공감을 통하여 도덕감정에 이를 수 있음을 제시하였다(Smith, 1759).

8) 실상 필자는 개인간의 모든 교류를 의미하는 관계교환을 설명하기 위한 이론적 논리적 근거를 궁구하던 과정에서 흄과 스미스의 공감을 찾게 되었고, 행동경제학의 인지시스템을 알게 되었다는 점을 고백한다(Rhee, 2012b, 2018a). 개인간 교류의 문제는 (다른 맥락에서) 공공선택학파(public choice school)에 의해서 동의(consent) 문제로 제기되었었다(Buchanan and Tullock, 1962). 필자는 초기에 공감─동의 과정(sympathy─consent process), 공감─동의 차원이라고 표현하였으나 이 책에서는 개념의 단순화를 위해서 공감과정, 공감차원이라고 단축한 이름으로 부르고 있다. ('공감차원' 또는 '공감─동의 차원'의 설정) 문제의 근본은 인간인지의 제한성에서 비롯되고 있는 것이다. 이름을 어떻게 부르느냐에 있지 않다. 이 문제는 5장 2절 각주에서 다시 논의된다.

개인들이 자신만의 인지시스템을 통해서 의사결정을 한다고 볼 때, 교환은 공감을 통해서 이루어지게 되며, 그럴 경우에 공감에 의해서 이루어지는 교환은 가격을 통해서 이루어지는 시장에서의 가치교환과는 같지 않다. 본문 5장에서 소개되고 있는 관계교환(relation exchange)의 설명은, 공감에 의해서 이루어지는 교환은 개인 간의 모든 교류를 의미하는 교류(interpersonal interaction)의 개념이 된다는 점을 밝히고 있다.

그러면 공감에 의해서 이루어지는 교환 또는 교류와 시장에서 가격을 매개로 이루어지는 교환은 어떤 관련이 있는가? 애컬로프 교수의 연구는 둘 사이에 어떤 관계가 있는지를 밝히는 데 결정적 힌트를 제시하고 있다.

애컬로프 교수는 1970년 당시 미국에 중고차 시장이 존재하지 않았던 이유가 시장에 신뢰(trust)가 없었기 때문이라고 하고 있다. 신뢰는 공감현상이다. 즉 공감이 없었기 때문에 교환거래가 발생하지 않은 것이다. 가격은 존재하고 있었음에도 불구하고, 교환거래와 공감이 직접적으로 관련을 가지고 있는 것이다. 애컬로프 교수는 유사한 주장을 노동시장에 대해서도 하고 있다(Akerlof, 1982).

애컬로프 교수는 노동시장의 임금이, 노동수요와 노동공급이 결정하는 균형임금이 아니라, 사용자와 근로자 간의 선물교환(gift exchange)의 개념으로 볼 수 있는 비균형임금이라고 보았다(Akerlof, 1982). 실업이 존재하더라도 사용자는 근로자의 명목임금을 깎지 않는 것이다. 따라서 노동시장에 자발적 실업이 존재할 수 있게 된다. 이때 선물교환을 결정하는 것은 두 협상 당사자 간에 존재하는 도덕적 유대감 같은 것이다. 애컬로프 교수는 이것을 규범(norm)이라고 하였다.

여기에서 선물교환은 다름아닌 관계교환이고 규범은 공감이라고 할 수 있다.

중고차 시장이든, 노동시장이든, 교환거래를 결정하는 것은 가격기구가 아니라 공감이라고 한다면, 이것은 경제학 분석에 엄청난 사건이 된다. 왜냐하면 가격이 아니라 공감으로 이루어지는 교환은 시장교환에 국한되지 않기 때문이다. 모든 개인 간의 교류행동이 공감에 의해서 이루어진다. 교환의 분석이 시장의 가치교환에서 모든 개인간의 교류행동으로 영역을 확장하게 된다는 것을 의미한다. 개인 간의 모든 교류행동을 (관계)교환 행동으로 보는 설명이 본문 4장, 5장에서 소개된다.

이것은 교환(exchange)에 대한 견해 B의 설명에 해당한다. 이것은 행동경제학 또는 제한적 합리성 이론에 따른 해석이다. 일단 인간의 인지시스템과 제한적 합리성 이론이 받아들여지게 되면 경제학의 포괄영역 자체가 바뀌게 됨을 알 수 있다.

지금까지 경제학 분석은 교환에 대한 견해 A의 설명에 국한되어 있었다. 그것이 합리적 의사결정이론(RAM)이다. 모든 현상을 파악함에 있어서 일관성 있는 가치−비용 척도에 의한 계측이 가능하다는 전제(CMVCI: consistently measuring of the value−cost indices) 하에 사람들은 합리적 의사결정을 하게 되고 교환은 가격에 의해서 결정되게 된다. 물론 가격은 시장청산 시스템, 즉 $D(p) = S(p)$에서 결정된다.

교환이라는 특히 시장에서 이루어지는 교환이라는 현상은 동일한 현상인데 이에 대한 설명이 두 견해가 다르다. 이 두 견해 사이의 설명에 간극을 어떻게 이해해야 하겠는가?

견해 A에 따르면, (시장)교환은 가격에 의해서 이루어진다. 가격은 시장청산 시스템 $D(p) = S(p)$에 의해서 결정된다. 그러나 교환이 일어나는 현장에 가서 가격이 결정되는 과정을 보면, 이렇게 결정되는 가격은 존재하지 않는다. 수요스케줄과 공급스케줄 사이의 균형이 가격을 결정한다고 보기도 어려울 뿐만 아니라 현재의 가격이 균형가격을 지향하고 있다고 할 수만도 없다.

그러면 가격은 어떻게 결정되는가? 가격은 흥정(haggling), 팔자−사자(ask−bid), 경매(auction), 마크업(markup), 관리가격(administered pricing) 등의 매매형식에 의해서 결정된다. 이것은 공감차원의 현상이다. 가격은 공감과정에서 결정되는 것이다. 그렇게 결정되지 않는 가격은 없다. 이러한 매매형식은 시장(제도, 인프라, 조직)에서 중요한 구성요소의 하나이다.

매매형식에 의해서 이루어지는 교환거래를 좀 더 면밀히 살펴보자. 본문 8장은 시장청산 시스템 $D(p) = S(p)$에 의해서 이루어지는 교환거래와 시장의 매매형식에 의해서 이루어지는 교환거래를 비교 설명하고 있다. 전자에서 거래는 합산된 수요(aggregated demand)와 합산된 공급(aggregated supply) 사이에서 이루어짐을 알 수 있다. 반면 후자에서 매매거래는 개별적 파는 사람(individual seller)과 개별적 사는 사람(individual buyer) 사이에서 거래가 이루어진다.

견해 A에 의하면, 경제현상에 대한 일관성 있는 가치－비용 척도 인덱스의 측정이 가능하다고 보기 때문에 합리적 의사결정과정은 가치－비용 척도 인덱스에 의한 표현이 가능하고 따라서 개인 간의 합산이 가능하다. 따라서 합산된 수요와 합산된 공급 스케줄의 도출이 가능하다. 가격은 이렇게 합산된 수요 스케줄과 합산된 공급 스케줄 사이의 균형에 의해서 결정과정을 설명하는 것이 가능하다.

그러나 견해 B에 따르면, 각 개인의 자신만의 독자적인 인지시스템을 가지고 의사결정을 하게 된다. 이 인지시스템의 작동과정을 일관성 있는 가치－비용 척도로 측정한다는 것은 가능하지 않다. 그것인 행동경제학자들이 수많은 실험을 통해서 입증한 사실이다(Tversky and Kahneman, 1973, 1974, 1981; Kahneman and Tversky, 1979).

따라서 파는 사람의 공급을 비용척도 단위를 매개로 합산(aggregation) 한다든지, 사는 사람의 수요를 가치척도 단위를 매개로 합산(aggregation) 한다는 것은 가능하지 않다. 매매거래는 선택된 매매형식에 따라서 오직 당사자 개인 사이에서만 이루어질 수 있다.

파는 사람은 자신의 비즈니스 모델(business model)과 사업심(entrepreneurship)을 가지고 거래에 임하게 되며, 사는 사람 또한 자신의 비즈니스 모델(business model)과 사업심(entrepreneurship)을 가지고 거래에 임하게 된다. 매매거래는 양자의 사업심 간에 모색을 통해서 이루어지게 된다. 이 양자의 사업심 사이의 모색과정이 공감과정이다. 이 과정에서 매매형식(공감과정)이 정해지고 공감가격이 결정된다.

거래 쌍방이 각각의 사업모델과 사업심을 가지고 흥정에 의해서 가격을 결정하든지, 경매방식을 채택해서 매 경매단위마다 호가가 제시되고 가격이 결정되든지 한다. 이것은 균형가격이 아니고 공감 가격이다. 마크업 가격은 공급업자가 일방적으로 정하는 가격이다. 균형가격이 아니라 일종의 공감가격이다. 팔자－사자(ask－bid) 방식의 가격도 거래 쌍방 간에 이루어지는 공감가격이다. 관리가격도 마찬가지로 공감가격이다. 5장 5절에서 공감차원의 가격결정이 소개되고 있다.

공감과정은 추상적 개념으로 존재하는 것이 아니라 매매 거래가 이루어지는 실질적 현상의 과정인 것이다. 이것이 시장의 매매거래에 대한 견해 B에 따르는 설명이다. 반면 매매거래에 대한 견해 A의 설명은 시장청산 시스템이라고 하는 추상적 개념에 의존하고 있다고 볼 수 있다.

두 개의 견해 A, B가 극명한 차이를 보이는 것은 매매거래 성사의 결정성(determinateness)이다.

견해 A에 따르면, 즉 합리적 의사결정이론에 따르면, 매매거래는 결정적으로(determinately) 발생한다. 매매가 될 수도 있고 그렇지 않을 수도 있는 것이 아니다. 예컨대 애컬로프 중고차의 경우, 어떤 표준화 제도 α가 도입되어 거래가 이루어지게 되었다고 하자. 그 때 거래를 결정하는 것은 가격이다. 예컨대 가격이 당시 균형가격이었다고 하자. 그러면 그 때 거래량은 결정적 물량이 된다.

표준화 제도 α에서 특정한 중고차, 예컨대 김씨가 내놓은 중고차(2005년식 현대차 그랜저, 2000cc 배기량) 정찰가격이 500만원이었다고 한다면 그 중고차는 팔리든지 안 팔리든지 둘 중에 하나로 결정되는 것이다. 팔릴 수도 있고, 안 팔릴 수도 있을 수는 없다는 말이다. 전자의 경우가 결정적(determinate) 거래이고, 후자의 경우가 비결정적(indeterminate) 거래이다.

어떻게 비결정적 거래가 가능할까?

예컨대 김씨의 중고차가 거래된 것이 2019년 7월 30일 오후 1시였다고 하자. 그 차를 산 사람이 이씨였다고 하자. 오늘이 동년 8월 30일이다. 그러면 시간을 거꾸로 1달을 거슬러서 이씨에게 같은 차를 똑같은 여건에서 똑같은 조건으로 구매할 것인가 하고 재차 선택의 기회를 주었을 때, 이씨는 예외없이 그 차를 구매하게 될 것인가?

만약 이씨의 반응이 분명하지 않다면, 2019년 7월 30일 오후 1시에 구매한 이씨의 결정은 비결정적(indeterminate)인 것이 된다. 행동경제학자들의 실험은 인간의 의사결정이 많은 경우에 일관성을 보이지 않는다는 점으로 밝히고 있다. 견해 A는 인간의 의사결정이 결정적이라고 설명하고 있다. 반면 견해 B는 인간의 의사결정이 비결정적이라고 설명하고 있다. 인간의 의사결정이 비결정적인 경우에 우리는 시장청산 시스템 $D(p)=S(p)$와 같은 모델링이 아니라, 경험에 의해서 항로를 잡아가게 된다.

본문 5장 3절은 견해 A에 따른 결정적 의사결정의 경우를 닫힌-결정적 시스템(closed-determinate system)으로, 견해 B에 따른 비결정적 의사결정의 경우를 열린-비결정적 시스템(open-indeterminate system)으로 명명하고 있다. 열린-비결정적 시스템의 경우, 의사결정은 비결정적(indeterminate)이고, 우연적(coincidental)이며, 경로의존적(path-dependent)인 특징을 지닌다. 반면, 닫힌-결정적 시스템의 경우는 의사결정이 결정적(determinate)이고, 필연적이며, 따라서 경로의존성이 존재하지 않게 된다.

인간의 인지시스템은 지각-직관(perception-intuition) 시스템이 추론(reasoning) 시스템 보다 더 직접적(accessible)이다. 지각-직관은 일관성이 보장된 인지가 아니다. 같은 의사결정을 되풀이 하는 경우에 똑같은 결과가 나온다고 보장할 수가 없다. 이것은 인간의 인지시스템이 비합리적이란 의미가 아니다. 한계가 있다는 말이다. 즉, 제한된 합리성의 영역에 존재한다.

따라서 공감의 과정도 결정적일 수가 없다. 그에 따른 (관계)교환 행동도 결정적일 수가 없다. 가격도 매매형식을 따라서 결정된다. 매매의 의사결정 자체가 비결정적이기 때문에 매매형식의 변화에 따라서 가격이 다르게 결정되게 된다. 같은 상품이라고 하더라도 영국식 경매(낮은 가격에서 가격을 높여가며 bidding을 하는 방식) 방식과 화란식 경매(높은 가격에서 시작하여 매수자가 나타날 때까지 차츰 낮은 가격을 제시하여 bidding 하는 방식) 방식에서 같은 가격이 결정된다고 볼 수 없다.

본문 2장 5절은 인간의 의사결정이 비결정적 시스템으로 나타나는 중요한 이유를 망설임(wavering) 행동으로 설명하고 있다. 인간의 인지시스템에서 의사결정은 '산다-안산다' 또는 '몇 개를 산다'의 결정이 아니라, '산다-안산다와 망설임' 사이에 놓여 있다는 것이다. 망설임은 언제나 산다-안산다의 결정에 끼어들 수 있는 것이다.

두 개의 서로 다른 표준화 방식, 즉 표준화 제도 α와 표준화 제도 β 사이에서 구매자의 또는 판매자의 의사결정은 같지 않게 된다. 경험상 표준화 제도 α 보다 표준화 제도 β 에서 구매자 또는 판매자의 망설임은 제어되는 경향을 보일 수 있고 따라서 보다 적극적인 '산다－안산다' 또는 '몇 개를 산다'의 의사결정을 하게 되는 일이 있을 수 있다. 이렇게 시장(제도, 인프라, 조직)은 한 단계 한 단계씩(제도 α 에서 제도 β 로) 만들어져 가게 되고 시장의 매매거래는 증가하게 된다. 예컨대 중고차 시장은 만들어지게 되는 것이다.

'시장이 만들어진다'는 명제는 열린－비결정적 시스템에서, 즉 견해 B에 따른 추론에서만 설명이 되는 것이다. 닫힌－결정적 시스템, 즉 견해 A에 따른 추론에서는 표준화 제도 또는 매매형식은 주어진 것으로 보고 가격이 매매거래를 완벽하게(결정적인 것으로) 설명한다. 따라서 표준화 제도가 바뀌면 또는 매매형식이 바뀌면 어째서 매매거래가 변화하는지를 알 수가 없다. 물론 표준화 제도가 바뀌거나 매매형식이 바뀌게 될 경우를 가정한 비교정태 또는 비교동태분석을 하는 것은 가능하다. 그렇다고 해서 제도의 변화가 어떻게 매매거래를 변화하게 하는지를 알 수 있는 것은 아니다.

결국 닫힌－결정적 시스템, 즉 견해 A의 추론에서는 '시장은 주어진 것'으로 간주되게 되고, 벽에다 시장이라고 하는 수도꼭지를 박아 놓고 꼭지만 돌리면 매매거래라고 하는 물은 쏟아지게 되어 있다고 하는 우화가 나타나게 되는 것이다. 표준화 제도가 왜 필요한지, 매매형식이 무엇을 의미하는지를 알 수가 없으니까.

시장(제도, 인프라, 조직)은 오직 공감차원에서만 그 의미가 파악될 수 있다. 즉 애컬로프의 중고차 거래는 표준화 제도를 도입함으로서만 가능해진다는 사실은 중고차 거래를 결정하는 것은 가격이 아니고 신뢰(trust)라고 하는 공감과정이라고 하는 것을 이해함으로서만 알 수 있는 것이다.

견해 B에 의해서만 공감이라고 하는 분석적 차원의 확보가 가능해지며 공감차원을 통해서만 시장제도가 이해될 수 있는 것이다. 견해 B는 공감과정을 통해서만 교환이 이루어진다고 본다. 다시 말하자면 모든 교환(또는 교류)은 관계교환이라는 말이다. 시장에서 이루어지는 교환도 관계교환이다. 다만 가격을 가지고 하는 관계교환인 것이다.

'모든 교환(또는 교류)은 관계교환이다'라는 이 명제는 엄청난 선언이다. 이 명제의 진위 여부 문제는 잠시 미뤄두자.

관계교환을 제어 통제 조정하는 것이 제도이다. 보다 정확히 말하자면, 공감과정을 제어 통제 조정하는 것이 제도이다. 제도를 통해서 제어 통제 조정하는 관계교환, 이것은 다름아닌 조직행동인 것이다. 조직행동의 실체가 다름아닌 관계교환인 셈이다.

아담 스미스 핀 공장 분업을 예로 들어보자. 아담 스미스는 핀 생산공정 간의 분업을 소개하였다. 그러나 자세히 보면 분업은 생산공정 간에 이루어진다고 하기 보다 그 공정을 담당한 사람 간에 이루어진다고 볼 수 있다. 아담 스미스는 공정과 공정을 담당한 사람을 구분하고 있지 않지만, 공정을 담당한 사람들 간의 분업이라고 하는 것이 정확하다. 사람없이 공정이 이루어지지는 않으니까 (자동화의 경우도 마찬가지이다).

공정과 공정을 담당한 사람을 연결해주는 것이 회사의 위계(hierarchy)제도이다. 위계제도를 통해서 발생한 작업지시가 공정과 공정을 담당한 사람을 연결해주게 된다. 그러나 공정과 담당한 사람을 묶어서 만들어진 생산단위를 움직이는 것은 공정을 담당한 사람이다. 다시 말하자면 공정 간의 분업이란 다름 아닌 그 공정들을 담당한 사람들 간의 관계교환인 셈이다. 왜냐하면 모든 관계교환은 다름 아닌 분업이기 때문이다. 아담 스미스의 핀 공장 생산공정 간의 분업은 그 공정들을 담당한 작업자들 간의 관계교환이었던 것이다.

핀 공장뿐만 아니라, 모든 조직행동들은, 그것이 친구집단의 친목행동과 같은 자생적 조직행동이든, 기업 정부 등 법적조직과 같은 인위적 조직의 조직행동이든, 모두 관계교환 행동이었던 것이다. 이것도 엄청난 사실발견이다. 지금까지 수많은 연구에도 불구하고 조직행동에 대한 실체가 명백히 밝혀진 적은 없기 때문이다(Rhee, 2016).

시장의 교환행동도 관계교환 행동이라고 했다. 왜냐하면 공감과정을 거쳐서 나타나는 행동이니까. 관계교환 행동이 시장이 교환행동으로 나타나기 위해서는 제도의 작용을 통해서 가격이 교환의 매개가 되어야 한다. 그런데 이 때 작동하는 제도는 공감과정에 작용하게 된다. 즉 관계교환 행동에 작용하게 되는 것이다.

　재산권, 경쟁규칙, 교환형식 등이 시장제도(제도, 인프라, 조직)와 결합해서 공감과정에, 즉 관계교환(또는 공감교환) 행동에 작용하게 되는 것이다. 그래서 관계교환이 가격을 매개로 이루어지게 된다. 비록 가격을 매개로 교환이 이루어진다고 해도 시장교환은 본질적으로 관계교환, 즉 공감과정을 통해서 이루어지는 교환이기 때문에 공감교환 행동이다.

　시장교환이나 기업과 같은 조직의 조직행동이나 모두가 관계교환, 즉 공감교환 행동이라는 말이다. 공감차원에서 모든 행동은, 그것이 시장교환행동이든 기업조직행동이든 모두 공감교환 행동이 된다. 시장교환 행동은 제도의 작용으로 가격을 매개로 하는 공감교환 행동이 된다는 차이만 있는 것이다.

　이것은 사실일까? 기업과 같은 조직이 관계교환으로 설명되는 공감교환 행동인 것은 그렇다고 해도, 시장교환 행동도 공감교환으로 조직행동이나 마찬가지라고 하는 명제를 어떻게 납득할 수 있을까?

　시장의 교환이 조직행동이나 모두 공감교환 행동이라는 말은 매우 생소하게 들릴 수 있다. 지금까지 경제학은 시장과 조직을 구분해왔다. 그리고 그 둘 사이의 관계를 구명하기 위해서 많은 노력을 해왔다. 그런데 알고 보니 둘은 같은 공감과정에서 출발하고 있었던 것이다. 시장 교환도 공감과정의 행동이고 조직 행동도 공감과정의 행동인 것이다.

　시장교환도 공감과정을 통해서 이루어지는 공감교환 행동이라는 사실을 보여주는 현상의 예를 들자면 민사사건의 법원 판결을 들 수 있다. 민사사건의 대상이 되지 않는 시장교환은 없다. 모든 계약은 불완전하기 때문이다(incomplete: Grossman and Hart, 1986; Hart, 1995; indescribable: Maskin and Tirole, 1999a). 현대 재산권학파 연구들은 비록 견해 A에 따르는 분석을 하고 있지만 현상은 견해 B에 따르는 사실파악을 하고 있는 것이다.

　시장교환이 민사사건이 된다는 것은 시장교환의 양 당사자가 법적 분쟁의 당사자가 된다는 것을 말한다. 이미 논의된 바와 같이, 시장 교환은 합산된 수요와 합산된 공급 사이에서 이루어지는 것이 아니라, 교환의 당사자인 개인들 사이에서 이루어진다고 거듭 확인한 바 있다. 양 당사자 사이에서 이루어지는 교환은 불완전하고, 언제나 분쟁의 대상이 될 수 있다.

필자는 헌법재판소의 판례(1988–2003)를 분석하여 '판례의 내용이 제도적으로 시장적합성을 제고하였는가?' 하는 판별을 시도한 연구를 한 바 있다(Rhee, 2012d). 본문 9장 8절부터 9절까지는 이 내용을 소개하고 있다. 경제문제와 관련된 29개의 사건을 선별하여 판례 내용의 시장적합성(market conformity)을 분석하였다. 전체적으로 29개 판례 중에 3개를 제외한 26개 판례의 내용이 시장적합성에 부합하는 것으로 분석되었다.

헌재에 심리 대상이 된 사건들은 개별적 민사사건에서 출발하고 있다. 그러나 사건의 내용이 민사사건 1, 2, 3심으로 해결되기보다 헌재에서 헌법적 내용을 심리해야 하는 사건이라 헌재로 올라간 것들이다. 헌재는 이와 같은 사건들을 해마다 약 1000건씩 심리하고 있다. 물론 개중에는 기각, 각하되는 사건 수가 최종판결을 받는 사건보다 많다. 그러나 이렇게 많은 헌재의 심리가 쌓인다는 것은 우리의 시장제도의 근간이 적지않게 헌재를 통해서 세워지고 있다는 것을 말한다.

이 헌재 판례분석을 통해서 드러나는 사실은 다음과 같다.

첫째, 시장교환은 공감과정을 거쳐 만들어지는 관계교환이다. 왜냐하면 법원은 공감과정에 대한 내용을 심리하기 때문이다. 어떤 시장교환행동도 법적 심리의 대상이 될 수 있다. 둘째, 29건 판례분석이 시장적합성을 나타내는 것은 '법치(the rule of law)는 시장적합성을 보인다'는 것을 말해준다는 것이다. 이것은 공감과정을 거쳐 이루어지는 시장교환은 법치가 확립되면 보다 활발한 시장교환 행동을 유발하게 된다는 것을 말한다.[9] 모든 시장의 교환행동이 공감과정을 통해서 이루어진다는 것을 말해준다. 셋째, 법원의 판례가 쌓인다는 것은 시장제도가 그만큼 발전한다는 것을 말해준다. 법원의 판례를 통해서 시장교환행동의 공감과정이 영향을 받게 되고, 법치의 틀에 대한 신뢰가 교환행동을 활성화하는 것이다. 그런데 시장제도(법치)를 만들어내는 데는 시간과 역사가 필요하게 된다.

---

9) 사회생활의 질서원칙(moral principle)이 만들어지는 것은 경험에 따라서 사람들의 편익을 증진시키는 방향으로 이루어진다고 본 흄의 공리주의적 해석(Hume, 1751)과 일치함으로 확인해준다.

러시아 빅뱅 사유화정책이 실패한 중요한 이유는 당시 러시아에 시장제도의 근간으로서 법치가 존재하지 않았기 때문이다. 법치를 세우는 것은 단기간에 되지 않는다. 표준화-코드화 제도를 세우고, 재산권제도를 확립하고, 경쟁원칙을 세우고, 교환형식을 만들어내고, 이들이 작동하도록 뒷받침하는 인프라를 구축하고, 이들이 작동하도록 조직행동의 제도가 만들어지고, 이를 통한 시스템에서 움직이는 개인의 교육과 훈련이 이루어져야 한다. 그리고 이 모든 것이 법치(rule of law)의 틀에서 작동해야 하는 것이다.

러시아 빅뱅 사유화가 실패한 이유는 재산권 사유화만 진행되었지 시스템으로서의 법치의 틀이 마련되어 있지 않았기 때문이다. 법치가 마련되어 있지 못하다 보니 당시 러시아 경제를 움직이는 것은 폭력집단(마피아)이었다. 러시아의 빅뱅 사유화 정책은 시장경제를 만든 것이 아니라 홉스(Hobbes)의 '만인 대 만인의 투쟁'을 의미하는 무질서 사회를 만들어 놓은 셈이다. 지금 러시아의 정치-경제적 상황은 당시 잘못된 사유화 정책의 부작용에서 영향이 없지 않을 것으로 보인다.

이것은 우리가 북한의 시장경제화에 대비해서 무엇을 준비해야 하는지에 대한 중요한 시사점을 준다. 법치와 같은 시장제도를 준비하는데 많은 시간이 소요된다는 점을 고려한다면, 이행기 기간의 정책이 시장보다는 조직적 관리에 보다 비중을 두어야 한다는 것을 말해준다.

이제 우리는 시장이 만들어내는 것이 아니라, 주어진 것이라고 생각하는 잘못을 범하지 않을 수 있게 되었다. 수도꼭지만 있으면 벽에다 박아서 꼭지를 틀면 물이 나올 것이라고 허망한 생각을 하는 잘못을 피할 수 있게 되었다. 시장에서 교환이 이루어지는 것은 시장제도, 시장인프라, 시장조직이 있기 때문에 가능한 것이다. 그것들이 마련되어 있지 않으면 재화가 있어도 그리고 사고자 하고 팔고자 하는 사람이 있어도 교환을 기대할 수가 없다는 사실을 알게 되었다. 모두 공감차원이 등장하고 가능해진 일이다.

이러한 시장은 태초에서부터 존재한 것이 아니다. 시간을 두고 시행착오를 겪으며 진화하고 발전해 온 것이다. 태고의 인류에게는 시장이 없었다.[10] 오직

---

10) 여기서 시장은 화폐로 측정된 가격을 매개로 이루어지는 교환이 집중적으로 이루어지도록 하는

밀림의 무질서가 있을 뿐이었다. 시장은 가장 발전된 경쟁의 형식이다. 화폐가 도입됨으로써 가격이 등장하고 경쟁은 가격을 통한 경쟁이 된다. 시장이 작동하기 위해서는 정교한 시장제도가 마련되어야 한다. 그 제도 및 질서에서는 재산권이 포함되어 있고, 경쟁규칙이 있으며 어떻게 가격이 정해지고 적용되느냐가 규정된다.

행동경제학의 심리학적 실험으로 인지시스템에 대한 파악이 이루어짐에 따라서 (시장)교환거래는 새롭게 해석되기 시작하고 있다. (시장)교환거래에서 정부(또는 제3자)의 가부장적(paternalistic) 역할이 가능해진(legitimate) 것이다 (Chetty, 2015). 테일러 교수(Thaler and Sunstein, 2003, 2008)는 넛지이론으로 이 현상을 설명하였다. 시장거래행동에 대한 정부(또는 제3자)개입은 합리적 의사결정이론(RAM)에서는 정당화될 수 없었던 현상이다.

이 책에서는 공감차원이 도입됨으로써 시장교환거래 자체가 관계교환(또는 공감교환)으로 파악되게 되었다. 이것은 경제학분석에 있어서 전혀 새로운 차원의 위력을 만들어준다. 예컨대, 공감차원을 통해서 현상을 분석함으로써, 코로나-19 팬더믹 불황현상에 대한 전혀 새로운 차원의 이해와 분석을 가능하게 한다. 14장은 이 분석과정을 설명함에 있어서 새로운 경제학방법론을 소개하고 있다.

14장 2절에서 케인즈 경제학이 거시경제분석에서 새롭게 해석되는 담론이 소개된다. 14장 5절에서 마스크 구입-줄서기 대란의 사례를 들어 새로운 차원에서 미시경제분석의 스토리가 소개하고 있다. 종래 미시경제분석은 마스크 공급을 설명함에 있어서 가격의 역할에만 자원배분을 맡기는 이상의 정책처방을 할 수 없었다. 그러나 지각-직관에 더 직접적으로 영향을 받는(more accessible) 인지시스템의 분석차원이 도입됨으로써 마스크 공급업자는 매점-매석을 하고 마스크를 사려는 사람들은 코로나 역병의 공포에 심리적 포로가 되는 상황 (asymmetry)에 대한 분석이 가능해지게 된다(*Phishing for phools*: Akerlof and Shiller, 2015). 2020년 한국의 정책실험은 '관리가격-배급제' 마스크 공급방식이

시장제도(제도, 인프라, 조직)를 의미한다. 관계교환은 태고에서부터 존재하였지만, (가격을 매개로 한 관계)교환이 집중적으로 이루어진 것은 시장이 출현하면서부터 이다. 시장에 대한 정의는 제12장 6절에서 하게 된다.

유효한 방식인지를 판단하는 사례로 등장하게 된다.

여기서 마스크 공급을 가격기구에만 맡기는 정책은 견해 A 접근방법의 귀결이고, '관리가격－배급제' 마스크 공급방식은 견해 B 접근방법의 귀결이 된다. 시장제도가 견해 B에 의해서 설명되고, 견해 A의 접근방법에 의해서 설명되지 못했음을 상기할 필요가 있다.

이 책은 경제학을 전공으로 하는 경제학자, (경험론이라고 하는) 새로운 시각으로 경제현상을 보고자 하는 경제학도, 제도문제에 관심을 가진 사회과학도, 금융시장 전문자, 행정학 전공자, 경제정책을 준비해야 하는 정책입안자, 통일 후 북한의 이행기 경제에 어떤 정책을 준비해야 하는가에 관심을 가진 사람들, 경제정책에 관심을 가진 사회과학도들을 독자층으로 한다.

뿐만 아니라, 시장제도 경제학을 금융시장에 적용하여 금융시장제도에 새로운 분석적 사고를 시도하고 있다. 공감차원의 경험론 경제학이 추상적 담론이 아니라 시장에서 나타나는 구체적이고 현실적인 현상이라는 것을 개별 금융상품의 사례에서 점검하고 있다.

이 책은 제1부와 제2부의 2개 부분으로 구성되어 있다. 제1부에서는 시장제도 경제학의 분석적 틀이 논의되었다. 제2부는 금융시장제도를 제1부에서 논의한 분석적 틀을 가지고 파악하였다. 견해 B의 접근방법은 이 책의 2부 주제, 즉 금융시장(제도, 인프라, 조직)으로 연결된다. 이 책은 2부에서 9개의 자본시장과 금융결제제도를 견해 B의 시각으로 소개하고 있다. 물론 견해 A에 따른 해석과 비교하고 있다.

이 책의 초안을 준비하는 과정에서 특히 제2부 금융시장 부분의 내용은 필자가 2016－2017년에 숭실대 대학원 무역학과에서 강의한 '시장제도 경제학: 금융시장' 과목의 강의안이 기초가 되었다. 금융은 제도가 거의 전부라고 해도 과언이 아니다. 화폐도 제도이고, 은행도 제도이다. 신뢰도 제도이고 주식도, 채권도, 파생상품도 신용평가도 모두 제도이다.[11] 그럼에도 불구하고 시장을 제도로 파악하는 접근방법이 없었기 때문에 금융시장제도에 대한 분석적 이해가 시도되지 못했다. 시장제도는 단지 실무적 현상으로만 치부되었다.

---

11) 여기서 제도는 공감차원의 경험론 현상이라고 바꾸어 놓아도 된다.

예컨대, 한국은행이 발간한 *한국의 금융시장*(2016)은 한국금융시장에 대한 훌륭한 제도적 파악이다. 그러나 이러한 금융시장에 대한 제도적 파악이 분석적 의미를 갖는다는 사실에 대한 자각이 없다. 금융이론 따로, 금융제도에 대한 실무기술이 따로 있는 것이다.

필자는 제2부 금융시장의 제도형식을 설명함에 있어서 한국은행의 이 책을 주로 참고하였다. 많은 부분에서 이 책의 부분부분을 인용하였다는 점을 밝힌다. 필자의 역할은 이 금융시장제도에 대해서 공감차원(SD: sympathy dimension)에서 해석하고 분석적 의미를 부여한 데 있다고 할 수 있다.

이 책의 제1부는 시장제도경제학이 논의된다. 제1장에서 시장제도와 교환의 문제가 제기된다. 제2장에서는 제한적 합리성의 문제가 제기된다. 제3장에서는 기회주의적 행동과 현대재산권학파의 분석이 논의된다. 기회주의 행태의 인지론적 구조가 제4장에서, 공감차원과 가격결정이 제5장에서 논의된다. 제6장에서 인지시스템과 공감차원이, 제7장에서 합리적 의사결정모델과 기회주의 행동이 논의된다. 제8장에서 사업심 행동과 관계교환 그리고 제도발전이, 제9장에서 교환의 제도형식이 소개된다. 또한 '왜 법치가 시장의 교환행동에 친화적인가' 하는 문제가 헌재의 판례분석을 통해서 설명된다. 제10장에서 관계교환과 시장의 형식이 논의된다. 제11장에서는 시장 메커니즘 설계이론(mechanism design)이 소개된다. 메커니즘 설계이론이 이 책의 공감차원 접근방법과 비교된다. 전자는 '견해 B'로 파악되는 현상을 '견해 A'의 추론방식으로 분석하는 접근방법이고, 후자는 '견해 B'로 파악되는 현상을 '견해 B'의 추론방식으로 분석하는 접근방법이다. 제12장에서 금융시장과 시장형식이 논의된다. 제13장에서 금융시장과 공감차원이 논의된다. 제14장에서는 코로나-19 팬더믹 불황현상을 공감차원에서 새로운 경제학의 시각으로 분석한다.

제2부는 금융시장의 제도형식이 논의된다. 금융시장의 제도가 개별투자자와 개별 금융자산공급업자 사이에서 이들의 사업모델과 사업심 행동에 어떻게 작용해서 금융(교환)활동, 즉 공감과정을 이루어내는가를 설명하게 된다. 제15장에서 BIS자기자본비율 규제와 신용평가제도가 공감차원에서 재해석된다. 제16장에서 지급결제제도가 제17장에서 콜자금시장이 공감교환으로 소개된다. 제18

장에서 양도성예금증서(CD) 시장이 제19장에서 기업어음시장(CP)이 공감교환으로 소개된다. 제20장에서 환매채RP시장이, 제21장에서 주식시장이 공감교환으로 소개된다. 제22장에서 채권시장이, 제23장에서 집합투자(fund)시장이 공감교환으로 소개된다. 제24장에서 자산유동화채권(ABS)시장이, 제25장에서 파생금융상품시장이 공감교환으로 소개된다.

제**1**부

시장제도 경제학

제1장 시장제도와 교환

1-1 시장이란 무엇인가?

　시장(market)은 경제학자들에 의해서 가장 애용되는 단어이다. 이들은 대부분의 경제문제에 대해서 시장을 가리키며 그곳에서 문제의 해결책을 찾아야 한다고 말한다. 그럼에도 불구하고 그동안 경제학자들은 시장 자체의 문제에 대하여 심각하게 생각해보지 않았다.[12] 왜 그럴까? 왜 경제학은 가장 본질적인 시장이란 문제를 진지하게 생각해보지 않았던 것일까?

│ 그림 1-1: 고대 그리스의 시장에 대한 상상도

자료: The Bazaar of Athens by Edward Dodwell, 1821.

---

12) 호지슨 교수는 "시장 가격과 물량 그리고 시장의 작동에 의지하여 정책적 해결방안을 구하는 빈번한 시도에도 불구하고, 경제학자들은 시장의 제도적 구조에는 상대적으로 별 주의를 기울이지 않았다(Despite a fascination with market prices and quantities and a frequent policy preference for market solutions, economists have paid relatively little attention to the institutional structure of markets.)"(Hodgson 2015, 129)라고 말하고 있다.

■ 그림 1-2: 중세 유럽시장에 대한 상상도

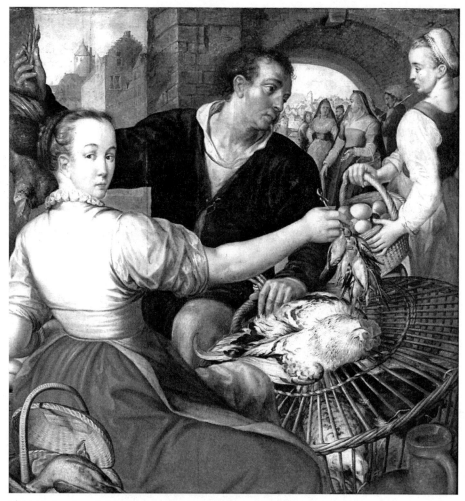

자료: Medieval market scene by Joachim Beuckelaer, 1560s.

　　다시 말하자면, 경제학은 시장이 무엇인가를 생각하지 않고 시장이 존재한 다는 것을 전제로 하여 문제를 설정하고 해답을 찾아간다. 대부분의 경제원론 책을 열어보면 수요와 공급에서 문제를 시작한다. 즉, 시장이 존재하는 것은 당연하고 당연한 시장의 문제는 논의에서 배제한 채, 시장의 기능, 즉 자원배분의 문제로 바로 들어가는 접근방법을 택하였다. 경제학의 출발을 수요와 공급에서 시작하는 것이다. 즉, 수요함수와 공급함수에 의해서 결정된 가격(price)이 자원 배분의 문제를 해결한다고 하는 접근방법에 길들여져 있다.

이러한 문제의 접근방법은 과학의 발전을 선도해온 자연과학의 영향력이 크다. 수요와 공급이라는 2개의 힘이 균형을 이루는 곳에서 자원의 배분을 결정하는 가격이 결정된다는 생각이 자연스럽게 자원의 배분을 결정하는 시스템으로서의 시장과 결합하게 되었다(Arrow-Debreu 1954; Samuelson 1947). 그래서 '시장'하면 수요와 공급, 또는 수요함수, 공급함수를 생각하게 되었고 가격의 결정을 논하게 되었다. 현대경제학은 그렇게 정치하게 발전된 이론체계를 이룩하게 되었음에도 불구하고, 언제나 시장을 주어진 것으로 간주하고 있지 어떻게 시장이 주어지게 되었는지를 생각하지 않게 되었다(Hodgson 1988 chapter 8).

이러한 경제학 분석의 방향성은 온당한가? 경제학은 수도 없이 이 질문을 되풀이 해왔다. 대부분의 경우 거대한 합리적 선택이론(rational choice theory)의 이론체계 앞에서 질문 자체의 논리가 맥없이 무너졌다. 그럼에도 불구하고 이 테스트에서 살아남은 빛나는 이론에는 오스트롬 교수의 공유이론(common-pool resources: Ostrom 1990), 공공선택이론(public choice theory: Buchanan and Tullock, 1962), 신제도경제학(new institutional economics: Coase, 1934, 1960; Williamson, 1975), 사이먼 교수의 제한적 합리성(Simon, 1957)과 행동경제학(Tversky and Kahneman, 1981, 1983, 1986) 등이 있다. 이 중에서 특히 행동경제학의 접근방법은 향후 전개될 이 책의 경험론 경제학 접근방법의 단초를 여는 중요한 의미를 가진다.

1-2   시장은 수요와 공급이 아니다

우리는 경제학에 대한 생각을 수요와 공급에서 시작한다. 그래서 수요함수가 어떻고 수요함수를 어떻게 추정하고 한다. 추정된 수요함수에서 탄력성을 측정하고 그것으로 시장을 설명하고자 한다. 공급함수도 마찬가지이다. 공급함수의 추정 그리고 공급함수의 탄력성을 설명한다.

왜 우리는 시장 자체에 대한 질문에 익숙하지 않은 것일까? 이것은 매우 본질적이고 중요한 문제이다. 경제학 자체의 문제이다. 누차 지적하듯이 경제학은 시장이 주어져 있다는 것을 전제로 분석을 시작한다. 그러나 시장은 주어진 것이 아니다. 시장은 만들어지는 것이고 계속해서 변화해 가는 것이다.

그러면 시장은 무엇인가? 이 질문에 답하기 위해서는 교환이 무엇인지를 생각해야 한다. 시장은 교환을 만드는 틀이기 때문이다. 어떻게 해야 교환이 이루어지는가? 그것을 답할 수 있어야 왜, 어떻게 시장이 만들어지는지를 말할 수 있다.

1-3 ╲ 시장이 먼저인가 교환이 먼저인가?

시장이 무엇인지 알기 위해서는 시장이 존재하지 않는 상황과 시장이 존재하는 상황의 경계를 파악해야 한다. 역사적으로 시장은 인류의 탄생과 함께 나타난 것이 아니다. 고대 바빌로니아(Babylonia), 아씨리아(Assyria), 훼네키아(Phoenecia), 이집트(Egypt), 그리스(Greece), 그리고 아라비아 반도에 시장이 있었던 것으로 알려져 있다. 헤로도토스(Herodotus)는 고대 페르시아(Persia)에서는 시장이 생겨나지 않았던 것으로 기록하고 있다. 중동에서는 바자르(bazaars)가 B.C. 3000년경에 있었던 것으로 알려지고 있다.[13]

분명한 사실은 멀리 잡아도 시장의 역사는 1만 년을 넘지 않는다는 것이다. 인류(homo sapience)의 역사를 20만 년으로 잡는다면 최근세에 와서야 시장이 나타났다는 것이다. 인류는 시장과 함께 산 역사보다 시장 없이 산 역사가 훨씬 긴 것이다.

시장이 없으면 인류는 교환을 하지 못했나? 시장이 없던 시기에도 인간 사회에 교환이 없었다고 할 수 없다. 왜냐하면 교환은 인간의 기본 성향(general disposition)이기 때문이다.[14] 교환은 교환에 참가하는 모두에게 이득을 가져다준다. 그러니까 인간은 태어나면서부터 서로 교환 또는 교류를 하도록 성향이 만들어져 있다고 할 수 있다. 이 문제는 나중에 다시 논하게 된다.

그러면 시장이 나타났다는 것은 무슨 의미를 가진다고 볼 수 있을까? 시장은 교환이 집중적으로 그리고 가장 체계적으로 이루어지는 장소이다. 즉, 교환이 활발하게 이루어지게 되었다는 것을 말한다. 교환이 집중적으로 활발하게 나타나면서 등장한 것이 화폐(money)이다. 즉, 교환을 촉진하기 위해서 교환의 중개자로써 기능하는 화폐가 등장하게 된다. 화폐의 역할로 인해서, 교환이 이루

---

13) https://en.wikipedia.org/wiki/Market_(place) 2017년 9월 26일.

14) 아담 스미스는 국부론 1책 2과에서 시장의 교환을 인간의 기본성향(the general disposition to truck, barter and exchange)이라고 하였다. 국부론에서 아담 스미스는 시장과 교환을 구분하지 않았다. 반면에 필자는 시장보다 근원적 개념으로 교환을 설정하고 있다. 이 문제는 이 책을 통해서 계속해서 논의하게 된다.

어지기 위한 조건으로서의 '교환하려는 대상의 우연적 일치(double coincidence of wants)'가 없이도, 교환이 가능하게 되었다. 돼지를 팔아서 드레스를 사려는 사람이 드레스를 팔아서 돼지를 사려는 사람을 만나야만 교환이 가능한 상황의 조건에서 벗어나게 되었다. 돼지를 팔아서 돈을 받고, 드레스를 팔아서 돈을 받으며, 각자 가진 돈으로 필요한 재화 그것이 돼지든 드레스든, 핸드폰이든 사게 된 것이다. 화폐의 등장은 교환을 비약적으로 증가시키게 된다. 이를 통해서 인류는 엄청난 경제발전과 부의 축적, 복지의 증가를 경험하게 된다.

교환은 인간의 기본적 속성이지만, 이 교환은 활발하게 진행될 수도 있고, 잘 안 일어날 수도 있는데, 시장은 교환이 활발하게 이루어질 수 있는 여건을 마련해주어서 시장의 발달을 통해서 교환이 획기적으로 증진된 것이다. 특히 화폐의 존재는 시장의 발달에 결정적인 계기를 마련하였다.

그러면 시장이 먼저인가 교환이 먼저인가? 물론 교환이 먼저이다.

1-4 분업과 폭발적인 생산성 증가

왜 교환은 부의 축적, 경제발전을 가져오는가? 이것은 어떤 경제학 문제를 다루든지 간에 당면한 문제를 다루기 전에 점검해봐야 하는 본질적 질문이다. 경제학자들은 본능적으로 교환의 장려를 권장하고 경제정책도 그 방향으로 가야한다고 말한다. 왜 그럴까? 아담 스미스도 그의 주저 국부론에서 이 문제를 맨 먼저 다루었다. 그것은 분업이론(the division of labor)이다.

국부론이란 어떻게 하면 국가의 부가 만들어질 수 있는가 하는 주제에 관한 책이다. 아담 스미스는 이 책의 서두(1책 1과)에서 바로 이 문제에 대한 답을 제시하고 있다. 그러니까 이 책의 핵심 주제가 이 책의 서두에서 다뤄지고 있는 것이다. 아담 스미스는 핀생산 공장의 분업을 사례로 들며 통계를 제시하여 자신이 목도한 사실을 웅변적으로 말하고 있다.

┃ 그림 1-3: 아담 스미스(Adam Smith, 1723-1790)의 동상

자료: https://www.pexels.com/search/adam%20smith/

┃ 그림 1-4: 국부론에서 핀생산 공장의 분업을 다룬 국부론 1책 1과

BOOK I

Of the Causes of Improvement in the productive Powers of Labour,

CHAPTER I

OF THE DIVISION OF LABOUR [1]

To take an example,　　　the trade of the pin-maker;

　　　One man draws out the wire, another straights it, a third cuts it, a fourth points it, a fifth grinds it at the top for receiving the head; to make the head requires two or three distinct operations; to put it on, is a peculiar business, to whiten the pins is another; it is even a trade by itself to put them into the paper; and the important business of making a pin is, in this manner, divided into about eighteen distinct operations,

18개 공정으로 분업: 10인의 노동자가 18공정을 담당

Those ten persons, therefore, could make among them upwards of forty-eight thousand pins in a day. Each person, therefore, making a tenth part of forty-eight thousand pins, might be considered as making four thousand eight hundred pins in a day. But if they had all wrought separately and independently, and without any of them having been educated to this peculiar business, they certainly could not each of them have made twenty, perhaps not one pin in a day; that is, certainly, not the two hundred and fortieth, perhaps not the four thousand eight hundredth part of what they are at present capable of performing, in consequence of a proper division and combination of their different operations.

분업이 없으면(각 1인이 18공정을 각기 수행):
　　1인 하루생산량　　　　1-20개　　10인의 하루생산량　　　10-200개
10인이 18공정을 분업:
　　1인 하루생산량　　　　4,800개　　10인의 하루생산량　　　48,000개
생산성 증가 비율　　　　최소240배

분업이 없으면(각 1인이 18공정을 각기 수행)

　　아담 스미스는 국부론 1책 1과에서 핀생산 공장의 분업에 대해서 설명하고 있다. 이 사례는 아담 스미스가 당시 핀생산 공장을 직접 보고 기록한 것으로 생각된다. 아담 스미스는 산업현장의 지식에 밝았던 것으로 보이며, 1778년 스코틀랜드의 관세청장(commissioner of customs in Scotland)에 임명되기도 했다. 당시는 영국의 산업혁명이 진행되던 초기여서 산업활동이 활발하던 시기이다.

　　아담 스미스는 핀생산 공장의 생산공정이 철사를 두드려 만들고, 이것을 핀 크기로 자르고, 끝은 뾰족하게 하고, 이와는 별도로 핀의 머리를 만드는 작업을 하고, 그래서 이 핀 머리를 핀에 얹어주고, 이것을 깨끗하게 손질하고, 포장하는 18개 공정 단계로 나눌 수 있다고 하였다. 이 18개 공정을 10명의 노동자가 감당한다고 하자.

　　만약 10명의 노동자가 각각 독립적으로 18개 공정을 수행한다고 한다면, 한 사람은 하루에 1개 내지 최대 20개 정도밖에 만들 수 없다고 하였다. 10인이 생산한다면 10개에서 최대한 200개의 핀을 생산하게 된다. 그런데 아담 스미스의 관찰에 의하면, 10명의 인력이 18개 공정을 분할해서 분업한다면, 10인 공장의 핀생산이 48,000개로 증가한다는 사실을 알게 된 것이다. 1인의 하루 생산량이 4,800개에 이르게 되는 것이다. 분업으로 인한 노동생산성 증가가 무려 최소

240배에서 최대 4,800배에 이르게 된다.

그 이유는 여러 가지가 있을 수 있다. 같은 작업의 반복에서 오는 숙련도 향상, 도구의 힘, 시너지 등. 그러나 분업이 놀라운 생산성의 증가를 이룬다는 것은 아담 스미스 관찰에 의한 엄청난 발견이다.

그러면 분업은 어떻게 발생하는가? 분업이 어떤 의미를 가지는가를 설명한 다음, 아담 스미스는 이 질문을 하게 된다. 이제 분업이 어떻게 발생하는지를 알게 되면 우리는 어떻게 국부를 만들어낼 것인지를 알게 되기 때문이다. 아담 스미스는 분업이 교환을 통해서 이루어진다고 답하고 있다(국부론 1책 2과).

여기서 교환이 무엇을 말하는지 하는 것은, 아담 스미스 그리고 그 이후 대부분의 경제학자들이 말하는 교환과 필자가 말하는 교환 사이에 차이가 있다. 이 문제는 이 책의 중심 주제이고 차차 상세히 설명된다. 여기서 그 문제는 잠시 미뤄두기로 한다.

한 나라가 경제발전을 이루는 과정은 간단하다. 이 분업을 만들어내야 하는 것이다. 어떻게 분업을 만드는가? 교환을 통해서이다. 즉, 교환을 장려하면 분업은 따라오게 되어 있다. 한국의 경제발전이 그랬고, 중국의 경제발전이 시장경제에 의해 이룩되는 원리도 여기에 있었다. 영국이나 미국의 산업혁명도 마찬가지였다.

이 책은 교환에 관한 내용이 중심이다. 다시 말해서, 이 책의 구석구석에서 교환과 연결되는 분업 그리고 그 결과로 나타나는 생산성 증가를 되풀이하며 언급할 것이다.

1-5 정글에는 경쟁도 시장도 없다

시장이 무엇인가 하는 문제로 되돌아가서 잠시 경쟁(competition)의 문제를 생각해보자. 시장은 무엇인가 하는 문제에서 경쟁(competition)은 핵심적 주제어이다. 그러면 경쟁은 무엇인가? 이 역시 경제학자들에게 낯선 질문이다. 언제나 경쟁을 말하지만 경쟁이 무엇인지는 별반 생각해본 적이 없다. 그저 정해진 자리에 다수의 지원자가 쟁투(rivalry)하는 것으로 생각하는 정도라고 할 수 있다. 쟁투(rivalry)와 경쟁(competition)은 무엇이 다른가?

정글에 사는 원시인에게 쟁투는 존재한다. 정글에서 경쟁은 존재하는가? 경쟁은 존재하지 않는다. 경쟁은 질서를 전제로 한다. 경쟁은 질서를 만들어 내는 제도 위에서 만들어진다. 대표적 경쟁은 또는 경쟁질서는 스포츠 게임이다. 스포츠 게임은 스포츠 게임규칙이라는 제도 위에 만들어진 경쟁질서의 소산이라고 할 수 있다.

게임규칙이 없는 스포츠는 더 이상 스포츠가 아니다. 난장판일 뿐이다. 선수도 관중도 그것을 게임으로 즐길 수 없다. 규칙이 없다면 누가 테니스를 하고 싶겠는가? 규칙이 없다면 누가 축구를, 야구를, 농구를, 배구를 연습하고, 게임하고 운동으로 연마하는 데 흥미를 느끼겠는가? 그 많은 올림픽 종목은 존속이 되겠는가? 당연히 운동의 역할을 할 수도 없다. 규칙이 없이는 스포츠의 실패가 나타날 뿐이다.

시장도 마찬가지이다. 정글에 시장은 없다. 시장은 정교한 경쟁질서이다. 이것이 시장 논의의 핵심 포인트이다. 그러면 왜 경제학은 경쟁질서를 진지하게 또는 분석적으로 논의하지 않은 것인가? 아마 많은 경제학자들이 경쟁질서를 중요하게 생각했었다는 증거를 예로 공정거래법이라든지 법경제학이라든지 하는 예를 들 수도 있다.

문제는 그러한 (시장)제도에 대한 논의가 경제학의 경제분석과 별개로 경제분석의 외적 환경요인으로 취급되어 논의되었다는 것이다. 시장제도와 경제분석이 별개로 취급되었다. 그래서 왜 어떤 특수 시장제도가 필요한지, 그것이 경제활동에 어떻게 영향을 주는지에 대한 이해가 도통 명확하지가 않다.

제도를 분석적 차원에서 파악한 가장 주목할 만한 시도가 코즈교수(Ronald H. Coase)의 거래비용(transaction cost) 개념이다. 오직 거래비용의 개념만으로 제도가 어떻게 교환행동에 영향을 주는지 하는 경로를 제시하려고 했다. 그러나 이미 언급하였고, 다시 논의하게 되지만, 거래비용은 잘못된 개념이다.

이 문제는 다시 더 깊이 논의할 것이다. 여기서 잠시 외도를 해서 경쟁질서에 대해 생각해보기로 하자. 모든 시장은 경쟁질서이지만, 모든 경쟁질서가 다 시장은 아니다. 스포츠 게임이 그 자체로 시장은 아니지 않는가? 시장은 경쟁의 상부구조, 즉 시장은 경쟁질서를 토대로 조성되는 것이란 의미이다. 우리 생활 중에는 시장이 아닌 많은 경쟁질서가 존재하고 있다.

1-6 대학 기여입학제의 사례*

경쟁은 정교한 제도 위에서 만들어진다는 명제는 당연한 것처럼 들리지만 우리가 생각하는 것만큼 당연한 것이 아니다. 왜냐하면 우리는 자주 이 명제와 어긋나는 주장을 하며 그러면서 무엇이 잘못인지에 대해서 분명한 판단을 하지 못하는 경우가 있기 때문이다. 이 경향은 경제학자들 사이에서 더욱 그렇다. 경제학자들은 '시장에 맡겨야 한다'고 주장한다. 이 때 시장과 경쟁질서를 혼동하는 경향이 있다.

시장보다 경쟁질서가 선행한다는 점을 간과한다. '시장'을 돈으로 사고 파는 것(수요와 공급?) 정도로 해석한다. 그 결과는 참혹하다. 이러한 주장은 생각보다 빈번하게, 특히 저널리즘에서 자주 목도된다. 하나의 사례가 대학의 기여입학제이다.[15]

대학을 만들어 학생들을 선발하고 이들을 교육하는 제도는 사회 운영에 중요한 기여를 하는 인류 문화유산이다. 누구나 좋은 조건을 갖춘 대학에 입학하고자 하는 열망을 가지고 있으며 이 경쟁질서를 관리하기 위해서 입학시험 또는 입학사정이라는 제도가 있다. 지원자의 학습능력을 평가해서 자질이 우수하다고 평가되는 지원자를 선발하는 제도이다. 대학입시의 경쟁질서는 입학시험 – 입학사정 제도에 의해서 운영되는 것이다.

대학이라고 하는 문화유산은 정교하게 디자인된 기반제도 위에서 작동하는 시스템이다. 이 기반제도가 무너진다면 대학은 더 이상 기능하지 않게 된다. 예컨대 시험제도가 무너진다면 대학이 기능하겠는가? 교수가 연구비 조달을 위해서 학생들에게 뇌물을 받아 시험점수를 올려준다면 비록 연구비는 조달 될지 몰라도, 과연 그것이 대학의 학문 콘텐츠 생산에 기여하겠는가? 상아탑의 화려함에 약간의 기여를 할 지는 몰라도 그 결과 상아탑의 기둥이 무너진다면 무슨 소용이 있는가?

대학은 학문의 수월성을 만들어 가는 경쟁질서 위에서 존재하는 것이다. 경쟁질서가 먼저이다. 대학 수월성은 그 경쟁질서의 결과이다. 다시 말하자면, 경쟁질서를 부인하고 대학의 학문적 수월성이 만들어질 수는 없다는 말이다.

---

* 본 절은 13장 4절까지 읽은 연후에 읽을 것을 독자들에게 권해드린다.

15) 다른 사례로는 대마초나 심지어 코카인 등 마약 거래 등 혐오행동(repugnant behaviors)을 단속하기 보다 시장의 자유거래에 맡기자는 주장이 있다.

기여입학제는 입학시험 – 입학사정 제도를 부정하여 대학의 경쟁질서를 해치는 정책이다.

이 문제와 관련해서 비용 – 편익분석(benefit cost analysis)은 도움이 되지 않는다. 왜 그럴까? 기여입학제로 얻어지는 연구비 또는 장학금의 편익과 입학시험 – 입학사정제도의 희생으로 발생하는 비용을 비교하면 될 것 아닌가? 이 문제는 생각보다 뿌리가 깊은 문제이다. 이 문제는 제도를 거래비용으로 생각하는 사고와 연결되어 있다. 제도는 거래비용으로 측정될 수 있는 것인가? 코즈 교수는 그렇다고 하였다(Coase, 1960). 그러나 클라인 교수 등(Klein et al., 1978)은 문제가 있다고 하였다.

여기서는 다만 거래비용 접근방법이 문제가 있다는 점을 지적하고자 한다. 제도가 (거래)비용만의 문제라면 기여입학제 문제가 비용 – 편익분석의 문제로 귀착된다는 주장을 부정할 방법이 없다.[16) 이 문제는 다른 장(3장과 4장)에서 상세히 다루게 된다.

대학의 기여입학제도는 혐오행동(repugnant behavior)에 대한 단속제도와 관련이 있는 것으로 보인다. 혐오행동은 대마초, 코카인과 같은 마약거래 등을 시장의 자유거래를 통해서 단속할 수 있는가 하는 문제이다. 예컨대, 담배나 술은 자유거래를 허용하고 가격인상을 통해서 공급을 단속하고 있다. 혐오행동을 합법화 하고 세금을 통해서 이 행동을 단속할 수 있지 않겠는가 하는 문제이다.

---

16) 거래비용 접근방법은 '견해 B'로 파악되는 문제를, '견해 A'의 접근방법으로 해결하려는 시도이다. 견해 A, B를 구분하면 분석이 분명해진다. 혐오행동에 대한 단속의 문제는 (차후로 설명되는) 공감차원의 현상이다. 즉, 견해 B에 의해서만 문제의 본질이 이해될 수 있다. 예컨대, 혐오행동에 대한 단속을 시장의 자유거래에 맡기고 담배에서 같이 세금을 부과하자는 주장은 혐오행동이 사회에 끼치는 해악을 교정하는데 들어가는 비용만큼을 세금(t)으로 계산해서 가격에 부가하여 지불하도록 하면 되지 않겠느냐 하는 논리가 된다. 이것은 견해 A에 따르는 논리이다. 그러나 문제는 그렇게 단순하지 않다. 혐오행동을 특정하는 시장제도를 만들어 내야 하는 과정이 선행되어야 하는 것이다.

이것은 쉽지 않은 문제이다. 구체적 혐오행동을 특정해내는 시장제도의 도입이 사회질서(또는 여타의 시장제도)를 구성하는 다른 질서규범을 훼손할 우려가 있기 때문이다. 가격에 세금을 붙여 공급을 단속하는 문제는 이러한 제도간 갈등 문제를 면밀하게 디자인 해서 혐오행동 시장제도를 고립시킨 후에 가능한 것이다. 혐오행동 시장제도를 고립해내는 것이 가능한 일인가 하는 본질적 질문이 살아있음은 물론이다(이 문제는 이 책의 2부에서 시장제도형식의 특수성 요인으로 구분되어 설명된다).

즉, 이 문제는 본질적으로 공감차원의 현상인 것이다. 견해 B에 의해서만 설명이 가능한 문제이다. 7장의 3절에 왜 견해 B에 의해서만 설명이 가능한지가 상세히 설명된다.

이 문제를 본격적으로 논의하기 위해서는 5장 이하에서부터 12장에 이르는 본문의 내용이 이해되어야 한다. 다만 여기서는 기여입학제라는 논의를 마무리 하는 수준에서 다음의 결론으로 대신하고자 한다.

혐오행동을 시장의 자유거래를 통해서 단속하기 위해서는 시장(제도)을 만 들어서 시장을 조성해주어야 한다. 그런데 혐오행동 시장을 조성하고자 만들어 놓은 제도가 다른 교환행동의 제도와 충돌할 수 있는지 하는 문제가 있다. 혐오 행동 시장의 조성이 다른 교환행동의 교환시스템을 해체하는 역효과를 줄 수 있 기 때문이다. 대학입시의 문제도 마찬가지이다. 기여입학제를 도입하는 과정에 서 발생한 도덕률(신뢰)의 훼손이, 예컨대 '학습능력이 개인능력에 대한 평가의 기준이 되어야 한다'는 교육제도의 기본원칙에 대한 훼손으로 연결되는 결과를 낳는 문제가 발생한다. 기여입학제의 도입이 대학제도를 지탱하는 신뢰의 원칙 을 훼손할 수 있다는 말이 된다.

1-7 ＼ 정글은 자유 상태인가?

시장이 무엇인가를 생각하기 위해서 정글을 상정하여 둘 사이에 어떤 차이 가 있는지를 비교하였다. 그 과정에서 경쟁과 경쟁질서를 생각하게 되었다. 그 리고 하나의 사례로 대학의 기여입학제 문제를 생각해보았다. 기왕에 사례를 생 각하게 되었으니 또 하나의 중요한 주제를 생각해보자. 이 문제는 시장과 무관 하지 않다. 그것은 '자유(freedom)는 정글에서 존재하는가' 하는 문제이다. 왜 이 문제가 중요한가 하면, 경제학자들 사이에서, 시장에 대해서 그런 것과 마찬가 지로, 자유에 대한 많은 오해가 있는 듯 하기 때문이다. 특히 규제(regulation) 문 제와 관련해서 그렇다.

일부의 경제학자들은, 특히 한국의 경제학자들에게서 더욱, 마치 규제를 죄 악시하는 경향을 빈번히 볼 수 있다. 이 주제가 자유 문제와 결부되어 있다. 규 제는 (경제적) 자유를 제약한다는 주장이다. 그러한 주장들을 들으면 아무런 규 제가 없는 상태가 자유가 가장 발현되는 상태인 듯한 주장처럼 들린다. 실제로 저널리즘에서 주장되는 리버테리언(libertarian)한 자유를 주장하는 논리를 보면 이런 주장들을 하고 있다.

이것은 과연 사실인가? 이것은 바로 '정글에서 자유는 존재하는가' 하는 질문이 된다.

정글에는 자유가 존재하지 않는다. 공포가 존재할 뿐이다. 이것이 토마스 홉스가 진지하게 논구한 주제이며, 그로 인해서 근대 정치학 사고의 사상적 기반을 마련하게 된 주제이다(Hobbes, 1651). 홉스 이전의 시기에는 대부분의 사고가 기독교적 신학의 영향에서 벗어날 수 없었다. 홉스와 동시대를 중심으로 해서 철학적 사고가 인간에서부터 출발하게 된다.

인간이 자신의 신체적, 정신적 자유를 가지고 있다고 했을 때, 그리고 사회적으로 이러한 인간을 제약하는 아무 다른 제약이 없다고 했을 때, 그 때 개개인이 당면하게 되는 사회상태(the state of nature)는 어떠한 것일까? 이것이 바로 정글이라고 표현하고 있는 것이다. 홉스는 이 사회상태를 '만인 대 만인 간의 쟁투(the war of all against all)'라고 적나라하게 묘사하고 있다(Hobbes, 1651, chapter 8).[17]

> 그 조건에서 생산적 활동이 이루어질 여지는 없다. 왜냐하면 생산활동의 과실이 불확실하기 때문이다. 때문에 지구상에 문화가 존재할 수 없다. (해상으로) 수입되는 상품에 대한 항해도 불가능하고 그 상품을 사용할 수도 없다. 빌딩도 없다. 무거운 물건을 옮길 수도 제거할 수도 없다. 지구에 대한 지식도 없다. 시간 개념도 없게 되고, 예술도, 문학도, 사회도 없다. 최악인 것은 끝없는 공포(continual fear)와 죽음을 위협하는 폭력의 위험이 있을 뿐이다. 인간의 삶은 고독하고, 헐벗고, 야비하고, 금수와 같고, 단명하게 된다.

홉스에 의하면, 사람들은 이러한 자연상태(the state of nature), 즉 정글의 공포로부터 자구책으로 사회계약(social contract)을 하게 된다고 한다. 물론 홉스가

---

17) 정글부족의 일상을 보도하는 TV다큐 리포트를 보면 이를 해설하는 사람들이 이 부족민들의 생활을 묘사할 때 어이없는 멘트를 하는 것을 볼 수 있다. 즉, 부족민들이 그날 그날의 수렵(hunting and gathering)에 만족하고 더 이상 (많이 가지고 축적하려는) 욕심을 내지 않는다고 이들의 삶을 예찬한다. 이것은 사실일까? 만약 이들이 수렵에 욕심을 내고 더 많이 축적하려고 한다면 어떤 일이 일어날까 하는 상황을 생각해보자. 그 결과는 참혹하다. 필시 누군가가 이 축적된 부를 빼앗으려 하거나 이 이웃의 부를 시기해서 그 주인을 해치려 할 것이다. 정글의 삶은 재산권 제도가 보장되지 않은 삶이다. 이 두려움이 이들을 부의 축적에 망설이게 만든다. 그래서 정글의 삶은 빈곤과 기아에서 벗어날 수가 없다.

의미한 사회계약이 지금 우리가 누리는 자유민주주의 체제는 아니었다. 레비아 던(Leviathan), 즉 절대군주제도에 대한 정당화였다.

그러나 홉스에 의해서 이룩된 것이 있다. 신(God)중심의 사고에서 벗어나서 인간의 자유에서 출발하는 사고체계가 인간의 자발적 의지에 의해서 사회계약에 이른다는 정치학의 기초를 놓은 것이다. 인간의 자유는 그것이 사회적 시스템으로 완성되기 위해서, 그 자체만의 방임으로는 불완전하다는 것이다. 사회계약, 더 나아가서 제도의 도입을 필요로 한다.

이 사고는 '시장이 무엇인가' 하는 우리의 질문에도 해당한다. 자유가 사회적 시스템으로 완성되기 위해서 사회계약으로서의 제도를 필요로 하듯이, 시장도 계약의 자유를 시장 시스템으로 완성하기 위해서 사회계약으로서의 시장 제도를 필요로 하는 것이다. 시장 제도가 부재한 상태에서 시장의 기능, 즉 교환의 기능은 작동하지 않게 된다.

이 문제는 다음 장(2장 3절)에 애컬로프의 시장실패 문제와 관련해서 보다 자세히 논의한다(Akerlof, 1970).

제2장 제한적 합리성의 문제

2-1 시장은 언제든 실패할 수 있다

시장은 수요와 공급만으로는 설명될 수가 없다. 그러면 시장을 수요와 공급, 그리고 균형과 가격으로 설명하는 접근방법과 시장은 정교한 제도 위에서 만들어진 경쟁질서의 결과라고 설명하는 접근방법의 사이에는 어떤 간격이 있는 것인가? 전자(견해 A)는 시장이 주어진 것이라는 전제 위에서 생각이 출발하는 데 비해서 후자(견해 B)는 시장이 만들어지는 것이라는 견해를 가지고 있다. 시장은 만들어지는 것 일뿐만 아니라 시장을 만들어내기 위해서는, 기술, 혁신, 사업심(entrepreneurship), 조직 및 네트워크, 노하우, 시장 인프라 그리고 필요조건으로서의 시장제도 및 조직운영이 시장 작동의 전제조건으로 필요하다.

시장은 전제조건이 갖추어지지 않으면 언제든 실패(exchange failure)할 수 있다. 시장이 실패한다는 것은 무엇을 의미하는가? 시장이 실패한다는 것은 교환거래가 이루어지지 않는다는 것을 의미한다. 교환거래가 언제든 일어나지 않을 수 있는 것이다. 교환거래는 당연히 일어나는 것이 아니다.[18]

교환거래가 실패하는 현상을 최초로 인지한 사람은 애컬로프 교수(Akerlof, 1970)이다.[19] 중고차(used car) 매매의 경우 파는 사람은 그 차를 타던 사람이라

---

[18] 교환거래가 일어나기 위해서 필요한 전제조건을 거래비용(transaction cost)으로 즉, 비용으로 계산하려는 시도가 코즈 교수(R. Coase)의 접근방법이다. 필자는 거래비용으로 전제조건을 계측할 수 있다는 가설에 동의하지 않는다. 거래비용으로 시장이 작동하기 위한 전제조건을 계산해낼 수 있다면, 가치−비용의 계산으로 시장을 모두 파악할 수 있는 것이다. 시장제도를 별도로 생각해야 할 이유가 없어지게 된다.

[19] 메커니즘 설계(mechanism design) 접근방법을 연구하는 사람들은(Roth, 2002, 2008) 에컬로프의 시장실패를 언급하지 않은 채로 시장의 메커니즘 설계를 논하고 있다. 시장이 설계를 필요로 한다는 점을 '왜 그래야 하는가?' 하는 의문을 제기하지 않은 채로 진행하고 있는 것이다. 또한 이들은 시장이 무엇인지를 분명히 하고 있지 않다. 신장이식을 알선하는 메커니즘이 시장행동인가 아니면 시장을 만드는 행동인가? 도무지 분명하지 않다.

그의 결함, 장점 등에 대해서 상세한 정보를 가지고 있다. 반면 중고차를 사는 사람은 그 차에 대해서 아는 정보가 별반 없다. 이렇게 정보의 비대칭(information asymmetry)이 발생하는 경우, 중고차를 파는 사람은 유리한 정보를 이용해서 더 높은 가격을 받기 위한 기회주의적 행동(opportunistic behavior)을 하게 된다. 반면 중고차를 사는 사람은 정보부족의 핸디캡 속에서 제시되는 거래조건에 의혹을 갖게 된다. 결국 서로 간의 의심으로 인해서, 교환거래는 성사되지 못한다. 각 가격수준에 구매의사가 있음에도 불구하고 거래가 이루어지지 않는다는 말이다.

▌그림 2-1: 애컬로프(Akerlof)의 중고차 시장실패

"나쁜(bad) 차가 덜 나쁜(not-so-bad)를 몰아내고, 덜 나쁜 차가 중간 품질(medium) 차를 몰아내고, 중간 품질 차가 차선 품질의(not-so-good) 차를 몰아내고, 차선 품질 차가 좋은(good) 차를 몰아내서, 더 이상 중고차 시장이 존재하지 못하게 된다."

몰아내기: 나쁜 → 덜 나쁜 → 중간 품질 → 차선 품질 → 좋은

그러나 노벨상 수상자 애컬로프 교수의 대표저작인 이 논문은 시장의 실패가 정보 비대칭이 발생하는 경우로 국한해서 설명하고 있다. 즉, 시장의 실패가 일반적 현상일 수 있는 가능성을 논의하지 않고 있다.

시장의 실패란 무엇인가? 매매거래를 하지 않는 것을 말한다. 망설임(wavering)으로 매매거래를 하지 못한다면 그것은 시장의 실패(거래의 실종)가 된다. 과연 사람들은 시장에서 매매거래를 할 때, 매매의 결정과 매매하지 않는 결정을 함에 있어서 아무런 망설임 없이 의사결정을 할까?

사람들은 대부분 '매매를 전제로 몇 개를 사느냐'라는 선택을 하기보다 '망설임에 머무느냐, 매매결정을 하느냐' 하는 경우에 당면하게 된다. 이 문제는 다음 절에서 인간의 인지시스템을 논의함으로써 보다 분명해진다. 중고차 시장과

같이 예외적인 경우가 아니라, 모든 거래에서 망설임과 구매선택 간의 문제가 발생한다. 구매 선택으로 가지 않고 망설임에 머무름으로써 시장의 실패(거래의 실종)는 언제나 나타나는 현상이란 말이 된다.

2-2 두 과정의 인지시스템

▌표 2-1: 인지시스템1과 인지시스템2

	지각 (perception):	직관 (intuition)	추론 (reasoning)
	시스템 1		시스템 2
과정 (process)	빠른 (fast) 평행적 (parallel) 자동적 (automatic) 노력없이 (effortless) 연상적 (associative) 비 학습적인 (slow-learning) 감정적 (emotional)		느린 (slow) 순차적 (serial) 통제된 (controlled) 노력해서 (effortful) 규범체계적 (rule – governed) 사유적 유연성 (flexible) 비 감정적 (nentral)
인지 콘텐츠 (content)	집적 지각 (percepts) 현재적 자극 (current stimulation) 자극을 주는 (stimulus-bound)		개념적 표현 (conceptual representations) 과거, 현재, 미래 (past, present and future) 언어로 되살리는 (can be evoked by language)

자료: Daniel Kahneman(2003)

교환의 망설임(wavering) 문제에 대하여 생각하기 위해서는 사람의 인지시스템(human cognitive system)에 대한 이해가 필요하다. 합리적 선택 모델(RAM: rational agent model)은 사람들이 합리적 의사결정을 한다고 본다. 사이먼(Herbert Simon) 교수가 의사결정의 합리성 가설에 문제를 제기하고 제한적 합리성(bounded rationality) 가설을 제시한 이래로, 행동경제학(behavioral economics)의 학자들은 수많은 실험을 통해서 사람의 인지시스템 구조를 탐구하였다. 그 결과를 종합 정리한 것이 위의 [표 2 – 1: 인지시스템1과 인지시스템2]이다(Chaiken and Trope, 1999; Gilbert, 2002; Stanovich and West, 2002; Kahneman, 2003).

이 표는 인간 심리에 대한 수많은 실험을 통해서 알게 된 사람의 인지시스템구조를 종합 정리해 놓고 있다. 인지경제학자들은 인간의 인지가 지각(知覺

perception)에서 시작하고 있음을 말하고 있다. 이것은 경험론의 철학자 흄 (Hume)의 인식론(epistemology)과 흡사하다(Hume, 1739). 흄은 인간의 인식이 인상(印象 impression)에서 시작한다고 본다. 지각 또는 인상은 인지경제학 및 경험론의 시작이다.

사람들이 지각의 경험을 하게 되면, 그것은 직관(直觀 intuition)을 유발한다. 붓꽃이나 장미를 본다든지, 로마의 콜로세움, 건강한 어린아이, 희랍의 조각상, 고양이나 강아지를 본다면, 바하-모짜르트의 실내악을 들으면 아름다움, 균형 잡힌 안정감, 사랑스러움, 장엄함 등의 감정을 느끼게 된다. 마찬가지로 더러운 화장실, 병자, 부패한 사체, 자동차의 굉음, 도시의 소음, 오염된 하천, 시든 꽃을 보면 혐오감, 역겨움, 괴로움 등을 느끼게 된다. 이렇게 지각(perception: 붓꽃, 장미, 콜로세움...)에서 시작한 인지시스템은 직관(intuition: 아름다움, 장엄함...)에 이르게 된다.

이러한 감정의 유발은 특수한 경우만 생겨나는 것이 아니고, 모든 지각의 경험은 일단 직관을 유발한다. 사람을 만나면, 아름답다, 잘 생겼다, 추하다, 평범하다, 지루하다, 예민하다 등의 직관과 인상을 갖게 된다. 물건을 접해도 마찬가지이다. 예쁜, 균형 잡힌, 맛있는, 역겨운, 작은, 큰, 진품 같은, 모조품 같은, 끌리는, 비호감적인 물건이라는 직관과 인상을 갖게 된다.

이러한 직관(intuition)의 인지과정은 지각(perception)과 통합적으로 나타나는 통합적 시스템(cognitive system 1)이라고 할 수 있다. 왜냐하면 지각에서 나타나는 직관은 빠르고(fast), 평행적이고(parallel), 자동적이고(automatic), 노력 없이 나타나고(effortless), 연상적이고(associative), 학습으로 얻어지는 것이 아니고 (slow-learning), 감정적(emotional)인 인지과정이기 때문이다.

▌그림 2-2: 대니얼 카네먼(Daniel Kahneman) 교수

반면에 합리적으로 생각하는 것 또는 추론적(推論 reasoning) 과정은 별개의 인지시스템(cognitive system 2)이다. 추론이란, 예컨대, 아름다움, 장엄함 등의 정도를 비교 가능한 척도로 판단하는 것이다. 예컨대 미스 코리아 경연대회에 참가한 미인들은 모두 예쁘다. 이것은 지각─직관의 시스템1이다. 그러나 이들을 점수로 환산해서 등수를 매긴다고 하면 추론적 과정이 되고 인지시스템2의 영역에 들어오게 된다. 지각(perception)으로부터 추론에 이르는 과정은 지체적(slow)이고, 순차적(serial)이며, 통제된(controlled), 노력 결과적(effortful), 규범 체계적(rule governed), 사유적 유연성 있는(flexible), 비 감성적(neutral) 과정이다.

직관은 직접적 인지과정이다. 또한 접근적(accessible) 인지시스템이다. 이에 반해서 추론적 인지시스템은 간접적이고 인지적 접근력이 덜 하다(less accessible). 문제는 경제학의 합리적 의사결정 모델(rational agent model)이 직접적인 인지시스템인 직관이 아니라 간접적인 인지시스템인 추론(reasoning)에 기초를 두고 있다는 점이다.

2-3 애컬로프의 시장 실패

추론적 인지시스템에서는 지각(perception)이 합리적 의사결정을 가능하게 하는 수리적 개념화가 이루어지기 때문에 합리적 의사결정 모델의 운용이 가능하다. 인지시스템이 직관의 인지시스템 없이 추론적 인지시스템 만으로 이루어졌다면 합리적 의사결정 모델은 현실을 반영하는 모델로 아무런 문제가 없다.

▍그림 2-3: 허버트 사이먼(Herbert A. Simon, 1916 – 2001) 교수

그러나 직관이 추론보다 더 직접적이고 접근적(accessible)인 인지시스템에서는 합리적 의사결정 모델은 문제에 당면하게 된다.

이 문제를 가장 먼저 제기한 사람이 사이먼 교수(Herbert A. Simon, 1916－2001) 이다. 사람들이 인지능력의 한계로 합리적 의사결정을 하기 보다 제한적 합리성 (bounded rationality)의 의사결정을 한다고 지적하였다. 이것이 카네만 교수 및 행동경제학의 인간 인지시스템에 대한 실험으로 입증된 셈이다.

사람들이 의사결정을 할 때, 추론적 인지시스템을 이용하는 것이 아니라 직관적 인지시스템을 더 직접적으로 그리고 더 접근적으로 이용하기 때문에 합리적 의사결정 모델(rational agent model)은 문제에 봉착하게 된다. 추론적 인지시스템을 가정하고 세운 합리적 의사결정 모델(RAM)의 시장의 교환모델은 실제로 직관적 인지시스템에 의해서 의사결정이 이루어지는 상황에서는 교환의 망설임 (wavering)으로 나타나게 되는 것이다. 가격을 떨어뜨려도 거래가 이루어지지 않게 되는 현상(구매자가 구매를 하지 않는 현상)이 발생하는 것이다. 애컬로프 교수 (Akerlof, 1970)는 이것을 시장의 실패라고 하였다.[20] 교환이 이루어지지 않기 때문이다.

2-4 \ 왜 망설임(wavering)은 일반적 현상인가

왜 교환의 실패가 나타나는가? 애컬로프 교수는 이것을 정보비대칭으로 인한 기회주의적 행동과 구매자의 의구심이 원인이라고 보았다. 가격이 교환을 결정한다는 합리적 의사결정(rational agent model)이 통하지 않는 현상을 지적한 애컬로프의 관찰은 정확하다. 다만 이 현상을 인간 인지시스템에서 그 원인이 발생하는 망설임(wavering)이라고 파악하지 않고, 합리적 의사결정 모델(rational agent model)의 틀에서 교환의 실패라고 본 것이 인지경제학적 해석과의 차이점이다.

애컬로프는 이러한 인지적 현상을 합리적 의사결정 모델로 설명하고 있기 때문에, 이러한 현상을 예외적 현상으로 취급하였다. 예컨대, 중고 자동차 시장

---

[20] 다만, 애컬로프 교수(Akerlof, 1970)는 이것을 인지시스템의 문제라고 제기한 것이 아니라 정보의 비대칭 문제라고 생각하였다. 그러나 나중에(Akerlof, 2002) 그는 인지시스템의 중요성을 언급한다.

(used car market), 노인의 건강보험 등이다. 그러나 이 현상이 인간의 인지시스템에서 발생하는 현상이라는 것을 파악하게 되면, 이 현상은 더 이상 예외적 현상이 아니게 된다. 즉, 일반적 현상인 것이다.

사람들이 교환의 의사결정을 할 때, 가격으로 의사결정을 하는 것이 아니라, 더 직접적이고 접근적(accessible) 인지시스템인 지각－직관의 영향을 받게 되는 것이다. 따라서 의구심이 더 직접적이고 접근적으로 작동해서 가격이 맞아도 구매에 응하지 않게 되는 것이다. 모든 교환거래에서 가격보다 더 직접적이고 더 접근적인 것은 지각－직관 인지시스템이다(Rhee, 2018c).

직관적 인지시스템에서는 의사결정이 구매결정과 구매거부 결정보다 더 직접적이고 접근적 지각－직관 인지시스템의 결과로 구매 망설임(wavering)의 의사결정을 하게 되는 것이다.21) '구매를 전제로 몇 개를 살 것인가' 하는 의사결정은 결정적(determinate) 현상이다. 구매 망설임은 '살 것(결정)인가 말 것(비결정)인가'를 고민하는 비결정적(indeterminate) 현상이다. 인간의 인지시스템은 우리의 의사결정이 비결정적 영역에서 나타나는 현상일 수밖에 없다는 사실을 확인해준다. 즉, 망설임으로 인한 교환의 실패가 경제활동의 일반적 현상이 되는 것이다. 그러니까 시장 또는 교환의 실패는 언제나 일어날 수 있는 일반적 현상이라는 말이 된다.

2-5 ＼ 교환의 망설임을 제어하는 제도

시장(교환)이 언제나 실패할 수 있다는 현상의 파악은 시장이 어떻게 만들어지는 것인가 하는 질문에 해답을 주는 열쇠를 제공한다. 즉, 지각－직관 인지시스템의 작동으로 발생하는 교환 의사결정의 망설임을 제어할 수 있으면 되는 것이다. 어떻게 교환 의사결정의 망설임을 제어할 수 있는가? 예컨대 표준의 제도화가 그 수단이다. 중고차 시장에 차의 성능을 표시할 수 있는 표준의 제도화를 도입한다면, 그 표준 기준의 신뢰성만큼 구매의 망설임은 제어될 수 있다.

어떻게 표준 기준이 구매의 망설임을 제어할 수 있느냐고? 구매의 망설임은 구매자가 중고차의 품질에 대한 확신을 가지고 있지 못한 상태에서 판매자의 판

---

21) 애컬로프 교수는 '태만과 복종(procrastination and obedience)'이라는 그의 논문(Akerlof, 1991)에서 망설임과 유사한 태만이라는 개념을 도입하고 있다.

매 조건에 대한 신뢰를 확신할 수 없을 때 발생한다. 이때 자동차 품질을 기준에 따라 표시할 수 있는 표준의 제도화가 이루어진다면, 판매자도 기회주의적 행동(opportunistic behavior)을 하는 데 제약이 있고, 구매자는 자동차 품질을 스스로 평가할 수 있는 기준을 갖게 된다.

그 만큼 구매의 망설임은 제어되고 교환의 가능성은 증가하게 된다. 표준의 제도화가 시장을 만들게 되는 것이다. 표준의 제도화는 시장을 만들고, 표준 제도화가 역행하면 시장이 망가지게 된다.

시장을 만드는 것은 제도인 것이다.

2-6 교환(시장)의 실패인가 가격기구의 실패인가

구매자와 판매자 사이에 정보의 비대칭이 존재할 경우 양자 사이에 신뢰가 없게 되어 교환이 일어나지 않게 된다고 하였다. 애컬로프 교수는 이것을 시장(교환)의 실패라고 하였다. 그러나 서로 다른 인지시스템을 가진 개인 간에 공감을 이루는 과정은 계산적 완벽성에 의해서 재단되는 영역이 아니어서, 예컨대 '산다는 전제하에 몇 개를 살 것인가'의 분명한 판단이 이루어진다고 하기 보다 '살 것인가 말 것인가' 하는 '망설임 – 행동' 사이의 선택일 경우가 비일비재하다고 하였다. 즉, 이 가격에 이 물건을 살 용의가 있지만 믿음이 가지 않아서 또는 마음이 내키지 않아서 사는 행동을 유보하는 경우가 흔하게 발생한다.

애컬로프 교수는 이 망설임을 시장(교환)의 실패라고 부른 것이다. 그러나 이것은 정확한 표현이 아니다. 이러한 망설임은 일반적 현상이다. 즉, 교환에는 언제나 따라다니는 현상이란 말이다. 중고차의 경우는 특수한 것이고, 의류의 경우가 일반적인 사례이다. 옷을 사러 갔다가 마음이 내키지 않아서 사기를 미루고 점포를 나서는 경우가 얼마나 많은가? 그러다가 한해를 넘기는 수도 있다. 이것을 교환의 실패라고 부르는 것은 적절치 않다. 물건을 사는 행동에는 망설임이 언제나 수반되는 현상이다. 교환의 일부로 따라다니는 현상이 발생한 것을 두고 어떻게 교환의 실패라고 부를 수 있겠는가?

그 반대로 충동구매의 경우도 있다. 전혀 살 생각이 없었는데 충동적으로 사게 되는 경우이다. 배고픈 상태로 식료품 쇼핑을 가서는 안된다고 한다. 충동구매를 하게 된다는 말이다. 결국 교환이 가격에 의해서 결정된다고 하기보다 공감(뒤에 다시 상세히 논의된다)에 의해서 결정된다고 하는 주장이 설득력이 있다고 보겠다. 모든 사람은 각자의 인지시스템에 의해서 움직이는 것이다.

문제는 망설임 현상을 고려하지 않고 교환을 정의하고 시장에 갈 때는 구매를 전제로 보고 '몇개를 살 것인가'의 문제만 생각하는 방식으로 분석의 틀을 정한 경제학의 분석구도에 있다. 그것이 가격기구에 의해서 거래의 결정을 설명하는 방식(견해 A)이다. 합리적 의사결정모델(견해 A)은 가격이 구매자−판매자의 행동을 결정한다. 그 행동은 구매를 전제로 하고 '몇 개를 사느냐' 하는 행동이다. 그러나 현실에서 구매자는 구매를 전제로 하지 않는다. '살 것인가 말 것인가' 하는 비결정(indeterminateness) 현상 속에서 의사결정을 하게 된다. 즉, 구매자는 언제나 망설임(wavering) 상황에 놓이게 된다.

애컬로프 교수의 망설임 현상으로 인해서 작동을 실패하게 된 것이 있다면 그것은 시장(교환)이 아니라 가격기구였던 것이다(Rhee, 2018d).

제3장 기회주의적 행동과 현대재산권학파의 분석

갈 길이 먼 제도에 대한 분석적 이해

경제학에서 제도의 중요성은 충분히 인식되어 왔다. 그럼에도 불구하고 제도에 대한 분석적 이해는 아직도 변죽을 울리는 수준에서 벗어나지 못하고 있다. 제도를 거래비용으로 설명하려는 코즈 교수의 시도는 문제의 해결이 아니라 문제의 제기에 만족해야 했다(Coase, 1960). 윌리엄슨 교수의 평생의 업적은 거래비용에 의한 제도의 설명이라기보다 제한적 합리성 문제가 제도의 본질이라는 점에 대한 표명이라고 할 수 있다(Williamson, 2010).

문제의 근원은 제한적 합리성인 것이다. 즉, 인간 인지의 문제인 것이다. 지각-직관적 인지시스템에 근원을 두고 있는 인간의 추리력은 제한적으로 합리적일 수밖에 없다. 행동에 일관성이 보장되지 않고, 기회주의적 행동이 빈번한 인간 사회에서 수 만년에 걸친 경험으로부터 배워낸 것은 제도인 것이다. 관행, 도덕, 표준, 관습, 규범, 규칙 등이 그것이다. 즉, 경험론의 세계에 우리는 살아왔고 또 살고 있다.

제도에 대한 설명은 경험론 차원에서 하지 않고서는 제도의 본질에 접근할 수 없다(Rhee, 2018c). 가치-비용 합리성 차원에서 제도를 설명하려는 신제도학파(new institutional economics)의 시도는 본질에 접근하지 못하고 있다(Grossman and Hart, 1986; Holmstrom, 1989; Maskin and Tirole, 1999a; Roth, 2002).

어떻게 경제학이 가치-비용 합리성 차원에서 경험론의 차원으로 넘어갈 수 있는가? 그 답은 역시 제한적 합리성에서 찾을 수 있다. 즉, 제한적 합리성을 인정할 때 경험론의 세계가 열린다. 그 열쇠를 제공한 것이 행동경제학의 실험들이다. 카네먼 교수 및 행동주의 경제학자 심리학자들의 연구는 인간의 인지시스템에 대한 우리 지식의 지평을 넓혀주었다(Kahneman, 2003).

개인의 지각―직관적 인지시스템이 서로 교류할 수 있는 영역은 오직 공감 차원(SD: sympathy dimension)뿐이다. 이것이 제한적 합리성 차원이다. 이 분석적 차원에서는 의지할 수 있는 것이 오직 경험 뿐이다(Hume, 1739). 경험론의 세계가 열리게 된다. 우리의 그 많은 제도는 모두 하나하나 경험을 통해서 만들어진 것이다. 한번에 만들어진 것이 아니고 수많은 시행착오와 우연을 거쳐서 말이다. 여기서 우연(coincidence)의 역할은 중요하다. 즉, 열린―비결정적 시스템의 세계이다.

3-2 거래비용-분석의 시작

제도를 어떻게 분석적으로 이해할 것인가 하는 문제에서 코즈 교수의 역할은 지대하다(Coase, 1937, 1960). 무엇보다 이 문제를 바른 틀에서 제기한 공로는 결코 과소평가 할 수 없다. '생산을 기업조직으로 할 것인가 또는 시장으로 할 것인가' 하는 질문(Coase, 1937)에서나 '재산권을 어떻게 파악할 것인가?' 하는 질문(Coase, 1960)에서나 제도의 문제를 분석적으로 제기할 단초를 제공한 공로는 단연 코즈 교수에게 돌아가야 한다.

코즈 교수는 정확한 구도에서 질문을 하였을 뿐 아니라, 해답을 제시하였다. 그 해답도 경제학자들이 제도 문제에 대한 분석적 논구를 해 나가는 길잡이의 역할을 하는데 성공하였다. 이 공로는 그가 신제도주의 경제학의 대부로 불리기에 손색이 없다고 하겠다.

그러나 코즈 교수가 제시한 거래비용(transaction cost)은 끝없는 논쟁의 시작이지 종착역은 아니었다. 문제가 그렇게 간단한 것이 아니라는 것이다. 이 논쟁에서 키워드는 기회주의적 행동(opportunistic behavior)이다. 사람들이 기회주의적 행동을 하면 거래비용으로 설명하는 데 문제가 있게 된다.

왜 기회주의적 행동을 하면 문제가 생기는 것일까? 이 문제를 파악하기 위해서는 문제를 구체적 사례에 적용해서 분석을 들이 대어야 한다. 신제도주의 경제학자들이 채택한 사례는 제너럴 모터스(차후로는 GM으로 표기)와 피셔 버디(차후로는 FB로 표기) 간의 계약관계였다.

20세기 초기에 GM은 자동차를 만들기 위해서 차체(car body)를 스스로 제작하지 않고 차체를 생산하는 회사인 FB라는 다른 회사가 있어서 이 회사의 제품을 사서 자동차 제조에 썼다. 이 사례는 전형적인 시장과 기업 간의 선택관계를 보여준다. GM이 FB를 합병해서 한 기업의 조직 안에서 차체를 생산한다면 그것은 생산을 기업 조직에 의존하는 것이 더 효율적이라는 결정을 한 것이 된다. 그러나 FB를 합병하지 않고 FB와 납품계약을 체결해서 FB에서 차체를 납품받아 자동차를 조립한다면 그것은 차체생산을 시장에 맡겨서 조달하는 것이 더 효율적이라고 의사결정을 한 것이 된다.

3-3 기회주의적 행동의 문제

차체 조달을 GM과 FB 간의 합병에 의할 것인가(조직생산), 아니면 계약에 의할 것인가(시장생산)? 양자의 선택지 간에 결정은 결국 가치−비용의 계산에 의존할 수밖에 없다는 것이 거래비용, 즉 코즈 교수의 입장이다. 이 문제는 최초로 코즈 교수의 1937년 논문(Coase, 1937)에서 제기되었지만, 그의 1960년 논문(Coase, 1960)에서 소개한 거래비용의 개념을 가지고 설명한다면, 영(zero)의 거래비용이 가정되는 경우 합병에 의존하는 경우의 비용과 계약에 의존하는 경우의 비용을 비교해서 낮은 쪽으로 정하면 될 것이다. 이것이 거래비용 접근방법의 기본 포지션이라 할 수 있다.

거래비용이 영(zero)이 아니라면 어떨까? 여기에 개념의 혼동이 나타난다. 코즈 교수는 경험의 현상은 거래비용이 영이 아닌 상황이기 때문에 경제학자들이 거래비용 영의 상황을 가정하고 여러 분석을 하는 행태를 비판적으로 지적하였다(Coase, 1960). 그러나 코즈 교수 자신도 거래비용이 영이 아닌 상황에 대한 분석을 제시하지 못하고 있었다. 더 나아가서 거래비용이라고 하는 개념은 비용의 개념에 분석의 축을 맞추고 있다. 거래비용도 비용이기 때문이다. 즉, 제도의 문제도 비용으로 설명할 수 있다는 입장인 셈이다. 과연 그러한가?

만약 FB가 납품계약을 해놓고 차체 공급을 볼모(locked−in into hostage)로 GM을 상대로 해서 더 유리한 요구를 해온다면 어떻게 될까? 계약이 그것으로 완전한 것이 아니라, 그 계약의 불완전성(incompleteness)으로 인해서 GM이 FB에게 볼모를 잡히게 되고 GM은 다른 선택의 여지가 없기 때문에 FB의 기회주의적 행동에 대해서 볼모(hostage)를 잡히는(locked−in) 피해를 당할 수밖에 없다(Klein et al., 1978). 이 자산특수성(asset specificity: Williamson, 1975)의 문제는 경험적 현실에 일반적으로 나타나는 현상이다. 이렇게 된다면 조직생산과 시장생산의 선택문제가 단순한 비용의 비교만으로 결정될 수가 없다. 왜냐하면 현상의 비결정성(indeterminateness) 또는 불완전성(incompleteness)으로 인해서 자산특수성의 문제또는 기회주의적 행동의 문제가 거래비용의 계산보다 선행하기 때문이다.

거래비용 접근방법의 한계가 드러난 것이다. 코즈 교수는 두 기업 간의 기업사 사료를 조사하고 둘 사이에 기회주의적 행태는 없었다고 주장하였지만(Coase, 2006), 그렇게 둘 사이에 기회주의적 행태가 있었느냐 없었느냐를 사료를 가지고 추적하는 것으로 해결될 문제가 아니었다.

결국 문제는 현상의 비결정성(indeterminateness) 또는 불완전성(incomplete-ness)으로 인해서 기회주의적 행동의 가능성이 있다면, '조직이냐 시장이냐' 또는'제도의 문제'에 대한 질문이 거래비용이라는 단순한 방법으로는 해결되지 않는다는 것이 밝혀졌다.

3-4 현대재산권 학파(modern property rights school)의 접근방법

기회주의적 행태의 문제가 단지 GM−FB의 문제가 아니라, 모든 분야에서나타나는 문제인 것이 밝혀지게 된다. 기업생산에서 생산수익이 누구의 기여에의한 것이냐 하는 생산기여도 측정(metering) 문제와 이 문제에 기회주의적으로반응하는 속임수(shirking)의 문제(Alchian and Demsetz, 1972), 기업의 소유자인주주(principal)와 주주의 대리인(agent)인 경영자 사이에 기회주의적 문제인 대리인 문제(agency problem: Berle and Means, 1932) 등이 그것이다.

다시 GM−FB 계약의 문제로 돌아가서, 기회주의적 행태가 나타나게 되면,계약이 단순한 비용계산으로 해결되지 않는다. 이 문제를 해결하기 위해서 그로스만−하트(Grossman and Hart, 1986)는 잔여통제권(residual control rights) 개념을도입한다. 계약에서 기회주의적 행동을 유발하는 특수성 요소(asset specificity)로발생하는 문제를 요소분해해서 분리해내는 작업을 한다. 즉, 예측할 수 있는 범위까지 계약을 반복해서 비용적 요소로 분리해내고 더 이상 예측이 안되는 부분을 잔여통제권이라고 고립시켜 낸다. 현대재산권 학파 학자들은 이 잔여통제권이 재산권의 가장 고유한 부분이라고 한다. 이 부분을 두고 계약의 당사자 간에벌어지는 기회주의적 행동의 행태를 게임의 수학적 도구로 분석해내는 것이다

(Grossman and Hart, 1986; Hart and Moore, 1988, 1990).

이러한 현대재산권학파(modern property rights school)의 접근방법은 획기적인 것으로 보였다(Williamson, 2010). 그러나 현실적 경제현상은 점점 더 복잡한 양상을 보이기 시작한다. 계약의 내용이 모델로 묘사해내는데 한계를 보이는 경우(indescribable) 어떻게 모델의 유효성을 입증할 것인가(verification) 하는 문제 등 기회주의 발생의 소지는 끝없이 등장하였고, 수리 모델을 통한 계산 모델 해(solution)의 결과는 지나치게 복잡해서 그 현실적 해석이 "실망스러울 정도로 비현실적(hopelessly unrealistic)"이 되었다(Maskin and Tirole, 1999a).

그 많은 경제학자들이 수많은 논문을 통해서 연구한 결과가 왜 이런 실망스러운 결과를 낳았을까? 무엇이 경제학의 문제인가?

제4장 기회주의 행태의 인지론적 구조

4-1 기회주의적 행태와 합리적 의사결정

　　합리적 의사결정 이론(RAM: rational agent model)의 특징은 주어진 경제모델을 가지고 경제주체의 의사결정이 예측 가능하다고 보는 데 있다. 이 특징은 게임이론에서나 확률이론에서도 마찬가지이다. 주어진 여건에서 경제주체들이 최적화의 행동을 추구하기 때문에 모델 균형해를 예측하는 것이 가능해진다. 그러나 기회주의적 행태의 특징은 교환의 상대방이 예측할 수 없는 행동을 한다는 데 있다.

　　기회주의적 행동이 문제가 되는 것은 그것을 계약사항으로 표현해낼 수 없기 때문이다. 만약 기회주의적 행동의 결과를 가치－비용의 척도로 계산해낼 수 있다면, 그것을 계약사항으로 표시할 수 있는 것이다(describable). 이 점에서 기회주의적(opportunistic) 행동과 비협력적(non－cooperative) 행동은 구분되어야 한다. 이 점이 현대재산권학파의 학자들이 혼동을 하고 있는 부분인 것으로 보인다.

　　예컨대, 기회주의적 행동의 결과가 주어진 보상 메트릭스(payoff matrix)에서 비협력적 전략(strategy)을 취하는 것(비협력적 행동)이 아니라, 보상 메트릭스의 내용을 바꾸는 것(기회주의적 행동)이라면, 기회주의적 행동과 비협력적 행동은 같지도 않을 뿐 아니라, 기회주의적 행동을 게임모델로 시뮬레이션 하는 것도 가능하지 않다.

　　불완전 계약이론(incomplete contract theory)에서 현대재산권학파 학자들이 당면했던 "실망스러울 정도로 비현실적(helplessly unrealistic)" 상황은 기회주의적 행동을 비협력적 행동으로 해석해서 합리적 의사결정 모델을 이용하여 분석하려 했기 때문에 발생한 문제인 것으로 보인다(Rhee, 2018d).

4-2 \ 제한적 합리성의 의사결정

그러면 기회주의적 행동을 어떻게 해석해야 하는가? 기회주의적 행동은 합리적 의사결정 모델(rational agent model)이 아니라, 제한적 합리성 모델(model of bounded rationality)에 의해서 해석되어야 한다. 이 점은 매스킨－티롤(Maskin and Tirole, 1999a)에 의해서도 지적되었다. 이 문제를 인지론(cognitive science)적 관점에서 생각해보자.

이미 소개된 카네먼 교수(Kahneman, 2003)의 인지시스템 표([표 2－1])에는 지각－직관 시스템과 추론 시스템을 구분하고 있으며, 이 두 시스템이 작동하는 형식에 대하여 인지과정(process)과 인지 콘텐츠(contents)를 구분하고 있다. 인지체계는 먼저 지각－직관 그리고 추론이 과정으로 이루어진 다음, 이들이 콘텐츠로 메모리 되는 것이다.

예컨대, 어떤 사람을 만나서 겪으면서, 그 사람에 대한 인상이 남게 된다고 하자. 그 인상은 '믿음직한'과 같은 개념화 된 것(percepts or conceptual representation)이다. 기회주의적 행동이란 이 개념을 깨는 행동을 말한다. 지금까지의 개념을 개념1이라고 한다면, 개념1이 깨진 다음 새로운 개념2가 만들어지게 된다.

비협력게임이란 개념1의 틀 안에서 합리적 의사결정(rational agent)의 행동으로 비협력적 전략을 취하여 얻어지는 균형을 말한다. 기회주의적 행동이란 개념 자체가 바뀌는 것을 말한다. 즉, 개념1에서 개념2로 바뀌게 된다. 그리고 기회주의적 행동의 불가 예측성으로 인해서 이러한 개념 변화는 계속적으로 진행될 수 있다. 이때 인간의 의사결정은 합리적 의사결정이 통하지 않게 된다. 추론(reasoning)만으로 이루어지는 의사결정이 아니라, 지각－직관의 인지시스템이 작동하는 제한적 합리성의 의사결정(뒤에 공감차원에서 공감과정의 의사결정으로 표현되는)이 이루어지게 된다.

4-3 \ 기회주의적 행동과 제한적 합리성 모델

그러면 기회주의적 행동은 어떤 의미를 가지는 것인가? 신제도주의학파 또는 현대재산권학파(modern property rights school) 학자들도 기회주의적 행동이 주어진 개념의 틀 안에서 설명될 수 없는 것이라는 점을 인지하고 있었다. 따라서 자산특수성(asset specificity: Williamson, 1975), 거짓행동(shirking: Alchian and Demsetz, 1972), 주인-대리인-도덕적 위해(principal-agent and moral hazard: Jensen and Meckling, 1976), 잔여통제권(residual control rights: Grossman and Hart, 1986; Hart and Moore, 1988), 서술 안되는(indescribable: Maskin and Tirole, 1999a) 이라고 표현하였다.

그러나 신제도주의 경제학자들은 기회주의적 행동 때문에 개념의 틀이 예측 불가능하게 변화할 가능성에 주목하기보다, 기회주의적 행동을, 주어진 개념의 틀 안에서 합리적 의사결정 모델(rational agent model)을 사용하여, 비협력적 게임 (non-cooperative game)으로 설명하려 했다는 특징을 가진다. 그린-샤피로(Green & Shapiro, 1994)는 이를 '사후적 이론화(*post hoc* theorizing)'라고 명명하였다.

신제도주의 경제학자들의 이론모형 접근방법, 즉 합리적 의사결정 모델 (rational agent model)은 타당한 것인가? 매스킨-티롤의 결론은 부정적이다. 왜 냐하면 기회주의적 행동이란 인간 인지시스템의 맥락에서 개념1로부터 개념2로 의 끊임없는 전환을 의미하기 때문이다. 그러나 이 전환은 엄청난 변화를 의미 한다. 경제분석 방법론의 전환을 의미하기 때문이다. 그 변화는 어떤 것인가?

합리적 의사결정 모델(rational agent model)이란 기회주의적 행동을 유발할 조건이 발생했을 때, 그것이 측정(metering: Alchian and Demsetz, 1972)이든, 자 산특수성(asset specificity: Williamson, 1975)이든, 주인-대리인(principal-agent: Jensen and Meckling, 1976)이든, 잔여통제권(residual control rights: Grossman and Hart, 1986; Hart and Moore, 1988)이든, 그 조건에 반응하여 합리적 의사결정을 하는 것을 말한다. 따라서 그 조건을 주어진 것으로 보고 가치-비용 척도를 가 지고 합리적 의사결정의 반응을 하게 된다. 즉, 최적화-균형 알고리즘의 모델 균형해를 찾게 된다. 예컨대 비협력게임에서 게임 균형해를 찾는다.

그러나 인간 인지시스템은 이러한 접근방법을 따르지 않는다. 예컨대 두 사 람이 서로에 대한 지각-직관 및 추론에 따른 상대방의 신뢰에 대한 개념1의 틀 (conceptual representation 1) 안에서 비협력적 전략을 구사하는 합리적 의사결정 을 하는 것(rational agent model)이 아니라, 그 신뢰를 배반함으로써 만들어지는 개념2의 틀로 나가는 것이다. 그리고 그 변화 과정은 끊임없이 계속된다.

이것은 인간의 의사결정이 합리적 의사결정 모델에 따르지 않는 것을 말한 다. 개념1의 틀 안에서 합리적 의사결정을 하는 것이 아니라, 개념1의 틀을 깨는 행동, 즉 지각－직관 및 추론 인지적 행동을 하는 것이다. 그렇게 해서 개념2의 틀로 변화하는 것이다. 또한 개념2에서 끝나는 것이 아니고 계속해서 개념3, 개념4로 진행된다. 그것도 그 진행이 우연적(coincidental)으로 이루어진다. 다시 말하자면, 기회주의적 행동이 일어난다는 것은 합리적 의사결정 모델이 작동하지 않는다는 것을 말한다. 합리적 의사결정이 아니라, 지각－직관 및 추론 인지적 행동이 나타난다는 말이다(Rhee, 2020).

　　이것이 제한적 합리성 모델의 행동이다. 결국 기회주의적 행동의 존재가 경제학 분석이 합리적 의사결정모델에서 제한적 합리성 모델로 이르는 출구(gateway)를 열어준 셈이다. 이 문제는 뒤따르는 열린－비결정적 시스템 그리고 공감차원의 행동으로 연결된다.

4-4　시장과 교환은 어떻게 구분되는가?

　　경제학에서 시장(market)과 교환(exchange)이 혼동되는 경향이 있다. 그 이유는 교환의 개념정의에서 비롯되는 것으로 보인다. 지금까지 경제학에서는 교환을 가격을 매개로 한 교환이라고 정의하고 있다(Smith, 1776 Book 1, Chapter 2 p. 14; Hodgson, 1988 p.148). 그러나 교환을 광의의 교환, 즉 사람과 사람 간의 교류행동(interpersonal interaction)이라고 정의한다면, 교환은 시장보다 넓은 광역의 행동을 모두 포함하게 된다(Rhee, 2012b, 2013b). 왜 교환이 이렇게 광의의 개념으로 해석되어야 하는가? 이유는 많지만 무엇보다 행동경제학의 연구 덕분에 인간의 의사결정이 추론적 인지시스템의 결과가 아니라 지각－직관(perception－intuition) 및 추론(reasoning) 인지시스템에 기반을 두고 있다는 사실이 발견됨으로써 사람과 사람 간의 교류행동(interpersonal interaction)이 교환으로 파악될 수 있는 길이 열리게 되었기 때문이다.

▌그림 4-1: 아담 스미스의 핀

▌그림 4-2: 아담 스미스의 만찬 식탁

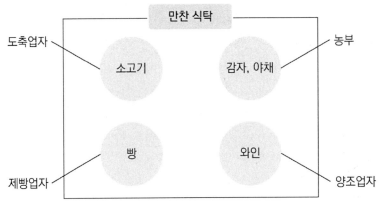

자료: 필자.

　사실 아담 스미스는 분업(the division of labor)을 설명함에 있어서 핀생산공장의 사례를 먼저 설명하였다(Smith *ibid.* Chapter 1, p. 4). 그러나 스미스는 교환에 의해서 분업이 실현된다는 설명을 함에 있어서 핀생산공장의 예를 연장해서 설명하지 않고 새로운 사례, 즉 만찬 테이블의 예를 바꾸어 설명하고 있다(Rhee, 2014). 왜 같은 분업을 설명하는데 사례를 바꾸어 설명을 하였는지 아담 스미스의 생각을 알 수는 없다. 그러나 두 사례는 교환의 개념이 다르다. 만찬 테이블의 분업은 시장과 교환을 동일시 해서(즉, 시장의 교환으로) 설명할 수 있다. 만찬 테이블의 소고기 스테이크(meat)는 도축업자(butcher)가 생산한 것이다. 우리는 그것을 시장에서 사서 식탁에 올려놓는다. 도축업자와 소비자 간에 시장이 있어서 둘 사이의 분업을 중개하고 있다. 감자 및 채소도 마찬가지이다. 농민과 소비자 간에 시장이 있다. 빵도 그렇고 포도주도 그렇다.

그러나 핀생산 과정의 분업은 다르다. 중간에 시장이 존재하지 않는다. 핀생산의 분업을 설명하려면, 조직의 문제에 당면하게 된다. 시장의 교환으로 설명할 수 없는 조직관리 영역의 문제가 등장하게 되는 것이다. 철사를 만들고, 일정한 길이로 자르고, 눈을 만들고, 머리를 만들어 얹어주고 하는 등의 작업공정 각각을 담당하는 작업자들 사이의 분업은 어떻게 만들어지게 되는가? 작업공정 간의 분업은 기업조직에서 관리하고 관리방법은 위계질서 속에서 명령(hierarchical authority and order: Williamson, 1990, p. 175)을 통해서 이루어진다.

같은 분업이 이루어져도 전자(만찬 테이블)는 시장에 의한 분업이고, 후자(핀생산)는 기업조직을 통한 분업이다.

이 문제는 신제도주의 경제학에서 논쟁의 핵심이 된 "만들 것인가, 살 것인가"의 문제와 매우 흡사하다(Williamson, 1990). 차이점은 아담 스미스의 경우, 같은 문제(시장이냐 조직이냐)를, 시장을 통한 분업이냐, 기업 조직의 위계권위와 명령을 통한 분업이냐 하는 분업의 문제로 파악하였다. 하지만, 신제도주의 경제학의 경우 같은 문제를 재화생산을 '만들어(기업조직의 위계권위와 명령)' 공급할 것인가, '사서(시장)' 조달할 것인가 하는 문제, 즉 생산 공급의 문제로 파악하였다.

신제도주의 경제학 논쟁의 보다 세밀한 부분은 참고문헌을 소개하는 것으로 대신한다(Williamson, 2010; Rhee, 2018b).

이 소절의 주제는 시장과 교환의 구분이다. 교환을 가격을 매개로 하는 교환이라고 정의한다면, 시장은 교환과 동일하게 된다. 그러나 교환을 개인 간에 이루어지는 모든 교류행동이라고 정의한다면, 교환은 모든 경제활동의 가장 기본단위가 되는 의미를 가진다. 물론 이 기본단위인(차후로 관계교환이라고 밝혀지게 되는) 교환은 모든 경제활동을 규정할 수 있는, 따라서 그 일부로 작동하는 시장도 규정할 수 있는 광의의 개념이 된다.

교환을 개인 간에 이루어지는 모든 교류행동이라고 정의하면, 만찬 테이블의 분업이나, 핀생산에서 분업이나 모두 교환의 결과로 일관된 설명이 가능해진다. 핀생산 과정에서 기업에 고용된 노동자 간에 이루어지는 분업의 기초단위 행동은 (관계)교환행동이 된다. 마찬가지로 만찬 테이블을 꾸미기 위한 분업도 시장을 통해서 만들어진 (관계)교환의 결과라고 해석하게 된다(Rhee, 2016). 물론 전자(핀생산)의 경우 노동자 개인 간의 (관계)교환행동에 기업의 조직 운용제도가 작동하게 된다. 그러나 기초경제활동 단위는 (관계)교환행동이다. 후자(만찬 테이블)의 경우 시장이 중계하는 (가격을 매개로 하는 관계)교환행동이 도축업자와 소비자, 농민과 소비자, 제빵업자와 소비자, 양조업자와 소비자 간에 이루어지는 교환을 설명하게 된다.

지금까지 경제학은 교환을 생각할 때, 시장을 추론의 출발점으로 생각하였다. 그러나 교환은 시장보다 더 근원적 출발점에서 시작하고 있었던 것이다. 가격을 매개로 하지 않는 (관계)교환을 고려한다면 시장에서 이루어지는 교환은 (나중에 증명되는 바와 같이)(관계)교환의 일부분에 지나지 않는 것이다(필자 Rhee, 2012b). 교환을 관계교환이라고 정의하였다면 아담 스미스는 분업을 설명하기 위해서 핀생산의 사례를 피해서(?) 만찬테이블의 새로운 사례를 소개할 필요가 없었다.

4-5 관계교환으로 풀은 코즈의 퍼즐

코즈 교수의 "만들 것인가, 살 것인가(make or buy)?"의 문제(Williamson, 1990, 184쪽)는 추론의 출발점을 시장에서 잡는 접근방식이다. 이 문제를 분업의 문제로 치환한다면, 즉 (관계)교환을 문제의 출발점으로 취한다면 문제 자체가 달라지게 된다. 문제는 더 이상 "만들 것인가, 살 것인가?" 하는 것이 아니게 된다. 추론의 출발점이 시장보다 더 근원적 개념인 (관계)교환에서 시작된다. 왜 시장이 아니라 (관계)교환을 출발점으로 잡아야 하는지는, 이미 아담 스미스 국부론의 핀 생산공장 – 만찬 테이블에서 소개했지만, 나중에 또 다시 논의하게 된다.

전자(만들 것인가)의 문제는 FB(Fisher Body)를 합병한 거대 GM(General Motors) 조직의 경영문제, 즉 합병한 거대GM의 조직경영 문제가 된다. 이 문제는 다름아닌 거대GM 조직 내의 경영을 관계교환으로 해석해서 보는 문제가 된다(Rhee, 2016).[22]

후자(살 것인가)의 문제는 GM과 FB의 계약관계에서 발생하는 기회주의적 행동을 관계교환 행동으로 해석하는 문제이다.

모든 문제가 관계교환 행동이라는 단일 분석 단위로 통일되며 지금까지 해

---

22) 조직이론이 다름 아닌 관계교환 이론이 된다. 이것은 관계교환 경제학의 획기적인 장점이다. 이 문제에 대해서는 필자의 논문(Rhee, 2016)을 참조할 수 있다.

결되지 않은 코즈 교수의 퍼즐이 해결의 가닥을 잡을 수 있게 된다.[23]

4-6) 계약문제로 해석한 코즈의 퍼즐

같은 문제를 분업의 차원, 즉 관계교환으로 해석하느냐(견해 B) 또는 시장을 분석의 출발점으로 잡는 계약의 문제로 해석하느냐(견해 A) 하는 선택은 본질적인 접근방법의 차이에서 출발하는 것이다. 전절에서는 분업, 즉 관계교환의 입장에서 해석하는 접근방법을 논의하였다. 이제 시장에서 출발하는 접근방법, 즉 계약의 접근방법으로 이 문제를 설명하고 두 접근방법의 차이를 조명해보자.

클라인 등(Klein *et al.*, 1978)은 GM과 FB 간의 차체 공급 문제에서 GM의 차체 조달을 두 회사 간의 공급계약으로 처리하는 방식을 시장에 의존하는 접근방법으로 보았고, GM이 FB를 합병하여 조직내 생산으로 처리하는 접근방법을 직접생산으로 보았다. 문제는 GM이 FB의 공급계약에 옭아 매여져서(locked-in), FB의 사후적 기회주의 행동(*ex post* opportunism)에 노출(hostage)된다는 점이다. 계약이 불완전한(incomplete) 개념이 되었다.

필자의 공감차원(또는 관계교환경제학 또는 견해 B)과[24] 신제도주의 경제학의 사고 방식(견해 A)의 차이점은 무엇인가? 전자는 인간 교환행동이 다름아닌 관계교환이며 이것은 공감과정을 통해서 이루어진다고 본다. 기회주의적 행동도 관계교환 행동이다. 공감차원은 기회주의적 행동을 분석의 틀 안에서 파악할 수 있게 된다. 이때 가격은 공감과정의 한 부분이 된다.

후자의 전통경제학(신제도주의 경제학 포함)은 교환행동을 시장의 가치교환

---

23) 이것은 견해 A로부터 견해 B로의 전환을 의미한다.

24) 여기서 공감차원이라고 부르는 것은 견해 B에 따라서 등장하게 된 경제적 분석의 차원을 말한다. 공감차원에 대한 자세한 설명은 제5장에서 이루어진다. 여기서 공감(sympathy)이란 서로 다른 인지시스템을 가진 개인 간에 (교환을 포함하는 보다 광범위한 개념으로) 교류(interaction)를 이루기 위한 도구(instrument)의 의미를 가진다. 필자는 이전 저작에서 이를 공감-동의차원이라고 표현하였다. 여기서 동의(consent)는 공공선택학파(public choice school)에서 말하는 동의이다. 공감차원(또는 공감-동의차원)은 공감이 이루어지는 차원이란 의미가 아니다. 가치-비용 합리성으로 설명이 안되는 부분, 즉 비어 있어서 채워져야 하는 부분이 있다는 의미이다. 따라서 제한적 합리성 차원이라고 불러도 무방하다. 이 차원에서 나타나는 현상이 비결정적(indeterminate), 우연적(coincidental)이기 때문에 제한적 합리성 차원이 더 정확한 표현일 수도 있다. 필자는 흄의 경험론 전통에 따라서 공감이라고 칭하고 있다.

이라고 보고 가격이 이를 매개한다고 본다. 후자의 접근방법은 기회주의 행동을 파악하지 못하는 구조적인 문제점이 있다(Rhee, 2018d).[25] 따라서 기회주의적 행동의 가능성이 있게 되면 계약은 불완전 계약이 되게 된다. 합리적 의사결정 이론(RAM)의 분석능력에 결함이라고 할 수 있다.

그래서 등장한 것이 편법이다. 현대재산권학파의 재산권 개념은 이 편법 수단이라고 볼 수 있다. 계약에서 예측 가능한 시장거래행동을 (완전한) 계약으로 다 차감해 낸다면 나머지 남는 부분은 무엇인가? 이미 논의된 잔여통제권(RCR: residual control rights)이다. 잔여통제권은 재산권에 해당하는 개념이다. 계약에서 시작한 문제가 재산권으로 귀결된 것이다. 여기에서 현대재산권학파의 분석이 시작된다(Grossman and Hart, 1986).[26]

"만들 것인가, 살 것인가" 하는 문제에서 시작한 논쟁에서, 산다(buy)는 시장행동을 계약 행동으로 생각할 때, (기회주의 행동의 가능성 때문에) 어쩔 수 없이 나타나는 불완전 계약(incomplete contract) 문제로 인해서 "만들 것인가, 살 것인가"라는 분석구도에 문제가 발생한 것이다. 문제가 그렇게 단순한 것이 아니고 문제의 핵심이 계약(산다(buy)) 대신에 재산권으로 대체된 것이다.

시장행동이 근원적이 아니니(견해A가 근원적이 아니고 견해B가 근원적이기 때문에) 거래비용의 크기를 비교하는 방식에 문제가 생긴 것이다. 그래서 이제 분석의 축을 재산권 개념에 놓게 되었다. 제도의 연구는 거래비용 접근방법(Williamson, 1990, 2010)과 재산권 접근방법(Grossman and Hart, 1986; Hart and Moore, 1988)으로 나뉘게 된다. 명목상 거래비용 접근방법은 코즈 교수, 윌리엄슨 교수가 대변하는 것으로 되어 있으나 실제로 윌리엄슨 교수는 제한적 합리성에 더 큰 관심을 보인다(Williamson, 2010). 결국 코즈 교수 혼자 거래비용 접근방법을 주장하는 모습이 된다(Coase, 2006).

---

25) 현대재산권학파에서는 이 문제를 해결하기 위해서 여러 모형을 도입하고 있으나 "절망적일 정도의 비현실성" 결과를 고백하고 있다(Maskin and Tirole, 1999a).

26) 공감차원에서 보면 이러한 현대재산권 학파의 논리구조는 불명확하다. 계약에서 예측가능한 부분을 차감해낸다는 것이 인간의 인지구조에서 불가능하기 때문이다. 이것이 가치-비용 합리성 분석의 한계이다.

윌리엄슨 교수(1975, pp. 26-30)는 "사후적 여러 가지 기회주의(*ex post small numbers opportunism*)" 가능성을 지적하였다. 클라인 등(Klein *et al.*, 1978)은 그러한 계약 사후적 기회주의(post-contractual opportunism)가 특수 투자(specific investment)에서 나타나는 준지대(quasi-rent) 현상이라고 보고 있다. 계약이 그 자체로 새로운 준지대를 발생시키고 그로 인한 사후적 기회주의 행태로 연결된다면, 문제가 "만들 것인가, 살 것인가" 식의 단순화가 가능하지 않게 된 것이다. 현대재산권학파의 태동은 이러한 배경에서였다는 점은 이미 언급되었다.

문제는 이러한 기회주의적 행태가 자산특수성(asset specificity: Williamson, 1975)을 기반으로 한 사후적 기회주의에서만 발생하는 것이 아니라는 점이다. 클라인 등(Klein *et al.*, 1978)도 자동차 생산에서만이 아니라 원유채굴, 특수 인적자본(specific human capital) 등 다양한 요인에서 발생할 수 있다는 것을 말하고 있다. 뿐만 아니라 사후적 기회주의 행동 이외에도, 거짓행동(shirking: Alchian and Demsetz, 1972), 주인-대리인-도덕적 위해(principal-agent and moral hazard: Jensen and Meckling, 1976) 등 기회주의적 행동의 요인은 도처에 존재하고 있다.

불완전 계약(incomplete contract)을 잔여통제권(RCR)으로 해석해낸 현대재산권 학파의 접근방법은 이러한 기회주의 행동의 문제를 해결하였는가?

문제는 현대재산권 학파의 접근방법도 벽에 부딪치게 되었다는 것이다. 이미 언급한 바와 같이, 불완전 계약이론(incomplete contract theory)에서, 계약의 내용을 모델로 묘사해내는데 한계를 보이는 경우(indescribable) 어떻게 모델의 유효성을 입증할 것인가(verification) 하는 문제 등 기회주의 발생의 소지는 끝없이 등장하였고, 그 결과 분석은 "실망스러울 정도로 비현실적(hopelessly unrealistic)"인 모델의 해를 만들어내는 것이 고작이었다(Maskin and Tirole, 1999a).

무엇이 문제인가? 매스킨-티롤이나 하트 교수(Hart, 1990)들은 모두 제한적 합리성 문제가 존재한다고 인정하거나, 제한적 합리성 모델(the model of bounded rationality)의 출현이 필요하다는 점을 언급하고 있다. 즉, 특히 매스킨

－티롤은, 이렇게 기회주의적 행태의 문제가 모든 분석의 뒷덜미를 잡고 있는 이유는 경제학이 제한적 합리성 모델을 만들어내는 데 성공하지 못했기 때문이라고 했다(Maskin and Tirole, 1999a).

제한적 합리성 모델이란 인간 인지시스템(cognitive system)의 문제를 말한다. 기회주의적 행태가 나타나는 근본원인이 자산특수성(asset specificity), 미터링 측정(metering), 주식회사의 주인－대리인 등 인지시스템의 외적 요인에서 출발하는 것이 아니라, 인지시스템 자체에서 발생하는 문제일 수 있다는 말이다. 이것은 매우 중대한 문제 출발점의 전환을 의미한다(Rhee, 2018b).

이제 우리는 신제도주의 경제학(new institutional economics)의 합리적 의사결정이론(rational agent model)에서부터 행동경제학(behavioral economics)의 인지론적 분석으로 들어가게 된다.

4-8 \ 자산특수성이 아니라, 인지적 행동의 비결정성

제너럴 모터스GM와 피셔버디FB 사이의 차제공급 계약에서, GM은, FB의 차체생산 플랜트에 얽어 매여서(locked－in), FB의 기회주의적 행태에 볼모 잡히게(hostage) 된다는 것이, 클라인 등(Klein *et al.*, 1978)의 계약후 기회주의적 행동(post－contractual opportunistic behavior)에 관한 주장이다. 여기에서부터 불완전계약(incomplete contract)에서 출발하는 현대재산권학파의 주장이 등장하게 되었다는 것은 이미 살펴 본 바와 같다.

이에 대하여 코즈 교수(Coase, 2006)는 클라인 등의 주장이 비현실적이라고 지적하고 있다. "FB는 GM을 볼모 잡았는가?(Did Fisher Body hold up GM?) 내 조사결과는 그렇지 않았다는 것이다(My answer is that they did not.)." "그들(클라인 등)의 이론이 기업이 실제로 어떻게 행동하는가 하는 조사결과에 기반을 두지 않은 결과, 그들이, 지금까지 우리가 살펴본 바와 같이, 완전히 틀린 결론에 이르게 되었다는 것은 놀라운 일이 아니다(As their theory was not based on the result of investigations into how firms did in fact act, it is not surprising that, as we have seen, the conclusion reached was completely wrong.)… 우리의 논구가 어떤 가치라도 가지려면, 우리의 이론이 실증적 기반 위에서 만들어져야 한다(If our discussions are to have any value, our theories must have an empirical basis.)."

클라인 등(Klein *et al.*, 1978)은 FB가 GM에 기회주의적 행동을 할 가능성이 있다고 하고 있고, 코즈 교수(2006)는 역사적 기록을 보면 둘 사이에 기회주의적 행동의 기록이 없다고 했다.

클라인 등(Klein *et al.*, 1978)의 주장과 코즈 교수의 주장(Coase, 2006) 사이에서 누구의 주장이 옳은가 하는 것은 이 논쟁의 핵심이 아니다. 각각의 주장이 의미를 가지고 있기 때문이다. 클라인 등의 주장이 현대재산권학파의 이론에 이르게 되었다는 점은 언급된 바와 같다. 그러면 코즈 교수의 주장은 어떤 의미를 가지는 것인가?

GM이 FB의 차체생산 플랜트(자산 특수성 asset specificity)에 얽어 매여지는 (locked-in) 상황에서 발생할 수 있는 상황은 하나가 아니라는 것이다. 클라인 등(Klein *et al.*, 1978)이 주장하듯이 기회주의적 행동이 나타날 수도 있고, 코즈 교수가 주장(Coase, 2006)하듯이 신뢰적 행동이 나타날 수도 있는 것이다. 즉, 자산특수성의 결과가 결정적(determinate)이지 않고 비결정적(indeterminate)이라는 것이다.

비결정적 시스템(indeterminate system)의 등장, 이것은 코즈 교수(Coase, 2006)가 의도하지 않았던 발견이다.

이미 누차 언급된 바와 같이, 매스킨-티롤(Maskin and Tirole, 1999a)은 그들의 분석 결과가 "실망적일 만큼 비현실적(hopelessly unrealistic)"이라고 고백하고 있다. 그리고 그러한 결과의 원인이 경제학이 제한적 합리성(bounded rationality)모델을 만들어내는데 성공하지 못했기 때문이라고 했다.

이것은 무엇을 의미하는가? 우리가 기회주의적 행동(opportunistic behavior)에 대한 의미를 잘 못 해석하고 있을 수 있다는 것이다. 이 문제를 불완전 계약으로 보아 잔여통제권으로 풀려고 했던 현대재산권 학파의 접근방법에 문제가 있다.

문제의 핵심은 인간행동에 있다. FB의 투자 특수성(investment specificity) 자체가 기회주의적 행동을 자동적으로 만들어주지 않는다. 기회주의적 행동이 나타날 수도 있고 그렇지 않을 수도 있는 것이다. 그것은 인간 행동의 문제이다. 인간행동에 관한 한 우리의 논구는 인간인지 시스템에서 시작되어야 한다.

이제 인간 인지적 행동의 비결정적 시스템(indeterminate system)의 문제가 제기된다.

4-9 거래비용과 제한적 합리성

윌리엄슨 교수는 기회주의 행태가 거버넌스의 필요성을 만들고 따라서 기업의 존재이유를 설명한다고 보고 있다(Hodgson, 2004). 윌리엄슨 교수(1975)는 기회주의를 "self-interest seeking with guile", 즉 '간교함으로 무장한 자신의 이익추구'라고 정의하였다(Williamson, 1975). 윌리엄슨 교수의 정의는 다소 혼란스럽다. 자신의 이익추구는 기회주의가 아닌데 간교함이 기회주의란 말인가? 가치-비용 합리성 차원에서 설명을 하다 보니 구차해진다.

윌리엄슨 교수는 거래비용 학파의 리더로 알려져 있다. 그러나 거래비용 못지 않게 그의 사고를 지배한 생각은 제한적 합리성(bounded rationality) 문제였다(Williamson, 2010). 그는 허버트 사이먼 교수의 제자로써 일찍이 제한적 합리성 문제를 깊이 생각하게 되었다. 거래비용의 개념은 제한적 합리성 문제를 생각하기 위한 수단이 아니었나 생각된다. 두 문제(거래비용과 제한적 합리성) 사이에서 윌리엄슨 교수의 입장은 어정쩡하게까지 보인다. 실상 허버트 사이먼 교수가 그랬듯이 윌리엄슨 교수도 조직의 문제를 중요한 연구 테마로 잡고 있다(Williamson, 1975, 1990).

윌리엄슨 교수는 결국 거래비용 개념과 현실적 괴리 사이에서 기회주의 행태의 문제를 해결하지 못하고 현대재산권 학파의 분석에 기회주의 행태의 문제가 해결되기를 기대했던 것 같다(Williamson, 2010). 그러나 이미 논의된 바와 같이 현대재산권 학파는 이 문제를 해결하는 데 실패한다(Maskin and Tirole, 1999a).

이 문제에 천착하기 위해서 기회주의 행태의 인지구조를 살펴보기로 한다.

4-10 기회주의적 행태의 인지구조

의사결정이 합리적(rational agent model)이라면, 합리성의 영역에서 기회주의적 행동이 나타날 여지는 존재하지 않는다. 따라서 외적인 원인요인이 필요하다. 그것이 투자의 특수성(investment specificity)에서 발생하는 불완전 계약이론의 계약후 기회주의 행동이다. 마찬가지로 주인-대리인 문제(principal-agent model), 미터링(metering) 문제 등이다.

그러나 코즈 교수의 지적과 같이 외적인 기회주의적 원인요인이 존재한다고 하더라도 기회주의적 행동이 나타나는 것은 인간 행동의 문제이고 그것은 인지시스템의 문제이다.

이미 언급된 바와 같이 행동경제학은 실험을 통해서 인간 행동이 지각–직관 시스템에 일차적 영향(cognitive system 1)을 받는다는 것을 밝혔다. 추론(reasoning) 과정은 인지의 이차적 시스템(cognitive system 2)이다. 지각–직관은 직접적 인지과정이고 또한 접근적(accessible) 인지시스템이다. 추론적 인지시스템은 간접적이고 인지적 접근력이 덜 하다(less accessible).

이러한 인지과정(process)의 결과로 인지의 콘텐츠(contents)가 만들어진다. 따라서 인간의 의사결정은 참고의존적(reference dependent: Kahneman and Tversky, 1979)이고, 프레이밍 효과(framing effects: Tversky and Kahneman, 1981, 1986)에 영향을 받으며, 판단학습법(judgment heuristics: Kahneman and Frederik, 2002)이 작동한다(Rhee, 2018d).

교류가 신뢰(trust)의 프레이밍(framing)에서 출발하였지만, 신뢰의 프레이밍에 포획됨(locked–in)으로써 기회주의 행동에 먹잇감이 되는 것이다. 즉, 기회주의 행동은 외부적 특수성(specificity)에서 생겨나는 것이 아니라 내부적 문제, 즉 인간의 행동에서 나타나는 것이다. 신뢰가 있으면 언제나 이를 악용하는 기회주의 행동이 나타나는 것이 아니고, 나타날 수도 아닐 수도 있는 것이다. 즉, 제한적 합리성의 차원에서는 현상의 비결정성(indeterminateness)이 특징이다. 이것이 공감차원, 즉 제한적 합리성 차원이다.[27]

---

27) 기회주의 행동은 그 자체가 공감차원의 현상이다.

제5장 공감차원과 가격결정

관계교환의 정의

사람들 간의 교류(interpersonal interaction)를 설명함에 있어서 필자(Rhee, 2012b, 2016)는 관계교환(relation exchange)의 개념을 도입하고 있다. 교환은 화폐와 가격을 통해서만 이루어지는 것이 아니라, 믿음, 우정, 애정, 동료감, 유대감 등으로 이루어질 수 있다. 물론 적대감, 혐오감, 비호감, 의심 등의 감정으로 교류 또는 관계교환이 손상될 수도 있다. 관계교환에 대한 이러한 설명, 예컨대, 믿음을 통해서 관계교환이 이루어진다는 설명은 행동경제학의 지각 – 직관(perception – intuition) 및 추론(reasoning) 인지시스템에 의해서 가능해진 것이다.

인간의 의사결정, 즉 관계교환을 하겠다는 의사결정이 믿음, 즉 참고의존적 과정, 또는 프레이밍 효과, 또는 판단학습법 과정(이들을 통해서 믿음에 이른다)에 의해서 이루어지는 것이 가능해진 것이다.[28]

그러나 관계교환에 대한 이러한 설명은 행동경제학에 의해서만 가능한 것은 아니다. 이미 경험론의 흄(Hume, 1739)은 인식론(epistemology)을 통해서 이 분석을 상세히 설명한 바 있다. 흄은 인간의 인식이 이성(reason)이 아니라 지각(perception), 인상(impression), 이미지(image)에 의해서 만들어진다고 하였다. 행동경제학은 흄의 인식론이 옳았다는 것을 입증하고 있을 뿐이다.

핀 생산공장의 분업, 즉 공장현장 작업자들 간의 분업은 개별 작업자의 지각 – 직관(perception – intuition) 및 추론(reasoning) 인지시스템 간에 이루어지는 공감과정(sympathy process)에서 이루어지는 관계교환에 의해서 설명될 수 있을 뿐이다(Rhee, 2012b). 반대로 무슨 소리냐, 공장작업에서는 조직 위계(hierarchy)의 명령 시스템이 작업자의 행동을 결정하는 것이 아니냐 하는 반론이 당연히

---

28) 관계교환은 행동경제학에 의해서 설명이 되지만(Rhee, 2018a), 관계교환의 개념을 도입한 것은 필자(Rhee, 2012b)이다.

제기될 것이다. 그러나 명령 시스템에서도 사람들의 행동을 결정하는 것은 더 근원적인 사람들의 인지시스템이다.

인간의 인지시스템은 지각−직관에서 추론으로 연결되는 구조이다. 개인들의 인지시스템이 만나서 공감과정이 만들어진다. 이 문제, 즉 공감과정과 관계교환의 문제는 다시(제5장 2절 이하 8절까지) 상세히 설명할 기회가 있게 된다. 여기서는 잠정적으로 인지경제학의 지각−직관(perception−intuition) 및 추론(reasoning)의 인지시스템에 의해서 관계교환이 만들어진다고 본다. 그러면 조직의 명령 시스템보다 관계교환이 더 근원적(fundamental) 개념이 된다(Rhee, 2012b, 2017).

여기서 관계교환(relation exchange)을 개인들 사이에 이루어지는 모든 교류행동을 관계교환이라고 칭한다.29)

[정의(定義; Definition)] 관계교환(RX: relation exchange): 관계교환이란, 개인들의 지각−직관 및 추론의 인지시스템이 개인 간에 상호 작용해서 이루어지는, 교류행동(interpersonal interaction)을 말한다.

일상생활에서 수도 없이 일어나는 사람과 사람 간의 교류행동(interpersonal interaction)이 모두 관계교환행동이 되는 것이다. 지금까지 시장에서 교환만을 교환행동으로 생각해온 경제학자의 사고로 생소하게 느껴지는 개념이다.

아담 스미스가 만찬 테이블의 음식이 어떻게 채워지는지를 설명하는 사례에서 밝혔듯이 교환이란 분업을 설명하는 도구이다. 모든 교환은 분업을 낳는다. 그것이 경제학의 가장 기본 개념이다. 그런데 시장의 교환만이 분업을 만드는 것은 아니다. 모든 관계교환이 분업을 낳는다. 교환이 시장의 교환뿐만 아니라 개인 간의 교류까지도 교환의 개념으로 이해되어야 하는 이유가 여기에 있다. 사실은 지금까지 경제학에서 논의하지 않았던 관계교환이 시장의 교환보다 더 근원적 교환의 개념인 것이다(Rhee, 2012b, 2017).30)

---

29) 이 책에서는 이 책 고유의 분석적 추론에 대해서, 추론 전개의 일목요연한 파악을 위해서, 책의 목차 이후에 추론 목록을 별도로 마련하였다.

30) 교환에서 관계(relationship)의 중요성은 많은 사람들(Macneil, 1978; Williamson, 1985; Dore, 1983; Goldberg, 1980; Richardson, 1972)에 의해서 논의되었다. 그러나 모두 시장교환에 영향을 주는 요소로서 관계의 의미를 설명하였다. 관계가 교환을 만든다는 의미로 해석되지 못했다.

어떻게 가격을 매개로 하지 않는 교환을 교환이라고 부를 수 있는가? 이 문제에 대해서는 본서 제5장에서 계속 논구하게 된다. 다만, 여기서는 가격을 매개로 하는 행동만 교환이라고 생각하게 된 것은 초기 경제학의 개념 틀이 설정되는 과정에서 발생한 문제로 보인다고 언급하는 것으로 문제 제기를 하는 수준에서 그친다. 초기 경제학에서 교환 개념이 관계교환으로 설정되지 않고 시장교환으로 설정되었기 때문에 우리에게 관계교환이란 말이 낯설게 느껴지는 것일 뿐이다.

그러나 이미 흄의 인식론(Hume, 1739)에 의해서 경험론이 완성됨으로써, 그리고 행동경제학의 인지론(cognitive science)에 의해서 인간 인지시스템이 소개됨으로써, 교환은 인간의 인지시스템의 문제이지, 가격의 문제가 아니라는 것이 밝혀졌다(Kahneman and Tversky, 1979; Tversky and Kahneman, 1981, 1983). 가격도 인지시스템의 한 부분으로 존재한다(Tversky and Kahneman, 1981, 1983, 1986). 인간은 인지로부터 벗어날 수가 없다. 가격도 인지되는 만큼만 작동하게 된다(Kahneman and Tversky, 1979). 즉, 가격보다 인지과정이 먼저라는 말이다. 그러면 가격에 의해서 교환의 의사결정이 이루어지는 것이 아니라 인지에 의해서 교환의 의사결정이 이루어진다는 말이 된다. 가격은 인지시스템에 의해서 일어나는 교환에 촉매적 역할을 할 뿐이다. 즉, 관계교환이 정확하게 교환의 의미를 가지게 된다는 말이 된다.

이제 우리는 핀생산 공장의 조직 안에서의 분업이 왜 관계교환에 의해서 이루어지는지를 설명할 수 있다. 조직 안에서 이루어지는 구성원들의 행동도 모두 인지과정에서 출발하는 것들이다. 관계교환 행동들이다. 시장에서의 관계교환과 조직에서의 관계교환이 다른 점은 전자(시장)에서는 (인지능력의 범위 내에서) 가격이 작동하고 있고, 후자(조직)에서는 조직위계의 명령이 작동하는 제도적 제약 안에서 관계교환이 작동한다는 점이다.[31]

모든 교환은 관계교환이다(Rhee, 2012b, 2013b). 이 문제는 이어지는 주제로 연결된다. 교환을 관계교환으로 간주하면 조직행동을 설명할 수 있을 뿐만 아니라, 시장과 교환을 같은 차원(공감차원)에서 구분할 수 있게 된다. 교환, 즉 관계교환은 인간 사회에 가장 기초적이고 기본적인 행동이다. 시장은 관계교환의 행

---

31) 하이에크 교수는 말년 저서(1991)인 '치명적 자만(The fatal conceit)'에서 조직에서 관계교환에 해당하는 '연장된 질서(extended order)'라는 개념을 도입하고 있다.

동에 대해서 많은 조건을 조성해줌으로써 성립된다. 그 조건 중에는 표준화(standards), 행위준칙, 재산권제도, 가격결정 형식 등이 포함된다.

5-2 공감과정이란?

전통적으로 경제학 분석에는 빠진 분석 차원이 있다. 이 문제는 사이먼 교수가 이미 지적하였다. 사이먼 교수는 이것을 제한적 합리성(bounded rationality)이라고 불렀다(Simon, 1957). 그러나 그 실질적 의미는 합리적 의사결정 모델이 설명할 수 없는 무엇이 있다는 의미이다. 빠진 분석 차원이 무엇이라고 명시적으로 지적하지는 않았다. 그 점에서 카네먼 교수는 명시적으로 제한적 합리성 모델을 만들어야 한다고 말함으로써 빠진 분석 차원을 찾아야 한다고 천명하였다(Kahneman, 2003).

빠진 분석차원에 대한 힌트는 카네먼 교수의 지각 – 직관(perception – intuition) 및 추론(reasoning) 인지시스템에서 시작된다. 모든 개인은 자신만의 지각 – 직관(perception – intuition) 및 추론(reasoning) 인지시스템을 가지고 있다. 이것은 흄의 인식론과 같다. 흄의 경우에도 모든 개인은 자신만의 인식론(epistemology)의 세계를 가지고 있다. 모든 개인이 서로 다른 지각 – 직관(perception – intuition) 및 추론(reasoning) 인지시스템 또는 인식론의 세계를 가지고 있을 때, 개인들은 어떻게 서로 교류할 것인가? 이것이 경험론 철학자들에게 주어진 사유과제였다. 그들의 답은 공감(sympathy)이었다(Hume, 1739; Smith, 1759).

　　유사한 문제가 공공선택학파(public choice school) 학자들에 의해서 제기 되었다. 이들은 개인의 의사결정(individual decision)과 다수의 개인 간의 공적 동의(public consent) 사이에는 간극이 있다는 사실을 중시하였다(Buchanan and Tullock, 1962). 비록 공공선택학파의 사고가 인지시스템에 대한 인식에서 출발하는 것은 아니지만 개인과 개인이 모인 다수 사이에는 의사결정의 간극이 생긴다는 점을 지적하였다는 점에서 독자적 사유의 앵글을 찾은 것이다.

　　여기에 지각-직관(perception-intuition) 및 추론(reasoning) 인지시스템 또는 인식론의 세계가 첨가된다면, 서로 다른 인지시스템을 가진 다수의 개인 간에 어떻게 상호 교류를 이루어 낼 것인가 하는 추론의 성립을 가능하게 한다. 문제는 경험론 철학자뿐만 아니라 공공선택학파 학자들이 모두 고민하게 된 과제인 셈이다. 즉, 공감과정(sympathy process)이라는 문제가 존재하고 있다(Rhee, 2012b, 2017)는 점이 분명해진 것이다.[32]

---

32) 필자는 한때, 이 새로운 분석차원을 공감-동의차원이라고 명명하였으나, 이 저서에서는 단순한 표기를 위하여 공감과정(sympathy process), 공감차원(sympathy dimension)이라고 변경하였다. 공감은 경험론자가 제기한 화두이고 동의는 공공선택학파가 제기한 화두이다.

▌그림 5-2: 제임스 뷰케넌 교수
(James M. Buchanan Jr., 1919–2013)

▌그림 5-3: 고든 털럭 교수
(Gordon Tullock, 1922–2014)

▌그림 5-4: 개인 인지시스템 상호작용의 결과로 나타나는 공감과정

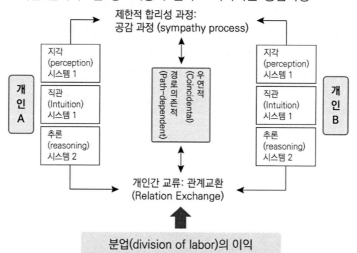

공감과정(sympathy process)이란 무엇인가? 이것이 지금까지 경제학에서 찾아 헤매던 사이먼－카네먼 교수의 제한적 합리성(bounded rationality) 영역을 여는 열쇠인 것이다.

이것은 중요한 발견이고 동시에 심각한 문제이다. 심각한 이유는 다수의 개인이 의사결정에 도달하기 위해서는 합리성의 공준만으로는 안되고 합리성 공준보다 더 근원적 의사결정요소, 즉 개인의 의사결정에 제한적 합리성의 요소가 도입되어야 한다는 것을 의미하기 때문이다. 제한적 합리성 차원에서 교환 또는 교류를 만들어가는 과정이 공감과정이다.

[정의(定義; Definition)] 공감과정(SP: sympathy process): 서로 다른 개인들의 인지시스템 간에 교류과정을 공감과정이라고 칭한다.

인지시스템은 지각-직관 시스템(인지시스템1)이 추론적 시스템(인지시스템 2)보다 직접적이고 접근적(accessible)이다. 즉, 공감과정은 지각-직관 시스템을 일차적 접근 인지로 하는 인지시스템 간에 이루어지는 교류이다. 이 인지시스템에서는 가격이 교환 교류를 배타적으로 결정할 수가 없다. 가격도 인지시스템에서 파악하는 범위 안에서 작동하게 된다.

공감과정이 정의되었으므로 관계교환은 공감과정으로 정의될 수 있다.

[수정정의(定義; Revised Definition)] 관계교환(RX: relation exchange): 관계교환이란, 지각-직관을 일차적 인지로, 추론을 이차적 인지로 하는 인지시스템을 가진 개인들의 인지시스템 간에 상호 작용으로 이루어지는, 즉 공감과정을 통해서 이루어지는, 교류행동(interpersonal interaction)을 말한다.

필자는 공감과정을 통해서 일어나는 교환을 관계교환이라고 칭하였다 (Rhee, 2012b). 그 명칭에 관해서 말한다면, 그것이 반드시 관계교환이라고 불러야 한다는 의미는 아니다. 필자의 생각이 관계교환 개념에서부터 출발하였기 때문에 그렇게 부른 것이다. 공감교환 또는 제한적 합리성 교환이라고도 부를 수 있을 것이다.

[그림 5-4: 개인 인지시스템 상호작용의 결과로 나타나는 공감과정]의 개념도는 인지론적 입장에서 공감과정이 일어나는 모습을, [그림 5-5]는 흄의 인식론의 개념을 통하여 공감과정이 일어나는 모습을 개념도로 보여주고 있다. 공감과정의 특징은 공감과정이 비결정적(I: indeterminate)이라는 것이다. 뿐만 아니라 공감은 그 성취가 우연성(C: coincidental)을 가지고 있으며, 일단 그것이 성립되면 경로의존적(P: path-dependent)이 된다. 즉, ICP이다.

왜 공감과정에 주목해야 하는가? 왜냐하면 개인의 의사결정 문제에 있어서 지금까지 경제학은 가치－비용이라는 단일 척도(measure)로 접근했다. 사람들의 인지시스템이 추론적(reasoning) 인지시스템 만으로 구성되어 있다면 경제문제의 분석은 가치－비용이라는 단일 척도(measure)만으로 설명될 수 있다. 그러나 지각－직관적(perception－intuition) 인지시스템의 영향 때문에 추론적(reasoning) 인지시스템의 설명력만으로 설명이 안되는 요소를 지니고 있다면 얘기는 달라진다.

지각－직관적(perception－intuition) 인지시스템의 의미는 그것이 추론적(reasoning) 인지시스템보다 더 직접적이고 근원적(accessible)이라는 점에 있다. 이미 소개된 바와 같이 지각－직관적 인지시스템은 빠르고(fast), 평행적이고(parallel), 자동적이고(automatic), 노력 없이 나타나고(effortless), 연상적이고(associative), 학습이 지체적이고(slow－learning), 감정적(emotional)인 인지과정이다. 반면 추론적 인지시스템은 지체적(slow)이고, 순차적(serial)이며, 통제된(controlled), 노력 결과적(effortful), 규범 체계적(rule－governed), 사유적 유연성 있는(flexible), 비 감성적(neutral) 과정이다. 이것은 지각－직관적(perception－intuition) 인지시스템의 영향이 추론적(reasoning) 인지시스템의 설명력으로 설명이 안되는 요소를 지니고 있다는 것을 말한다.

사람들의 인지시스템이 추론적(reasoning)이라고 하기 보다 지각－직관적(perception－intuition)이라고 한다면 개인이 의사결정에 도달하기 위해서는 합리성의 공준만으로는 안되고 다른 설명요소를 필요로 한다. 그것을 경험론 철학에서는 공감(sympathy)이라고 불렀고 공공선택학파에서는 공적 동의(public consent)라고 불렀다. 이것은 공감이 높을수록 의사결정이 그만큼 수월하다는 것을 말한다고 하기 보다[33] 그런 공감의 분석적 영역이 존재한다는 것을 말한다.

---

33) 공감(sympathy) 대신에 동감(empathy)이라고 하는 것이 어떤가 하고 묻는 사람들이 있다. 필자의 생각은 어떻게 부르느냐의 문제가 아니라고 본다. 다만, 동감이 개인들 간에 의사의 합치를 의미하는 것이라면 그것은 아니다. 공감과정은 지각－직관의 인지시스템이 개인 간에 의사를 합치해야 한다는 점을 말하는 것이 아니라(그렇게 된다면 공감과정이 독자적 분석영역을 가질 수 없다), 개인의 인지시스템 특성상 자동적 합치가 이루어지지 않는 분석 영역, 즉 공감차원 또는 제한적 합리성 차원이라는 분석적 차원이 존재한다는 것을 지적하는 의미를 가진다.

그림 5-5: 흄의 인식론으로 본 공감과정(sympathy process)

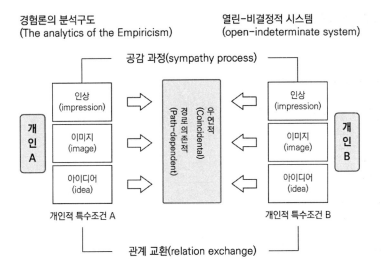

경험론의 분석구도
(The analytics of the Empiricism)

열린-비결정적 시스템
(open-indeterminate system)

공감 과정(sympathy process)

| 개인 A | | | 우연적
(Coincidental)
경로의존적
(Path-dependent) | | | 개인 B |

인상(impression) / 이미지(image) / 아이디어(idea)

인상(impression) / 이미지(image) / 아이디어(idea)

개인적 특수조건 A

개인적 특수조건 B

관계 교환(relation exchange)

공감이 높아도 교환에 이르지 않을 수 있다는 말이다. 지각−직관의 인지가 작동하기 때문이다. 공적 동의(public consent)란 공적 동의에 이를 수 있는 어떤 공식이 존재하지 않는다는 것을 말한다(impossibility theorem: Arrow, 1951; Conndorcet theorem: Mueller, 2003). 즉, 공감과정이란 또는 제한적 합리성 영역이란 결정적(determinate) 의사결정 영역이 아니라, 비결정적(indeterminate) 의사결정 영역이라는 것이다.

그림 5-6: CMVCI(일관된 가치-비용 인덱스 측정 불가능)로 구분되는 제한적 합리성의 분석 영역

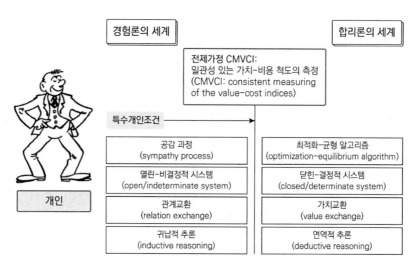

추론적 인지만으로 설명되는 합리론의 세계와 인지시스템 간에 공감이 작동하는 경험론의 세계가 있다. [그림 5-6]은 '전제가정 CMVCI'를 수직선으로 해서 구분된 경험론의 세계와 합리론의 세계를 비교하고 있다. 수직선의 오른쪽은 일관성 있는 가치-비용 척도의 측정이 이루어지는 그래서 그 척도에 따라 합리적 의사결정이 이루어지는 합리론의 세계, 합리적 의사결정 모델(RAM)의 세계이다. 그림의 왼쪽은 일관성 있는 가치-비용 척도의 측정이 가능하지 않아서(untenable) 의사결정이 가치-비용 척도에 의지할 수 없고 경험에 의존할 수밖에 없는 경험론의 세계이다. 이 세계에서는 지식에 이르기 위해서 귀납적 추론에 의존하게 된다.

합리론의 세계에서는 최적화-균형 알고리즘의 추적이 가능하며 따라서 모델해가 정해지는 닫힌-결정적 시스템인데, 경험론 세계에서는 우연성이 작동하는 열린-비결정적 시스템이다.

열린-비결정적 시스템(open-indeterminate system)과 CMVCI는 5장 4절에서 설명된다.

5-3 열린-비결정적(open-indeterminate) 시스템이란?

비결정적(indeterminate) 의사결정 영역이란 무엇인가? 의사결정의 결과가 결정적이 아니고 결과의 내용이 순전히 열려(open)있다는 말이다. 무슨 의미인가? 결과의 내용이 이럴 수도 있고 저럴 수도 있으며, 결과의 발생이 우연적(coincidental)이라는 말이다.

이때 우연은 확률적 의미의 우연이 아니다. 확률적 우연은 실상 우연이 아니라 확률적 필연이다. 이 우연은 지각-직관적(perception-intuition) 인지시스템에 의해서 경험되는 우연적 사건이다. 따라서 우연적 현상이 합리적으로 측정되고 기억되는 우연이 아니고 직관적(intuition) 인지시스템에 의해서 지각되는 우연이다. 그러나 그 결과가 기억을 남겨서 차후 의사결정에 경로의존적(path dependent) 결과를 낳는다(Rhee, 2018a, 2017).[34]

실제로 우연성이 어떻게 발생하나? 모든 개인이 각자의 지각-직관적(perception-intuition) 인지시스템을 또는 각자의 인식론(epistemology)의 세계를 가지고 있는 상황에서 개인 간의 교류(interaction)는 지각-직관(perception-intuition) 및 추론(reasoning) 인지시스템 간의 공감과정(sympathy process)이고 인식론(epistemology)의 세계 간의 공감과정(sympathy process)이다.

이 과정은 필연적 과정이 아니고 우연적 과정이라는 특징이 있다. 지각-직관적(perception-intuition) 인지시스템에 필연성은 없기 때문이다.[35] 우리가 친구를 만날 때, 또는 애인을 만날 때 필연적으로 만나게 되는가? 물건을 살 때도 광고, 브랜드의 참신함에 또는 메이커에 대한 신뢰에 끌려서 구매가 영향을 받는 것이다. 그런 광고를 보게 된 것도, 그런 브랜드를 접하게 된 것도 우연이다.

합리적 의사결정 모델(rational agent model)은 의사결정의 합리성을 가정함으로써 최적화-균형 알고리즘(optimization-equilibrium algorithm)을 구축하였다(Arrow and Debreu, 1954; Arrow and Hahn, 1971). 합리적 의사결정 모델에서 경

---

34) 흄(Hume, 1739)은 모든 인과관계(cause and effects)가 종국적으로는 지각(perception)에 따르는 인상(impression)에서 출발한다고 설명함으로써 경험론의 세계가 우연성에서 출발하고 있음을 밝힌다.

35) 확률변수(stochastic variable)로 만들어진 모델은 결정적 해(determinate solution)를 제시한다. 따라서 그 결정적 해가 주는 결과가 그 다음 단계의 현상에 영향을 주지 않는다. 공감차원의 우연성은 그러한 결정적 해를 제시할 수가 없다. 결과가 우연적으로 결정되지만, 그 결과는 그 다음 단계의 현상에 경로의존적(path-dependent) 영향을 준다.

제현상이 비결정적(indeterminate)이고 따라서 그 상태가 열린(open) 현상은 존재하지 않는다. 모든 경제현상은 최적화와 균형으로 파악이 가능하다. 모든 경제현상은 필연성(합리적 의사결정)의 결과이다. 과연 그럴까? 현실적으로 현상은 모두가 비결정적 현상으로 존재하고 있다. 공감과정의 존재는 비결정적 현상의 존재를 입증해준다(Rhee, 2012b, 2017).

5-4 열린-비결정적 시스템과 닫힌-결정적 시스템

합리적 의사결정 모델에서는 최적화−균형 알고리즘이 작동하고 그 결과 모든 경제현상은 최적화−균형의 결과로 파악하는 것이 가능하다. 그러나 여기에는 전제조건이 있다. 그것은 가치−비용 단위를 일관된 척도로 측정할 수 있다(CMVCI: consistent measuring of the value−cost indices)는 것이다. 기수적(cardinal) 가치이든, 서수적(ordinal) 가치이든, 또는 현시선호(revealed preference)이든 상관없다. 경제현상을 가치−비용 인덱스로 일관성 있게 측정할 수 있으면 된다. 만약, 가치−비용 단위를 일관된 척도로 측정할 수 없는 것이라면, 최적화−균형 알고리즘이 무슨 소용인가? 가치−비용 단위를 일관된 척도로 측정할 수 있어야 한다는 것(CMVCI)은 합리적 의사결정 모델의 전제조건인 것이다(Rhee, 2018a).

흄은 이 문제를 정확하게 인지하고 있었다. 합리론을 비판함에 있어서 합리론이 성립하기 위한 전제조건으로 자연불변성원리(PUN: the principle of the uniformity of nature)가 가정되어야 한다고 지적하였다.[36] 흄은 자연불변성의 원리는 가정될 수 없기 때문에 현상을 설명함에 있어서 합리론은 소용이 없으며 우리는 경험에 의지하여 현상을 파악하는 수밖에 없다고 말했다. 이러한 흄의 주장은 자연현상에서 뿐만 아니라, 정확하게 경제현상에도 적용된다. 흄이 말한 PUN은 필자가 지적하는 CMVCI와 일치한다. 이로써 우리는 지금까지 경제학이 접해보지 못한 경험론

---

36) 흄은 인성론에서 다음과 같이 PUN을 지적하고 있다. "..that instances, of which we have had no experience, must resemble those of which we have had experience, and that the course of nature continues always uniformly the same." (T: 1, 3, 6, 5). 괄호 안에서 T는 인성론 (*A treatise of Human Nature*)(Hume, 1739)을 숫자는 각각 Book, Part, Section, paragraph의 일련 번호를 가리킨다.

경제학 세계에 이르게 된다(Rhee, 2018a, 2020).

CMVCI의 문제는 경제학에서는 소홀히 취급되는 경향이 있다. 수많은 경제학 연구, 합리적 의사결정 모델에서 명시적으로 이 전제조건의 현실성이 논의되는 경우는 드물다. 그러나 행동경제학의 실험적 연구 결과는 이 전제조건 (CMVCI)의 적법성을 정면으로 부정하고 있다. 즉, 인간의 인지능력으로 가치 – 비용 단위를 일관된 척도로 측정한다는 것(CMVCI)은 가능하지 않다는 것이다. 그 이유는 인간의 인지시스템이 추론적(reasoning)이 아니라 지각 – 직관(perception – intuition)에 더 경도되어 있기 때문이다(Kahneman, 2003; Tversky and Kahneman, 1983).

가치 – 비용 단위를 일관된 척도로 측정할 수 있지 않다면(Untenable CMVCI), 합리적 의사결정 모델이 작동하지 않는다는 것을 말하고, 경제현상을 설명함에 있어서 더 이상 최적화 – 균형 알고리즘에 의존할 수 없음을 의미한다.

▌그림 5-7: 임마누엘 칸트(Immanuel Kant, 1724–1804)

그러면 우리는 무엇에 의존해서 의사결정을 할 것인가? 이 문제는 경제학자의 문제일 뿐만 아니라, 18세기 철학자들이 당면했던 문제이다(Hume, 1739, 1748, 1751; Kant, 1971, 1973). 흄의 답은 경험(experiences)이다. 경험을 통해서 우리는 세상을 이해(understanding)하고 지식(knowledge)을 찾아가게 된다.[37] [38]

---

37) 필자는 경제학 분석영역이 가치 – 비용 합리성 영역과 제한적 합리성(공감차원 또는 경험론) 영역으로 양분된다는 수학적 증명을 시도하였다(Rhee, 2018c, 2020).

이제 분명해진 것은, 가치-비용 단위를 일관된 척도로 측정할 수 있다는 것 (CMVCI)을 전제조건으로 가정하고, 합리적 의사결정 모델에만 의존해서 경제현상을 설명하는 경제학의 접근방법은 비현실적이라는 것이다. 왜냐하면 그것은 닫힌 -결정적(closed-determinate) 시스템이기 때문이다. 그러나 현실의 현상은 열린 -비결정적(open-indeterminate) 시스템이다. 닫힌-결정적(closed-determinate) 시스템으로 열린-비결정적(open-indeterminate) 시스템을 설명하는 것은 불가능하다(Rhee, 2018c, 2020). 다른 말로 한다면, 경험론(empiricism)의 현상을 가치 -비용 합리성(value-cost rationality)의 접근방법만으로 설명하는 것은 불가능하다(Hume, 1739; Kant, 1781; Rhee, 2018c, 2020).

5-5 \ 공감차원(sympathy dimension)

닫힌-결정적(closed-determinate) 시스템으로 열린-비결정적(open-indeterminate) 시스템을 설명하는 것이 불가능하다(Rhee, 2018a, 2018c, 2020)는 것은 내가 내 배우자를 만나게 된 것이 필연적 현상이라는 것을 가치-비용 합리성 차원에서 설명할 수 없다는 것과 같은 논리이다. 마찬가지로 내가 애플이 아니고 삼성 갤럭시 모델을 사게 된 것이 필연이라는 것을 설명하고자 함에 있어서 모든 우연성 요소를 배제하는 접근방법으로 이를 설명할 수 없음을 말하는 것이다.[39]

이것은 (1) 열린-비결정적 시스템을 여는 분석차원, 즉 공감차원 또는 제한적 합리성 차원이 존재한다는 것을 의미한다('[정리(定理)] 공감차원의 존재성 (the existence of the sympathy dimension)'). 뿐만 아니라 (2) 열린-비결정적 시스템이 닫힌-결정적 시스템보다 더 근원적이라는 것을 말한다('[정리(定理)] 열린-비결정적 시스템의 근원성(the fundamentality of open-indeterminate system)'). 필자는 공감차원과 가치-비용 합리성 차원이 분리(흄의 분할(Hume's

---

38) 칸트는 이 과정에서 이성(reason)의 역할이 있음을 주장하고 있다. 칸트의 주장이 더 설득력을 가지느냐 하는 것은 이 책의 주제가 아니다.

39) 결혼 상대를 정하는 시점으로 돌아간다면, 나는 현재의 내 배우자를 다시 선택하게 될까? 마찬가지로 핸드폰을 사는 시점으로 되돌아 간다면 나는 다시 갤럭시를 살까? 모든 선택의 문제에서 다시 초기의 선택을 되풀이 한다면 나는 똑같은 결정을 할까? 닫힌-결정적 모델은 그렇다고 하고, 열린-비결정적 모델은 그렇지 않을 수 있다고 한다. 행동경제학의 인지시스템 이론은 많은 실험을 통해서 후자가 맞다고 하는 증거를 제시하고 있다.

divide))된다는 증명을 시도하였다(Rhee, 2018c, 2020).

[정의(定義)] 흄의 분할(Hume's divide): 가치−비용 합리성 차원(value−cost rationality dimension)은 오직 일관된 가치−비용 척도단위의 측정(CMVCI: consistent measuring of value−cost indices) 가정 위에서 성립하며, 이것이 가정될 수 없는 경우(Untenable CMVCI)에는 가치−비용 합리성 차원은 경험론의 세계, 즉 공감차원(또는 제한적 합리성 차원)으로 대치된다.

여기서 일관된 가치−비용 척도단위의 측정(CMVCI: consistent measuring of the value−cost indices) 가정은 흄(Hume 1739)의 자연불변성원리(PUN: the principle of the uniformity of nature) 가정에 해당한다. 일관된 가치−비용 척도단위의 측정(CMVCI) 가정이 성립하지 않는 상황에서, 우리는 경험론의 세계, 즉 공감차원의 세계에 살게 되며, 그것은 열린−비결정적 시스템의 세계가 된다. 이때 교환을 공감과정에 의존하는 관계교환을 하게 된다.

[정리(定理)] 열린−비결정적 시스템의 근원성(the fundamentality of open−indeterminate system): 열린−비결정적 시스템이 닫힌−결정적 시스템보다 더 근원적이다.

이 정리는 매우 핵심이 되는 정리이다. 그러나 이 정리에 대한 증명은 이 책 주제의 범위를 벗어난다. 관심 있는 독자는 필자의 논문(Rhee, 2012b, 2018a, 2018c, 2020)을 참조할 수 있다.

[정리(定理)] 공감차원의 존재성(the existence of the sympathy dimension): 공감차원은 존재한다.

이 정리는 '[정리(定理)] 열린−비결정적 시스템의 근원성'에서 비롯된다. 이 정리에 대한 증명도 이 책의 주제에서 벗어난다. 관심 있는 독자는 필자의 논문(Rhee, 2012b, 2018a, 2018c, 2020)을 참조할 수 있다. 쉽게 설명하자면, 인간의 인지시스템이 추론적(reasoning)이 아니라 지각−직관(perception−intuition)에 직접적 영향을 받기 때문이라고 할 수 있다.

[정의(定義)] 가치교환(VX: value exchange): 가치교환이란 가치 – 비용 합리성 차원(value – cost rationality dimension)에서 가격을 매개로 이루어지는 교환을 지칭한다.

공감차원의 존재성이 증명됨으로써 가치교환을 정의하는 것이 가능 해졌다. 공감차원에서 모든 교환은 관계교환이 된다. 공감차원의 존재성이 증명되기 이전에는, 우리는 마치 가치 – 비용 합리성 차원만 존재하는 듯 착각하고 있었다. 그래서 현실에서 우리가 하고 있는 교환이 가치교환이라고 잘못 생각하고 있었다. 그러나 실상 우리는 공감차원에서 생활하고 있는 것이고 우리가 가치교환이라고 잘못 생각한 교환은 실상 관계교환이었던 것이다. 이때 가격은 공감과 정의 한 부분이 된다.

그러나 공감차원의 존재성이 증명됨으로써 가치 – 비용 합리성 차원은 실제적 현상이 아니고 (CMVCI를 가정함으로써 나타나는) 가상적 현상이라는 것이 드러나게 되었다. 따라서 가상적 교환현상인 가치교환을 정의할 수 있게 되었다. 현실에서 모든 교환은 관계교환이며, 가상적이라고 볼 수 있는 가치 – 비용 합리성 차원에서만 가치교환이 정의된다.

[그림 5 – 8: 가치 – 비용 합리성 차원과 공감차원]은 둘 사이의 관계를 개념도로 보여주고 있다. 그림에서는 공감차원이 가치 – 비용 합리성 차원에서 연장된 분석 차원으로 표시되고 있다. 물론 그림에서와 같이 직선의 좌표대로 표현될 수는 없다. 공감차원의 현상에 대한 인덱스 척도로 계측이 불가능하기 때문이다. 다만, 시각적 효과가 주는 직관을 그림으로 표현하고 있을 뿐이다.

│ 그림 5-8: 가치-비용 합리성 차원과 공감차원

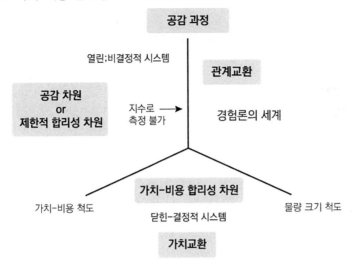

공감차원에서 일어나는 현상은 가치 – 비용 합리성 차원에서 일어나는 현상과 사뭇 다르다. 지금까지 경제학에서 해결되지 못했던 현상들이 선명하게 분석 및 설명될 수 있다.

5-6 공감차원에서 모든 교환은 관계교환이다

공감과정을 통한 교환이란 무엇을 말하는가?

지금까지 시장에서의 교환은 합산된 수요(aggregated demands)와 합산된 공급(aggregated supplies)의 문제로 생각되었다. 개별 수요와 개별 공급이 가치 – 비용 단위로 통일되어 표시될 수 있으니, 개별 수요를 합산한 합산된 수요, 개별 공급을 합산한 합산된 공급의 계산이 가능해진 것이다.

합산된 수요와 합산된 공급이 균형을 만들어 내고, 균형가격과 거래량을 찾아낼 수 있었던 것이다.

그러나 시장에 가서 보면 합산된 수요, 합산된 공급이란 존재하지 않는다. 오직 개별수요와 개별공급이 있을 뿐이다.

개별수요와 개별공급이 어떻게 교환거래를 만들어 내는가? 그것이 공감과정이다. 교환거래는 수요자 전체와 공급자 전체가 결정하는 것이 아니라, 거래에 임하는 두 개인 간에 이루어지는 것이다. 거래의 양당사자가 공감과 동의를 통해서 거래를 이루어 낸다는 말이다.

여기서 양 당사자 간에 이루어지는 공감은 두 가지 측면에서 설명할 수 있다. 하나는 양 당사자 간의 인지시스템이 작동하여 공감이 만들어지는 과정이 생겨난다. 다른 하나의 측면은 거래에 임하는 양 당사자의 사업모델(business model)과 사업심(entrepreneurship)에서 공감과정을 설명하는 것이다.

먼저 양 당사자 간의 인지시스템이 작동하는 과정을 보자.

인간의 인지시스템이 추론적(reasoning)이 아니라 지각－직관(perception－intuition)에 더 영향을 받는다고 할 때, 사람들 간의 교류는 공감과정(sympathy process)에 의존할 수밖에 없다. 즉, 경제분석에서 공감차원이 열리는 것이다.

공감과정을 거쳐서 이루어지는 교환은 어떤 교환인가? 이미 '[정의(定義)] 관계교환'을 통해서 관계교환(relation exchange)을 사람들 사이에 이루어지는 모든 교류라고 정의한 바 있다. 공감차원에서 모든 교환은 관계교환이 된다.

▌그림 5-9: 공감차원에서 돼지의 거래

모든 교환이 관계교환이란 무슨 의미인가? 예컨대, 시장에서 돼지가 거래되고 있다고 생각하자. 사는 사람 A는 돼지를 보고 무슨 생각을 할까? 예컨대 백만원 짜리라고 생각할까? 물론 그럴 수 있다. 그러나 그런 경우라 하더라도 지각 −직관적(perception−intuition) 인지시스템을 가진 인간은 그런 가치 계산에 일관성을 유지하기가 쉽지 않다(Desvousges *et al.*, 1993).

더 나아가서 다만 가치단위로만 측정하는 것이 아니라, 예쁘게 살찐 돼지 또는 추하게 살찐 또는 늙고 병색이 있는 등의 생각이 먼저 든다(percepts 1)는 것이다. 또한 돼지를 파는 사람 B가 어쩐지 믿음직한 또는 어쩐지 의심이 가는 등의 생각(percepts 2)이 먼저 든다는 것이다.

파는 사람 B의 입장에서도 마찬가지이다. A가 좀 멍청해 보여서 기회주의적 행동을 할 여지를 엿볼 수 있는지(judgment heuristics 1) 또는 A가 명석해 보이지만 그래도 나만큼 돼지에 대해서 알 수 없으니 어느 정도의 기회주의적 행동의 유리한 입장은 나에게 있다는 식의 생각(judgment heuristics 2)을 한다는 것이다.

돼지의 가격은 돼지의 매매를 결정하는데 매우 중요한 결정요인이지만, 유일한 결정요인은 아니다. CMVCI(consistent measuring of the value−cost indices)가 가능하지 않은 인지시스템에서 거래가 가격만으로 이루어질 수는 없는 것이다. 우리는 가격을 참고하면서도 삼성제품은 AS(애프터 서비스)가 믿을 만 하다(또는 돼지를 파는 B가 믿을 만 하다)고 생각하고 있으며, 제품광고 모델이 매력적이면(또는 돼지가 깨끗이 관리되고 있으면) 우리의 머리속에 그 제품의 이미지가 더 깊이 각인되는 심리상태 시스템에서 살고 있다.

지금까지 설명한 거래 양 당사자 간의 인지시스템이 상호 작동하는 과정은 양 당사자의 사업모델(business model), 사업심(entrepreneurship)이라는 형태로 표현된다고 할 수 있다. 즉, 공감과정은 거래 양 당사자의 사업모델 사업심이 상호 작동하는 과정이라고 볼 수 있다. 물론 사업모델−사업심이 상호 작동하는 과정도 동시에 인지시스템이 작동하는 과정이다.

사업모델−사업심이 작동하는 과정은 거래의 개별 당사자 간에 일어나는 일이다. 즉, 교환거래가 모든 구매자 수요를 합산하고 모든 판매자 공급을 합산하여 두 합산된 수요와 공급으로 구성되는 시장청산 $D(p) = S(p)$에 의해서 이루어지는 것이 아니라, 개별 구매자와 개별 판매자 사이의 공감과정에서 이루어진다는 사실을 확인해준다.

때로는 쌍방이 기회주의적 행동과 상대방의 기회주의적 행동에 대한 의혹을 가질 수 있는 상황에서는 가격의 높고 낮음에 상관없이 매매가 실패할 가능성도 언제나 어느 정도 존재한다. 즉, 가격보다 신뢰가 더 우선인 것이다(Akerlof, 1970).

이럴 때 매매를 결정하는 것은 가격만이라고 할 수 없다. 가격만이 아니라면, 가격보다 더 근원적 차원이 있다는 말이다. 공감차원이다. 공감차원에서 매매를 결정하는 것은 공감과정이다. 그 결과, 교환은 관계교환이 된다. 그러면 가격은 무엇인가? 가격은 공감과정의 한 (중요한) 요소인 것이다.

[그림 5-9]에서 돼지 거래를 결정하는 것은 공감과정이며, 돼지의 가격도 시장청산 시스템, 즉 $D(p) = S(p)$에 의해서가 아니라, 흥정(haggling) 등 공감과정 속에서 결정된다.

5-7 \ 공감차원에서 가격결정

공감과정의 한 요소로서의 가격이란 무엇을 말하는가? 지금까지 또는 가치－비용 합리성 차원에서 가격은 수요함수(demand function)와 공급함수(supply function)에 의해서 결정되었다. 그러나 시장에 가보면 과연 수요곡선과 공급공선이 존재하는지 알 수가 없다. 수요곡선과 공급곡선은 교과서나 연구논문에만 존재하는 것이고 시장에서 가격이 결정되는 메커니즘은 전혀 다르다.

왜 이런 현상이 나타나는가? 그 이유는 (합리적 의사결정) 경제학에서 사는 사람이나 파는 사람이 정확하게 물건의 가치와 비용을 계량한다는 전제를 하고 있기 때문이다. 따라서 이미 설명된 바와 같이 수요와 공급을 가치단위로 합산하는 것이 가능하다. 즉, 합산된 수요와 합산된 공급으로 거래를 파악하게 되는 것이다. 이것이 시장청산 시스템 $D(p) = S(p)$이다.

그러나 언급된 바와 같이 교환거래는 거래의 양 당사자 간에 이루어질 뿐이다. 즉, 합산된 수요와 합산된 공급이 아니라 개별 양 당사자 간에 이루어지는 것이다. 시장청산이 아니라 공감과정에 의해서 이루어지는 것이다.

가격은 공감과정의 일부일 뿐이다. 이 사실은 이미 애컬로프의 레몬시장에 의해서 논구된 바이다(Akerlof, 1970). 따라서 시장에서 가격이 결정되는 방식을 보면 거래흥정(haggling), 팔자－사자(ask－bid), 경매(auction), 마크업(markup), 관리가격(administered pricing) 등의 방식에 의한다. 가격결정의 이러한 방식은 다름아닌 공감과정이다.

[정리(定理)] 공감차원의 가격: 가격은 공감과정의 일부이다.[40]

[유의(Remark)] 공감차원의 가격결정 방식: 가격은 흥정(haggling), 경매 (auction), 마크업(markup), 팔자－사자(ask－bid), 관리가격(administered pricing) 등의 공감과정의 방식으로 결정된다.

본래 타토노망(tatonnement)은 왈라스(Leon Walras 1834－1910)에 의해서 도입된 개념으로 경매사(auctioneer)를 의미한다(Walras, 1900). 왈라스는 균형가격의 달성을 설명하기 위해서 경매사의 역할을 언급한 것으로 보인다(Walker and Daal, 2014: translator's introduction). 그러나 왈라스의 의도와는 다르게 (unintended) 타토노망이란 말은 균형가격, 즉 $D(p) = S(p)$에 의해서 결정되는 가격을 말하는 것이 아니다. 오히려 가격이 형성되는 방식, 즉 공감과정을 지칭하는 것이다. 팔자－사자(ask－bid)의 방식과 흡사하다.

지금까지 경제학에서는 가격 결정을 설명하기 위해서 한 가지 방법만 논의하여 왔다. 시장청산 시스템(market－clearing system), 즉 $D(p) = S(p)$의 균형가격이 그것이다. 필자는 공감차원을 소개함으로써, 본 저서에서는 가격결정이 설명되는 다른 하나의 방법을 소개하고 있다. 그것은 공감과정에서 만들어지는 가격이다. 전자는 구조방정식 $D(p) = S(p)$에 의해서 설명되는 가격이라는 의미에서 연역적 가격(deductive price)이라고 부를 수 있다. 후자는 경험적 과정, 즉 공감과정에 의해서 결정되는 가격이라는 의미에서 귀납적 가격(inductive price)이라고 부를 수 있다.

귀납적 가격(inductive price)은 공감과정, 즉 거래흥정(haggling), 팔자－사자 (ask－bid), 경매(auction), 마크업(markup), 관리가격(administered pricing) 등의 방식으로 결정된다.

연역적 가격의 접근방법과 귀납적 가격의 접근방법 중에서 어느 방식이 옳은가? 이 질문은 '어느 방식이 더 현실과 부합하는가'라는 것을 말한다. 이것은 교환이 어떻게 이루어지는가 하는 질문이 된다. 시장청산 시스템(market－clearing system),

───────────────

40) 정리에 대한 증명은 필자의 논문(Rhee, 2012b, 2018a)을 참조할 수 있다.

즉, $D(p) = S(p)$ 접근방법(연역적 가격 접근방법)은 교환이 합산된 수요(aggregated demand)와 합산된 공급(aggregated supply)이 만나서 결정한다고 본다(견해 A). 즉, 합산된 수요과 합산된 공급이 가격을 결정하고 그 가격에 따라서 교환이 결정된다는 설명이다. 이것은 맞는 말인가? 실제로 교환거래를 보면 합산된 수요와 합산된 공급이 결정하는 것이 아니다. 교환은, 개별 수요와 개별 공급, 즉 사는 사람 개인과 파는 사람 개인과 개인 사이에서 이루어진다.

귀납적 가격은 시장청산식 $D(p) = S(p)$이 아니라 다음의 방식으로 결정된다(견해 B).

◉ 거래흥정(haggling)

전통시장에서 물건을 흥정(haggling)하는 모습을 보면 가격이 공감과정을 통해서 결정된다는 사실이 더 분명해진다. 사는 사람은 파는 사람의 눈치(지각-직관적 인지시스템)를 보며 가격을 낮게 제안하고, 파는 사람 역시 사는 사람의 눈치(지각-직관적 인지시스템)를 보며 가격을 높인다. 수요함수와 공급함수는 비현실적인 가정(CMVCI: consistent measuring of value-cost indices)에 입각하여 이러한 현실적 현상을 잘못 추상화(abstraction) 한 것에 불과하다.

지각-직관의 인지시스템에 따라 현상을 보는 인간에게는 모든 행동이 지각-직관 인지시스템의 범주에서 벗어날 수 없다. 다시 말하면, 눈치를 명시적으로 보지 않았다고 해도 인간행동이 비결정성(indeterminateness)에서 벗어날 방법은 없다. 이것은 제한적 합리성 차원의 행동을 의미하는 것이다.

SPRUCE-BEER SELLERS.

⬤ 팔자-사자(ask-bid)

고도의 정보화가 이루어지고 전산화된 시스템 속에서 운영되는 금융시장의 현상은 전통시장의 현상과 다를까? 대표적 금융시장인 주식시장의 주식거래는 어떨까? 주식시장은 주식을 사는 사람과 파는 사람으로 구성되어 있다. 즉, 주식을 사려는 사람은 사려는 가격(bidding price)과 사려는 수량을 제시한다. 팔려는 사람은 팔려는 가격(asking price)과 팔려는 수량을 제시한다. 이것도 본질적으로 전통시장의 흥정(haggling)과 다르지 않다. 서로의 눈치를 나름대로 감으로 잡고 전략을 세운다.

▍그림 5-11: 증권거래소 중매인들의 매매주문

자료: https://www.google.co.kr/search

▍그림 5-12: 증권거래와 과정의 혼란

자료: https://www.google.co.kr/search

Buyers(bid)		Sellers(ask)	
Shares	Price	Shares	Price
3000	25.10	5000	25.11
4500	25.09	6000	25.12
1500	25.08	3000	25.13
9000	25.07	2500	25.14
3500	25.06	3500	25.15

주식시장의 매매 체결상황표([그림 5-13])를 보면 사는 사람(bidder) 쪽의 사고자 하는 내용이 사고자 하는 가격(bidding price)을 내림차순 순서로 정렬되어 있고, 동시에 파는 사람(seller)은 팔고자 하는 가격(asking price)을 올림차순 순서로 정렬해놓고 있다. 양쪽의 꼭대기 있는 주문(offer), 사고자 하는 가격의 제일 높은 가격과 팔고자 하는 가격의 가장 낮은 가격이 일치할 때, 주문이 체결된다. 서로 조건이 맞는(가격이 일치하는) 상태에서 양쪽 주문이 맞는 만큼만 거래된다. 그러니까 한 번의 체결에서 주문 물량이 다 소화되는 것이 아니라 상대방의 주문 물량과 맞는 만큼만 체결된다. 미 체결물량은 다음 체결로 이동한다.

[그림 5-13]에서는 맨 꼭대기 줄(row)에서 가격이 맞지 않다. 파는 가격(ask price)은 USD 25.11이고 살려는 가격(bidding price)은 USD 25.10이다. 거래가 성립되지 않는다. 화면에 나타난 거래 오퍼는 거래가 성립되지 않은 것들이다. 가격이 맞아서 거래가 체결된 거래(량)만큼의 거래오퍼가 화면에서 빠져 나간다. 화면에는 거래가 체결되지 않은 오퍼들 뿐이다. 이 상황판을 보고 거래 쌍방은 자신의 거래오퍼를 수정하곤 한다. 물론 이렇게 수정하는 과정도 공감과정이다.

이것은 시장청산(market clearing)이 아니다. 팔자-사자 방식의 거래이다. 타토노망 과정, 즉 공감차원의 경험론적 현상이라고 할 수 있다. 이렇게 체결된 가격이 장기적으로 균형가격을 지향할지는 전혀 별개의 문제이다. 우리는 공감차원에서 살고 있을 뿐이며 그 결과가 가치-비용 합리성 차원에서 수요함수-공급함수의 모델로 계산해낸 균형가격을 만들어 간다는 것은 합리적 의사결정 모델(RAM)의 상상일 뿐이다.

◉ 경매(auction)

사정은 경매(auction) 시장에서도 마찬가지이다. 경매시장은 가장 높은 가격을 제시하는 사람(highest bidder)에게 낙찰이 되는 시스템이다. 가격결정 방식이 팔자－사자(ask－bid) 방식과 다르다. 파는 사람에게 유리하다. 경매제도는 골동품, 예술품, 생선(fresh fish) 시장에서 운영된다.

▌그림 5-14: 경매시장: 예술품

▌그림 5-15: 경매시장: 생선

경매제도에서는 파는 측 대리인이 주관이 되어 매매체결을 유도해 나간다. 파는 사람은 자신의 지각─직관적 인지시스템을 동원해서 경매의 시점과 경매 대리인을 선택하는 전략을 세워야 한다. 사는 사람은, 경매대리인의 가격호가에 반응해서 서로의 눈치(지각─직관적 인지시스템)를 살피면서 사자의 주문을 내게 된다. 가격이 낙찰을 결정하지만, 그보다 먼저 지각─직관적 인지시스템이 작동하고 있다. 이것이 공감차원의 행동이다.

거래체결은 개별 판매자와 개별 구매자 사이에서 이루어진다. 합산된 판매자 (aggregated supply)와 합산된 구매자(aggregated demand) 사이에서 이루어지는 것이 아니다. 가격은 개별 거래 공감과정의 일부분이 된다. 경매 참가인들 사이에 이러한 지각─직관적 인지시스템이 작동하지 않는다는 식으로, 시장청산 시스템과 가격의 역할만을 주장하는 것은 현실적 시장상황에 대해서 눈을 감는 것과 같다. 현실적 시장상황이 가격을 결정하고 거래의 체결을 결정한다(Akerlof, 1970; Rhee, 2018a).

◉ 마크업(markup)

대부분의 공산품, 농산물 시장, 서비스업 시장, 심지어는 일부 금융시장에서 가격은 마크업(markup)에 의해서 결정된다. 즉, 공급자에 의해서 제시되는 것이다. 마크업은 생산비용의 퍼센트 비율로 표시된 이익률을 가리킨다. 가격을 결정함에 있어서 생산비용을 산정하고 거기에 생산비용의 퍼센트로 계산한 이익률(markup)을 더해서 가격을 결정하는 것이다.

마크업 방식도 공급자가 가격결정을 주도해가는 방식이다. 경매에서는 경매대리인이 경매가격을 점차 높여가거나(영국식), 낮춰 가지만(화란식), 마크업에서는 판매자가 일방적으로 가격을 제시하고 구매자는 사거나 말거나의 결정을 하게 된다.

공급자는 마크업 방식에 맞는 가격전략을 세우게 된다. 지각─직관적 인지시스템을 동원한 공감과정이다. 구매자는 자신의 인지시스템을 동원해서 구매의사를 결정하게 된다. 거래는 개별 판매자와 개별 구매자 사이에서 공감과정을 통해서 이루어진다. 가격은 공감과정의 일부분이다.

이 마크업 가격은 $D(p) = S(p)$에서 결정된 가격, 즉 균형가격이 아니다. 지각─직관 및 추론 인지시스템이 작동하며, 공감과정에서 결정되는 가격이다. 소비자(구매자)는 공급자가 제시한 마크업 가격을 보고 사든지 말든지 의사를 결정하는 것이다. 이것이 대부분의 경우 우리 생활을 지배하는 가격결정 방식이다.

이 방식을 시장청산 방식 $D(p) = S(p)$이라고 하는 것은 귀납적 가격과 연역적 가격을 혼동하고 있는 것이다.

◉ 관리가격(administered pricing)

교과서의 대부자금 금리결정 설명과 달리 실제로 금리가 결정되는 과정을 보면 이것은 부분적으로 마크업 방식이 가미된 관리가격(administered pricing)의 방식이라고 볼 수 있다. 중앙은행의 기준금리(standard rate)의 결정에서부터 그렇다. 미국 연준의 금리결정도 그렇고 한국은행의 금통위 기준금리결정도 그렇다. 옐런(Janet Yellen) 미국 연준(Federal Reserve) 의장은 금리인상 시기를 놓고 몇 년간 시장 상황(의 눈치)을 보며 신중을 거듭하고 있었다. 현 제롬 파월의장도 마찬가지이고, 한은의 금통위 결정도 마찬가지이다. 물론 최고의 정보를 가지고 기준금리의 조정을 결정한다. 그러나 언제나 시장 상황(지각(perception))과 저울질하며(눈치를 보며) 고도의 전문적 판단력(직관(intuition))을 가지고 적절한 시점과 행동을 결정하는 것이다. 중앙은행의 기준금리 결정도 공감차원의 행동인 것이다. 아무리 전문가라 해도 제한적 합리성의 세계에서 인지시스템으로부터 자유로울 수가 없다.

중앙은행의 기준금리는 다른 금리결정의 기준이 된다. 반드시 기준금리를 참고한다고 하지 않더라도 상업은행의 여신 금리결정은 여신금리가 관리되는 시스템을 보면 그 자체가 관리가격 체계이다.

관리가격 방식은 판매자가 일방적으로 가격(금리)을 결정하고 구매자는 선택의 여지가 없이 이 가격을 받아들이는 방식이다. 물론 거래를 거절할 수 있다.

관리가격에 대해서 구매자 선택의 여지가 없다고 해서 거래, 예컨대 은행 대출이 공감과정이 아니라고 할 수는 없다. 공감과정의 일부분으로 금리(가격)가 은행에 의해서 선택의 여지가 없이 주어졌다는 것을 말하는 것이지, 은행 대출이 은행 일반과 은행 대출을 사용하는 고객 일반 사이에 정해진 금리에 의해서 결정된다고 할 수는 없는 것이다. 개별 은행과 특수 대출 사용인 개인 사이에 서로의 비즈니스 모델과 사업심에 의해서 대출이 이루어지는 것이다. 그때 금리는 양자(은행과 대출 사용인)의 사업모델 간의 상호작용, 즉 공감과정에 의해서 결정되는 것이다. 금리는 이 과정의 일부분일 뿐이다.

반복되는 것이지만, 관리가격 방식이라고 수요 공급의 조건이 반영되지 않는 것이 아니다. 다만, 수요함수와 공급함수가 가격결정과 거래체결을 하는 것이 아니라는 것뿐이다. 관리가격 방식은 거래체결을 설명하는 열린－비결정적 시스템을 채우는 하나의 방식인 것이다. 그것은 제한적 합리성 세계에서 거래체결을 만들어 내는 하나의 방식인 것이다. 수요와 공급은 (관리가격과 같은) 거래체결 결정방식이 작동하는 공감과정에서 역할을 하는 하나의 요소일 뿐이다.

관리가격 방식은 마크업 가격과 함께 생활 주변에서 광범위하게 작동하고 있다. 유틸리티(전기, 가스, 수도) 및 공공요금의 결정 등이 주요 사례이다.

▌그림 5-17: 관리가격(Administered Pricing)으로 결정되는 은행금리

5-8 \ 가격과 공감과정: 누가 먼저인가?

이상, 시장에서 가격결정 거래체결 방식의 관찰에서 알 수 있는 것은 경제학 교과서에서 설명하고 있는 바와 달리 그것이 시장청산 시스템(market clearing system) $D(p) = S(p)$에 의해서 이루어지는 것이 아니라는 것이다. 그 이유는 시장청산 시스템은 가치−비용 합리성 차원에서 거래체결을 설명하는데 현실의 시장은 공감차원에서 움직이고 있는 것이다. 흥정(haggling), 팔자−사자(ask−bid), 경매(auction), 마크업(markup), 관리가격(administered pricing)은 모두 공감과정의 한 부분으로 공감과정을 완성시키는 가격결정 거래체결 방식인 것이다.

▎그림 5-18: 가치−비용 합리성 차원과 공감차원

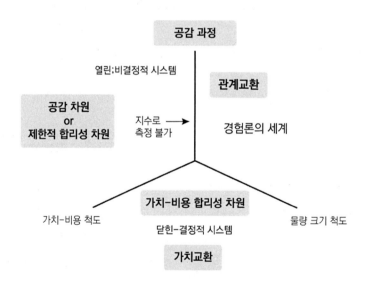

거래 체결에서 공감과정이 먼저일까, 가격이 먼저일까? 물론, 지금까지의 논의과정이 보여주는 것은 공감과정이 먼저라는 것을 말해준다. 만약 가격이 먼저라면 이렇게 구체적인 가격결정 형식을 논의할 필요가 없다. 수요함수와 공급함수만 살피면 된다. 거래체결에서만 아니라, 가격 결정과정에서조차 눈치의 영역, 즉 지각−직관의 인지시스템 영역, 또는 공감 영역이 존재한다는 것은 가격보다 공감과정이 순서적으로 우선한다는 것을 의미한다(Rhee, 2012b, 2018a,

2018c, 2020).

지각－직관(perception－intuition) 및 추론(reasoning) 인지시스템(system 1)이 추론(reasoning) 인지시스템(system 2)보다 더 접근적(more accessible)이라고 했다. 가격은 인지시스템 2에 속한다. 공감과정이 더 먼저인 것이다. 공감과정이 가격에 우선한다는 것, 즉 가격이 공감과정의 한 부분이라는 것은 가치－비용 합리성 차원에 부가하여 분석적 차원으로서 공감차원이 존재한다는 것을 의미한다. 이것이 경제학에서 지금까지 찾아 헤매던(Kahneman, 2003) 제한적 합리성 차원인 것이다(Rhee, 2018c, 2020).

교환 거래가 가격만으로 결정된다는 것은 공감차원이 부정되고, 가치－비용 합리성 차원만으로 교환 거래를 설명하는 것이다. 합리적 의사결정모델(RAM)이 그렇게 하고 있다. 이 때에는 망설임(wavering)이 존재하지 않는다. 결정적 모델이기 때문이다. 현실에는 망설임이 범람하고 있다.

예컨대 고흐(Van Gogh)의 그림이 소더비(Sotheby)에서 경매되지 않고 내가 사는 지역의 아파트 앞마당에서 경매된다면 아무리 그 사실을 방송에 홍보하여도 소더비에서 경매되는 만큼의 가격을 받아내지는 못한다. 그 이유는 소더비만큼 전문적 시스템에 의해서 구매자의 망설임을 제어하지 못하기 때문이다. 소더비의 마케팅 네트워크와 이를 작동시키는 소더비 시장의 특수제도와 매매 거래의 관계를 설명하는 것이 공감과정을 통해서 가능하다는 것을 말해준다.

현실은 공감과정에서 존재하고 있다. 이 사실은 이미 애컬로프의 레몬시장에서 설명된 바와 동일하다. 중고차 시장에 표준제도를 도입하면 망설임을 제어하고 시장의 실패(거래의 실종)를 교정할 수 있는 것이다.

현실은 가치－비용 합리성 차원(가격에 의한 거래결정)이 아니고 공감차원(망설임 제어)에 있는 것이다.

제6장 인지시스템과 공감차원

6-1 어느 정육점의 스토리

저녁상 차림에 쓸 고기를 사기 위해서 정육점에 가게 된 소비자의 경우([그림 6-1])를 생각해보자. 오늘은 사는 양이 많지도 않고 급히 사야 해서 동네 정육점으로 갔다고 하자.

▌그림 6-1: 어느 정육점 구매의 우연성

인간인지
(human cognitive system)

지각(perception)
직관(intuition)
추론(reasoning)

인지의 프레이밍에
갇힘(locked in into framing)

- 정육점에 돼지고기 사러 갔는데
- 정육점 주인 청년이 전화를 받는 태도가 예의 바르고 반듯한 것이 인상적이었다.
- 평소, 정육점에 부정적 인상을 가지는 편이였고,
- 하나로 몰에서 고기를 사는 편인데
- 왠지 정육점 고기가 푸짐해 보이고, 값도 좋은 것 같이 느껴졌다.
- 그날 이후 정육점에서 고기 사는 횟수가 늘었다.

우연적 돌발사건은 언제나 가능
(ubiquity of contingence)

열린-비결정적 시스템
(open-indeterminate system)

인간인지
(human cognitive system)

지각(perception)
직관(intuition)
추론(reasoning)

평소에 고기를 이마트나 하나로 몰에서 사는 구매자가 그날 급히 고기가 필요해서 동네 정육점에 갔다. 그런데 우연히 정육점 주인 청년이 전화를 받고 있어서 본의 아니게 전화내용을 듣게 되었다. 그런데 그 청년주인의 전화 받는 태도가 예의 바르고 반듯해서 감동을 받았다. 그러고 보니 왠지 정육점 고기가 푸짐해 보이고 값도 좋은 것 같이 느껴졌다. 그 날 이후 정육점에서 고기를 사는 횟수가 늘었다.

언제나 있을 수 있는 주변의 스토리이다. 이 스토리에는 우리가 주목해야 하는 사실이 있다. 하나는 정육점 주인의 전화 받는 장면을 구매자가 듣게 되었다는 우연적 돌발사건이다. 이 돌발사건의 전후를 통해서 정육의 가격이나 품질에 변화가 있었던 것은 아무 것도 없다. 순수하게 우연적인 돌발사건이다.

다른 하나는 이 돌발사건이 구매자의 의사결정에 영향을 주었다는 것이다. 가격이나 품질에 아무런 변화가 없었는데도 불구하고, 정육점 스토리는 전형적으로 ICP(indeterminate, coincidental, path dependent) 현상, 즉 비결정적이고, 우연적이며, 경로의존적인 현상이다.

이 정육점 스토리를 가지고 인지시스템과 열린 − 비결정적 시스템을 생각해 보자.

6-2 인지 콘텐츠

카네먼 교수의 인간 인지시스템 구조는 2장 2절의 표([그림 2 − 1])에서 살펴본 바 있다(Kahneman, 2003, Figure1). 인간의 인지구조는 인지과정(process)의 단계와 인지 콘텐츠(contents)의 단계로 구분된다. 인지과정에서는 지각 − 직관(perception − intuition)의 과정이 보다 인지 접근적(more accessible) 과정이고, 추론(reasoning) 과정이 덜 인지 접근적(less accessible) 과정이다. 인지의 진행과정을 보면, 지각 콘텐츠와 같은 인지 콘텐츠를 확인함으로써 인지과정이 집행된다. 또한 인지과정에서 습득한 현상에 대한 감각이 인지 콘텐츠로 저장된다.

인지 콘텐츠에는 상시적 정서를 자극하고 정서 자극에 의해서 선도되는 지각의 인지 콘텐츠(percepts)가 있고, 언어적 분류에 의해서 인지과정이 검색되고, 시제(과거, 현재, 미래)에 의해서 검색되는 개념적 대표성(conceptual representations)의 인지 콘텐츠가 있다. 지각의 인지 콘텐츠가 개념 대표성의 인지 콘텐츠보다 더 접근적(more accessible)이다.

◎ 정육점의 사례

정육점의 사례를 카네먼 교수의 표에 나타난 인지시스템 구조에 대입해보면, 정육 구매자의 인지구조는 이마트와 하나로 몰이 동네 정육점보다 더 선호되는 개념 대표성을 가지고 있다. 이 개념 대표성이 지각 콘텐츠를 구성해서 이 구매자의 정육 구매 의사결정에 영향을 미친다. 평소에는 정육을 하나로 몰이나 이마트에서 구입하는데 오늘은 적은 양의 돼지고기가 급히 필요하기 때문에 동네 정육점에서 구입하기로 한 것이다.

그런데 정육점 주인 청년의 반듯한 행동에 좋은 느낌을 받는다. 이러한 새로운 지각(perception)의 경험은 구매자의 개념 대표성(conceptual representations)에 영향을 주어서 정육점에 대해서 더 잘 알게 되고 결과적으로 선호도를 개선하는 효과를 준다. 따라서 이 구매자의 정육구매에 영향을 미치게 되고 그날 이후 이 구매자가 정육점에서 고기를 사는 횟수를 늘리는 효과를 주게 된다.

정육점 청년의 전화는 우연한 돌발사건이고 이 우연한 돌발사건이 인지과정을 일으키고 그 인지과정이 인지 콘텐츠를 만들게 된다. 이렇게 우연하게 변화된 이 소비자의 인지시스템이 이 사건 이후 구매자의 구매 의사결정에 영향을 미치게 된다. 이것이 공감과정이다. 공감과정은 열린─비결정적 시스템인 것이다. 이 열린─비결정적 시스템에 최초로 영향을 준 것은 우연적 사건이었다. 공감과정의 열린─비결정적 시스템은 ICP(indeterminate, coincidental, path dependent) 현상인 것이다.

◎ 어느 식당의 경험

[그림 6-2]에서 소개되는 어느 식당의 경험은 또 다른 우연성 사례를 보여준다.

| 그림 6-2: 어느 식당에서 일어난 우연적 사건

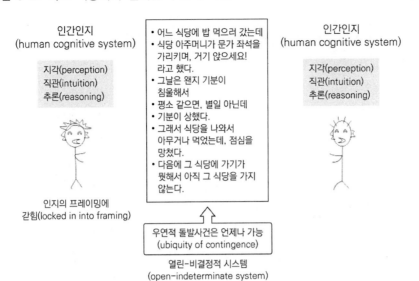

어느 식당에 밥 먹으러 갔는데, 식당 아주머니가 문가의 좌석을 가리키며, "거기 앉으세요!"라고 했다. 그날은 왠지 기분이 침울한 편이어서 그런지, 평소 같으면 별일도 아닌데, 아주머니의 그 말에 기분이 상했다. 그래서 식당을 나와서 아무거나 먹었는데, 그 바람에 점심식사를 망쳤다. 다음에 그 식당에 가기가 싫어서 아직도 그 식당에 가지 않는다.

"거기 (문가에) 앉으세요!"라는 아주머니의 말을 들은 것은 우연적 돌발사건이다. 그 말에 기분이 상한 것도 돌발사건이다. 인지의 세계는 경험의 세계이고 매 경험이 우연적 돌발사건이라고 할 수 있다. 이러한 우연적 돌발 경험이 지각 콘텐츠를 자극한다. 이때 지각 콘텐츠는 예컨대 열등의식과 같은 것이다. 그것이 우리의 의식세계에 지각 콘텐츠로 자리잡고 앉아 있는 것이다.

이 지각 콘텐츠는 상시적으로 정서자극적 작용을 한다. 즉, 열등의식을 자극할 수 있는 것이다. 어떤 때는 아무렇지도 않게 넘어갈 수 있는 일이 어떤 때는 정서를 자극하게 된다. 열린-비결정적 시스템이다.

과거의 경험으로 만들어진 정서 자극적 개념콘텐츠가 무의식세계에 자리잡아 있었다. 이 사건이 그 열등의식 영역을 자극하였고(stimulus-bound) 이 사람이 식당에서 뛰쳐나가게 만들었다. 그리고 그 사건은 그 식당에 대한 껄끄러운 감정의 개념콘텐츠(conceptual representations)를 만들어서 그 후 그 식당에 가지 못하게 만드는 영향력을 행사하고 있다.

이상의 2개 사례, 즉 정육점과 식당의 사례는 시장의 교환거래에서 작동하고 있는 공감과정의 행동이 가격과 독립적으로 작동하는 시스템인 것을 보여준다. 정육점의 육류 가격이나 식당의 메뉴가격 그 어느 점포에도 가격의 변화는 없었다. 공감과정에서 작동하는 인지시스템의 작용에 의해서 구매 결정이 이루어지고 그 구매결정이 다음 구매결정으로 영향을 주고 이어지는 것이다.

이것은 공감과정의 인지시스템 작동이 가격보다 더 근원적이라는 점을 말해준다. 만약, 가격이 공감과정보다 더 근원적이라면 우연적 돌발사건으로 발생하는 공감과정의 효과는 가격에 의해서 대표될 것이기 때문이다. 즉, 인간의 (구매) 행동은 가격보다 더 근원적인 인지시스템에 의해서 공감과정을 통해서 의사결정에 이르는 과정을 보여준다.

공감과정이 가격 시스템보다 더 근원적인 의사결정 구조에서 식당주인 아주머니의 말에 기분이 상해서 식당을 뛰쳐나가는 행동은 어떻게 해석되어야 할까? 이것은 애컬로프의 시장 해체 또는 거래실종(또는 가격기구 실패(Rhee, 2018c)) 현상에 해당한다. 메뉴나 가격표, 음식의 질에 아무 변화가 없지만 구매가 안되는 것이다. 애컬로프의 중고차와 같다. 여기서는 정보의 비대칭이 아니라, 정서의 인지 콘텐츠가 가격기구의 실패(시장의 해체 또는 거래실종)를 일으킨 것이다. 그렇게 시장은 수시로 만들어지고(동내 정육점) 또 해체(아주머니 식당)되는 것이다. 이 점이 합리적 의사결정 모델에서는 간과되고 있다. 합리적 의사결정 모델에서는 '시장은 주어진 것'으로 전제되고 있다.

◉ 어느 공장 작업벨트의 사례

의사결정 과정에 가격보다 근원적 과정으로 공감과정이 존재한다는 것은 시장의 교환에서 뿐만 아니라 개인 간의 교류행동에서도 공감과정이 작동한다는 것을 말한다. 어느 공장 작업벨트의 사례([그림 6-3])는 가격이 작동하지 않는 비시장 또는 조직에서 개인 간에 작동하는 공감과정의 행동을 보여주고 있다.

내 옆의 작업자는 헛기침을 하는 습관을 가지고 있다. 또한 작업 마무리가 깔끔하지 않다. 평소 이것이 나로 하여금 마음을 쓰게 한다. 오늘은 작은 일에도

의기소침해지고 피해의식이 드는 날이다. 평소 같으면, '마무리가 안됐네!' 하고 내가 마무리 해주고 옆 작업자가 '주의 할게요!' 하고 순조롭게 넘어갈 일이, 오늘은 나도 모르게, '에이 이게 뭐야!' 소리가 나오고, 옆 작업자의 심기를 건드렸다. 그 사람도 마음이 상하고, 그래서 나도 하루 종일 마음을 쓰느라고 일이 제대로 되질 않았다.

┃ 그림 6-3: 어느 작업장에서 있었던 우연적 사건

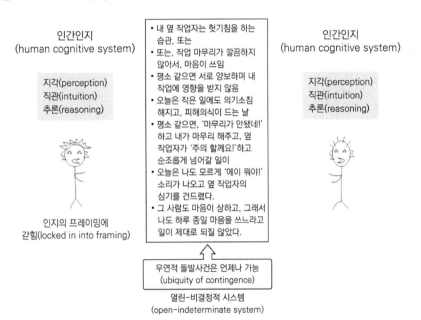

이 사례는 두 작업자 간의 분업의 문제를 다루고 있다. 그렇지만 분업이 가격을 매개로 한 시장의 가치교환을 통해서 실현되는 것이 아니라, 기업조직 안의 생산관리 시스템에 의해서 운영되고 있다. 그러나 자세히 보면, 조직 위계(hierarchy)의 명령시스템보다 더 근원적 행동은 작업자 간의 공감과정에서 이루어지는 행동임을 알 수 있다. 생산관리의 작업명령은 이들 작업자 간의 공감과정에서 이루어지는 행동, 즉 관계교환 행동을 관리하는 제도(또는 조직의 운영)라고 볼 수 있다.

다시 말하자면, 그것이 가격을 매개로 한 시장의 교환이든, 가격이 존재하지 않는 개인 작업자 간의 공감과정의 행동, 즉 관계교환 행동이든 가장 근원적이고 공통적인 의사결정의 메커니즘은 공감과정인 것이다. 공감과정은 개인의 인지시스템에서 출발하고 있다.

인지시스템은 지각-직관-추론의 인지과정이며 인지과정은 정서 자극을 선도하는 지각 콘텐츠를 검색하여 이루어진다. 이러한 지각 콘텐츠는 자극유발 정서 및 개념 대표성의 변화를 통해서 변화하게 된다. 따라서 공감과정은 필연적으로 열린-비결정적 시스템이다. 왜냐하면 인지과정은 합리성의 영역이 아니라, 제한적 합리성의 영역이며, 우연적 돌발사건의 연속, ICP이기 때문이다. 의사결정은 이 과정에서 이루어진다.

◉ 토트넘 축구팀의 선수 간 팀워크 사례

스포츠 경기에서 선수 간의 팀워크는 관계교환의 전형적 사례이다. 팀워크를 만들어내는 선수 간의 공감 행동, 즉 관계교환 행동을 통한 분업은 대표적인 공감 행동의 사례이다. 다음 스토리([그림 6-4])는 인지시스템을 통한 공감과정 행동의 다른 하나의 사례를 보여준다.

'패스를 할 거냐, 아니면 내가 슈팅을 할 거냐' 하는 것은 언제나 공격수의 순간적 판단을 요구하는 문제이다. 손흥민은 오늘 슈팅을 했는데, 들어가지 않고, 상대팀 수비수 몸을 맞고 볼이 튀어나왔다. 다행히, 우리 팀이 골을 넣었다. 그런데, 다른 공격수가 '왜 내가 기다리는데 나한테 보내지?' 하는 항의성 의사표현을 하였다. 평소 같으면, '미안해' 하는 표현을 하고 끝날 일. 그런데 이날 손흥민은 '어쩌라고?' 하고 마주 대꾸 하는 바람에 그 선수와 감정이 상해서 그날 경기에 지장을 받았다.

그림 6-4: 손흥민 선수에게 있었던 우연적 사건

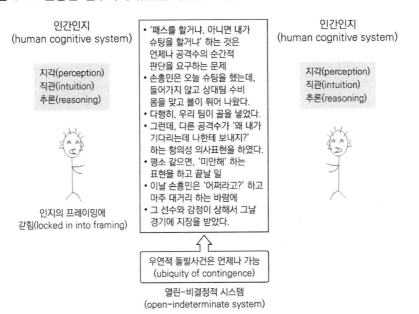

손흥민이 '어쩌라고?' 하는 대꾸는 우연적 돌발사건이다. 사실 공감차원에서 모든 행동은 경험적 행동들이며 모두가 우연적 돌발사건이라고 할 수 있다. 사실 '미안해'라고 의사표현을 했더라도 그것이 우연적 돌발사건이 아닌 것은 아니다. 이것이 경험론의 세계이다. 우리는 가치−비용 합리성의 세계를 그리는 경제학에 익숙하기 때문에 이러한 경험론적 사고에 익숙하지 않지만, 사람들은 일상생활에서 인지시스템에 의한 행동을 하는 경험론의 일상, 즉 제한적 합리성 행동 또는 공감과정의 행동을 하며 살고 있다. 이것이 열린−비결정적 시스템이다.

6-3 전망 이론

전망이론(prospect theory)은 확률적 불확실성 상황에 처한 사람들이 어떻게 행동하는가를 그리고 있다(Kahneman and Tversky, 1979). 이들의 행동은 최적화−균형(optimization−equilibrium)의 해를 찾아가는 것이 아니라 발견법(heuristic theory)을 따라간다는 것이다.

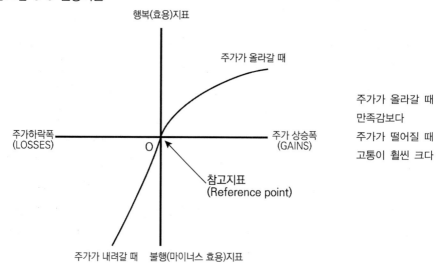

그림 6-5 전망이론

주가가 올라갈 때
만족감보다
주가가 떨어질 때
고통이 훨씬 크다

주식투자를 하는 투자자의 경우를 상정하고 [그림 6-5] 전망이론(prospect theory: Kahneman and Tversky, 1979)을 해석해보자. 사람들은 주가가 올라갈 때 느끼는 행복보다 주가가 떨어질 때 훨씬 더 고통스럽게 생각한다. 위 그림에서 주가가 올라갈(gains) 때를 가리키는 그림 오른쪽은 상대적으로 완만한 기울기를 보여주고 있는 반면, 주가가 떨어질(losses) 때를 가리키는 그림 왼쪽은 가파른 하방 기울기를 보여주고 있다.

물론 그런 판단을 하는 기준점(reference point)이 인지의 콘텐츠로 주어지게 된다. 그것은 주식을 살 때의 가격일 수도 있고, 현재의 가격일 수도 있다. 이러한 기준점의 결정이 우연적, 비결정적으로 이루어지고 그 결과가 경로의존적이 된다. 예컨대 어느 주식을 사게 되었다고 하자. 그 주식을 골라서 샀겠지만, 그 중에 우연적 요소가 전혀 없었다고는 말 못한다. 동네 정육점에 가서 주인 청년의 전화하는 태도를 보게 된 것도 기준점이 될 수 있고, 우연성의 산물이다.

그렇게 기준점(학습 기준(heuristics))이 정해지면 거기서 벗어나지 못하는 습성에 매인다는 것이 바로 전망이론이다. 우리는 주식을 사면 그것이 어느 주식이든지 팔 때까지는 그 주식에 매이게 된다. 팔고나서 오르면 어쩌나 해서 못 판다. 팔고나서 계산의 결과 얻은 이익보다 팔고나서 오를 경우 뒤따르는 후회와 그로 인한 고통에 매여서 못 판다. 거래처도 마찬가지이다. 지금 거래처를 끊고 새 거래처로 인해 얻는 이익이 있더라도 지금 거래처를 끊고 나서 이 거래처와 거래를 못해서 보는 기회의 손실이 더 마음 쓰여서 지금의 거래처를 끊지 못하는 것이다.

이 거래처와 거래를 하게 된 것은 역사적 사건이지만, 그 역사적 사건은 아무리 손익계산을 한 후의 결정이라고 하더라도 우연적 요소가 없을 수 없다. 그것이 인간세상의 현상이고, 경험론 세계이다. ICP현상이 지배하는 세상이다.

이것은 합리적 의사결정모델에 의한 세상, 즉 가치−비용 합리성 차원과 다르다. 가치−비용 합리성의 차원에서는 (우연적으로 결정된) 기준점에 따른 즐거움과 고통의 분포가 비대칭일 수 없다. 전망이론은 정확하게 열린−비결정적 시스템을 뒷받침하는 분석적 이론(descriptive theory)이라고 할 수 있다.

6-4 프레이밍 효과

프레이밍 효과란 우리의 인지시스템에 나타나는 인지적 왜곡(cognitive bias) 현상을 말한다. 우리의 인지시스템은 추론(reasoning)만으로 구성되어 있는 것이 아니고, 그보다 더 원초적(more accessible)으로 지각−직관(perception−intuition)에 의존하여 작동하고 있다. 이 지각−직관의 인지시스템은 자극에 반사적 작용(stimulus−bound)을 하는 시스템이기 때문에 어떻게 상황의 프레이밍이 구성되느냐에 따라 반응이 다르게 나타나는 인지적 왜곡이 발생하게 된다.

다음의 사례([그림 6−6])는 카네먼 교수(Kahneman, 2003)에서 인용하였다.

┃그림 6−6: 가상적 아시아 역병 경우의 프레이밍 효과

The Asian disease
Imagine that the United States is preparing for the outbreak of an unusual Asian disease, which is expected to kill 600 people. Two alternative programs to combat the disease have been proposed. Assume that the exact scientific estimates of the consequences of the programs are as follows:

If Program A is adopted, 200 people will be saved

If Program B is adopted, there is a one-third probability that 600 people will be saved and a two-thirds probability that no people will be saved

미국에서 '아시아 역병'이라는 전염병이 파급
600명의 사망이 예상됨

[프레이밍 1]
Program A: 200명을 살릴 수 있음
Program B: 600명을 살릴 확률이 1/3
             하나도 못 살릴 확률 2/3

사람들은 Program A를 선택

[프레이밍 2]
Program A': 400명이 죽는다
Program B': 아무도 안 죽을 확률 1/3
          600명 모두가 죽을 확률 2/3

사람들은 Program B'를 선택

미국에서 '아시아 역병'이라는 전염병이 파급될 것이 예측되었다고 하자([그림 6-6]). 600명이 사망할 것이 예상되었다. 이에 대처하는 의료 프로그램이 준비되었는데 그 프로그램이 2개의 다른 프레이밍으로 발표되었다. 첫째 프레이밍(프레이밍 1)에 의하면 '프로그램 A: 200명을 살릴 수 있음', '프로그램 B: 600명을 살릴 수 있는 확률 1/3, 하나도 못 살릴 확률 2/3'이다. 응답자들은 대체로 프로그램 A를 선택하였다.

같은 정책을 다르게 발표한 둘째 프레이밍(프레이밍 2)에 의하면 '프로그램 A': 400명이 죽음', '프로그램 B': 아무도 안 죽을 확률 1/3, 600명 모두가 죽을 확률 2/3'이다. 이 프레이밍에서는 사람들이 대체로 '프로그램 B'를 선택하였다.

그러나 프로그램 A나 프로그램A'이나 같은 프로그램이다. 또한 프로그램 B나 프로그램 B'도 같은 프로그램이다. 표현이 다를 뿐이다. 그 표현이 첫째 프레이밍에서는 '살리는 숫자'로 표현하였고, 둘째 프레이밍에서는 '죽이는 숫자'로 표현하였다.

'살리는 숫자'의 프레이밍에서는 확실하게 살리는 옵션(A)을 택하였다. '죽이는 숫자' 프레이밍에서는 확실하게 죽이는 옵션을 피하고 안 죽을 확률이 있는 옵션(B')을 택하였다.

표현방식이 다르면 다른 결과가 나왔다. 이것이 인간의 인지시스템이다. 사람들은 '살리는 옵션'을 자극반응을 유발(stimulus-bound)하는 지각 기준(percept reference)으로 잠재의식에 가지고 있다. 이성적으로 추론하기보다 지각-직관 시스템에 따라 반응한다.

프레이밍 효과는 정확하게 공감과정이 만드는 공감차원이 분석적 차원으로 존재함을 입증한다고 할 수 있다. 모든 것이 합리적 추론에 의해서 결정된다면 공감과정은 역할이 없다. 공감과정은 제한적 합리성의 인지시스템이 만들어내는 분석적 차원이다.

6-5 발견법(heuristics)

사람들은 의사결정을 할 때, 합리적이라기보다 기준점을 정해서 그에 맞추어 판단을 하는 경향이 있다. 인간의 두뇌는 합리성을 추구할 만큼 정교하게 작동하지 못한다. 기준설정 발견법(anchoring heuristic: Mussweiler and Strack, 1999)이 그 예이다. 기준이 어떻게 설정되느냐 하는 것은 우연성에 의해서 결정되는데, 그 설정된 기준으로 인해서 의사결정의 결과가 달라지게 된다. 이미 소개된 전망이론이나 프레이밍이론 그리고 발견법 모두 설명의 프레임은 다르지만 서로 통하는 분석내용이다. 전망이론에서 기준점(reference−point)이나, 프레이밍에서 지각 기준(stimulus−bound)이나, 발견법의 기준(anchoring)이나 통하는 내용이다.

트버스키와 카네먼(Tversky and Kahneman, 1973)의 실험을 소개해 보자. 두 집단의 피실험자들에게 다음과 같은 실험을 했다. 첫 번째 집단에 대해서는 $8 \times 7 \times 6 \times 5 \times 4 \times 3 \times 2 \times 1$을 즉시 어림계산 하도록 하였다. 두 번째 집단에 대해서는 $1 \times 2 \times 3 \times 4 \times 5 \times 6 \times 7 \times 8$을 즉시 어림계산 하도록 하였다. 두 집단 모두 어림계산이 큰 차로 정답보다 작은 값을 제시하였다. 그러나 두 번째 집단의 어림계산(512)은 첫 번째 집단의 어림계산(2250)보다 분명하게 많이 작았다. 첫 집단은 8부터 시작하여 기준점이 컸고, 둘째 집단은 1부터 시작하여 기준점이 작았던 것이 이유이다.

트버스키와 카네먼(Tversky and Kahneman, 1973)의 또 다른 예를 보자. 동전을 던져서 앞면(H)이 나올 확률과 뒷면(T)이 나올 확률이 같다고 할 때, 보통 사람들에게 물어보면, HTTHTH가 나올 가능성이 HHHHTH나 HHHTTT가 나올 가능성보다 높다고 하는 반응을 보인다. 첫 번째의 시리즈는 H가 3, T가 3으로 평범하다. 두 번째 시리즈는 내리 H가 4가 나오니 어렵고 합해서 H가 4개나 나온다. 세 번째 시리즈도 비슷하다. 그러나 3개의 시리즈는 모두 같은 확률이다.

기억이 지각 기준(percept reference) 또는 개념대표성(conceptual representations)을 만들고 그와 관련된 지각 콘텐츠(percepts)가 있어서 자극적 반응(stimulus−bound)을 하게 되는 것이다. 발견법(heuristics)이란 이러한 인지시스템 안에서 이루어지는 인지적 반응이 어떻게 만들어지는가를 설명하는 것이다. 따라서 주어진 지각과 인지시스템의 범위(availability heuristics)에 의해서 왜곡(heuristic bias)이 나타난다. 프레이밍 효과가 그랬듯이 발견법도 그 자체로 경제학의 분석적 차원으로 공감과정이 존재함을 입증한다고 할 수 있다.

6-6 애컬로프의 레몬 마켓

애컬로프의 시장 실패현상에 대해서 이미 소개한 바 있지만 애컬로프 레몬 마켓은 남다른 의미를 가지기 때문에 이를 보다 소상히 소개하고자 한다. 여기서는 애컬로프의 논문(Akerlof, 1970)에서 인용된 중고차(used car) 시장의 경우를 살피고 있다([그림 2−1] 참조).

▎그림 6−7: 애컬로프의 중고차 시장실패

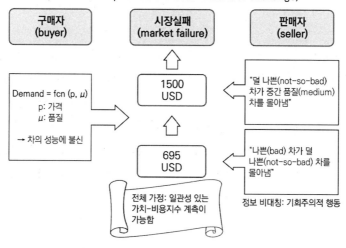

중고차 시장의 특징은 판매자와 구매자 사이에 차에 대한 정보가 비대칭(information asymmetry)이라는 것이다. 판매자는 그 차를 타던 사람이기 때문에 그 차의 내력과 기계적인 정보에 대해서 잘 알고 있다. 반면 구매자는 그 차에 대해서 눈으로 파악할 수 있는 정보 외에는 알 수가 없다. 이 상황에서 판매자는 당연히 구매자를 상대로 기회주의적 행동을 하게 된다. 그것이 효용극대화를 추구하는 판매자의 합리적 (또는 제한적 합리적) 행동이다.

위 [그림 6−7]은 중고차 시장을 품질의 우수성과 그에 걸맞는 가격대로 구분하여 분할해 놓고 있다. 좋은 상태(good), 차선 품질 상태(not-so- good), 중간 상태(medium), 덜 나쁜 상태(not-so-bad), 나쁜 상태(bad)이다. 가격대는 품질의 우수성에 따라서 높게 책정되어 좋은 상태에서 나쁜 상태까지 가격대가 하락하게 된다.

이때 중고차의 판매자는 기회주의적 행동을 하게 된다. 예컨대 자신의 차가 덜 나쁜 상태(not-so-bad)에 속한 경우, 구매자가 차에 대한 정보에 어두운 것을 이용해서 그 보다 좀 더 좋은 가격을 받을 수 있는 중간 상태(medium)의 시장에 자신의 차를 내놓게 된다. 이것은 중간 상태(medium)의 차 주인으로 하여금 중간 상태의 중고차 시장에 머물러 있는 것이 손해라는 생각을 유발하게 된다. 따라서 중간 상태의 차 주인은 그 차를 차선 품질 상태(not-so-good)의 중고차 시장으로 업그레이드 하여 옮기게 한다.

이 현상은 다시 차선 품질 상태의 차를 좋은 상태(good)의 차 시장으로 옮기게 한다. 품질에 따라 차별화된 중고차 시장에서 이러한 연속적 상향 이동은 분할된 중고차 시장의 모든 시장에서 오직 열등한 차들로만 채워지는 결과를 낳게 된다([그림 6-7]).

중고차의 구매자는 개별적으로 어떤 차가 어떤 품질인지는 구분할 수 없지만, 중고차 시장 모두에서 오직 열등한 차만 시장에 나와있다는 점은 추측과 소문으로 알 수 있다. 결국, 중고차의 구매자는 중고차 시장을 불신하고 가격은 거래를 성립시키는 기능을 더 이상 하지 못하게 된다. 즉, 가격 기구는 실패하게 된다([그림 6-7]).

애컬로프 레몬시장 실패의 모델이 가지는 의미는 시장이 언제나 실패할 위험이 있다는 것이다. 인간 인지가 합리성을 실현할 만큼 지성적으로 완전하지 못하다는 것은 인지이론(cognitive theory)의 모든 실험에서 입증되고 있다. 애컬로프는 정보 불완전성으로 설명하고 있지만, 사실은 인간 인지의 불완전성이 근저에 자리잡고 있다. 다시 말하자면, 시장의 실패는 일반적 현상이라는 말이다 (Akerlof, 2002, Rhee, 2018a).[41]

---

41) 필자(Rhee, 2018d)는 애컬로프 교수(1970)가 자신의 주장을 이론화 하기 위해서 합리적 의사결정 (RAM) 모델을 사용하고 있는 것에 대해서 비판하고 있다. 기회주의 행동은 공감차원의 현상인데, 모델은 가치-비용 합리성 차원의 매핑을 사용하고 있다. 필자(Rhee, 2018c, 2020)는 이것이 가능하지 않다고 증명하고 있다. 그러나 애컬로프 교수는 1970년 QJE 논문에서와 달리 2002년 AER 논문(Akrelof, 2002)에서 자신의 이론의 근저에 행동경제학의 인지이론이 자리잡고 있음을 밝혔다.

되풀이 하지만, 애컬로프가 시장의 실패라고 표현한 것은 가치-비용 합리성 차원의 표현이고, 공감차원에서 보자면 실패한 교환은 없다. 교환은 언제나 산다는 것을 전제로 '몇 개를 살 것인가'를 생각하는 결정적(determinate) 문제가 아니라, '산다-안산다'의 비결정적(indeterminate) 문제, 즉 거래 망설임(wavering)의 문제이다. 전자의 경우는 가격이 맞으면 반드시 사는 결정에 이르게 된다. 거래가 영(zero)이면 가격이 맞지 않는다는 말이다. 그러나 후자의 경우는 다르다. 가격이 맞아도 거래가 이루어지지 않을 수 있다. 애컬로프의 중고차의 경우는 정보의 비대칭 때문이라고 말하지만, 사실 수많은 이유에 의해서 거래 망설임은 나타난다.

거래는 언제나 망설임과 연결되어 있다는 말이다. 그런데 가치-비용 합리성 차원에서는 모든 경제현상은 결정적(determinate)이다. 따라서 망설임이라는 선택의 옵션은 주어져 있지 않다. 망설임이 발생했다고 해서 거래가 실패했다고 할 수 없다. 거래는 언제나 망설임과 연결되어 있기 때문이다. 실패한 것은 망설임을 설명하지 못하는 가치-비용 합리성 차원의 설명이다. 즉, 가격기구이다(Rhee, 2018d).

가격기구는 산다는 것을 전제로 하고 '몇 개를 살 것인가' 하는 문제를 생각한다. 따라서 가격기구에는 영의 거래는 존재하지만, 거래의 실종 또는 망설임은 존재하지 않는다. 망설임이란 경제현상의 비결정성(indeterminateness)은 공감차원의 현상을 의미한다. 애컬로프가 시장의 실패라고 표현한 것은 실은 망설임 현상을 설명하지 못하는 가격기구의 실패이고 가치-비용 합리성 차원, 즉 합리적 의사결정 모델(RAM)의 실패인 것이다.

제7장 합리적 의사결정 모델과 기회주의 행동

7-1 합리적 의사결정과 기회주의 행동

　　정보비대칭이 존재할 경우 언제나 기회주의 행동이 발생한다고 볼 수 있는 가? 이 질문은 경제학자를 당혹하게 만든다. '인간은 이기적(self-loving 또는 utilitarian) 존재이다'라는 것은 경제학의 기본가정이다. 기회주의적 행동을 할 수 있으면 그렇게 하는 것이 당연하다는 것이 공리주의(utilitarian) 가정의 귀결이다. 그러나 우리 일상이 과연 그런가? 그렇다고 말하기가 망설여진다. 우리는 그렇게 살고 있지 않기 때문이다. 기회주의적 행동을 하지만 그렇다고 언제나 기회주의적 행동을 하는 것은 아니다.

　　합리적 의사결정(RAM) 모델을 주장하는 사람들은 언제나 우리가 기회주의 행동을 하는 것은 아니지만, 큰 사이클로 보면 그렇다고 막연하게 둘러댈 것이다. 그러나 기회주의적 행동을 하기도 하고 그렇지 않을 수도 있지만, 과연 그것이 합리적 의사결정의 결과인지 아닌지는 분명하지 않다. 이것은 필자의 주장이 아니고 (놀랍게도) 코즈 교수의 주장이다(Coase, 2006).

　　판매자는 정보비대칭을 이용해서 언제나 기회주의적 행동을 한다고 단정할 수 있는가? 이 질문은 코즈 교수(Coase, 2006)가 클라인 외 2인의(Klein, Crawford and Alchian, 1978) 논문에서 제기한 기회주의 행동에 대한 반박으로 제기되었다.

　　코즈 교수의 조사에 의하면 GM(General Motors)과 FB(Fisher Body) 장기공급계약에서 기회주의적 행태는 발견되지 않았다는 것이다. 기회주의적 행동의 가능성을 제기한 클라인 외 2인의 주장이 맞는가 아니면 반드시 그렇지 않다는 코즈 교수의 주장이 맞는가?

　　양자 모두의 주장에 일리가 있는 것으로 보인다. 그 이유는 이것이 공감차원의 행동이기 때문이다. 공감차원은 닫힌-결정적 시스템이 아니다. 열린-비결정적 시스템이다. 기회주의적 행동도 있을 수 있고, 신뢰를 지켜서 계약에 충실하고 납기의 약속을 지키는 행동도 있을 수 있는 것이다.

그러면 왜 코즈 교수와 클라인 외 2인의 주장은 대립하게 된 것인가? 왜 애컬로프는 기회주의 행동을 전제로 시장의 실패를 주장하게 된 것인가? 그것은 이들 3자(코즈 교수, 클라인 외 2인, 애컬로프) 모두가 합리적 의사결정이라는 전제 위에서 모델을 전개하였기 때문이다. 합리적 의사결정 모델에서는 기회주의적 행동의 단초가 외부적 환경에서 주어지게 된다. 투자의 자산 특수성(asset specificity: 코즈 교수 및 클라인 외 2인), 정보 비대칭(애컬로프) 등이 그것이다. 그리고 합리적 의사결정의 소산으로 기회주의적 행동이 나타나게 된다.

이것은 과연 적절한 설정인가? 왜냐하면 코즈 교수가 조사하였듯이 사람들의 반응은 반드시 기회주의적 행동이 아니기 때문이다. 기회주의적 행동도 가능하지만 대체로는 신뢰를 지키는 행동이 많기 때문이다. 다시 말하자면, 현실은 공감차원에서 존재한다는 말이다. 자산 특수성 상황이 발생했다고 해서 또는 정보 비대칭이 발생했다고 해서 언제나(닫힌–결정적 시스템) 기회주의적 행동이 나타나는 것이 아니다.

애컬로프의 레몬시장도 시장 실패에 대하여 매우 극단적 상황을 묘사하고 있을 뿐이다. 사실 시장의 실패라는 설정도 작위적이라고 볼 수 있다. 시장의 실패라는 설정의 배경에는 모든 교환은 가격을 매개로 한 교환이라는 가정적 설정과 가격에 불만이 없는데도 교환이 일어나지 못하는 현상을 시장 실패라고 규정하고 있다.

그러나 공감차원에서 보면, 교환은 공감과정에서 일어나는 것이고 가격을 매개로 한 교환은 공감과정을 매개로 한 교환, 즉 관계교환 중에서 화폐가 개입된 교환에 국한된 것이다. 공감과정이라는 것은 열린–비결정적 시스템이다. 즉, 교환이 일어날 수도 아닐 수도 있는 허다한 일반적 상황이 존재하는 것이다. 교환이 일어나지 않았다고 해서 교환 또는 시장이 실패했다고 말할 수 있는 것은 아니라고 이미 지적하였다. 교환이 일어나지 않을 수 있는 상황은 교환에 언제나 내재해 있는 요소이다.

애컬로프의 레몬시장은 교환 또는 시장의 실패가 아니고 가격기구의 실패이고 합리적 의사결정모델(RAM)의 실패일 뿐이다(Rhee, 2018d). 합리적 의사결정 모형(RAM)에서는 시장 또는 교환과 가격기구가 구분이 안된다.

다음의 그림은 대학생 A군의 커피와 관련된 공감차원(열린–비결정 시스템)의 스토리를 묘사하고 있다. 애컬로프의 레몬 시장 실패 스토리와 비교하기 위해서 소개되었다.

▌그림 7-1: 대학생 A군의 커피

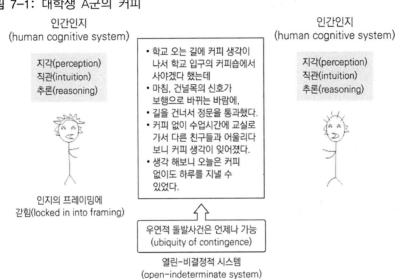

어느 대학생 A군이 등교하는 길에 커피 생각이 나서 학교입구의 커피 숍에서 사야겠다 생각했다. 그런데 마침 건널목의 신호가 보행으로 바뀌는 바람에 길을 건너 정문을 통과하고 말았다. 커피 없이 수업시간에 교실로 가서 다른 친구들과 어울리다 보니 커피 생각을 잊었다. 생각해보니 오늘은 하루를 커피 없이 지낼 수 있었다. 늘상 있는 흔한 스토리이다.

시장의 실패인가? 시장의 실패를 유발할 요인(정보 비대칭)은 아무 것도 없다. 결과적으로 교환이 일어나지 않았으니 교환의 실패라고 해야 할 것인가? 가격이나 품질에 변화가 있지도 않았고, 유효수요가 없었던 것도 아니다. 우연한 돌발사건(건널목에서 보행 신호로의 신호변화)으로 인해서 커피의 구매가 안 된 것이다. 애컬로프의 합리적 의사결정 모델에서는 거래는 되거나 안되거나 둘 중에 하나이다. 거래가 될 수도 있고, 안될 수도 있는 비결정적 상태는 분석의 대상에 존재하지 않는다. 그러나 현실에서는, 대학생 A군의 커피와 같이, 거래가 될 수 도 있고 안될 수도 있는 상황이 매우 흔하게 존재한다.[42]

이것은 현실은 경험론에서 열린−비결정적 시스템으로 존재하는데, 합리적 의사결정 모델은 오직 닫힌−결정적 시스템으로 경제현상을 묘사하고 있다는 것을 말한다. 대학생 A군의 커피를 '교환의 실패'라고 보는 것은 닫힌−결정적 시스템의 언어 방식이다.[43] 열린−비결정적 시스템의 입장에서 보자면 본래 교 환이란 그렇게 결정적 행동이 아니다. 교환의 실패가 아니라 교환이란 '산다− 안산다'의 중간(망설임)을 오가는 본래 그런 것이다.[44]

어느 입장의 해석이 맞는다고 보는가? 당연히 열린−비결정적 시스템의 해 석이 현실과 부합한다. 왜 열린−비결정적 시스템 개념을 도입해서 복잡한 문제 를 자초하느냐고 묻는다면? 답은 분명하다. '열린−비결정적 시스템을 도입하지 않을 권리가 우리에게 있는가'이다. 그것(열린−비결정적 시스템)은 여기 현실에 존재하고 있는 것이다.

교환이 발생하는 것은 공감과정의 결과라고 보는 것이 타당하며, 따라서 모 든 교환은 관계교환 또는 공감과정의 결과로서 교환이 된다. 공감과정이란 열린 −비결정적 시스템을 말하는 것이다. 이 열린−비결정적 시스템에서 화폐의 등 장은 가격의 역할을 통해서 공감과정을 획기적으로 향상시키는 촉매의 역할을 하게 된다.

화폐가 등장하기 전과 후를 비교한다면, 화폐의 등장으로 인해서 교환이 될 수도 안될 수도 있는 (A군 커피와 같은) 우연성의 교환 실종을 상당히 피할 수 있 게 되었다. 화폐가 없이 교환하는 경우 얼마나 많은 우연성이 개입하여 거래를 방해할 것인가를 생각해보자. 또한 크레딧 카드 지불로 인해서 얼마나 많은 거래 방해적 우연성이 제거되어 거래를 활성화하는지 생각해보자. 우연성과 망설임 (wavering)에 의한 교환의 실종을 피할 수 있게 된 것이다. 교환이 열린−비결정 적 시스템에서 파악되고 따라서 대학생 A군의 커피와 같은 우연적 돌발사건을 포함해서 망설임(wavering) 등의 현실상황의 현상을 설명할 수 있게 된다.

화폐와 크레딧 카드의 이런 거래활성화 기능은 오직 열린−비결정적 시스

---

42) 애컬로프 교수는 나중에(Akerlof, 1991) 'Procrastination and obedience(태만과 복종)'이라는 논 문을 발표한다. 태만이 거래가 될 수도 안될 수도 있는 상황과 유사하다.

43) 이 닫힌−결정적 시스템은 서론에서 분류한 '견해 A'의 방식에 해당한다.

44) 열린−비결정적 시스템은 서론에서 분류한 '견해 B'에 해당한다.

템에서만 분명히 드러나게 된다. 대학생 A군의 우연성에 의한 거래실패는 어떻게 대응할 수 있을까? 교내에 커피부스를 설치한다면, 우연성에 의한 거래실패의 많은 부분을 해소할 수 있지 않을까? 또는 교내 건물마다 커피부스를 설치한다면? 커피부스는 시장제도(인프라)에 해당한다.

7-3 ╲ 시장, 교환 그리고 가격기구

'시장은 무엇인가?' 하는 질문에 대해서 생각할 때, 대부분의 경제학자들에게 떠오르는 생각은 가격기구이다. 이 점에서 하이에크도 예외가 아니다. 아니, 하이에크야말로 대표적으로 이러한 사고를 역설한 학자이다(Hayek, 1973). 시장에서 가격이 결정되고 그 가격은 자원 배분에 중요한 역할을 한다. 이 사고에 의문을 제기할 사람은 없다.

먼저 분명히 할 점은 시장 또는 교환과 가격기구와의 구분이다. 시장에서 교환거래가 이루어지지만 시장은 가격기구와 다른 개념이다.[45] 시장에는 거래질서, 제도, 운영기구 등이 포함되어 있다. 망설임을 제어하고 교환을 활성화 하는 장치들이다. 시장은 교환과 다름이 없다.[46] 애컬로프 레몬시장의 문제는 가격기구 실패의 문제이지, 시장 또는 교환의 실패라고 할 수는 없다. 이점은 전절에서 이미 지적되었다.

여기서 제기되는 문제는 교환거래와 가격기구를 동일시 하는 데 있다. 교환은 공감차원의 행동이고, 가격기구는 가치－비용 합리성 차원의 표현 방식 $D(p) = S(p)$이다. 둘은 같지 않으며, 경험론적 경제학의 견지에서 전자를 후자의 방식으로 표현하는 것 자체가 불가능하다. 쉽게 말하자면, 전자의 ICP현상을 후자의 결정적 현상으로 표현할 수 없기 때문이다(Rhee, 2018c, 2020).

그러나 합리적 의사결정모델(RAM: rational agent model)에서는 둘을 동일시한다. 즉, 교환을 시장청산시스템 $D(p) = S(p)$으로 표현하고 있다(Arrow and

---

45) 시장에 대한 정의(definition)는 12장 6절에서 소개된다.

46) 시장은 시장제도이고 교환은 교환행동인데 둘이 어떻게 같은가? 공감차원에서 보면 교환은 공감교환 또는 관계교환이 된다. 그런데 공감(또는 관계)교환은 거래 양 당사자의 비즈니스 모델－사업심의 공감과정이다. 이 비즈니스 모델 안에는 시장제도(제도, 인프라, 조직)가 포함되어 있다. 따라서 공감차원에서 보면 시장은 교환과 다르지 않게 된다. 교환활동은 그 내용 속에 시장제도의 내용을 구성요소로 포함하고 있게 된다. 이 내용은 8장에서 12장까지 상세하게 설명된다.

Debreu, 1954). 이러한 접근방식은 합리적 기대 이론(rational expectation: Muth, 1961), 효율적 시장 가설(efficient market hypothesis: Fama, 1965) 뿐만 아니라, 신제도주의 경제학(new institutional economics: Coase, 1960), 현대재산권학파(modern property rights school: Grossman and Hart, 1986), 심지어 메커니즘 설계이론 (mechanism design: Roth, 1984; Milgrom, 2000)에까지 연결되어 있다.

우리가, 가격기구, 즉 $D(p) = S(p)$를 차용하는 접근방법을 취할 수는 있지만(합리적 의사결정 접근방법), 시장이 가격기구와 동일한 것은 아닌 것이다. 이 둘 사이의 관계에 대한 오해가 경제학 분석에 엄청난 혼란을 만들어낸 주범으로 보인다.

그러면 시장과 가격기구 사이에 무엇이 있는가? 더 오류가 없는 질문을 한다면, 시장을 정의할 때 가격기구 말고 빠진 것이 무엇인가? 그것은 공감차원 (SD: sympathy dimension)이고 열린-비결정적 시스템이다. 또는 제한적 합리성 차원(the dimension of bounded rationality)이다. 애컬로프(Akerlof, 1970)는 바로 이 사실을 레몬 시장의 실패를 가지고 설명하고자 한 것이다. 가격기구의 작동에도 불구하고 중고차 시장에 대한 불신이 시장의 실패를 초래한다고 보는 것이다. 여기서 중고차 시장에 대한 불신은 공감과정(차원)의 현상이라는 점을 상기해두자(Rhee, 2018d).

불신이 시장 또는 교환거래의 실패(망설임)를 초래한 것이다. 문제는 이 현상이 공감차원의 현상이라는 데 있다. 그런데 이것을 합리적 의사결정 모델을 사용하여 모델링 한 것이다. 이것은 가격기구로 표현이 안되는 현상이다(Rhee, 2018c, 2020). 교환이 아니라 가격기구의 실패인 것이다.

모든 교환은 관계교환으로, 공감과정에서 파악되어야 한다. 그래야 ICP현상이 파악된다. 가격기구를 가지고 파악하려 하면 ICP현상이 파악되지 않기 때문에 마치 교환이 실패한 것 같이 느껴진다. 교환이 될 수도 있고 안될 수도 있는 것은 본래 교환이란 그런 것이기 때문이다. 교환행동에는 망설임이 포함되어 있다. 이 사실은 공감차원에서만 파악이 된다.

교환은 열린-비결정적 현상이다. 망설임(wavering), 우연적 거래 미수(A군의 커피에서와 같이)가 교환에는 당연한 현상으로 포함되어 있다. 그것을 닫힌-결정적 현상(산다는 것을 전제로 몇 개를 사느냐)으로 파악하려는 시도가 잘못된 것이다. 즉, 실패한 것은 가격기구이지, 교환(또는 시장)이 아닌 것이다(Rhee, 2018d).

7-4 교환 형식의 특징에 대한 두 접근방법의 차이

　　교환행동에 대한 분석적 이해에 있어서 합리적 의사결정 모델과 제한적 합리성 모델(또는 관계교환경제학 모델)은 어떻게 다른가? [표 7-1]은 그 차이를 보여주고 있다.

▌표 7-1: 교환 형식의 특징에 대한 두 접근방법의 차이

	합리적 의사결정 모델 (가치-비용합리성): '견해 A'	제한적 합리성 모델 (공감차원): '견해 B'
인지시스템	• 합리적 추론의 인지시스템을 가정	• 지각-직관의 1차적 인지, 추론의 2차적 인지
우연성(ICP: indeterminate, coincidental, path-dependent)	• 우연성(ICP)현상은 RAM에서 파악이 안됨 • 결정적 현상으로만 파악	• 우연성 현상은 열린-비결정적 시스템의 공감차원 현상
시스템 (최적화-균형 알고리즘 VS. 공감과정)	• 닫힌-결정적 • 최적화-균형 알고리즘 • 가치-비용 합리성의 세계	• 열린-비결정적 • 공감과정 • 경험론의 세계
교환	• 가격을 매개로 한 가치교환	• 교환은 본질적으로 우연성을 내포하고 있음 • 일반적 현상으로서의 망설임 (wavering) • 공감과정에 의한 관계교환
가격의 결정 (가격기구)	• 시장청산 시스템 $D(p) = S(p)$ • 연역적 가격	• 교환을 결정하는 것은 가격기구가 아니고 공감과정 • 귀납적 가격: 흥정, 경매, 팔자-사자, 마크업, 관리가격

가장 본질적인 특징은 인지시스템이다. 제한적 합리성 모델(공감차원)은 인간의 인지시스템이 합리적 추론이 가능한 시스템이 아니라고 출발점을 잡고 있다. 물론 이러한 인간 인지시스템에 대한 출발점 설정은 심리학의 수많은 실험결과로부터 출발하고 있다(Kahneman, 2003). 인지시스템이 지각–직관(perception–intuition)의 1차적 인지, 추론(reasoning)의 2차적 인지로 구성되어 있다.

이러한 인간의 인지시스템이 발생하는 특징적 현상은 우연성(coincidence)이다. 대학생 커피의 경우 볼 수 있는 구매행동의 (구매가 될 수도 있고, 안될 수도 있는) 우연성이 그것이다. 이것은 확률적 우연성과는 다르다. 확률적 우연성은 확률분포가 적용되는 확실성이지 우연성이 아니다(Hume, 1739). 인간의 인지시스템 또는 제한적 합리성에서 오는 우연성이다.

우연성(coincidence)은 비결정성(indeterminateness)을 특징으로 하고 있다.[47] 대학생의 커피와 같이 살 수도 있고 안 살 수도 있다. 망설임(wavering) 행동으로 표현된다. 우연적 행동이지만 일단 발생한 후에는 경로의존적(path dependent) 결과를 낳는다. 즉, 이 현상들의 특징은 ICP로 요약할 수 있다. 이들 ICP 현상은 공감차원의 현상이다.

ICP현상이 존재하는 공감차원에서 인간은 어떻게 교환을 하는가? 지금까지 합리적 의사결정 모델(RAM)에서는 가격을 매개로 한 (가치)교환을 한다고 보았다. 가격은 시장청산 시스템 $D(p) = S(p)$에 의해서 결정된다. 이것은 암묵적으로 '가치–비용 척도 인덱스의 일관적 측정(CMVCI: consistent measuring of the value–cost indices)'이 가능하다는 것을 전제로 하고 있다. 이것이 (가치–비용) 합리성 차원이다.

그러나 인간의 인지시스템에 의하면 이것은 가능하지 않다. 인간의 인지시스템으로는 '가치–비용 척도 인덱스의 일관적 측정이 불가능(Untenable CMVCI)'하기 때문이다. 따라서 교환은 공감과정(SP: sympathy process)을 통해서 이루어질 수밖에 없다(Rhee, 2018a). 필자는 이것이 관계교환(relation exchange)이라고 명명하였다(Rhee, 2012b).

이미 고찰한 바 있지만, 대학생의 커피 경우에, 사례에서 나타나는 구매거래 우연성이, 합리적 의사결정 모델로 본다면(견해 A), 처음부터 구매거래의 대상이 되지 않는다. 우연성 영역이 수요함수–공급함수에 의한 분석 대상에서 제

---

47) 확률적 우연성은 비결정적이 아니라, 결정적이다.

외된다는 말이 된다. 기껏해야 확률적으로 구매가 성사되는 확률을 계산해서 수요함수－공급함수의 대상에 포함될 것이다. 이것은 확실성(determinate) 영역이다.

그러나 제한적 합리성, 즉 공감차원의 열린－비결정적 시스템의 시각(견해 B)으로는 교환이란 본래 그런 것(indeterminate)이다. 모든 교환은 관계교환이다. 관계교환이 어떻게 확정적일 수 있는가? (관계)교환이란 이루어 질 수도 안 이루어질 수도 있는 것이다. 대학생 커피의 경우 이러한 비결정성을 줄이고 구매자의 커피구매를 증가시키기 위해서는 캠퍼스 안에 또는 캠퍼스 각 빌딩 안에 커피부스를 설치하는 것이다. 그러면 우연성 영역이 줄어들고 커피 거래가 증가하게 된다. 커피부스를 설치하기 위해서는 무엇이 선행되어야 하는가? 대학본부의 제도변경 결정(커피부스 허가제도의 도입)과 커피판매업자의 사업모델(business model)이 도입되어야 한다.

캠퍼스 안에 커피부스를 설치한다는 것은 행정적 결정에 의한 새로운 제도의 도입이다. 이러한 새로운 (시장)제도 도입이 (어느 대학) 대학생 커피시장을 만들어 내는 것이다. 시장은 만들어 내는 것이다. 이 현상은 합리적 의사결정 모델(RAM)에 의해서는 분석적으로 파악이 안되는 것이다. 분석 외적으로 캠퍼스 안에 커피부스의 설치를 외생요인으로 가정하고 그 효과를 분석할 수는 있지만, 이것은 결과를 예측하고 가정을 도입하는 방식이다. 이러한 분석(RAM)에서 가격기구와 교환(또는 시장)을 구분하는 것은 불가능하다.[48]

공감차원의 열린－비결정적 시스템에서는 무엇이 달라졌는가? 지금까지 경제학 분석에서 제자리를 찾는데 성공하지 못했던 제도(캠퍼스 안에 커피부스의 설치와 관련된 시장제도, 시장인프라 및 시장조직운영)와 사업심(커피부스 설치의 비즈니스 모델)에 대한 분석적 설명이 가능해진 것이다. 그 결과 우연성에 의해서 커피를 사지 못한 (RAM에서 파악이 안되는) 많은 커피구매 미수의 수요가 새로운 제도의 도입에 의해서 커피구매로 나서게 되는 것이다. 이것이 시장을 만드는 것

---

48) 메커니즘 설계이론(mechanism design)은 캠퍼스 안에 커피부스를 설치하는 것과 같은 착상이다. 다만 최적화－균형의 알고리즘을 이용하고 있다는 차이점이 있다. 대학생의 커피구매 미수 현상을 방지하기 위해서 캠퍼스 안에 커피부스를 설치하는 것이나, 새로운 메커니즘 도입없이 신장이식이 활성화 되지 못하는 현상을 방지하기 위해서 3자 또는 그 이상의 가족 간에 신장이식 교환의 메커니즘을 도입하는 방식이나 본질적으로 상황의 차이가 없다. 문제는 메커니즘 설계이론이 오직 닫힌－결정적 상황의 경우에 분석의 접근만을 국한하기 때문에 열린－비결정적 현상에서 나타나는 제도를 파악하는 데 실패하고 있다는 것이다. 제도의 도입은 열린－비결정적 시스템에서 도입된 메커니즘 설계인 것이다.

이다. 이것은 교환의 당연한 현상이다. 공감차원에서 시장은 만들어지고 또 해체되고 한다. 우리는 이러한 경험을 하며 살고 있다. 합리적 의사결정 모델이 이것을 표현해내지 못하고 있을 뿐이다(Rhee, 2018d).[49]

합리적 의사결정 모델(RAM) 합리성 영역(견해 A)에서는 제도의 변화 및 자본-기술 인프라의 도입이 커피구매 행동 의사결정의 내생변수로 들어올 수 없었다. 그러나 우연성 현상을 설명하는 공감차원(견해 B)에서는 대학생 커피구매의 우연성을, 대학본부의 제도변경을 통해서 캠퍼스 내 커피부스 설치를 통해서, 통제할 수 있는 것이다. 따라서 합리적 의사결정 모델에서는 실패하였던 제도(및 기술, 비즈니스 모델)의 도입이 관계교환경제학 모델에서는 가능해진다.[50]

공감차원에서 가격은 공감과정의 일부분이 된다. 가격의 도입은 공감과정에 촉매적 역할을 한다.[51] 합리적 의사결정 모델에서 가격은 시장청산 시스템 $D(p) = S(p)$에서 결정되는 구조적 가격, 즉 가치교환의 가격이다. 필자는 이 가격을 연역적 가격(deductive)이라고 불렀다(Rhee, 2018a). 반면, 공감차원의 가격은 시장에서 작동되는 가격이다. 이것은 공감과정 가격이다. 필자는 이 가격을 연역적 가격과 구분하여 귀납적 가격(inductive price)이라고 불렀다.

이 귀납적 가격은 흥정(haggling), 경매(auction), 팔자-사자(ask-bid), 마크업(mark-up), 관리가격방식(administered pricing)의 방식에 따라 결정된 가격이다. 이것이 합리적 의사결정모델에서 설정된 가격과 같지 않다. 전자(RAM)의 가격은 결정적 가격이다. 즉, 구조방정식에 의해서 표현되는 모델링 $D(p) = S(p)$ 속에서 존재하는 가격이다.

그러나 후자의 가격은 비결정적 가격이다. 즉, ICP 현상의 속성이 지배하는 가격이다. 따라서 가격이 우연성을 가지고 있고, 경로의존적이다. 이것이 경험론의 세계이다. 사실 모든 가격은 전날의 종가에서 시작하던지 전날 종가의 영향을 받아서 시가(beginning price)가 시작된다.

---

49) 캠퍼스 내에 커피부스를 설치한다는 것은 테일러 교수의 넛지 이론을 연상시킨다. 소변기에 파리를 붙여 놓는 것과 같은 원리이다. 캠퍼스 안에 설치된 커피부스는 그것이 허가되지 않았을 때보다 커피판매를 증가시킨다.

50) 코즈 교수의 거래비용 분석은 제도의 내생화를 시도하였으나 실패하였다. 합리적 의사결정 모델에서는 제도의 설명이 불가능하다(Rhee, 2018a). 우연성, 즉 ICP 현상이 존재해야 제도의 파악이 가능해진다. 제도는 공감차원의 현상이다.

51) 이러한 가격의 촉매적 역할은 화폐의 도입으로 가능해진다. 공감차원에서만이 화폐의 본질을 정확하게 파악할 수 있다. 화폐는 공감차원의 현상인 것이다.

7-5 재산권 접근방법에서 공감차원으로

GM과 FB 사이에 차체(car body)를 공급하는 장기공급계약을 맺는 경우, FB는 차체공급의 독점적 지위를 이용하여 계약조건보다 더 유리한 급부를 요구하는 기회주의적 행동을 할 수 있게 된다고 하는 점은 이미 3장 3절 이래로 누차 인용된 바 있다. Klein 등(1978)은 이러한 FB의 계약상 유리함이 주는 이득을 준지대(quasi-rent)라고 하였다.

문제는 차체를 공급하는 장기공급계약이 FB에 주는 특수성(specificity)의 지위가 계약관계에서 특수한 현상이 아니라 일반적 현상이라는 데 있다. 계약이 완전한(complete) 계약이란 현실성 없는 것이고 인간의 인지시스템에서는 계약은 본질적으로 불완전한 계약(incomplete contract)일 수밖에 없다. 일일이 다 열거할 수 없을 만큼 많은(indescribable) 특수성의 요소가 계약에는 내포되어 있는 것이다.

[표 7-2]는 계약의 특수성 요소와 기회주의적 행동에 대한 분석적 파악에 있어서 합리적 의사결정 모델과 제한적 합리성 모델의 접근방법의 차이를 설명하고 있다.

계약에 하나의 특수성만 존재한다면 그 특수성의 존재를 거래비용(transaction cost)이란 개념으로 파악한다고 할 수도 있겠지만, 무수히 많은 특수성의 가능성이 존재한다면, 완전계약을 전제로 한 거래비용의 개념은 무용화 되고 계약 안에 존재하는 잔여통제권(residual control rights)으로서의 재산권의 개념으로 계약을 파악하는 것이 더 효과적인 접근방법이 된다는 점이 3장 4절에서 논의되었다(Grossman and Hart, 1986).

▌표 7-2: 거래비용 접근방법에서 재산권 접근방법으로

	합리적 의사결정 모델 (가치-비용합리성): 견해 A	제한적 합리성 모델 (공감차원): 견해 B
인지시스템	• 제한적 합리성을 모델링의 문제라고 생각 • 특수성(specificity)의 문제로 보고 잔여통제권(residual control rights)의 개념으로, 즉 재산권으로 파악하려 함	• 공감차원의 문제 • 참고의존적(reference dependent), 프레이밍(framing), 판단학습법(judgment heuristics)의 개인 인지행태가 그 자체로 특수성

가치-비용 척도 인덱스	• 가치-비용 척도 인덱스의 일관적 측정 (CMVCI: consistent measuring of the value-cost indices)이 가능	• 가치-비용 척도 인덱스의 일관적 측정이 불가능(Untenable CMVCI)
기회주의적 행동	• Klein 등(1978)은 기회주의 행동에 대하여 거래비용 개념으로 설명이 되지 않음을 지적	• 기회주의적 행동은 공감차원의 행동 • 이에 대처하고 교환을 활성화 하기 위한 조치로 제도(표준화)가 도입됨
재산권 대 거래비용	• 거래비용으로 제도적 현상을 설명하려고 시도 • Williamson 교수는 그것이 어렵다는 것을 심각하게 파악 • 현대 재산권 학파는 공감차원의 개념인 재산권을 다시 RAM으로 파악하려고 시도	• 재산권은 공감차원의 개념
시장	• 시장은 주어진 것	• 시장은 만들어지는 것

그런데 더 큰 문제는 계약과 특수성 그리고 기회주의적 행동의 문제가 본질적으로 인간의 인지시스템에서 출발하고 있다는 데 있다. 문제는 차체공급계약 같은 독립적 계약뿐만 아니라, 개인 간의 교류, 교환 등 모든 개인 간의 문제가 불완전성(incompleteness)의 특성을 가지고 있다는 점이다.

예컨대, 두 친구 간에 교류 또는 이성 간의 교류를 생각해보면, 얼마나 많은 특수성의 내용을 가지는가? 서로 외모에서 오는 호감-비호감, 성격상 차이, 대화습관에서 오는 충돌의 가능성, 자란 환경의 차이, 잘살고 못사는 차이, 취미상의 차이 등, 모든 요소가 특수성 요소이고, 그 내용을 일일이 준지대로 가치를 파악하는 것은 그 자체가 잘못된 접근방법이 된다.

특수성으로 파악하려는 시도 자체가 잘못이다. 왜냐하면 그것은 인간의 인지시스템에서 출발하는 문제이기 때문이다. 인간의 행동은 참고의존적(reference dependent)이고, 프레이밍(framing)에 의존하며, 학습법의 판단(judgment heuristics)을 따르기 때문이다. 인지 콘텐츠가 그 자체로 특수성이다. 결국 개인 간의 교환은 제한적 합리성의 영역에서 이루어지게 되며 그것은 합리성 영역에서 이루어지는 가치-비용 합리성의 결정이 아니다.

이것은 개인 간의 교류가 본질적으로 공감차원의 현상이라는 것을 말해준다. 현대재산권학파의 학자들의 접근방법은 공감차원의 현상, 예컨대 재산권, 계약 등을 가치-비용 합리성 척도로 환원하여 의사결정 문제를 분석하려고 하는 시도이다. 결국 현대재산권학파의 접근방법이 한계에 부딪치게 된 것은 공감차원의 열린-비결정적 시스템 현상(ICP 현상)을 가치-비용 척도로 판단하려고 한 시도의 실패를 의미하는 것이다(Rhee, 2018b, 2020).

이것으로 이미 흄의 분할(Hume's divide)이라고 필자가 5장 5절에서 언급한 현상이 실증적으로 확인이 되는 셈이다(Rhee, 2108c). 공감차원의 현상, 즉 교환, 계약, 재산권의 근원적 불완전성 현상을 가치-비용 합리성 차원의 모델링 접근방법으로 설명하려는 시도는 가능하지 않다는 것이 흄의 경험론이다. 가치-비용합리성 차원의 모델링을 위해서는 가치-비용 척도 인덱스의 일관된 측정(CMVCI)이 가능해야 하는데 행동경제학의 모든 실험은 그것이 가능하지 않다는 것(Untenable CMVCI)을 보여주고 있는 것이다.

우연성 현상을 생각하면 이 문제는 더 분명해진다. 코즈 교수의 거래비용 개념에 있어서나, 현대재산권학파의 불완전계약에 있어서나, 우연성 현상은 존재하지 않는다. 이들의 거래 행동에는, 가격이 주어지면, 몇 개를 살 것인가 하는 결정적 행동만이 가능하다. 주어진 가격에서 살 수도 있고 안 살 수도 있는 비결정적 거래 행동은 합리적 의사결정 모델에서는 없다.

그러나 공감차원에서는 그것이 가능하다. 대학생의 커피 사례에서처럼, 주어진 가격에서 커피를 사려는 대학생이 우연적 현실에서 커피를 살 수도 있고, 안 살 수도 있다. 그것이 비결정적 시스템의 공감차원이다. 커피를 사는 행동이 관계교환 행동이다.

커피를 사는 행동이 어떻게 관계교환 행동이냐고 묻는다면, 브랜드 네임에 따라 왜 커피 값이 다른지를 설명해야 한다. 왜 스타벅스 커피가 캠퍼스 부스의 커피보다 비싼지를 설명해야 한다. 오직 원가의 차이로만 설명이 되는가? 브랜드에 대한 소비자의 애정(loyalty)은 없는가? 이것을 노리는 커피제조업자의 (기회주의적) 마케팅 전략은 없는가?

결국, 인지적 한계를 가지고 있는 인간 사회에서는 모든 구매행동조차 관계교환 행동임을 인정하지 않을 수 없게 된다. 공감차원에서 살고 있는 인간에게 공감과정의 결과가 아닌 (교환)행동은 없다. 계약, 재산권의 개념에서는 더 말할 나위가 없다. 모두 공감차원의 현상이다.

흄의 분할(Hume's divide: Rhee, 2018c)은 공감차원의 현상을 가치-비용 합리성 차원에서 최적화-균형 분석의 알고리즘으로 설명할 수는 없다는 점을 밝

히고 있다(Rhee, 2018c).[52]

(관계)교환이 공감차원의 현상이니 교환이 이루어지는 제도의 틀인 시장은 물론 공감차원의 현상이다. 교환, 계약, 재산권 등이 시장의 구성요소인데, 이들이 모두 공감차원의 현상이니 그 전체인 시장은 공감차원의 현상이 된다. 교환, 계약, 재산권 집행과정에서 발생하는 기회주의적 행동을 통제하고, 거래를 활성화 하기 위한 제도가 시장이다.

시장의 구성요소에는 자산특수성에 따르는 기회주의적 행동도 있지만, 거래를 활성화 시키는 기술장치, 축적된 자본도 있다. 이들을 결합해서 거래를 활성화 시키고 사업심 행동을 고취하는 제도도 있다. 이 안에서 이루어지는 사업모형(business model) 그리고 사업의 의사결정은 본질적으로 공감차원의 현상이다.

따라서 시장은 열린─비결정적 시스템 현상이고 처음부터 존재하는 것이 아니라 만들어지는 것이고 수시로 변화하는 존재이다(Rhee, 2019a).[53]

7-6 퀴즈준비 그룹 스터디의 사례

어느 경제원론 과목을 듣는 5명의 학생(A, B, C, D, E)이 퀴즈를 준비하기 위해서 그룹 스터디를 하게 되었다고 생각하자. 이들은 날을 정해서 어느 교실을 빌려서 모임을 가졌다(관례1; 공감과정 1). 각자의 노트를 돌려본다(관례 2). A, B의 노트가 제일 잘 되었으나 D의 노트는 아무 도움이 안되었다(공감과정2). 문제에 답을 제시하는데 역시 A, B의 역할이 제일 컸다. C, E는 토론에 열심이어서 에너지와 윤활유의 역할을 했다. D는 잡담과 야구경기 가자는 말만 했다(heuristics 발견법1; 공감과정3).

문제에 답은 제시하고, 토론을 이끌어내고, 또는 잡담을 하는 과정은 5명 학생 간에 작동하는 인지시스템의 상호작용 또는 공감과정의 결과이다. 이 공감과정의 참여에서 개별 참가자는 자신의 인지시스템이 지시하는 행동을 하게 되

---

52) 간단히 설명한다면, 가치─비용 척도 측정의 일관성(CMVCI)이 유지되어야 가치─비용 합리성 분석, 즉 최적화─균형 분석 알고리즘의 적용이 가능하다. 흄은 이것을 PUN(the principle of the uniformity of nature)라고 불렀다. 이것이 가능하지 않은 세계가 공감차원이고 경험론의 세계이다. 우연성의 세계는 비결정적 시스템이고, 가치─비용 합리성의 세계는 결정적 시스템이다.

53) 메커니즘 설계(mechanism design) 이론은 시장의 설계를 닫힌─결정적 시스템으로 보고 새로운 메커니즘 설계를 디자인 하고 있다는 점은 이미 언급된 바 있다.

는데 그것을 발견학습법(heuristics – anchoring)이라고 표현한 것이다. 물론 이 스텝에서만 학습법이 작동한 것은 아니다. 5명의 학생이 그룹 스터디라는 조직행동을 결정한다는 그 자체가 공감과정이고 이때에도 각자가 서로 간에 가지고 있던 개인적 인상 또는 이미지(percepts)를 작동시켜서 (그것이 일상용어로 신뢰라고 표현될 수도 있다) 그로부터 감각적 반응(stimulus – bound)의 결과로 나타난 것이다. 이것을 참고지표적(reference dependent), 프레이밍(framing effect), 또는 발견학습법이라고 해석할 수 있다.

┃ 그림 7-2: 퀴즈준비 그룹스터디 학생들의 공감과정(SP)

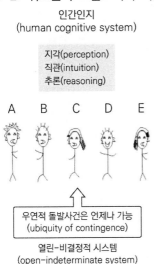

인간인지
(human cognitive system)

지각(perception)
직관(intuition)
추론(reasoning)

A   B   C   D   E

우연적 돌발사건은 언제나 가능
(ubiquity of contingence)

열린-비결정적 시스템
(open-indeterminate system)

- 5명의 학생 A, B, C, D, E는 경제원론의 퀴즈를 준비하기 위해서 같이 공부하기로 하고 어느 교실을 빌려 모임을 가졌다(관례1; 공감과정1)
- 각자 노트를 제출하고 그것을 돌려보았다(관례2). A, B의 노트가 제일 잘 되어 있었고, D의 노트는 아무 도움이 안되었다(공감과정2)
- 문제의 답을 제시하는데 역시 A, B의 역할이 제일 컸다. C, E는 토론에 열심이어서 에너지와 윤활유의 역할을 했다. D는 잡담과 야구경기 가자는 말만 했다(heuristic actions 발견법1; 공감과정3)
- C가 문제를 읽으면, B, E가 의견을 내었고, A가 받아 적었고, 서로 토론을 해서 답안을 개선했고, 결과를 서로 적어 갔다(heuristic actions발견법2; 공감과정4)
- 물론 최종답안은 각자 만들기로 했다(관례3)
- 모두 1000원씩 돈을 거두어 음료와 스낵을 샀다(관례4)
- 오늘 모임에서 그런대로 모두에게 유익했지만, A, B, E는 별 도움이 되지 않았다고 생각할 수도 있었다(공감과정5)
- 다음 모임에 D가 들어가면 A, B, E 중 누가 안 나올 수도 있겠다(공감과정6)

C가 문제를 읽으면 B, E가 의견을 내었고 A가 받아 적었고, 서로 토론을 해서 답안을 개선했고, 결과를 적어 갔다(heuristics 발견법2; 공감과정4). 물론 최종답안은 각자 만들기로 했다(관례3). 모두 1000원씩 돈을 거두어 음료와 스낵을 샀다(관례4). 오늘 모임은 그런대로 모두에게 유익했지만, A, B, E는 별 도움이 되지 않았다고 생각할 수도 있었다(공감과정5). 다음 모임에 D가 들어가면 A, B, E 중 누가 안 나올 수도 있겠다(공감과정6).

이 퀴즈준비 그룹 스터디 모임은 경제활동인가 아닌가? 참가자 모두 개인의 이익목적, 즉 시험준비라는 목적에 따르는 행동이다. 당연히 경제활동이다. 시장행동을 군이 찾아내자면, 1000원씩을 내서 음료와 스낵을 산 것 뿐이다. 이날의 참가자들에게 1000원씩을 내서 음료와 스낵을 산 것은 하잘 것 없는 의미를 가질 뿐이다. 이들에게 중요했던 것은 그룹스터디였다. 시장을 '돈을 내서 가격을 지불하는 행동'으로 국한하는 추론방식이 얼마나 비합리적인 경제학 방법론인지 보여 주는 대목이다.

왜 우리는 이렇게 비합리적인 경제학 방법론을 고수하고 있는가? 그것은 경제학이 공감차원을 인지하지 못하고 있었기 때문이다. 즉, 경험론의 세계를 탐구하지 못하고 있었기 때문이다.

위의 6개의 행동은 모두 공감차원에서 파악할 수 있는 행동들이다. 그 중에서 관례4는 시장행동이지만 역시 공감차원의 행동이다. 나머지 공감 1~6, 관례 1~3, 모두가 공감차원이 없으면 파악이 안되는 행동이다.

그룹 스터디 사례는 조직이 어떻게 작동하는지에 대한 생생한 모습을 보여준다. 조직은 조직 구성원 간에 공감과정에 의해서 작동하게 된다. 아담 스미스의 핀생산 공장의 분업도 그렇고, 삼성전자의 반도체 생산라인도 그렇고, 공익법인의 조직운영도 그렇고, 정부부처 기관의 조직운영도 그렇다. 모든 조직에서 조직운영은 구성원 간에 공감과정이 작동하여 구성원 간에 관계교환이 이루어지는 시스템을 통해서 작동하게 된다.

조직위계의 명령 시스템은 이 조직 구성원 간에 이루어지는 공감과정과 관계교환 행동에 영향을 주는 시스템이다. 본질적인 것은 조직 구성원 간에 작동하는 공감과정이지 조직위계의 명령시스템이 아니다.

시장에서 교환이 (가격을 매개로 한) 공감과정을 통한 관계교환이라는 점은 5장 6절에서 고찰하였었다. 요약하자면, 조직 운영이나 시장에서 교환이나 모두 공감과정을 통한 관계교환 차원의 행동이 되는 셈이다.

7-7 (가칭)한국대 교내 경제사회의 사례

어떻게 시장경제가 발전하는가를 생각하기 위해서 다음과 같은 학생, 교직원, 커피판매인, 식당으로 이루어진 한국대 교내 경제사회의 사례를 생각해보자. 학생들과 교직원들은 매일 커피 판매대에서 현금으로 커피를 샀다(가격P; 공감과정SP1). 그런데 언제부터인지 커피 판매대에서 커피티켓을 팔았고 커피를 살 때, 현금과 함께 사용하였다(SP2). 식당도 푸드 쿠폰을 팔았고 식사를 살 때, 현금과 함께 사용하였다(SP3). 커피 티켓이나 푸드 쿠폰으로 사면 10% 가격 할인이 있다(P; SP4). 아마, 업자들은 현금의 융통을 필요로 해서 그런 것으로 보인다(P; SP5). 그런데, 커피 티켓과 푸드 쿠폰 위조(forgery)가 유통되었다(SP6). 그래서 Block Chain System(BCS: Bit-Coin)을 도입하기로 하였다(SP7). BCS를 위해서는 컴퓨터 시스템(Software와 Hardware: SW+HW; SP8)이 필요하다. 생협이 투자하기로 하였다(SP9). 참가자 간에 신뢰도 필요하다(trust: SP10). 만약 BCS를 교란 또는 해킹하는 시도가 있을 때, 시스템 안에서 이를 처벌할 수 있는 법치제도(ROL: rule of law)가 필요하다(SP11). 이 시스템의 구축을 지탱하는 밑바탕은 한국대 학생, 교직원, 커피상, 식당 간의 공감과정(SP12) 행동(관계교환 행동)이다(SP12).

▎**그림 7-3:** 한국대 생협 (관계)교환경제의 공감과정(SP)

인간인지
(human cognitive system)

지각(perception)
직관(intuition)
추론(reasoning)

블록 체인
(Block Chain System: Bit-Coin)

Coffee   Food
ticket   coupon

학생   교직원   커피   식당

참고의존적(reference-reliant),
프레이밍 효과(framing effect),
학습법(heuristics anchoring)

열린-비결정적 시스템
(open-indeterminate system)

- 한국대의 학생, 교직원, 생협(커피 판매, 식당)으로 이루어진 경제사회를 생각해보자
- 학생과 교직원은 매일 커피 판매대에서 현금으로 커피를 샀다(P; SP1). 그런데 언제부터 커피판매대에서 커피티켓(coffee ticket)을 팔았고 커피를 살 때, 현금과 함께 사용하였다.(P; SP2)
- 식당도 푸드쿠폰(food coupon)을 팔았고, 식사를 살 때, 현금도 함께 사용하였다.(P; SP3)
- 커피 티켓이나 푸드 쿠폰으로 사면 10% 가격 할인이 있다.(P; SP4)
- 아마, 업자들은 현금의 융통을 필요로 해서 그런 것으로 보인다.(P; SP5)
- 그런데, 커피 티켓과 푸드 쿠폰 위조(forgery)가 유통되었다.(SP6)
- 그래서 Block Chain System(BCS: Bit-Coin)을 도입하기로 하였다.(SP7)
- BCS를 위해서는 컴퓨터 시스템(software와 hardware: SW+HW; SP)이 필요하다. 생협이 투자하기로 하였다.(P; SP9)
- 참가자 간에 신뢰도 필요하다(trust).(SP10)
- 만약 BCS를 교란 또는 해킹하는 시도가 있을 때, 시스템 안에서 이를 처벌할 수 있는 법치제도(ROL: rule of law)가 필요하다.(SP11)
- 이 시스템의 구축을 지탱하는 밑바탕은 한국대 학생, 교직원, 커피상, 식당 간의 공감 과정(SP) 행동(관계교환 행동)이다.(SP12)

위 스토리는 어느 대학에서나 존재하는 학생, 교직원, 커피판매상, 식당 간의 생활경제의 이야기이다. 물론 블록체인과 커피 티켓, 푸드 쿠폰의 스토리는 가공적이다. 이 스토리를 도입한 이유는 시장경제가 어떻게 만들어지는가를 조

명하기 위해서이다.

앞서 스토리에서 SP라고 표시한 것은 그 단계의 현상 또는 변화가 공감과정의 현상, 즉 공감차원의 현상이라는 것을 표시한다. 이 [그림 7-3]에서는 12개의 공감과정에 대한 구분이 이루어져 있다. 각 단계의 현상을 보면 모두 공감차원의 현상인 것을 알 수 있다. 쿠폰을 도입하는 것은 화폐를 도입하는 것과 같이 쿠폰 제도를 도입하는 것이다. 공감차원의 제도도입이다. 쿠폰을 사용하여 커피나 음식을 사는 것은 가격을 매개로 한 교환(P: price)이라고 볼 수 있으나 이 행동은 동시에 쿠폰에 대한 믿음에서 출발하기 때문에 공감차원의 현상(SP)인 것이다. 식권 가격의 결정도 관리가격 내지 마크업 가격으로 공감과정이다.

시장경제의 도입 또는 운영은 그 자체가 모두 공감차원의 현상인 것이다. 퀴즈 준비 그룹 스터디와 같이 비 시장활동뿐만 아니라, 한국대 교내 경제사회와 같은 시장(교환)경제 활동에서도 그 활동의 바탕은 공감차원의 현상이다. 공감차원에서 공감과정의 현상이 아닌 것은 없다. 왜냐하면 우리는 인간이기 때문이다. 인간은 인간의 인지시스템에 의해서 움직인다. 지각 콘텐츠(percepts)에서부터 지각 자극-반응적(stimulus-bound) 인지과정(heuristics)을 거쳐서 행동에 옮기게 된다. 복수 개인의 인지시스템이 교류하기 위해서는 공감과정에 의존할 수밖에 없다.

제8장 사업심 행동과
공감차원의 비결정성

8-1 공감차원의 비결정성

불완전성(incompleteness), 우연성(coincidence), 망설임(wavering) 등이 공감
차원의 비결정성(indeterminateness)의 대표적 특징이다. 이러한 비결정성은 근원
적으로 인간 인지의 제한적 합리성(bounded rationality)에서 출발한다. 이미 2장
에서 소개된 바와 같이, 인간의 인지(cognizance)는 지각(perception)에서 출발한
다. 감각기관을 통해서 얻어지는 지각(知覺)은 일차적으로 직관(intuition)으로 연
결된다. 이것이 인지경제학자들이 말하는 인지의 1차 시스템(cognitive system 1)
이다(Kahneman, 2003).

인지의 1차 시스템, 즉 지각 – 직관 시스템의 인지는 보다 현상 접근적
(more accessible)이다.[54] 반면, 추론(reasoning)에 이르는 인지는 현상에 대하여
덜 접근적(less accessible)이다.[55] 이것이 인지의 2차 시스템이다. 지각 – 직관의
인지시스템, 즉 인지의 1차 시스템은 자극반응적(stimulus – bound)이다. 즉, 추론
에 의해서(인지의 2차 시스템에 의해서) 인지시스템이 움직이는 것이 아니라, 인지
의 1차 시스템이 인지의 2차 시스템에 선행해서, 자극반응적으로 움직인다는 말
이다.

이러한 인지시스템에 의해서 움직이는 개인에 있어서 복수 개인 간 교류는
공감과정(sympathy process)에 의지하는 수밖에 없다. 가격은 공감과정의 일부분
이다.

---

54) 즉, 빠르고(fast), 평행적이고(parallel), 자동적이고(automatic), 노력 없이 나타나고(effortless), 연
   상적이고(associative), 학습이 지체적이고(slow – learning), 감정적(emotional)인 인지과정이다.
55) 지체적(slow)이고, 순차적(serial)이며, 통제된(controlled), 노력 결과적(effortful), 규범 체계적
   (rule – governed), 사유적 유연성 있는(flexible), 비 감성적(neutral) 과정이다.

문제는 공감과정이 불완전(incomplete)하고 비결정적(indeterminate) 이라는 점이다. 그것은 지각-직관 및 추론 인지시스템의 특징이다. 그것이 제한적 합리성의 모습이라고 할 수 있다. 어떤 분명한 기준이 있어서 그 기준에 맞추면 반드시 공감이 이루어지는 것이 아니다. 같은 조건임에도 불구하고 지난번에는 공감에 이르렀는데 이번에는 공감을 이루지 못하는 것이 언제든지 가능하다. 즉, 공감차원은 열린-비결정적 시스템(open-indeterminate system)의 특징을 가진다.

이런 시스템에서는 망설임(wavering)이 일반적 현상으로 나타난다. 불완전성과 비결정성을 특징으로 하는 시스템에서 당연한 현상이다. 또한 우연성(coincidence)이 특징이다. 공감이 필연적 현상으로서가 아니라 우연적 요소를 가지고 나타나는 것이다. 대학생 A군의 커피 스토리에서 나타난 것과 같은 우연성이 모든 교류 또는 교환에서 언제나 존재한다. 이것은 합리적 의사결정 모델(RAM: rational agent model)에서 모든 거래가 필연성의 결과로 나타나는 것과 대비된다.

8-2 사업심 행동과 (비즈니스) 사업모델

모든 행동은 기본적으로 망설임에서 출발한다고 할 수 있다. 그러면 망설임까지는 분명한데, 무엇이 우리로 하여금 망설임을 탈출하게 할까? 우리로 하여금 망설임으로부터 공감과정에 이르게 하는 동력이 어디에서 나오게 되는가?

물론 그것은 인간이 공리주의적(utilitarian) 행동을 추구하는 존재라는 인식에서 출발한다. 인간은 (관계)교환을 추구하는 성향(propensity)을 가지고 있다. (가격을 공감과정의 일부분으로 포함해서) 모든 (관계)교환은 분업(division of labor)을 만들어 내고 모든 분업은 참가자에게 막대한 이득을 가져다 준다. 사람들은 이것을 느낌으로 알기 때문에 본능적으로 교류(관계교환)를 추구하는 것이다.

이러한 본능적 행동이 나타나는 모습이 사업심(entrepreneurship) 행동이다. 슘페터 교수가 사업심(entreprenurship)을 경제학에 도입한 지 10여 년이 모자라는 한 세기가 다 되지만(Schumpeter, 1934), 경제학에서는 아직 사업심의 역할이 정의되지 못하고 있다. 그것은 경제학이 닫힌-결정적 시스템(closed-determinate system)이기 때문이다. 공감차원에서 경제 상태는 열린-비결정적 시스템(open

－indeterminate system)이 되며, 열린－비결정적 시스템에서 사업심 행동의 역할이 나타나게 된다.

┃ 그림 8-1: 사업심과 관계교환의 (비즈니스) 사업모델

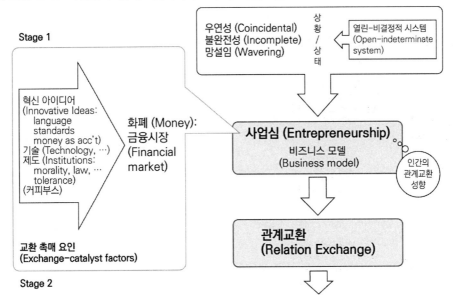

[그림 8-1]은 열린－비결정적 시스템, 즉 망설임의 상태에서 행동에 이르게 되는 현상이 사업심 행동을 통해서 실현되는 개념도가 그려져 있다. 예컨대, 대학생 A군이 갑작스러운 신호등의 신호변화로 인해서 커피를 못 사고 캠퍼스에 들어온 경우([그림 8-1] 중간 상단의 우연성(coincidental)에 해당), 학생이 캠퍼스 안에서 수업시간 사이에 캠퍼스 안의 커피부스로 커피를 사러 가자고 다시 마음을 먹게 된다면 그것은 그 자체로 그 학생의 사업심 행동이라고 할 수 있다 ([그림 8-1] 중앙의 사업심). 사업심은 기업하는 사람만의 전유물이 아니고, 모든 사람이 열린－비결정적 시스템 상황에서 공감과정의 행동으로 움직이는 동력을 의미한다.

이러한 사업심의 행동은 (비즈니스) 사업모델(business model)의 모습으로 실현된다. 한국대 학생의 커피의 경우, 캠퍼스 커피부스가 갖추어져 있어야 캠퍼스 안에서 커피의 구매가 가능해진다([그림 8-1] 좌측 중앙의 방향 표시가 달린 박스). 또한 현금으로 구매를 한다면, 법정통화(legal tender) 제도가 갖추어져 있어야 한다. 신용카드로 구매한다면, 은행과 전산시스템, 그리고 신용카드 제도, 신용정보 시스템, 그리고 전자-디지털 기술 및 결제제도가 갖추어져야 이러한 신용카드 시스템이 작동하게 된다. 물론, 커피부스의 설치에 이르는 상점의 자본 투자가 이루어져야 한다([그림 8-1] 좌측 중앙의 방향 표시가 달린 박스).

이들의 조합이 사업심과 결합하여 (비즈니스) 사업모델을 만들게 된다. (비즈니스) 사업모델로 나타나는 사업심 행동이 바로 공감과정의 실현된 행동의 모습이라고 할 수 있다. 공감과정은 추상적 개념이 아니라 구체적 모습인 것이다. 커피를 사는 사람의 (비즈니스) 사업모델과 커피를 파는 사람의 (비즈니스) 사업모델이 만나서 교환거래가 이루어진다. 이것이 공감과정이다. [그림 8-1]은 예컨대, 대학생 A군 커피 구매의 사업심 (비즈니스) 사업모델을 흐름도로 보여주고 있다.

8-3 \ 합리적 의사결정 모델과 교환

[그림 8-2]는 관계교환 모델의 교환과 비교된 합리적 의사결정 모델의 (가치)교환을 비교하고 있다. 합리적 의사결정 모델은 닫힌-결정적 시스템이다. 따라서 망설임은 존재하지 않는다. 사업심 행동의 역할은 없다. 합리적 의사결정 모델은 가치-비용 인덱스의 측정이 일관성 있게 이루어질 수 있다는 것을 전제(CMVCI: consistent measuring of the value-cost indices)로 하고 있다(Rhee, 2018a, 2018c). 이 전제 위에서 최적화-균형 알고리즘에 의한 행동의 의사결정이 가능하고 그 행동은 최적화의 행동, 균형 솔루션의 의사결정 행동이 된다.

따라서 망설임이 있을 수 없고, 교환거래는 가격을 매개로 이루어지게 된다. 즉, 사업심 행동이 작동할 여지는 없다. 가격이 사업심 행동이 작동할 여지를 모두 대체한다고 할 수 있다. (비즈니스) 사업모델의 역할도 없다. [그림 8-2]에서 사업심과 (비즈니스) 사업모델의 요인들이 모두 가격으로 대체된다.

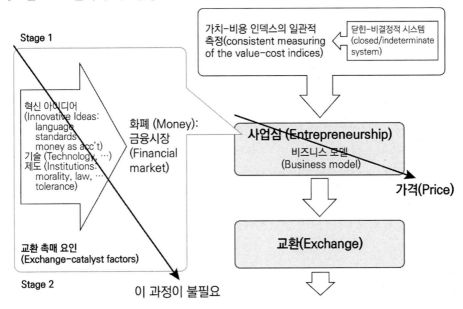

| 그림 8-2: 합리적 의사결정 모델의 교환과 관계교환 모델의 교환

Stage 1

가치-비용 인덱스의 일관적 측정(consistent measuring of the value-cost indices)

닫힌-비결정적 시스템 (closed/indeterminate system)

혁신 아이디어 (Innovative Ideas: language standards money as acc't) 기술 (Technology, ···) 제도 (Institutions: morality, law, ··· tolerance)

화폐 (Money): 금융시장 (Financial market)

사업심 (Entrepreneurship)

비즈니스 모델 (Business model)

가격(Price)

교환 촉매 요인 (Exchange-catalyst factors)

교환(Exchange)

Stage 2

이 과정이 불필요

따라서 (비즈니스) 사업모델을 구성하는 촉매적 요소들, 한국대 학생의 커피의 경우는 커피부스, 법정화폐, 신용화폐 등의 요소가 교환거래에서 내생변수로 감당할 역할이 필요 없게 된다. 일반적으로 인류가 만들어낸 혁신적 아이디어들이 모두 교환거래의 촉매적 요소가 되는데 이러한 촉매적 요소가 교환거래에 작동할 여지가 없게 된다는 것이다. 이들은 최적화-균형 분석의 외생여건이 될 뿐이다.

어떤 것이 교환거래에 영향을 주는 촉매적 요소인가? 언어, 표준, 거래의 표준으로서의 화폐, 기술, 자본장치, 지급수단으로서의 화폐와 금융시장, 관습, 표준관행, 기준, 규정, 도덕률, 법, 법치(the rule of law), 행정, 그리고 사회적 윤리 등이 모두 이 분류에 포함된다. 이들이 교환거래 과정에서 내생변수로 작동할 여지가 없는 것이 합리적 의사결정 모델의 구조이다. 합리적 의사결정 모델이 그 많은 연구를 했음에도 불구하고 시장제도경제학이라는 분야를 가지고 있지 못한 이유가 여기에 있으며, 마찬가지로 수많은 연구에도 불구하고 제도에 대한 구명이 이루어지지 못하고 있는 이유가 여기에 있다.[56]

---

56) 메커니즘 설계이론은 시장제도를 닫힌-결정적 시스템으로 파악하려는 시도로 보인다는 점은 누차 지적되었다. 그러나 닫힌-결정적 시스템과 열린-비결정적 시스템을 구분하지 못한 데에서

교환거래가 교환거래의 촉매적 요인들과 반복적(recursive)으로 상호 영향을 미치고 발전하는 시스템이 합리적 의사결정 모델에서는 작동하지 않고 있다.

8-4 사업심 행동과 관계교환

공감차원에서는 왜 관계교환이 이루어지는가? 공감차원에서는 왜 수요함수와 공급함수에 의한 교환거래가 이루어지지 않는 것인가? 이 질문은 매우 본질적 의미를 내포하고 있다. 이 질문에 대한 답을 구하기 위해서는 미시-미시적 접근이 필요하다. 예컨대, 수요함수에서 시작하는 것이 아니라 수요를 구성하고 있는 기본 단위인 개인을 보는 것이다.

▌그림 8-3: 공감과정으로서의 사업심과 (비즈니스) 사업모델

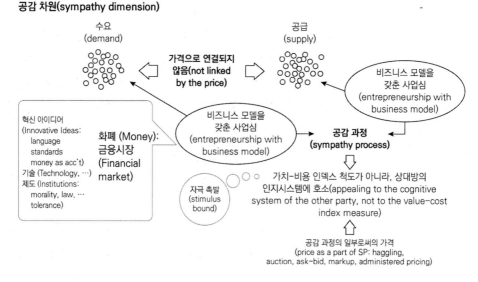

[그림 8-3]은 수요나 공급을 구성하고 있는 개인을 고찰하고 있다. 예컨대 수요를 구성하고 있는 개인이 어떤 상품을 구매하기(교환거래)로 생각하였다면

오는 개념의 혼란이 있다. 메커니즘 설계는 시장제도의 설계인가? 아니면 시장(또는 교환) 행동의 설계인가? 메커니즘 설계 이론은 닫힌-결정적 시스템 접근방법이며 따라서 시장제도를 설명할 수 없고 주어진 시장에서 교환 행동을 설명하고 있을 뿐이다.

그것은 그 개인의 사업심이 발로한 것이다. 그리고 그 사업심은 이 개인이 이 상품구매를 위한 자신만의 (비즈니스) 사업모델을 가지고 실현되게 된다. 수요 또는 공급의 기초 단위인 사업심과 사업모델은 공감과정을 구성한다.

이것은 미시경제이론에 중요한 변화를 의미한다. 미시분석의 기초 단위가 사업심 행동과 (비즈니스) 사업모델이고, 사업심 행동과 (비즈니스) 사업모델은 공감과정을 구성하게 된다. 이것은 수요와 공급이 가격에 의해서 움직이는 것이 아니라 공감과정에 의해서 움직이는 것이라는 점을 말해준다. 즉 사는 사람도 가격이 아니라 인지시스템에 어필(stimulus–bound)하는 특성에 구매결정이 영향을 받으며, 파는 사람도 이러한 구매자의 인지시스템을 고려하여 어필하게 된다.

공감과정은 추상적·철학적 개념이 아니다. 그것은 매일 매순간 우리가 경험하고 생활하는 과정이다. 그것이 사업심 행동과 (비즈니스) 사업모델이다. 공감과정을 사업심 행동이라고 바꿔 놓아도 된다. 공감과정의 현실적 모습이 사업심 행동이기 때문이다. 이것은 매우 중요한 변화이다. 합리적 의사결정 모델 (RAM: rational agent model)에서는 사업심 행동이 등장할 여지가 존재하지 않는다.

그러나 수요와 공급을 개인 단위로 분할하여 개인별 수요하는 마음과 개인별 공급하는 마음을 각각(비즈니스) 사업모델에 의해서 움직이는 개인별 사업심 행동으로 파악하면 공감과정이 나타나게 된다. 그러면 교환거래는 수요함수와 공급함수에 의해서 파악되는 것이 아니라, 개인 간에 공감과정을 통해서 이루어지는 관계교환으로 나타나게 된다.

물론 거래의 단위도 개인이 출발점이 된다. 주어진 가격에 반응하는 거래량으로 파악되는 것이 아니라, 거래량 속에 묻혀 있던 개별 거래 단위별로 파악되는 것이다. 수요자 개인의 사업심 행동이 공급자 개인의 사업심 행동과 만나서 거래가 결정되는 것이다.

사업심 행동으로 파악된 공감과정에 의해서 거래가 이루어진다고 보는 견해(견해 B)와 수요함수와 공급함수의 교차에 의해서 거래가 이루어진다고 보는 견해(견해 A) 사이에 어떤 차이가 있는가? 전자(견해 B)에서는 교환 거래가 개인과 개인 사이에서 또는 개인의 사업심과 상대방 개인의 사업심 사이에서 이루어진다. 그것이 공감과정이다.

후자(견해 A)에서는 개인이 아니라 개인들의 합, 즉 합산된(aggregated) 수요와 합산된(aggregated) 공급 사이에서 가격을 매개(공감과정이 아니라)로 교환거래가 이루어진다. 개인들 간의 공감과정을 다 합해서 가격으로 표현할 수 있다는 말인가? 견해 A의 무리한 논리가 드러나는 순간이다.

이것은 정확하게 애컬로프의 레몬시장을 설명할 수 있는 분석틀을 제공한다. 중고품 자동차를 파는 사람의 사업심 행동과 이를 사는 사람의 사업심 행동이 거래의 실패를 초래하는 경우가 된다. 파는 사람은 자동차에 대한 우월한 정보를 이용해서 기회주의적 사업심(opportunistic entrepreneurship) 행동을 발휘하게 되고, 사는 사람은 파는 사람의 기회주의적 행동을 두려워해서 거래를 주저(wavering)하게 (또는 거절하게) 되는 것이다.

애컬로프 레몬시장의 문제는 정확하게 중고차를 파는 개인과 중고차를 사는 개인 간의 신뢰문제이다. 그러나 애컬로프의 논문(Akerlof, 1970)은 중고차 파는 사람들을 모두 합산한 공급일반과 중고차를 사는 사람 모두를 합한 수요일반 간의 수요−공급 모델링, 즉 $S(p) = D(p)$의 모델링으로 분석을 시도하였다. 즉 문제의 설정은 옳았으나 분석의 접근이 틀렸다.

애컬로프의 논문(Akerlof, 1970)은 이러한 시장 교환의 실패 현상을 수요와 공급의 단위에서 설명하려고 시도함으로써 문제의 핵심에서 벗어나고 문제에 대한 접근방법이 불일치하는 오류를 범하고 있다(Rhee, 2018d). 문제는 공감차원에서 존재하는 데 접근방법은 가치−비용 합리성 차원에 머무르고 있는 오류이다(Rhee, 2018d).

[그림 8−3]은 (관계)교환이 수요−공급 함수가 아니라, 수요자 및 공급자 개개인이 그 개인의 사업심 행동과 (비즈니스) 사업모델에 의해서 (관계)교환거래를 이룩하는 과정을 개념도로 보여주고 있다.

가격도 중요한 고려변수이지만, 유일한 결정변수는 아니다. 이때 가격은 공감과정의 일부가 된다. 가격 자체가 공감과정, 즉 흥정(haggling), 경매(auction), 팔자−사자(ask−bid), 마크업(markup), 관리가격(administered pricing)에 의해서 결정되는 공감과정의 일부인 것이다. 미시분석의 기초단위는 수요와 공급이 아니라, 그보다 더 기초단위인 사업심−(비즈니스) 사업모델이고 이들은 공감과정을 구성하게 된다.

애컬로프의 레몬 시장실패(Akerlof, 1970)와 Rhee(2012b, 2018a)는 공감과정

이 가격보다 더 근원적인 현상임을 증명하고 있으며, 이 사실은 행동경제학의 실험들이 입증하고 있다(Kahneman, 2003). 애컬로프의 레몬 시장은 공감차원에서 설명하면 간단히 설명이 가능해진다. 즉, 애컬로프가 시장의 실패라고 말한 것은 실상 시장 또는 교환의 실패가 아니다. 망설임이 존재하는 교환이란 언제나 그런 것이다. 실패한 것은 이 현상을 가격기구로 설명하고자 하는 시도이다. 즉, 가격기구의 실패이고 합리적 의사결정모델(RAM)의 실패인 것이다(Rhee, 2018d).

모든 거래는 관계교환이며, 공감과정이 의사결정의 근원적 작동 시스템이고 이 현상은 사업심 행동과 (비즈니스) 사업모델로 나타난다고 하겠다.

8-5 사업심-(비즈니스) 사업모델과 제도발전

교환거래의 기본단위가 수요와 공급이 아니라 사업심 행동과 (비즈니스) 사업모델이라는 점을 인지하였다는 것은 경제학 분석에 근본적 변화를 주는 사건이다. 지금까지 경제학은 수요와 공급의 스케줄을 통해서 경제를 파악하였다. 그러나 이제는 수요 및 공급의 기본단위 요소인 사업심 행동과 (비즈니스) 사업모델을 통해서 경제를 파악할 수 있게 되었다. [그림 8-3]이 이를 표현하고 있다.

[그림 8-4]는 사업심 행동에 의해서 공감과정이 실현되어 관계교환이 이루어지는 내용을 담고 있다. 주어진 가격에서 거래량이 결정되는 합리적 의사결정(RAM) 모형이 아니라, 거래에 참가하는 개인 개인의 공감이 사업심의 (비즈니스) 사업모델로 실현되는 관계교환 모형(RXM: relation exchange model)이다. 전자는 닫힌-결정적 시스템(closed-determinate system)인 데 비하여 후자는 열린-비결정적 시스템(open-indeterminate system)이 된다. 이때 각 개인은 판단 학습법(judgment heuristics), 참고지표(reference point), 프레이밍(framing)에 의해서 상황의 이해와 의사결정에 이르게 된다.

(비즈니스) 사업모델을 가지고 거래에 참가하는 개인의 사업심 행동은 교환의 결과로 분업이 이루어지며, 그것이 교환에 참가하는 모두에게 혜택을 주게 된다는 것을 경험으로부터 알고 있다. 모든 개인은 교환을 만들어내려는 욕구를 가지고 있다. 그래서 주어진 환경을 이용하여 각종의 (비즈니스) 사업모델을 만들어내게 된다. 이때 언어, 표준, 계산단위로서의 화폐와 같은 혁신 아이디어가 나타나서 교환의 촉매 역할을 하게 된다. 또한 기술, 그리고 도덕, 법, 관용과 같

그림 8-4: 공감과정으로서의 사업심과 제도발전

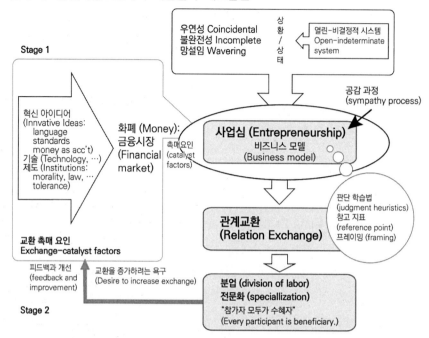

은 제도가 또 다른 교환의 촉매 역할을 하게 된다. 특히, 교환의 매개로서의 화폐(예컨대, 금) 그리고 금융시장은 교환활동을 비약적으로 증가시키는 결정적 촉매의 역할을 하게 된다.

교환의 촉매 요인들, 사업심 행동의 (비즈니스) 사업모델 그리고 관계교환 3자 간의 과정은 순환적 반복(recursive process)을 되풀이 하면서 새로운 제도, 기술, 혁신 아이디어를 등장시키게 되는데 이 과정이 자본주의의 발전 과정이 된다. 이러한 순환적 반복과정을 통해서 제도, 기술, 혁신이 거래와 연결되는 메커니즘은 합리적 의사결정 모델(RAM)에서는 존재하지 않으며, 오직 공감차원이 도입된 경험론의 경제학에서만 가능하게 된 현상이다.

[그림 8-4]는 열린-비결정적 시스템에서, 순환적 반복과정이 자본주의 시장경제에 제도, 기술, 혁신의 아이디어를 도입하여 시장제도 및 시장인프라를 만들어 가는 과정을 개념도로 보여주고 있다.

이미 언급된 바와 같이 공감차원 및 관계교환의 모형(경험론 경제학 모형)은 열린-비결정적 시스템 모형이다. 따라서 우연성(coincidence), 불완전성(incompleteness), 망설임(wavering), 경로의존성(path dependence)이 작동되는 시스템이다. 그 열린

공간에서 판단 학습법, 참고지표, 프레이밍에 의한 귀납적 추론(inductive reasoning)
이 이루어질 수 있다. 또한 인간의 불완전한 지적능력에 편승한 기회주의적 사업심
행동이 가능하다. 이것을 방지하고 교환을 이뤄내고자 하는 노력의 산물로 혁신적
아이디어(언어, 표준, 계산 단위로서의 화폐)의 등장, 기술의 등장, 도덕규범, 법, 규정
등의 제도의 등장이 가능해진다. 특히 제도는 많은 노력에도 불구하고 합리적 의사결
정 모델(RAM)에서는 설명되지 못한 요소였는데 경험론의 경제학에서 비로소 제도가
어떻게 교환의 의사결정에 작동하는지를 알 수 있게 되었다.

제9장 교환의 제도형식

9-1 제도, 경쟁 그리고 시장

경제학은 늘상 시장을 말하고 있지만, 실상 시장에 대해서 알고 있는 것이 별로 없다(Hodgson, 2015: 150쪽). 그 이유는 경제학이 교환을 가격과 거래량의 단위에서 파악하고 있기 때문이다. 가격과 거래량에는 시장 자체에 대한 정보가 전혀 없다. 무엇이 시장인지, 시장의 구성요소들이 어떤 기능을 하는지, 어떻게 시작해서 어떻게 변화해 가는지에 대해서 그렇다.

시장의 내용을 파악하기 위해서는 교환을 거래량의 구성단위인 개별 거래로 파악해야 한다. 그것은 사업심 행동의 차원에서 거래를 파악하는 것을 말한다. 거래 단위의 사업심 행동들이 개별적으로 만나서 거래가 이루어지는 모습으로 파악되어야 한다는 말이다. 이렇게 만나는 개별거래는 가격이 결정요인이 아니다. 가격이 결정요인이라면 합산된 거래량으로 교환거래가 파악된다는 것을 말한다. 합산된 거래가 아니라, 개별 거래, 즉 사업심 행동들이 거래의 기본 단위이다.

공감차원은 가치─비용 합리성 차원과 달리 열린─비결정적 시스템이다. 열린─비결정적 시스템에서는 공감과정을 통한 교환이 이루어지는데, (비즈니스) 사업모델로 무장한 사업심 행동이 공감과정의 현실적 양태가 된다. 공감과정은 철학적 개념이 아니라. 우리가 매번 경험하고 행동하는 다수의 개인 간에 이루어지는 교류행동인 것이다. 교환이 가격의 중개기능에 의해서 이루어지는 수요와 공급의 스케줄이 아니라 각각의 (비즈니스) 사업모델과 결합한 사업심 행동 간에 교류행동인 것이다. 이 분석차원에서만 교환의 제도적 형식이 파악된다.

이 점은 경험론 경제학의 빛나는 업적이다. 교환의 제도적 형식이 파악되어야 지금까지 경제학에서 성공하지 못한 시장이 무엇인지를 정의할 수 있게된다.

[정의(定義: Definition)] 사업심으로 파악한 관계교환(RX from EP: relation exchange perceived from the entrepreneurship): 관계교환이란 비즈니스 모델을 갖춘 개인 사업심 간에 상호작용으로 이루어지는 공감과정을 통해서 만들어지는 교류행동을 말한다.

[표 9-1]은 제도 형식으로 파악한 교환의 진화과정을 보여주고 있다.

▌표 9-1: 제도 형식으로 파악한 교환의 진화과정

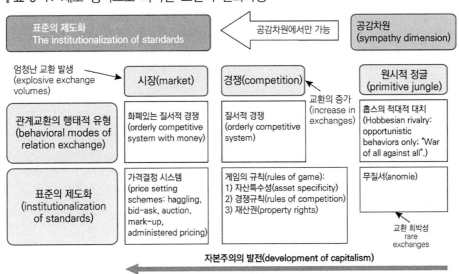

9-2 ＼ 경험론의 경제학과 시장

지금까지 경제학(견해 A)은 시장이 주어진 것으로 보았다.[57] 그 주어진 시장 기반 위에서 매매행동을 모델링 한다. 그 시장 기반 위에서 수요함수와 공급함수가 가격과 교환을 결정한다. 그러나 경험론(견해 B)에서는 시장(의 틀)을 주어진 것으로 보지 않는다. 시장(의 틀)은 만드는(또는 만들어지는) 것이다. 경험론의 세계는 열린-비결정적 시스템이다. 현상은 비결정적, 우연성 있는, 경로의 존적인 세계(ICP)이다. 경험론 세계의 현상은 수요함수, 공급함수 또는 모델링의

---

57) 로스 교수(Roth, 2002)도 시장을 주어진 것으로 보는 틀에서 벗어나지 못하고 있다. 시장은 합리적 의사결정의 결과인 최적화-균형해가 아니기 때문이다.

차원에서는 파악되지 않기 때문에, 그 보다 더 기본적 단위인 사업심과 (비즈니스) 사업모델로 내려가야 교환과 같은 경제활동이 파악된다.

그러나 경제학은 경험론의 세계에 속하는 현상, 예컨대, 사업심, 제도, 조직행동, 계약, 재산권, 기회주의적 행동 등의 현상을 가치－비용 합리성 차원에서 파악하려는 시도, 예컨대 최적화－균형 알고리즘(OEA: optimization－equilibrium algorithm)을 이용하여 경제현상을 설명하는 무모한 시도를 계속적으로 해오고 있다.[58] 그 결과는 실패의 연속이고 현상의 설명은 실망적이게 된다("hopelessly unrealistic": Maskin and Tirole, 1999a). 그 결과 경제학에서 시장이 제대로 정의되어 파악되지 못하고 있다.[59]

시장은 경험론에서만 설명이 가능한 현상이다. 다시 말하자면, 가치－비용 합리성의 추론을 동원하여 특정한 시장제도의 변화 또는 혁신적 시장기능의 변화를 설명하는 것은 가능하지 않다는 말이다(Hume's divide: Rhee, 2018d, 2020). 즉, 시장의 변화는 역사적으로 전개된 제도의 변화, 역사적으로 이루어진 혁신기능의 도입을 통해서만 설명이 가능하다. [표 9－1]은 이러한 교환의 역사적 발전과정에 대한 설명을 시도하고 있다.

9-3 원시 정글의 교환

교환은 시장에서만 작동하는 것이 아니다. 시장이 생겨나기 전에도 인류의 탄생과 함께 동시에 작동해왔던 인간의 본질적 성향이라고 할 수 있다. 시장이 생겨나기 전의 교환은 가격에 의해서 매개될 수가 없다. 사실상 시장은 교환의 가장 발전되고 완성된 양태이고, 교환은 시장이 생겨나기 전에도 우리 생활의 중요한 부분이다. 시장이 생겨난 이후에도 시장과 무관한 (관계)교환은 역시 우리 생활의 중요한 부분이다.

시장이 생겨나기 전에도 존재했고, 시장이 생겨난 이후에도 시장과 무관하게 작동하고 있는 이 교환은 관계교환(또는 공감교환)이다. 관계교환의 개념으로 교환을 파악해야 이러한 교환을 파악할 수 있다.

---

58) 이 불가능성은 흄(David Hume, 1739)이 지적한 경험론과 합리론의 이분법(Hume's divide: Rhee, 2018d, 2020)을 의미한다.

59) 이 문제가 로스(Alvin E. Roth) 교수에 의해서도 반복되고 있다.

[표 9-1]에서는 원시적 정글, 경쟁, 시장으로 구분되는 3유형의 제도적 형식이 소개되고 있다. 원시적 정글에서는 아무런 교환의 제도적 형식이 갖추어지지 않았다. 개인 간에는 '만인 대 만인 간의 쟁투(the war of all against all)'의 홉스의 적대적 대치(Hobbesian rivalry)와 기회주의적 행동만 존재하는 상태를 의미한다. 이 상태에서도 교환은 존재한다. 그것은 각 개인이 기회주의적 사업심 행동을 보이는 공감과정에 의한 교환의 행동을 의미한다.

무질서(anomie)의 상태이지만 그럼에도 불구하고 교환은 이루어진다. 오직 가족 등 간에 원시적 관계교환이 이루어지는 교환 상태를 의미한다. 따라서 교환은 일반적으로 불신과 적대감으로 인해서 제한적으로만 성공할 수 있고 교환 거래는 제한적이고 교환의 크기는 왜소할 수밖에 없다.

9-4 제도, 질서 그리고 경쟁

이때 교환이라는 행동에 규칙이 도입되면 교환에 질서가 등장하게 된다. 교환이 무질서가 아니라 질서 속에서 이루어지게 되면 그만큼 교환이 안정적으로 진행된다는 것을 의미한다. 자산의 특수성(asset specificity)이 구분되어 특수성의 구분에 따라 경쟁규칙이 만들어지고 재산권(property rights)이 설정되게 된다. 이것이 표준화(standardization)의 과정이다.

그만큼 교환은 안정적으로 이루어지며 교환의 거래량은 비약적으로 증가하게 된다. 교환의 규칙이 만들어진다는 것은 교환이 무질서 속에서 관계적 특수성에 볼모(hostage) 잡히는 것이 아니라 게임의 규칙에 의해서 경쟁이 이루어진다는 것을 말한다. 교환이 이러한 경쟁 과정에서 이루어지는 것이다. 즉, 질서적 경쟁에서 이루어지는 것이다([표 9-1] 참조).

그간 경제학은 공감과정을 고려하지 않았기 때문에, 별다른 생각 없이 경쟁을 경제행위의 또는 시장의 당연한 요소로 생각하는 경향이 있었다. 예컨대 수요와 공급 함수(또는 모델링 접근방법)는 경쟁을 당연한 것으로 받아들이는 패러다임이다. 그러나 경쟁은 교환행동에서 절대로 당연한 요소가 아니다. 그것은 무질서에서부터 매우 오랜 시간에 걸쳐 많은 노력과 희생을 거쳐서 찾아내고 도입된 요소이다. 이 제도화 과정에 대한 발견은 오직 경험론 경제학의 열린-비결정적 시스템에서만, 그리고 공감차원의 발견을 통해서만 찾아낼 수 있는 부분이다.

시장은 경쟁질서 중에서도 가장 발전된 유형이다. 시장을 성립시키기 위해서 필요한 제도적 인프라는 엄청난 시스템으로 발전을 해야 한다. 무엇보다 자산특수성에 따른 정교한 구분과 표준화(standardization)가 이루어져야 한다. 또한 이것을 가능하게 하는 기술적 발전이 수반되어야 한다. 예컨대, 금융시장의 발전은 컴퓨터와 IT 기술의 발전을 필요로 한다. 물론 그것을 가능하게 하는 표준화가 이루어져야 한다. 그 과정에서 재산권이 모든 복잡한 단계와 과정에서 정의되어야 하고, 게임의 규칙이 만들어져야 한다.

가장 결정적 변화는 화폐의 도입이다. 시장은 화폐의 도입을 전제로 한다. 그러나 화폐의 도입은 천 년의 시간을 요하는 작업이다. 금이 화폐로 도입되는데 얼마나 많은 시간을 필요로 하였을까? 족히 천 년은 걸렸을 것이다. 즉, 시장경제의 도입은 그보다 훨씬 더 많은 시간을 요하는 일이다.

금을 화폐로 받아들이는 일은 공감차원의 일이다. 금이란 금속을 화폐로 인정하는데 그만큼 많은 시간이 들었다는 것은 교환의 매개로써 금 말고 다른 수단이 존재하지 않는다는 것을 말한다. 화폐가 교환을 얼마나 편리하게 하며 그 결과 화폐의 도입이 교환 거래량을 비약적으로 확장시킨다는 점은 잘 알려진 사실이다. 중상주의는 금과 같은 귀금속을 더 많이 가지려는 정책이다. 금 이외에 교환의 매개로써 다른 수단이 없었기 때문에 더 많은 금을 가지려 했다는 것은 그만큼 교환을 더 많이 하려 했다는 것을 의미한다(Heckscher, 1931). 중상주의는 교환을 활성화 함으로써 국부를 증가시키려 하는 정책이라는 결론이 된다. 이것은 중상주의를 자유무역에 반하는 정책이라고 비판하였던 아담 스미스의 주장과 다른 해석이다(Rhee, 2018d).

9-6 가격의 결정

우리는 가격이 수요와 공급 함수에 의해서 결정된다고 단정해버렸기 때문에 가격결정과정의 실상을 파악할 여지를 봉쇄해 버렸다. 실제의 교환행동에서 가격은 절대로 수요와 공급 함수에 의해서 결정되지 않는다. [표 9-1] 두 번째 열(column)은 교환의 제도형식에서 가격이 결정되는 공감차원의 제도형식을 열거하고 있다.

교환의 제도 형식에서 상당한 부분은 어떻게 가격을 결정할 것인가를 규정하고 있다. 물론 이 중에는 교환의 당사자 간에 자생적 질서의 형태로 등장하는 제도로써 가격결정 과정이 정해지기도 한다. 흥정(haggling)이 그것이다. 그러나 흥정이 너무 예측 불가능하다는 단점 때문에 그리고 대량의 거래를 방해한다는 점 때문에 어떻게 가격을 결정할 것인가를 생각하게 된다면 문제는 단순하지 않다는 것을 알게 된다.

대부분의 금융거래는 팔자－사자의 가격 결정과정(ask－bid)을 통해서 가격이 결정된다. 이것은 자생적 질서가 아니며 인위적 제도의 도입이라고 할 수 있다. 물론 이 제도의 탄생은 수많은 시행착오의 역사를 통해서 얻은 학습으로부터 얻어진 것이다. 타토노망(tatonnement)이라는 정의에 가까운 가격 결정 방식이다. 주식, 채권의 가격결정에 사용된다.

경매(auction)는 예술품, 생물의 어물, 또는 온라인 과정의 매매를 위해서 고안된 제도이다. 문제는 이 모든 가격이 경로의존적(path－dependent), 비결정적(indeterminate), 우연적(coincidental)이며, 결코 균형가격에서와 같이 경로독립적, 결정적(determinate), 필연적 가격이 아니라는 점을 유의할 필요가 있다. 경매의 경우에도 경매의 환경과 조건에 따라 결정되는 가격이 달라진다. 소더비(Sotheby)에서 많은 준비를 거쳐 결정되는 가격과 동네 앞마당에서 이루어지는 경매는 가격이 다르다. 같은 고흐(van Gogh)의 그림이라고 하더라도 내가 사는 아파트 앞마당에서 경매가 이루어질 때 결정되는 가격은 그것이 소더비에서 이루어지는 경매의 경우와 가격이 같을 수가 없다.

대부분 상품의 가격은 마크업(markup) 과정에 따라서 결정된다. 많은 이자율도 이렇게 결정된다. 관리가격(administered pricing)과 마크업이 혼합된 형태로 결정되기도 한다. 많은 공공재 또는 공공 편익재(public utilities; 천연가스, 수도, 전기, 공공재 등) 요금은 관리가격으로 결정된다. 어느 재화도 수요－공급 곡선의 교점에서 이루어지는 균형가격에서 가격이 결정되는 가격은 없다(Rhee, 2018c, 2018d, 2018e).

이러한 가격 결정의 형식은 교환의 제도적 형식에서 중요한 부분이다. 이것은 오직 공감차원에서만 또는 경험론의 경제학에서만 파악이 가능한 것이다.

9-7   시장의 교환은 공감행동이다

모든 교환행동은 공감과정을 거쳐서 결정된다. 모든 교환행동은 관계교환 행동이라는 의미이다. 조직 행동도 관계교환 행동이고, 시장의 교환행동도 관계교환 행동이란 말이 된다.

경제학에서는 조직행동과 시장의 교환행동을 다르게 구분해왔다. 코즈 교수(Coase, 1937)는 기업을 조직으로 보고 그것을 시장의 교환과 구분하고 있다. 사이먼 교수가 조직행동의 연구에 평생을 보냈다는 것은 누차 언급한 바 있다. 윌리엄슨 교수(Williamson, 1975)도 기업조직을 설명하기 위해서 시장과 위계조직(hierarchy)을 구분하였고 기업연구(Williamson, 1990)를 시장과 별도로 설명하였다.

그런데 공감차원을 도입해서 보면(견해 B) 시장의 교환행동이나 조직행동이나 모두 공감과정을 거쳐서 만들어지는 행동이 되며 따라서 관계교환 행동이 된다. 둘 사이에 차이를 만드는 것은 제도일 뿐이다. 관계교환행동에 조직의 위계 및 관리제도를 도입해서 조직을 운영하면 조직행동이 나타나고, 관계교환행동에 재산권제도, 경쟁제도, 가격결정의 교환형식을 도입하면 시장의 교환행동이 나타나게 되는 것이다.

공감차원에서 보면 시장의 교환행동도 조직행동과 다르지 않다.

이것은 경제학 연구에 가히 코페르니쿠스적 충격을 주는 명제라고 할 수 있다. 왜냐하면 경제학에서는 지금까지 둘이 다른 영역의 문제라고 생각해왔다. 시장의 교환행동은 가격을 매개로 이루어지는 가치교환 행동이라고 보았다. 이러한 접근방법의 밑바탕에는 인간이 모든 경제현상을 일관성 있게 가치 – 비용 인텍스 단위로 계측할 수 있다고 하는 전제가 놓여있다.

이것은 강력한 가정이다. 견해 A가 이 접근방법을 채택하고 있다.

행동경제학자들은 이 가정이 현실적이지 않다고 하는 것을 수많은 실험들을 통해서 입증하고 있다. 모든 개인은 각자 자기만의 인지시스템을 가지고 있으며 따라서 공통의 척도로 개인 간의 교류가 이루어질 여지는 존재하지 않는다. 오직 공감을 통해서 교류가 이루어질 수밖에 없는 것이다. 일찍이 경험론의 경제학자들은 이 사실을 잘 인지하고 있었다(Hume, 1739, Smith, 1759).

이미 소개된 바이지만, 여기서 말하는 교류란 비단 시장에서 이루어지는 가격을 매개로 하는 교환뿐만 아니라, 공감과정을 통해서 이루어지는 모든 교류 및 교환, 즉 관계교환을 말한다.

[그림 8-4]와 8장 5절은 제도변화가 시간성 역사성을 가지고 있어서 제도의 역사적 진화과정을 설명하고 있다. 이러한 제도변화 현상을 분명하게 목도할 수 있는 사례가 법원의 판례이다. 제도의 진화적 발전은 상당한 부분이 법원의 판례를 통해서 확립된다고 할 수 있다.

이미 우리는 견해 A가 의미하는 교환과 견해 B가 의미하는 교환이 같지 않음을 설명하였다.

견해 A에 따르면 사람들은 일관된 가치-비용 척도의 인덱스로 모든 현상을 파악할 수 있다고 본다. 따라서 교환행동에 대한 의사결정이 최적화-균형 알고리즘을 통해서 이루어질 수 있다. 결정적 해를 찾게 된다. 따라서 구성원들의 행동을 가치-비용 척도를 기준으로 합산(aggregate)하는 것이 가능하다. 우리는 이것을 수요와 공급의 스케줄로 합산하고 두 스케줄에서 균형가격을 찾아낼 수 있다. 이 가격이 교환거래량을 결정하게 된다. 교환은 가치교환이 된다.

그러나 견해 B의 설명은 전혀 다르다.

각 개인은 서로 다른 인지시스템을 가지고 있다. 그 인지시스템에서는 지각-직관의 작용이 추론의 작용보다 더 직접적(accessible)이다. 따라서 가치-비용 척도로 현상을 일관되게 파악하는 것은 애당초 가능하지 않다. 개인 간의 교환 또는 교류 행동은 오직 공감과정을 통해서만 가능하게 된다.

실제로 나타나는 현상을 보면 각 개인은 제 나름의 비즈니스 모델과 사업심으로 무장하고 다른 개인과 교환 교류를 모색하게 된다. 이것이 공감과정이다. 즉, 가격으로 교환을 하는 것이 아니라 공감과정으로 교환을 하는 것이다. 시장의 교환을 관계교환 행동으로 파악하고 있다.

관계교환 행동이란 공감행동이다. 시장교환도 관계교환이고 조직행동도 관계교환이라고 하는 것은 둘 다 공감행동이라는 말이다. 법원심리의 대상이 되는 것은 공감행동일 뿐이며 그 행동이 시장교환인지 조직행동인지 하는 구분은 문제가 되지 않는다. 시장의 교환 행동은 공감과정에 제도가 개입되는 것이다. 표준이 그것이다. 재산권제도는 인간 행동의 표준을 말한다. 소유권의 구분이 어떻게 이루어지는지를 규정한다.

가격의 결정도 가격결정의 제도형식(흥정, 옥션, 팔자-사자, 마크업, 관리가격 등)에 의존한다고 설명하였었다. 이것이 필자가 말하는 경험론의 경제학이라고 하였다.

전통적 경제학 접근방법에 길들여진 경제학자들이 쉽게 납득하지 못하는 것이 '어떻게 시장의 교환이 관계교환(또는 공감행동)이란 말인가?' 하는 질문이다.

이 점을 설명하기 위해서 필자가 1년의 연구년기간(2003-2004) 조지-메이슨 대학 공공선택연구소(Public Choice Center)에서 수행하였던 한국 헌법재판소 판례연구(Rhee, 2004)를 소개하고자 한다.

모든 시장의 교환행동이 법원 소송 및 심리의 대상이 될 수 있다는 것은 시장 교환이 관계교환 행동이라는 것을 의미한다. 교환에 공감과정이 개입되지 않았다면, 즉 교환이 오직 가치교환의 행위 뿐이라면, 분쟁이 발생할 이유가 없다. 견해 A 접근방법으로 파악하는 교환에서는 오직 가치교환 뿐이다. 분석의 틀에서 분쟁이 발생할 소지를 찾아낼 방법이 없다.

견해 B 접근방법에 의해서 교환행동이 파악될 때, 즉 계약의 불완전성(incomplete contract)이 공감과정으로 설명될 때만이 분석의 틀에서 분쟁의 소지를 찾아낼 수 있게 된다.

신제도학파 경제학자들의 모든 분석(현대 재산권학파를 포함하여)에서는 계약의 불완전성이 외생적 요인으로 가정되어, 계약이 불완전(incomplete contract)하다, 표현해 낼 수 없다(indescribable)는 등의 형태로 모델링의 특수 형태, 즉 외생적 요인으로 취급되고 있다. 즉, 분석의 원소가 계약의 불완전성이 내포하는 분쟁의 소지 자체를 표현해내고 있지 않다. 신제도학파 경제학의 분석 구조는 가치교환의 구조이다. 따라서 계약의 불완전성이 심각한 문제라고 아무리 강조하려 하더라도 시장의 교환은 본질적으로 가치교환의 본질에서 벗어날 수가 없다.

따라서 모든 시장의 거래, 계약은 법적 분쟁의 대상이 될 수 있다는 사실을 설명할 방법이 없다. 이것이 견해 A의 한계이다.

그러나 견해 B는 인간의 인지시스템은 경제현상을 가치-비용 척도로 일관성 있게 측정하여 비교하는 것이 가능하지 않다는 것을 전제로 출발하고 있다. 즉, 제한적 합리성(bounded rationality)의 전제에서 출발하고 있다. 개인들 간의 교류(시장의 교환을 포함하여)는 오직 공감을 통해서 이루어질 수밖에 없는 것이다.

즉, 공감교환 또는 관계교환이다.

공감과정이란 불완전한 과정이기 때문에 공감교환 또는 관계교환에는 언제나 분쟁의 여지가 존재한다. 분쟁이나 소송에 휘말리지 않고 분쟁으로부터 자유로운 계약이나 거래는 애당초 존재하지 않는다. 모든 계약이나 거래는 공감차원의 현상이라는 말이 된다.

모든 계약이나 거래가 분쟁의 소지를 내포하고 있다는 것은 시장의 교환이 공감행동이란 말이 된다.

9-8 헌재판결(1988-2003)의 교환친화성

[표 9-2]는 우리나라 헌재 판결(1988-2003)의 판례를 분석하고 있다.

▌표 9-2: 헌재 판결 29건(1988-2003)의 교환친화성 분석

	집행성	헌법성	책임성	일관성	자유성
신뢰	1				
도덕율	1				
개인적 친소관계	1				
조직 위계	1				
재산권	3	1	1, (2)	1	1
계약			1		1
기본적 인권	3	3	1		
기타 불법행위				1	
기타 표준규제		3		1	1, (1)

주 1) 표의 각 셀의 숫자는 판결내용이 교환친화성으로 분류된 사건 건수이며, 괄호 안의 숫자는 교환
     비친화성으로 분류된 사건의 건수임.
주 2) 총 29건 중에서 26건은 교환친화성으로 분류되고, 오직 3건만 교환 비친화성으로 분류되고 있음.

우리나라 헌법재판(judicial review)은 상당히 흥미로운 제도이다. 분쟁이 개별 소송 사건에서 출발하고 있지만, 그 사건에 대한 사법적 판단을 함에 있어서 현행의 법제도 적용이 위헌의 소지를 가지고 있을 때 헌법재판에 보내지게 된다. 따라서 헌법재판의 판례는 우리나라 법제도에 있어서 헌법적 구성요소를 만들어 내게 된다고 볼 수 있다.

우리나라 헌법재판은 1987년 헌법개정으로 제6공화국 헌법이 만들어지면

서 1988년에 시작된다. 그리고 해마다 약 1000건이 넘는 사건이 헌법재판의 심리를 신청하게 된다. 그 중에서 상당수는 헌법재판의 타당성이 심사되는 과정에서 각하되지만 그럼에도 불구하고 엄청난 수의 헌법재판이 이루어지고 판결이 만들어져 왔다.

이들 헌법재판을 통해서 우리나라 헌법질서의 근간이 만들어지게 되었음을 짐작할 수 있는 것이다.

필자는 2003~2004년에 걸친 1년의 연구년을 미국 조지-메이슨 대학(George Mason University) 공공선택연구소(Public Choice Center)에서 보냈는데, 이 때 헌법재판의 판례를 연구하기로 마음먹었다. '과연 헌법재판의 내용이 시장활동, 즉 시장의 교환행동에 대해서 친화적인 판결을 내렸을까?' 하는 것이 필자의 궁금증이었다.

헌재의 재판관들은 법률을 전공한 사람들이다. 경제학이나 경영학을 전공으로 하는 사람들이 아니다. 이 사람들의 판결이 시장의 교환행동에 친화적일 수가 없다는 것이 필자의 선입관이었다. 그렇다면 이것은 중대한 문제이다. 헌법적 제도의 틀이 시장의 교환행동에 친화적이지 못한 내용으로 만들어지게 된다면, 우리나라의 시장경제가 어떻게 될 것이란 말인가?

그런데 연구를 시작하면서 난관에 봉착하게 되었다. 헌재의 판례는 헌법재판소 홈페이지(website)에서 쉽게 내려 받기가 가능하다. 문제는 이 판례를 어떻게 분석하여 판례의 내용이 시장 교환행동에 친화적인지 아닌지를 가려낼 수 있는가 하는 것이었다. 아무리 문헌을 뒤져도 그런 접근의 선행연구를 찾아낼 수 없었다.

지금 되돌아 보면, 그것은 당연했다. 계약이나 거래에서 분쟁이나 이에 대한 사법적 판단은 공감차원의 현상이다. 공감차원 자체가 이해되지 않고 있었으니 선행연구가 있을 리 없다. 즉, 견해 B로 현상을 파악하려는 시도 자체가 없었으니 그렇다는 말이다.

그래서 필자는 독자적 방법으로 이 문제를 접근해보고자 하고 나름대로의 분석의 틀을 제시하게 된다. 2004년 공공선택연구소와 남부경제학회(Southern Economic Association)에서 발표(동년 3월)한 논문(Rhee, 2004)의 연구에서 필자는 1988년에서 2003년까지의 헌재판결 5270건 중에서 경제활동과 관련된 123건의 헌재판결을 조사하여 그 중에서 분석이 가능한 85건을 추려내어 분석에 사용하였다.

분석방법은 85건의 판결을 두 개의 차원으로 분류하였다. 한 차원은 그 사건이 재산권(property rights) 문제에 해당하는지, 계약(contracts)의 문제에 해당하는지 또는 불법행위(torts) 문제에 해당하는지 그리고 기본권(human rights) 문제에 해당하는지를 4개의 영역으로 구분하였다. 다른 차원은 자기책임성(accountability) 문제인지, 예측성(predictability), 명료성(transparency), 공정성(fairness)의 문제인지, 그리고 그 밖의 4개의 특성을 더하여 8개의 특성으로 구분하였다.

사건의 성격을 규정하는 4개의 영역과 8개의 특성을 조합하면 32개의 셀을 가진 메트릭스가 나오는데, 85개의 사건을 32개의 메트릭스 셀에 구분―분류하여 넣어 보았다. 그리고 각각의 메트릭스 셀에서 판결의 내용이 시장 교환행동을 활성화 시키는 방향(market conforming)으로 이루어졌는지를 판단하였다.

이 때 시장활동에 미치는 판결 내용의 중요성에 따라 가중치를 주었다. 판결 내용이 시장의 교환행동을 활성화 시키는 방향으로 이루어졌는지, 그 반대로 시장의 교환행동을 저해하는 방향으로 판결이 났는지를 구분하였다. 이 두 가지 구분에 더해서 시장제도의 형성이라는 앵글에서 중요성을 구분하여 가중치를 주었다.

예컨대, 어떤 심리사건의 판례가 시장행동에 친화적 판결내용이고 가중치가 높으면 4, 그보다 낮으면 3, 그리고 2, 1 이런 식으로 심리사건별 점수를 계산하였다. 어떤 사건이 시장행동에 저해적(market conflicting) 판결내용인 경우도 마찬가지로 점수를 내었지만, 전자(시장친화적 판결)와 구분하였다.

전체적으로 1988―2003년에 조사된 85건의 헌재판결이 얼마나 시장친화적이었느냐 하는 것을 지표로 계산하기 위해서 시장친화성 판례의 가중평균 총점수를 분모로 하고 85건 판례의 점수 합을 분자로 하여 시장친화성 점수를 계산하였다.

헌재판례의 시장친화성 점수

= (85건 판례의 시장친화성 점수)/(85건 판례의 가중평균 총점수)

판결이 100% 시장 교환행동 친화적이면 점수는 1의 값을 가지게 되고, 100% 반 친화적이면 점수는 0의 값을 가지게 된다. 친화성 점수는 약 0.75(=153/205)였다. 반친화성 점수는 1―친화성 점수가 되어 0.25가 된다.

헌재판례의 시장친화성 점수 약 0.75는 놀랍게 높은 점수이다. 적어도 필자에게는 충격적으로 높은 점수였다. 판결이 시장 교환행동에 매우 친화적이었다고 하겠다.

　[표 9-2]는 같은 헌재판결 85건 중에서 다시 시장활동과의 관련성이 분명한 판결을 선택하여 29건을 추렸다. 그리고 가중치 결정의 임의성을 줄이고자 모든 사건을 동일한 가중치로 보았다. 그 결과 29건 중에서 3건을 제외한 26건의 판결이 시장 교환행동에 친화적인 것으로 나타났다.

　이것은 필자의 선입견과 정반대의 결과였다. 필자는 법관들이 경제문제에 문외한들이고 사건의 시시비비를 가리는 일에 전문인들이기 때문에 필시 판결의 내용이 시장행동의 활성화를 저해하는 내용일 것이라고 생각하였던 것이다. 필자는 이 연구결과를 이해하는 데 거의 1년의 세월을 소비하게 된다. 그리고 우연하고도 자연스럽게 이 연구결과의 해석에 이르게 된다.

9-9 　법치(the rule of law)는 교환행동에 친화적

　처음에 필자는 '어떻게 헌재의 법관들이 교환행동에 친화적 판단을 할 수 있었을까?' 하고 생각하였다. 그러나 우연히 '법치가 그 자체로 교환행동에 친화적이구나' 하는 깨달음에 이르게 된다. 이때까지(2005-2006년 경)만 해도 필자는 공감차원에 대한 생각이 전혀 없던 시절이었다. 이 헌재판결의 연구가 차후에 나타날 필자의 공감차원에 대한 생각, 그리고 관계교환에 대한 생각의 밑바탕이 되었다는 느낌이다. '관계교환경제학'의 논문(Rhee, 2012b)이 나온 것이 6-7년 후인 2012년 여름이었다.

　사법부의 재판관들은 판결에서 법치를 세우는 사람들이지 교환친화성에 관심이 있는 사람들이 아니라고 할 수 있다. 그런데 그 사람들이 만들어낸 판결이 교환행동 친화적이었다는 것은 우리가 경제학에서 생각해온 교환의 개념이 시장에서 이루어지는 계약 및 거래행동과 동떨어져 있다는 것을 의미한다.

　이 헌법판례 연구에서 알 수 있는 사실은 다음과 같다.

　첫째 시장에서 이루어지는 계약, 교환거래 등은 견해 A에서 나타나는 가치교환이 아니라, 견해 B에서 나타나는 관계교환이다. 따라서 모든 교환행동은 공감과정의 결과로 나타나는 것이다. 여기서 분쟁의 소지가 나타나게 되고 그것이 법정의 다툼으로 가게 된다. 법원판결이 시장 교환행동에 친화적이냐 하는 문제는 다름아닌 각 교환거래의 공감과정에서 발생하는 다툼에 있어서 법원의 판단에 대한 시장교환 친화성에 관한 문제인 것이다.

모든 계약 및 교환거래가 법정의 다툼이 될 소지를 안고 있다는 말은 모든 계약과 교환거래는 공감과정에 의해서 이루어진다는 것을 말한다. 그리고 이것은 이미 애컬로프의 레몬시장(Akerlof, 1970)에서 지적된 포인트이다.

둘째, 시장이 만들어진다는 것은 계속적 판례의 누적을 통해서 법치가 만들어진다는 것을 말한다. 이를 통해서 공감과정이 원활하게 수행되고 따라서 계약, 교환거래가 활성화 되는 것이다. 즉, 시장이 만들어지는 것이다. 판례의 축적을 통해서 시장제도가 만들어지는 것이다.

판례란 교류 교환 행동에 대한 재산권적, 계약법적 행동의 표준을 만드는 일이다. 판례를 통해서 시장제도가 만들어지는 것이다. 이것이 법치이다. 법치를 세우는 것이 시장제도를 만드는 것이다. 시장제도가 있어야 시장의 활동, 즉 계약 및 교환 활동이 원활하게 이루어지는 것이다. 시장을 만드는 것은 일조일석에 이루어질 수 없고 장구한 시간을 요한다.

법원의 판결이 하는 일은 시장의 교환행동에 개입하는 것이 아니다. 무엇이 재산권적, 계약법적 행동의 표준인가를 가려주고 새로운 행동표준을 만들어주는 일이다. 그런데 모든 시장의 계약 및 거래 행동은 그러한 행동이 법의 시각으로 볼 때 행동의 표준과 부합하는가 하는 문제를 내포하고 있다는 것이다.

이것이 공감과정이다. 즉, 모든 거래는 공감과정을 거쳐서 이루어진다는 말이다. 본질적으로 모든 교환 및 거래는 공감교환 또는 관계교환이라는 말이다. 조직행동과 시장의 교환 및 거래행동은 같은 차원의 행동인 것이다. 같은 사람인데 조직행동을 할 때와 시장의 교환 및 거래행동을 할 때 다를 수는 없는 것이다.

교환 및 거래행동에서 분쟁이 발생할 때 법원이 판단하는 것은 바로 공감행동에 관한 내용이 된다. 즉, 시장의 모든 교환 및 거래 행동은 공감교환행동 또는 관계교환 행동인 것이다.

수많은 거래의 표준을 만들고, 거기에 사람들의 활동이 적용되고 그 과정이 법치의 테두리 안에서 이루어져야 하는 것, 그것이 법치의 내용이다.

셋째, 법치라는 시장의 제도가 없으면, 시장의 거래 교환이 작동하지 않는다는 것이다. 이 점은 이미 애컬로프 교수에 의해서 논구되었다(Akerlof, 1970). 1992년 러시아 사유화 프로그램이 실패한 이유는 러시아에 법치라고 하는 시장제도가 갖추어져 있지 않았기 때문이다. 사회주의에서 갓 시장경제로 전환된 러시아에 법치가 갖추어져 있을 리 만무하다.

경제학자들이 계속해서 저지르는 실수는 바로 모든 교환 거래활동은 공감 차원에서 설명되어야 한다는 점을 간과하는 것이다. 단지 사유재산권만 만들어 주면 시장의 교환행동은 저절로 이루어질 것이라고 생각하는 것이다. 즉, 시장의 교환 및 거래행동은 수도꼭지와 같아서 맨 벽에다 박아도 꼭지만 틀면 물은 자동적으로 쏟아질 것이라고 생각하는 것과 같다.

수도꼭지에서 물이 나오기 위해서는 수도물 공급시스템이 만들어져 있어야 하는 것이다. 그것이 시장제도, 시장인프라, 시장조직과 조직의 운영이다. 그런 준비없이 사유화만 했다고 해서 시장의 교환행동이 이루어질 것이라고 하는 것은 어처구니 없는 넌센스이다. 그런 넌센스가 경제학에서 판을 치고 있는 것이다.

그 결과 사유화 프로그램 이후 러시아에서는 마피아 조직이 판을 치게 되었다. 시장의 교환 거래에서 공감과정을 마피아 행동이 대체하게 된 것이다. 마피아를 통해서 교환 및 거래행동이 이루어지는 것이다. 마피아 행동이란 바로 또 다른 형태의 공감과정인 것이다. 모든 교환 및 거래가 공감과정 없이 이루어질 수 없다는 것을 말해준다. 이것은 러시아만의 문제가 아니고 사회주의 경제에서 시장경제로 전환하는 모든 국가가 경험하는 현상이다. 최근 벨라루스 등 동구권 국가, 중동의 국가, 남미, 아프리카 사회에서 공통적으로 목격할 수 있는 현상이다.

이것은 북한과의 통일을 준비해야 하는 우리에게 큰 교훈을 주는 대목이다. 북한은 시장제도, 시장인프라, 시장조직이 전혀 준비되어 있지 않은 사회이다. 여기에 시장경제가 갑자기 도입된다면 그 결과는 마피아의 등장으로 연결될 수밖에 없는 것이다. 남한의 검찰 경찰과 법제도를 동원해서 마피아를 단속하면 되지 않느냐고 반문한다면 그 질문에 대한 답은 급격한 교환 및 거래행동의 위축이라고 할 수 있다.

이 책의 분석은 이 문제, 즉 한반도 통일문제의 해결을 위해서 우리가 무엇을 어떻게 생각해야 하는가 하는 질문에 대한 해답을 어떻게 궁구할 것인가 하는 문제의 근간을 제시한다고 본다.

제10장 관계교환과 시장의 형식

10-1 관계교환과 시장의 형식

수요와 공급이 가격결정에 영향을 주는 기본요소라는 점은 분명하다. 그러나 수요와 공급만으로 가격결정과 거래체결을 설명할 때 발생하는 애컬로프 레몬시장 유형의 시장실패(Akerlof, 1970)는 실상 시장 또는 교환의 실패가 아니고 가격기구의 실패라는 점을 논의하였다. 거래 당사자 간에 신뢰가 갖추어지지 못한 것이다. 가격보다 신뢰가 우선인 것이다. 공감차원이 존재하고 있다는 의미이다. 공감이 이루어지지 못해서 거래가 실패한 것이다.

만약 시장을 관리하는 주체가 중고차에 품질검사 기준을 마련하여 공시하도록 하는 조례를 제정하고 시행한다고 하면 사정이 달라진다. 품질기준을 통해서 공감을 확보하는 것이다. 구매자는 시장에 대해서 불신하지 않게 되고 따라서 시장거래가 작동하게 된다. 이것은 매우 중요한 의미를 가진다. 시장이 작동하기 위해서는 시장제도가 마련되어야 한다는 것을 말해주는 것이다.

이것은 두 가지 사실을 말해준다. 하나는 거래를 만드는 것은 공감과정이라는 것이다. 다른 하나는 제도(품질 기준)가 어떻게 직접적으로 거래를 성사시키는지 하는 과정을 설명해준다는 것이다. 이 두 발견은 새로운 것으로, 경제학에 지금까지 없었던 새로운 접근방법을 제시하고 있다(Rhee, 2012b, 2018a).

다시 시장제도의 문제로 돌아가서, 그 어떤 시장도 시장제도가 없는 시장은 없다. 그럼에도 불구하고 지금까지 경제학은 이 문제에 무관심해왔다. 경제학이 가치－비용합리성 차원에서만 접근을 하였기 때문이다. 그러나 공감차원에서 시장을 접근하면, 애컬로프의 레몬시장의 사례에서 살펴본 바와 같이, 시장이 제도형식에 의해서 운영되지 않으면 안 된다는 것을 알 수 있다. 시장의 제도형식은 시장의 작동을 위한 전제조건인 것이다.[60]

---

60) 이 점에서 필자와 하이에크 교수는 차이점이 있다. 하이에크 교수는 시장의 제도형식 또는 공감

공감차원에서 모든 거래는 관계교환이라고 하였다. 관계교환이란 말은 가치교환이 아니라는 말이다. 인간의 인지능력은 제한적이기 때문이다. 예컨대, 교환이 공감에 의해서 이루어진다고 보는 것이다. 공감을 이루지 못하면 거래가 이루어지지 않는다. 그런데 공감을 얻는 것은 쉽지 않다. 불신의 마음이 있기 때문이다.

이때 표준의 제도화가 이루어질 수 있다면, 공감을 얻는 것이 훨씬 수월해진다. 즉, 모든 거래를 관계교환이라고 보면(다시 말하자면, 공감차원에서 생각하면) 시장이 작동하기 위해서 왜 제도형식이 필요한지 알 수 있다.[61] 관계교환이란 제한적 합리성 영역의 교환이다. 즉, 가치－비용으로, 즉 가격결정만으로 거래 체결이 이루어지는 것이 아닌 영역의 교환이다.

교환의 필요성은 구매자와 판매자 쌍방이 인지하고 있는데 교환을 결정해야 할 기본요소에 대한 아무런 안내지도가 없다. 단지, 지각－직관 및 추론 인지시스템에 의존하고 간접적으로 추론적 인지시스템에 의존할 수 있을 뿐이다. 오직 믿을 곳은 경험(experiences)뿐이다.

이 공감차원의 세계에서는 기회주의(opportunism)가 판을 친다. 이것은 정글의 원시인 생활을 의미한다. 정글에서는 경쟁이 없다(왜? 질서가 서지 않았기 때문에). 물론 시장은 생각도 할 수 없다. 경쟁이 시장보다 먼저이기 때문이다. 경쟁은 가격 없이도 작동하지만, 시장은 가격을 전제로 한 경쟁이기 때문이다. 경쟁질서가 아닌 시장은 없다. 즉, 시장은 경쟁 중에서 고도로 발전된 시스템이다. [표 9－1]에서 세 번째 열(column)은 원시적 정글 상태를 두 번째 열은 경쟁상태를 표시하고 있다. 원시적 정글에는 경쟁이 없다. 즉, 무질서(anomie) 상태이고 홉스의 적대적 대치만 존재하는 상태이다. 이 무질서에서 경쟁 상태로 가기 위해서는 질서가 도입되어야 하는데 그것은 규칙(제도)의 도입을 통해서 이루어진다. 그 규칙에는 자산특수성에 따라 달리 적용되는 경쟁규칙이 있게 되고, 또한 경쟁규칙에 상응하는 재산권에 대한 규칙이 정해지게 된다. 그래야 비로소 경쟁질서가 확립되는 것이다.

첫 번째 열은 시장인데, 경쟁상태에서 시장으로 넘어가기 위해서는 화폐라

차원에 대한 언급이 없다(Hayek, 1973).

61) 이 점에서 거래를 가치교환으로 파악하고 시장의 제도형식을 가치단위로 계측하려 했던 거래비용의 접근방식(Coase, 1960)은 관계교환의 접근방식과 대조를 이룬다.

고 하는 새로운 차원의 질서가 도입되게 된다. 질서 있는 경쟁이지만 화폐가 도입된 질서 있는 경쟁이 되는 것이다. 시장, 이것이 경쟁의 가장 발달된 상태이다. 화폐의 도입으로 가격이 등장하게 된다. 가격은 이견의 여지가 없는 공감의 표현이다. 공감이 어렵다고 하는 것은 공감을 이루기 어렵다는 것이다. 사람들마다 이해관계가 다르고 인지시스템이 다르기 때문이다. 더구나 반드시 정직하리라는 보장이 없고 흔히 기회주의적 행동이 나타날 수 있는 것이다.

따라서 공감을 가격으로 표시할 수만 있다면 공감은 즉시적으로 이루어지게 되며 더 이상 바랄 것이 없다. 우리의 조상은 가격을 만들어 내기 위해서 각 가지 방법을 동원하였다. 흥정(haggling), 팔자－사자(ask－bid), 경매(auction), 마크업(markup), 관리가격(administered pricing)이 그것이다. 인류는 가격을 만들어 내기 위해서 많은 노력을 해왔다는 것을 알 수 있다.

여기서 [표 9－1]에서 등장한 가격(견해 B의 가격)과 견해 A의 가격을 비교하는 것은 의미 있는 일이다. 우리가 경제학에서 배우는 견해 A의 가격은 결정적(determinate) 가격이다. 최적화－균형해의 결과로서의 가격이다. 그 가격 결정은 이럴 수도 있고 저럴 수도 있는 것이 아니고, 확정적 수치가 제시되는 가격이다. 견해 A의 가격은 합산된 수요(aggregated demand)와 합산된 공급(aggregated supply)으로 만들어진 시장청산시스템 $D(p) = S(p)$에 의해서 결정되는 가격이다.

그러나 [표 9－1]의 가격, 즉, 견해 B의 가격은 비 결정적(indeterminate) 가격이다. 흥정의 결과로 가격이 얼마가 될지 누가 알 수 있겠는가? 나머지 네 가지 가격결정방식도 비 결정적이라는 점에서 마찬가지이다. 이 가격은 합산된 수요와 합산된 공급이 결정하는 것이 아니고, 개별 구매자, 개별 판매자가 가격결정방식을 통한 서로의 교류(공감과정)를 통해서 만들어낸 가격이다. 가격결정방식은 공감과정에 촉매적 역할을 하고 있을 뿐이다. 이 과정에서 가격결정방식도 공감과정에 촉매적 역할을 하지만, 또한 마케팅과 같은 사업심－비즈니스 모델도 공감을 촉발시키는 요소로 작동하게 된다.

[표 9－1]에서 알 수 있는 두 가지 사실은 다음과 같다.

첫째, 원시적 정글, 경쟁, 시장을 관통하는 교환은 서로 다른 것이 아니고 같은 교환이 단계를 거쳐 발전해온 것이다. 원시적 교환에서 질서를 도입하면, 경쟁이 되고, 화폐와 가격을 도입하면 시장이 되는 것이다. 둘째, 그 교환은 본질적으로 사람 간의 교류를 의미하는데 공감과정을 통해서 이루어지게 된다. 필자는 이것을 관계교환(또는 공감교환)이라고 하였다. 즉, 시장에서의 교환도 공감차원에서 보면 관계교환(또는 공감교환)인 것이다. 관계교환이 아닌 교환은 시장의 안이고 시장의 밖이고 없다.

관계교환은 인간 본성(human propensity)의 발로이다. 모든 관계교환은 그 자체로 분업(division of labor)을 만들게 되고 분업은 분업참가자들에게 막대한 이득을 가져다 준다(Smith, 1776 book 1, chapter 1). 이 본성이 사람에게만 있는 것이 아니고 동물에게도 있다는 것은 생태계를 보면 알 수 있다. 생태계는 군집되어 살고 있다. 즉, 관계교환은 생물의 본질적 특성이다.

하이에크의 자생적 질서(spontaneous order) 개념은 매우 통찰력 있는 개념이다. 인간 생활에는 자생적 질서가 존재한다는 것이다(Hayek, 1973). 하이에크는 자생적 질서를 설명함에 있어서 시장을 염두에 두고 있었다. 시장의 가격기구는 자생적 질서의 전형적 모습이라고 본 것이다. 그러나 공감차원에서 보면 자생적 질서의 전형적 모습은 관계교환 질서(SORX: spontaneous order of relation exchange)라고 볼 수 있다(Rhee, 2016).[62]

---

62) 하이에크는 *치명적 자만(Fatal conceit)*이라는 말년의 저서(1991)에서 '연장된 질서(extended order)'라는 개념을 도입하고 있다. 여기서 '연장된'이란 하이에크의 자생적 질서에서 연장되었다는 의미이다. 그러나 이 연장된 질서는 정확하게 관계교환질서(SORX)를 의미한 것으로 보인다. 하이에크가 SORX를 연장된 질서라고 부른 것은 관계교환의 개념을 가지지 못했기 때문이 아닌가 하는 것이 필자의 견해이다.

| 그림 10-1: 철새 생태계의 관계교환 자생적 질서

| 그림 10-2: 어군 생태계의 관계교환 자생적 질서

┃ 그림 10-3: 축구 경기의 관계교환 자생적 질서

앞서 3개의 사진은 자생적 관계교환 질서(SORX)의 예를 보여주고 있다. 앞의 2개 사진은 동물 생태계(기러기, 물고기)이다. 세 번째 사진은 축구경기의 모습이다. 모두 아름다운 자생적 관계교환 질서이다. 이 질서가 가치교환, 즉 가격을 매개로 한 시장의 교환이라고 주장할 수는 없다. 그들의 매순간 동작을 가격으로 평가하여 서로 교환행동을 한다고 볼 수는 없기 때문이다. 인간은 그렇게 이성적으로 완전하지 못하다. 지각ー직관적(perception－intuition) 인지시스템에 의해서 움직이는 행동, 즉 관계교환 행동이라고 보는 것이 적절하다.

10-2 ╲ 조직의 기본단위로서의 관계교환 자생질서

조직의 기본단위가 개인이라는 점을 생각한다면, 조직을 움직이는 기본 메커니즘은 관계교환 자생질서(SORX: spontaneous order of relation exchange)가 됨을 알 수 있다(Rhee, 2016). 개인의 의사결정은 공감차원의 행동이기 때문이다. 다음의 기사(매경 2017. 11. 4)는 우리은행에서 나타난 관계교환 자생질서의 행동에 대한 내용이다.

▌그림 10-4: 두 조직 간 합병으로 탄생한 우리은행 조직 안의 관계교환 자생적 질서

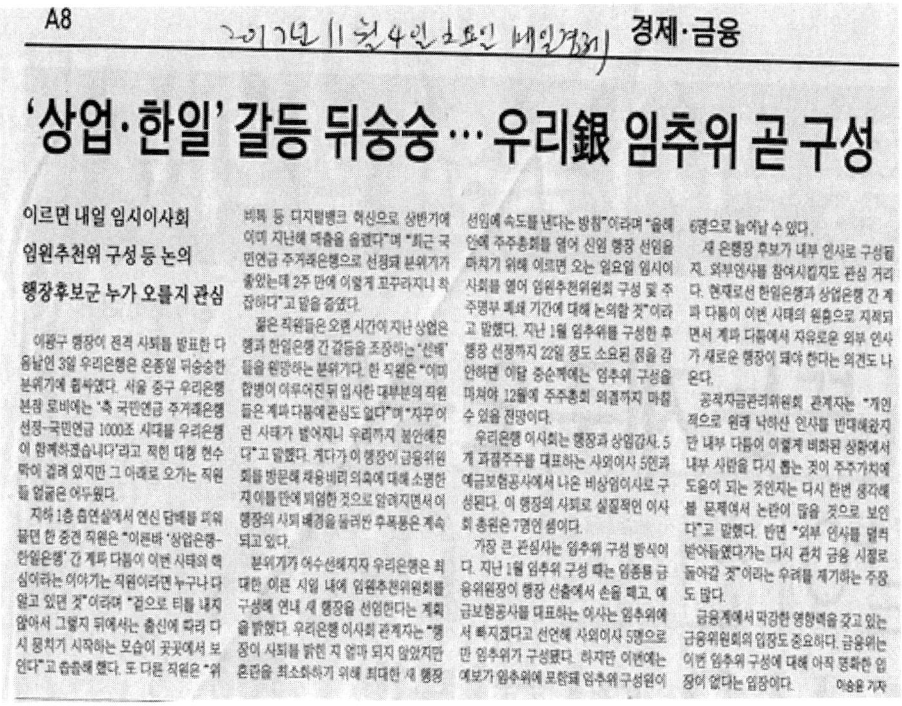

A8 2017년 11월 4일 토요일 매일경제 경제·금융

'상업·한일' 갈등 뒤숭숭… 우리銀 임추위 곧 구성

이르면 내일 임시이사회
임원추천위 구성 등 논의
행장후보군 누가 오를지 관심

이광구 행장이 전격 사퇴를 발표한 다음날인 3일 우리은행은 온종일 뒤숭숭한 분위기에 휩싸였다. 서울 중구 우리은행 본점 로비에는 "축 국민연금 주거래은행 선정-국민연금 1000조 시대를 우리은행이 함께하겠습니다"라고 적힌 대형 현수막이 걸려 있지만 그 아래로 오가는 직원들 얼굴은 어두웠다.

지하 1층 흡연실에서 연신 담배를 피워 물던 한 중견 직원은 "이른바 '상업은행-한일은행' 간 계파 다툼이 이번 사태의 핵심이라는 이야기는 직원이라면 누구나 다 알고 있던 것"이라며 "겉으로 티를 내지 않아서 그렇지 뒤에서는 출신에 따라 다시 뭉치기 시작하는 모습이 곳곳에서 보인다"고 씁쓸해 했다. 또 다른 직원은 "위비톡 등 디지털뱅크 혁신으로 상반기에 이미 지난해 매출을 올렸다"며 "최근 국민연금 주거래은행으로 선정돼 분위기가 좋았는데 2주 만에 이렇게 고꾸라지니 착잡하다"고 말을 흐렸다.

젊은 직원들은 오랜 시간이 지난 상업은행과 한일은행 간 갈등을 조장하는 '선배'들을 원망하는 분위기다. 한 직원은 "이미 합병이 이루어진 뒤 입사한 대부분의 직원들은 계파 다툼에 관심도 없다"며 "자꾸 이런 사태가 벌어지니 우리까지 불안해진다"고 말했다. 게다가 이 행장이 금융위원회를 방문해 채용비리 의혹에 대해 소명한 지 이틀 만에 퇴임한 것으로 알려지면서 이 행장의 사퇴 배경을 둘러싼 추측들은 계속되고 있다.

분위기가 어수선해지자 우리은행은 최대한 이른 시일 내에 임원추천위원회를 구성해 연내 새 행장을 선임한다는 계획을 밝혔다. 우리은행 이사회 관계자는 "행장이 사퇴를 밝힌 지 얼마 되지 않았지만 혼란을 최소화하기 위해 최대한 새 행장 선임에 속도를 낸다는 방침"이라며 "올해 안에 주주총회를 열어 신임 행장 선임을 마치기 위해 이르면 오는 일요일 임시이사회를 열어 임원추천위원회 구성 및 주주명부 폐쇄 기간에 대해 논의할 것"이라고 말했다. 지난 1월 임추위를 구성한 후 행장 선정까지 22일 정도 소요된 점을 감안하면 이달 중순께에는 임추위 구성을 마쳐야 12월에 주주총회 의결까지 마칠 수 있을 전망이다.

우리은행 이사회는 행장과 상임감사, 5개 과점주주를 대표하는 사외이사 5인과 예금보험공사에서 나온 비상임이사로 구성된다. 이 행장의 사퇴로 실질적인 이사회 총원은 7명인 셈이다.

가장 큰 관심사는 임추위 구성 방식이다. 지난 1월 임추위 구성 때는 임종룡 금융위원장이 행장 선출에서 손을 떼고, 예금보험공사를 대표하는 이사는 임추위에서 빠지겠다고 선언해 사외이사 5명으로만 임추위가 구성됐다. 하지만 이번에는 예보가 임추위에 포함돼 임추위 구성원이 6명으로 늘어날 수 있다.

새 은행장 후보가 내부 인사로 구성될지, 외부인사를 참여시킬지도 관심 거리다. 현재로선 한일은행과 상업은행 간 계파 다툼이 이번 사태의 원흉으로 지적되면서 계파 다툼에서 자유로운 외부 인사가 새로운 행장이 돼야 한다는 의견도 나온다.

공적자금관리위원회 관계자는 "개인적으로 원래 낙하산 인사를 반대해왔지만 내부 다툼이 이렇게 비화된 상황에서 내부 사람을 다시 뽑는 것이 주주가치에 도움이 되는 것인지는 다시 한번 생각해 볼 문제여서 논란이 많을 것으로 보인다"고 말했다. 반면 "외부 인사를 멀리 받아들였다가는 다시 관치 금융 시절로 돌아갈 것"이라는 우려를 제기하는 주장도 많다.

금융계에서 막강한 영향력을 갖고 있는 금융위원회의 입장도 중요하다. 금융위는 이번 임추위 구성에 대해 아직 명확한 입장이 없다는 입장이다. 이승윤 기자

우리은행은 본래 1998년 외환위기의 결과 이루어진 상업은행과 한일은행이 합병하여 만들어졌다. 두 은행의 합병이 이루어진 이래 은행 직원들은 상업은행에 종사하던 사람들과 한일은행에 종사하던 사람들 2그룹으로 구분되게 되었다. 이들 2그룹은 은행경영 운영에서 자신들의 이해관계가 반영되도록 뭉치는 경향이 있었다. 이것은 인간행동의 기본단위가 공감차원의 관계교환이라는 것을 말해준다. 이것이 인간인지의 가장 기본 시스템인 지각–직관의 시스템에서 출발하고 있기 때문에, 본래의 조직에 대한 귀속적 속성(framing: Tversky and Kahneman, 1981)에서 자유롭지 못하다. 그 귀속적 속성이 자생적 질서, 즉 관계교환의 자생질서를 만들게 되는 것이다.

20년 전의 일이라 대부분의 은행 직원은 1998년 이후 채용된 사람들이다. 그럼에도 불구하고 아직까지 은행의 인사문제에서 두 은행 합병에서 출발하는 연원을 벗어나지 못하는 끈질긴 근원성을 보여주고 있는 것이다. 그렇기 때문에 그것이 자생질서, 즉 관계교환의 자생질서에까지 이르게 되는 것이다.

은행이라는 조직에서 사람을 움직이는 것은 공감차원의 행동, 즉 관계교환 행동이다. 이것이 은행에 국한된 문제가 아니라는 것은 자명하다. 사이먼 교수는 제한적 합리성과 조직의 문제를 제기하고 두 문제가 어떻게 연결되는지를 밝히기 위해서 평생의 연구를 하였다(Simon, 1996a). 관계교환의 자생질서는 이러한 사이먼 교수의 문제제기에 대한 해답으로 보인다. 조직의 기본단위는 관계교환 행동인 것이다.

10-3 \ 시장의 제도형식

관계교환 행동의 자생적 질서(SORX)는 생태적으로 만들어지는 것이지만 ([그림 10-1], [그림 10-2]), 이 질서는 제도, 즉 규칙에 의해서 더 조화로운 것으로 개선될 수 있다([그림 10-3]). 스포츠의 경기는 규칙을 전제로 한다. 규칙이 없다면 많은 사람이 즐길 수 있는 스포츠가 탄생할 수 없다. 규칙이 없는 축구경기는 난장판일 뿐이다.

경쟁은 스포츠 경기와 같이 그 자체가 규칙 위에서 성립하는 것이다. 시장도 마찬가지이다. 시장이 성립하기 위해서는 규칙이 필요하다. 그 규칙에는 (1) 경기 규칙도 있지만, (2) 재산권 제도의 규칙이 있다. 또한 각 시장의 특수성이 있다. 축구, 야구, 농구, 골프는 경기의 특징이 다르다. 따라서 규칙도 다르다. 마찬가지로 주식시장의 규칙, 펀드시장의 규칙, 회사채시장의 규칙이 다르다. 즉, (3) 시장의 특수성이 반영되어야 한다. 시장에서는 가격이 결정되어야 한다. 경매, 마크업 등이 그것이다. (4) 가격이 결정되는 시스템이 시장 형식의 중요한 부분이다.

향후 시장제도는 이상의 4개의 관점에서 들여다볼 필요가 있다(Rhee, 2019a).

10-4 \ 무역이론과 무차별원칙

무역이론, 예컨대 Ricardo 모델은 자유무역을 말하는데, WTO(GATT)는 무차별원칙을 말한다. 둘은 같은 내용인가? 아니면 다른 내용인가? 이것은 국제무역을 전공으로 하는 경제학자는 누구나 심각하게 고민에 직면하게 되는 문제이다. 그러나 어느 누구도 속 시원한 답을 얻지 못했던 문제이다.

Ricardo 모델(헥셔－올린 모델이라도 논리의 전개와 결론에 다름이 없지만)은 무역패턴의 결정을 생산요소 사용의 기회비용으로 설명하고 있다. 즉, 최적화 모델의 균형해가 결정된다. 완전특화(complete specialization)의 결론에 이르게 된다. 영국은 모든 노동이 치즈 생산에 투입되고, 포르투갈은 모든 노동이 와인 생산에 투입되며, 두 나라는 치즈와 와인을 교환하는 무역을 하게 된다.

무역이론은 의사결정의 합리성을 가정하고 있으며, 그 결과는 결정적 시스템(determinate system)이 된다. 견해 A로 설명한 무역현상이 Ricardo 모델과 같은 무역이론이다.

반면에 WTO(GATT)의 무차별원칙은 무역거래가 이루어지는 시장의 현실을 말하고 있다. 무차별원칙(the principle of non－discrimination)은 최혜국대우(MFN: most favored nation)의 원칙과 내국민 대우(national treatment)의 원칙을 말한다. 최혜국대우의 원칙은 무역정책이 국가 간에 차별을 두어서는 안 된다는 것이다. 내국민대우의 원칙은 수입품과 국산품 사이에 차별을 두어서는 안 된다는 것이다.

WTO(GATT)의 무차별원칙을 이해하려면, 인간의 인지구조에 대한 이해에서부터 시작되어야 한다. 누차 되풀이한 바이지만 카네먼 교수는 인간의 인지구조가 지각－직관(perception－intuition)의 시스템1과 추론(reasoning)의 시스템2로 이루어졌다는 점에 대해 논의했다. 추론(reasoning)만으로 이루어진 합리적 의사결정(rational agent) 모델이 가격을 매개로 교환이 이루어지는 것과 달리, 개인 간의 교류, 교환이 공감(sympathy)을 통해서 이루어질 수밖에 없다는 차이점이 있다. 이것은 큰 차이점이다(Rhee, 2012b, 2017).

공감과정은 비결정적(indeterminate), 우연적(coincidental), 불완전(incomplete), 경로의존적(path dependent) 과정이다. 이러한 비결정적 시스템에서는 의사결정자들의 기회주의적 행동(opportunistic behavior)이 끼어들 여지가 농후하게 된다. 토마스 홉스는 이 상태를 자연상태(the state of nature)라고 불렀고 자연상태는 '만인의 만인에 대한 투쟁(the war of all against all)'의 상태라고 하였다.

이러한 기회주의적 행동이 무역거래를 해야 할까 하지 말아야 할까를 망설이게(wavering) 만드는 근원적 요소이다. 여기서 망설임이란 교환－교류가 일어나지 않는 현상을 말한다(Akerlof, 1970). 문제는 기회주의적 행동에 있다. 기회주의적 행동은 거래의 망설임을 유발하고 이것이 교환－교류의 망설임을 초래한다. 어떻게 기회주의적 행동을 제어할 수 있는가? 이것이 규범의 출현을 필요로 한 원인이 된다. 신뢰의 의무를 규정하는 관습, 도덕 또는 법 등 제도는 기회주의적 행동을 제어하는 역할을 하고, 교환-교류의 활성화에 기여한다.

WTO(GATT)의 무차별원칙은 이러한 제도의 하나이다. 즉, WTO(GATT)의 무차별원칙은 인간인지의 지각-직관-추론의 시스템에 근원을 두고 있는 비결정적 시스템에서 발생하는 기회주의적 행동을 제어하는 제도이다. 따라서 합리적 의사결정의 가정 위에서 만들어진 결정적 시스템인 무역모델(리카르도 모델이든 핵셔-올린 모델이든)로는 비결정적 시스템 현상인 무차별원칙을 설명해낼 수 없는 것이다(Rhee, 2018c, 2018e). 견해 B로 설명한 국제무역현상이 WTO의 무차별원칙이 된다.

10-5 ＼ 20세기 말 동구권 이행기 경제

20세기 말에 동구권의 사회주의 국가들이 시장경제로 전환하였다. 그러나 시장이 제대로 작동하지 못해서 많은 시행착오와 혼란을 겪었다. 아직도 러시아는 시장경제가 잘 작동하는지 회의가 있다. 왜 이들 국가에 시장경제가 잘 작동하지 못하는 것인가? 이행기 경제의 스토리는 '시장은 무엇인가?' 하는 문제의 전형적인 사례라고 할 수 있다.

제9장 8-9절에서 법치의 부재, 즉 취약한 시장제도가 이들 이행기경제에서 시장의 교환행동이 제 기능을 발휘하지 못한 원인요인이었음을 지적하였었다. 본 절은 동구권 사유화 프로그램의 내용에 대한 보충적 설명을 한다.

공산주의에서는 사유재산권이 허락되지 않았다. 모든 생산수단, 많은 생활수단이 정부에 의해서 소유되고 운영되는 시스템이다. 시장경제로 넘어가기 위해서는 정부소유로 되어 있는 생산수단, 생활수단을 사유화(privatization)하는 과정이 이루어져야 한다. 이것은 매우 복잡하고, 정교하고, 어려운 과정이다. 왜냐하면 지금 우리가 당연한 듯이 받아들이고 생활하는 시장경제가 사실은 역사적 진화의 과정에서 매우 정교하게 만들어진 것이기 때문이다. 그러한 발전은 우연에서 시작되지만 혁신적 아이디어에 의해서 시차를 가지고 한 걸음 한 걸음 이루어진 것들이다.

시장이 작동하기 위해서는 우선, 공산주의에서 국유화 되어 있던 생활 및 생산수단을 사유화(privatization) 해야 한다. 무엇을 사유화 해야 하는가? 어떻게 사유화 해야 하는가? 하는 것은 어려운 문제이다. IMF는 정부소유로 되어 있던 생산시설, 상업시설을 사유하기로 하였다. 그런데 구소련에서는 생산시설 및 상업시설이 엄청나게 큰 단위로 되어 있었다. 예컨대, 소비재 상품을 생산하는 시설도 전국의 생산을 큰 플랜트로 집중해서 생산하는 구조로 되어 있었다.

어느 소비재 상품을 생산하더라도, 생산의 과정은 업 스트림에서 다운 스트림에 이르기까지 여러 단계를 거치게 되어 있다. 현실적으로 이 전 과정이 한 사람에게 사유화가 이루어진다는 것은 생각하기 어려운 일이다.[63] 빅뱅의 처방은 이 사유화 과정이 각 생산 단계의 플랜트가 당시에 이 플랜트를 운영하던 매니저에게 사유화되는 형태로 이루어지게 된다.

사유화 이후 생산의 각 단계는 각기 다른 개인에 의해서 소유되는 결과를 초래하였다. 생산 플랜트는 생산 플랜트대로 각 생산단계의 플랜트가 각기 다른 사람에게 사유화되고, 원료는 원료대로 각 단계의 원료 생산과정의 소유권이 다른 사람에게 주어지게 되었다. 운송수단은 운송수단대로 지역별로 다른 사람이 소유하고 관리하는 시스템이 되었다. 연료의 생산도 엄청나게 크고 복잡한 단계가 모두 조각이 나서 다른 사람이 소유하게 되었다.

빅뱅처방의 아이디어는, 비록 생산의 플랜트와 중간재, 원료 및 운송수단이 이렇게 조각조각이 나서 각기 다른 사람에게 사유화 된다 하더라도, 이들 간의 교환이 가격을 매개로 자원배분이 자연스럽게 진행될 것이라는 가정을 전제로 해서 만들어진 것이다. 그러나 결과는 전혀 그렇지 못했다. 전혀 이들 간에 교환이 이루어지지 못했던 것이다.

한 플랜트에서는 생산된 제품이 넘쳐나고 있었지만 이를 사용하는 플랜트에서는 필요한 부품 및 중간재를 얼마나 확보해야 하는지 생산의 계획을 잡을 수도 없는 상황이었다. 설혹 생산계획을 세워서 중간재를 확보하고자 해도 이를 구매할 자금이 없었다. 또한 모든 것이 준비가 되어도, 운송수단을 확보할 수 없었다.

모든 생산의 수요 공급이 단계별로 미스 매치가 발생하였고, 타이밍의 미스

---

63) 왜 사유화 프로그램은 한 사람에게 생산의 전 과정을 불하하는 프로그램은 생각하지 않았을까? 그 자체가 흥미로운 질문이다. 어떻게 사유화를 해야 하는지를 생각하게 하는 질문이다. IMF프로그램은 어떻게 사유화 하든 시장이 교환을 통해서 자원배분의 문제를 해결해줄 것이라고 안이하게 생각했던 것으로 보인다.

매치에 의해서 엄청난 혼란을 겪게 되었다. 한마디로, 재화의 거래에서 공감과정이 원활히 이루어지지 못했다. 일반 대중은 굶주림에 직면하게 되었다.

설상가상으로 루블화는 인플레이션으로 가치가 떨어져서 화폐의 기능, 즉 교환의 매개 기능을 상실하고 있었다.

이미 제9장 8-9절에서 지적된 바와 같이, 무엇보다 법치가 확립되지 못했었다. 오직 마피아의 폭력만이 문제를 해결하는 원시상태, 마피아의 폭력이 공감과정을 대체하는 상태에 떨어지게 되었다. 사유화의 잘못된 프로그램은 원시상태를 시장경제라고 착각하는 경제학자들에 의해서 추진된 것이다.[64]

시장의 교환 기능은 저절로 이루어지는 것이 아니었다. 원시상태와 시장경제 사이에는 어떤 차이가 있는 것인가? 시장은 법, 규정, 관행, 자본 및 기술 인프라, 이를 운영하는 소프트웨어 파워, 조직, 전문인력 등으로 이루어진 정교하고 거대한 메커니즘인 것이다. 그리고 이 메커니즘을 능숙하게 운영할 수 있는 교육되고 훈련된 사회구성원이 있어야 한다. 이 메커니즘이 법치의 테두리 안에서 만들어지고 운영되는 시스템이 시장경제이다.

이것을 이룩하는 것은 일조일석에 되는 일이 아니다. 문제는 경제학이 이 문제를 이해하는데 실패하였다는 데 있다.[65]

---

64) 당시 IMF의 사유화 프로그램을 추진한 학자들은 제퍼리 삭스(Jeffrey Sachs) 교수의 팀으로 알려져 있다.

65) 왜 경제학자들은 '시장이 오랜 세월을 거쳐서 만들어져야 하는 것'이라고 생각하기 보다 '시장은 만들어져 있는 것' 따라서 아무렇거나 생산의 매 단계를 잘라서 사유화 하더라도 각 생산단계 간의 자원의 배분은 시장이 알아서 이루어 낼 것이라고 생각하게 된 것일까? 본 저서에서는 이러한 사고방식을 '견해 A'라고 정의한 바 있다. 견해 A는 '시장은 주어진 것'이라는 사고 위에서 축조된 이론이다. 경제학이 견해 A에 의해서 점령당해 있기 때문에 경제학자들은 자기도 모르는 사이에 '시장은 주어진 것'이라는 사고에 매이게 되었다는 말이다. 과학철학에서는 이것을 이론적재성(theory-ladenness)이라고 부른다(Bogen, 2014). 과학자의 사고가 당시 정상과학(normal science)의 패러다임에 매이게 되는 현상을 말한다.(참조: 장하석(2009), *과학, 철학을 만나다*, 지식플러스)

애컬로프 교수가 발견한 레몬시장의 실패가 시장의 틀을 찾아내는 단서가 되었다는 것은 수차례 언급 된 바 있다. 즉, 시장은 교환이라고 하는 시장활동을 만들어내는 틀, 즉 메커니즘을 가지고 있다. 그 틀이 발전되어 있는지에 따라 시장의 교환기능은 활발하게 이루어지기도 하고 그렇지 못하기도 하다. 그 틀이 선진화 되어 있느냐에 따라 많은 교환을 수행하는 선진적 시장이냐 그렇지 못하고 후진적 시장이 되느냐가 나뉘게 된다.

교환이 일어나기도 하고 일어나지 못하기도 하는 현상을 망설임(wavering)으로 설명하였다. 선진 시장은 이러한 교환의 망설임이 시장제도에 의해서 제어되고, 먼 미래의 거래를 위한 계약도 서슴없이 이루어지도록 작동하는 시장이다. 인프라와 기술, 소프트웨어, 법, 관행 등 제도가 발전되어 있는 것이다. 후진적 시장은 그런 틀이 갖추어 있지 못하다. 그래서 거래의 망설임이 많고, 먼 미래를 위한 투자는 엄두를 낼 수 없다. 거래는 단발적이고 단기적이고, 눈에 보이는 상품교환의 수준에 그칠 수밖에 없다.

예컨대, 식료품 쇼핑을 하는 상황을 생각해보자. 브랜드가 잘 알려진 큰 슈퍼마켓에서라면 가격이 저렴하다는 전제하에 자신이 원하는 식품을 찾아내고 이들을 구매하는 데 망설임이 없다. 그러나 같은 식품이라도 허름한 노점상(농장 앞에서 판매대를 설치하고 있는 직판장이 아님)이 팔고 있다면, 그리고 그 노점상이 믿음을 주는 모습을 하고 있지 못하다면, 그런 노점상에는 들어가는 것조차 꺼리게 된다. 정찰가격이 다소 싸다고 하더라도 구매를 주저하게 된다. 무엇보다 망설임이 있다. 슈퍼마켓에서는 구매(거래, 교환 거래)가 원활한데, 노점상에서는 매매 거래가 원활하지 못하다.

혹시 그 반대 현상을 지적하는 독자가 있을 수 있다. 큰 슈퍼마켓에는 물건 값이 비싸고, 허름한 노점상이지만 생산 현지와 직거래하는 이점 때문에 물건 값이 싸서 노점상이 있기만 하다면 큰 슈퍼마켓 대신 노점상을 많이 이용한다는 식이다. 여기서 망설임 현상이 설명하는 것을 정확히 이해하기 위해서는 거래량 영(0)과 망설임의 차이를 이해해야 한다. 망설임이란 '산다는 것을 전제로 몇 개를 사느냐' 하는 구매결정 안에서의 문제가 아니라, '살 것인가, 안 살 것인가'를 고민하는 구매 망설임의 문제인 것이다.

우리의 행동은 언제나 구매 망설임의 문제에 먼저 직면하게 된다. 물건을 사러가서 반드시 물건을 사오는 것이 아니고 망설이고 그냥 돌아오는 경우가 허다하다. 반대로 살 생각 없이 매장에 갔다가 갑자기 '견물생심'이 발동해서 물건을 사게 되기도 한다.

큰 슈퍼마켓은 물건 값이 비싸고 허름한 노점상은 값이 싸서 후자에서 사게 된다는 식의 사고는 (산다는 것을 전제로 가격 수준에 따라서 몇 개를 사느냐를 결정하는) 구매결정 만으로 문제를 보는 것이다. 그러나 허름한 노점상은 물건 값이 싸기 해도 어쩐지 신선하지 않을 것 같은 의심이 들어서 구매를 망설이게 되는 경우는 큰 슈퍼마켓의 물건 값에 비해서 노점상 물건 값이 싸다는 구도에서는 설명이 되지 않는 구매 미발생 현상이다. 이것이 애컬로프 교수가 '시장의 실패'라고 지적한 구매 미발생으로, 실상은 시장의 실패가 아니라 가격기구의 실패이다. 큰 슈퍼마켓은 가격이 비싸고 노점상은 가격이 싸다고 해서 설명되지 못한다. 구매 미발생으로 사라지는 거래는 큰 슈퍼마켓에서도 노점상에서도 어느 곳에서도 없이 사라지는 것이다. 큰 슈퍼마켓에서 빠져나온 구매가 '값이 싸도 (상품 신선도에 대한) 불신 때문에' 노점상에서도 사라지기 때문이다.

교환 거래에서 불신 때문에 거래가 빠져 나가는 현상이 발생하는 것이다. 이를 해결할 수 있는 방법은 불신을 시장제도로 제어해주어야 한다. 예컨대, 신선도에 대한 표준표기(상품출하일자 및 유통기한 표기)를 해준다면 거래의 미발생을 피할 수 있다. '신선도에 대한 표준표기'로 상품가격이 상승할 수는 있다. 그러나 가격에 상관없이 불신으로 거래가 위축되는 거래의 미발생, 즉 애컬로프의 레몬시장의 실패(가격기구의 실패)를 방지할 수 있다.

예컨대, 신선도에 대한 표준분류 제도의 도입으로 생산원가가 상승해서 가격이 인상되고 그렇게 인상된 가격이 비싸서 팔리지 않게 됐다면 그것은 거래량 0를 의미한다. 거래량 0과 거래의 실종(가격기구의 실패)은 구분되어야 한다. 거래의 망설임(wavering)은 거래의 실종이다. 거래의 실종(망설임)은 시장의 위축(해체)을 의미한다. 어떻게 시장의 위축(해체)을 막고 거래를 회복시킬 수 있는가? 즉, 시장을 만들어 낼 수 있는가? 표준제도와 같은 시장제도를 통해서 가능하다.

거래 미 발생 또는 거래의 실종(가격기구의 실패 또는 시장의 해체)이 나타날 수 있는 상황에서 표준표기 제도의 도입으로 시장을 거래의 실종으로부터 구원해주는 것이 '시장제도 도입에 의한 시장의 창출'인 것이다. 이것이 시장제도 경제학이다.

슈퍼마켓의 시장제도와 노점상의 시장제도가 다른 것이다. 어떻게 이것을 설명할 수 있는가? 공감차원이 없으면 설명이 안된다. 슈퍼마켓은 표준화, 브랜드의 신뢰, 선진시장 인프라 등으로 쉽게 소비자와의 공감을 만들어낸다. 노점상은 그것의 패턴이 다르다.

시장이 모두 다 같은 시장이 아닌 것이다. 선진국 시장과 후진국 시장이 같지 않은 것처럼. 이러한 교환의 망설임은 시장여건의 차이에서 발생하는 일반적 현상이다. 애컬로프는 망설임이 심한 사례로 중고차 시장, 노인의 건강보험 등의 시장을 예로 들고 있다(Akerlof, 1970).

개인 간에 모든 교류행동을 함께 고려한다면, 교환의 내용에 따라 망설임의 내용에 차이가 있다는 점은 더 분명해진다. 우리는 백화점이나 마트에서 물건을 살 때보다, 교재할 상대방이나 이성 파트너를 고를 때, 친구를 선택할 때, 더 많은 고민의 시간을 보낸다. 사업을 같이 할 동업자를 구할 때의 망설임은 더 클 것이다. 마찬가지로 직원을 채용할 때 망설임이 크다. 백화점에서는 모든 것이 표준화되어 있지만, 결혼 상대방을 고를 때는 표준화되어 있는 것이 별로 없다. 물론 학력, 인물, 집안배경, 부모의 재력이 있겠지만 그것들만으로 결정에 이르기에는 충분하지 않다. 직원을 채용할 때도 마찬가지이다.

제11장 교환과 교환의 형식

시장의 해체(unraveling)

알빈 로스(Roth, 1984) 교수는 1900−45년간 미국 병원과 미국 의과대학 인턴 및 레지던트 과정의 학생들 사이에 인턴 및 레지던트 채용과정에 발생한 흥미로운 현상을 발견하였다. 의과대학 학생들은 미국 병원에 개별적으로 지원하게 되어 있었다. 미국병원들은 우수한 인턴 레지던트를 확보해야 한다. 병원의 속성상 임상진료가 병원 운영의 핵심인데 임상진료의 병원운영은 다수의 인턴과 레지던트 인력을 기반으로 이루어진다.

▌그림 11−1: 알빈 로스(Alvin E. Roth, 1951−) 교수

처음에는 졸업에 임박한 학생들이 병원에 인턴과 레지던트를 지원했겠지만, 다수의 인턴과 레지던트를 확보해야 하는 병원은 마음이 급한 상태이다. 물론 급여 및 다른 대우 조건들이 제시되는 것은 당연하지만, 그것을 고려한다고 하더라도 제한된 지원자들 사이에서 병원이 인턴과 레지던트를 채용하는 것은

채용의사를 재빨리 밝혀주는 것(forestalling) 외에는 다른 방식이 별로 없었다.

병원들은 의과대학 졸업예정자를 대상으로 경쟁적으로 인턴 레지던트의 채용의사를 밝혀주게 되었고, 결국 경쟁적으로 채용시기를 앞당겨서 계약을 하고자 했다. 그래야 졸업예정자가 계약에 묶이게 되어 인턴 레지던트 인력을 확보할 수 있게 되는 형국이 되었다.

인턴 레지던트 인력시장이 졸업예정자 개개인별로 조각조각이 나서 아직 졸업이 결정되지 않은 학생들에게까지 채용의향서를 보내게 된다. 로스 교수는 이렇게 시장을 통한 인력자원배분이 제 기능을 하지 못하는 현상을 시장의 해체(unraveling)라고 불렀다.[66]

11-2 시장 메커니즘 설계

로스 교수(Roth, 2008)는 미국 의과대학 졸업생 시장이 조각조각 해체되는 현상을 시장의 실패라고 보고 있다. 시장이 점점 얇아져가기(thinner) 때문이다.

이러한 부작용에 대해서 각급 의료기관 협의회가 주관이 되어 의료인력 공급측으로는 의과대학 졸업생과 의료인력 수요측으로는 병원이 함께 의료인력 인력시장의 중앙청산소(centralized clearing house)를 설치하여 의과대학 졸업생의 지원서와 병원측의 인력수요 계획서를 매칭해주는 프로그램인 국가레지던트 매칭프로그램(NRMP: National Resident Matching Program)을 운영하게 되었다.

그 결과 의료인력 수급이 자원의 효율적 배분이라는 시장 본래의 기능에 보다 충실한 시스템을 갖게 되었다. 로스 교수는 이것을 시장이 두터워지는 (thicker) 현상이라고 부르고 있다. 시장이 두터워짐으로써 시장은 보다 성공적으로 기능하게 된다고 보는 것이다.

시장 또는 교환에 대한 로스 교수의 이러한 관찰은 매우 중요한 의미를 가진다. 미국 의과대학 졸업생의 의료인력 시장은 그것을 어떻게 디자인 해주느냐에 따라서 시장기능이 달라지게 된다는 것이다. 이것을 시장 메커니즘 설계(mechanism design)라고 불렀다.

---

66) 로스 교수는 시장이 조각조각 나서 제 기능을 발휘하지 못하는 상황을 시장의 해체(unravelling)라고 불렀지만, 저자는 (신뢰의 상실로 인한) 망설임(wavering)의 비결정 행동으로 거래가 실종되고 시장(교환)이 위축되는 현상을 시장의 해체(unravelling)라고 부른 바 있다.

11-3 영국식 경매방식

로스 교수의 시장 메커니즘 설계 연구는 미국 의과대학 졸업생 시장에만 그치지 않고, 콩팥이식의 매칭 프로그램, 대도시 공립학교 신입생과 지원자 매칭, 소화기내과 전문의(gastroenterologist) 지원프로그램, 새로운 학위를 한 경제학자 취업시장 등에 확대되고 있다.

흥미로운 사실은 시장에 대한 메커니즘 설계의 연구가 매칭(matching)연구와 별개로 경매방식(competitive bidding or auction)에 대해서도 진행되고 있다는 점이다(Milgrom and Weber, 1982; Milgrom, 2000).

밀그럼－웨버(Milgrom and Weber, 1982)는 경쟁적 경매방식에서도 영국식 방식과 화란식 방식을 비교하고 있다. 영국 방식은 경매사가 계속해서 상향식(ascending and progressive)으로 가격을 부르는데 마지막 1인이 남을 때까지 호가가 계속된다. 이때 입찰자는 모두 공개된다. 화란식 방식은 하향식(descending) 호가방식이다. 경매사가 가격을 부르는데 높은 가격에서 시작한다. 그리고 계속해서 낮춰진 가격을 부른다. 낮춰진 호가에 구매의사가 있는 입찰자가 나타나면, 경매를 중단시키고 낙찰이 이루어진다.

문제는 영국식 경매방식을 채택할 때나 화란식 경매방식을 채택할 때 같은 결과에 이르겠느냐 하는 것이다. 밀그럼－웨버(Milgrom and Weber, 1982)는 문제를 더 정치하게 분석하기 위해서 다양한 영국식 경매방식을 비교하고 가격이 같아지는 조건, 달라지는 조건을 다양하게 분석하고 있다. 다시 말하자면, 어떻게 경매방식을 채용하느냐에 따라서 결과가 같지 않다는 말이다.

필자는 같은 고흐(Van Gogh)의 그림이라 하더라도 소더비에서 경매하는 것과 필자의 아파트 마당에서 경매하는 것은 전혀 다른 가격을 낳는다고 5장 8절과 9장 6절에서 언급한 바 있다. 밀그럼－웨버(1982)나 밀그럼(2000)의 분석과 같은 결론을 예단한 셈이다.

시장을 어떻게 설계하느냐에 따라서 가격이 다르게 나타난다는 말이 된다. 이 현상을 필자(Rhee, 2012b)는 이미 분석한 바 있다. 필자와 밀그럼 교수－로스 교수는 같은 현상을 분석하고 있다. 필자의 분석과 밀그럼 교수, 로스 교수의 분석이 다른 점은 필자의 경우 공감차원을 가지고 분석한 것이고, 밀그럼－로스 교수는 공감차원이 없이 닫힌－결정적 시스템에서 분석에 임하기 때문이다. 다시 말하면, 필자는 견해 B의 접근방법으로 분석하고 있고, 밀그럼－로스 교수는 견해 A의 접근방법을 사용하고 있다.

밀그럼－로스 교수는 애당초 시장 메커니즘이 다르면 교환의 결과가 다르게 나온다는 것을, 분석을 통해서가 아니라 사전에 현상을 통해서 파악하였다. 다만 이 현상을 가치－비용 합리성 차원에서 협력게임이론으로 설명하고자 시도한 것이다. 밀그럼－로스 교수의 경우 분석을 통해서 새롭게 발견된 것은 아무 것도 없는 셈이다.

예컨대, 의과대학 졸업생과 병원 간의 의료인력 배분을 위한 매칭프로그램이나, 또는 경매방식의 시스템 디자인은 경험으로 찾아낸 것이지 협력게임이론으로 찾아낸 것이 아니다. 경험으로 찾아낸 현상을 매우 제한된 조건을 걸어 협력게임의 결과로 설명할 수 있다고 모델링을 시도한 것일 뿐이다(*Post hoc theorizing*: Green & Shapiro, 1994). 새로운 사실은 경험에서 찾은 것이지 모델링에서 찾아낸 것이 아니다. 이것이 닫힌－결정적 시스템 분석, 즉 견해 A 접근방법의 문제점이다.

11-4 시장 메커니즘은 예외적 현상인가?

미국 의과대학 졸업생 시장에서부터 영국식 경매방식에 이르기까지 시장메커니즘에 관한 연구(견해 A방식)는 본 저서의 시장제도연구(견해 B방식)와 매우 근사하게 접근하고 있다. 두 연구방식 모두 시장 메커니즘을 어떻게 설계하느냐에 따라서 시장교환의 결과가 달라진다는 현상에 대한 관찰에서는 일치를 보이고 있다. 다른 말로 한다면, 어느 경제학자의 입장에서 보더라도 시장의 메커니즘 또는 제도는 시장의 교환에 분명한 영향을 미친다는 점에 이론의 여지가 없다는 것이다.

시장메커니즘 연구는 이 현상을 설명함에 있어서 가치－비용합리성의 차원에서 협력게임의 분석을 하고 있다. 본래 이 분석은 코어 연구(core theory)의 영역이었다(Telser, 1994). 메커니즘 설계는 코어 연구를 심도있게 궁구하여 시장메커니즘 설계라는 새로운 영역을 개척한 것이라고 할 수 있다.

그러나 이것은 서론에서 분류한 견해 A에 따른 접근방법이라고 볼 수 있다. 현상은 공감차원의 현상을 관찰하고 있는데 분석은 가치－비용 합리성 차원에서 행하고 있다. 협력게임으로서 메커니즘을 설계할 수 있는 범위에서는 이 접근방법은 우리 생활에서 지득한 현상에 대하여 그것의 이론적 확실성에 확신을 주는 효과가 있다. 물론 제한적 조건을 걸어서 이론화 하는 제약 안에서이지만. 예컨대 제한된 조건 속에서 설정된 3자 간의 신장 이식 프로그램에서 보듯이 말이다.

그러나 문제는 시장 메커니즘 문제가 다만 제한된 조건 속에서 국한된 문제가 아니라는 것이다. 즉, 닫힌-결정적 시스템 속에서만 존재하는 문제가 아니다. 시장 메커니즘 설계의 문제는 열린-비결정적 시스템의 문제인 것이다. 로스 교수나 밀그럼 교수는 시장 메커니즘 문제를 견해 A의 시각으로 접근하고 있다. 그러나 시장 메커니즘 현상은 견해 B로만 파악이 가능한 문제이다. 처음부터 문제를 보는 시각에 변화를 주어야 시장 메커니즘 문제의 본질을 볼 수가 있다.

11-5 공감차원

이 시장제도(또는 시장 메커니즘) 문제는 12장 이후의 본 저서의 주 주제가 된다. 다만, 여기서는 로스 교수가 연구대상으로 삼았던 예컨대 의과대학 졸업생과 병원의 인턴-레지던트 인력 수급문제는 시장교환의 문제가 아니라 시장제도의 문제라는 점을 지적하고자 한다. 이 점에서 로스 교수나 밀그럼 교수, 또는 다른 모든 메커니즘 설계 연구학자들 사이에 개념의 혼동이 있는 것으로 보인다.

시장의 문제는 이미 가치-비용합리성 차원에서는 설명이 안되는 공감차원의 문제이다. 서론에서 소개한 견해 B방식에 따르는 접근방법으로서만 문제의 파악이 가능하다. 로스 교수나 밀그럼 교수나 모두 공감차원의 현상을 주어진 것으로 파악하고 있고, 왜 그런 현상이 나타나는지에 대한 분석은 견해 A방식에 의한 부분적(piecemeal) 접근에 의존하고 있다. 견해 B방식에 따르는 고찰이 결여되어 있다. 따라서 분석이 제한적 범위에서 최적화 프로그램의 결과로 제시된 내용에 국한되어 이루어지고 있을 뿐이다.

공감차원에서 문제를 전체적으로 보는 시각이 결여되어 있다. 그만큼 관찰의 범위가 국한되고 직관력이 제약되고 분석이 현실과 괴리된다.

제12장 금융시장과 시장제도형식

12-1 금융시장과 시장의 제도형식

시장은 교환이 이루어지는 (시장제도로 조성된) 장소이지만, 교환은 시장에서만 이루어지는 것은 아니다. (관계)교환은 인간의 가장 기본적 행동이다. 시장이다른 것은 그것이 가격을 매개로 교환이 되도록 제도 및 기반이 잘 조성되어 있다는 것이다. 그런 의미에서 시장은 시장질서라고 해도 과언이 아니다. 그런데시장질서는 경쟁질서의 하나이다.

경쟁질서는 '관계교환의 자생적 질서(SORX: spontaneous order of relation exchange) + 경쟁규칙(제도)'이다. 관계교환 자생적 질서는 관계교환 행동에서시작된다. 사람들이 관계교환 행동을 하는 것은 그것이 분업을 낳기 때문이다.분업은 참가자 모두에게 생산성의 놀라운 증가를 가져다 준다(Smith, 1776: Book 1, chapter 1).

관계교환 행동은 공감차원의 행동이다. 공감차원은 지각 – 직관(perception – intuition) 및 추론(reasoning) 인지시스템에 기반을 두고 있다. 즉, 관계교환은 인간의 가장 기본적인 행동이다. 그것이 인지시스템(cognitive system)에서 시작하기 때문이다.

관계교환 행동은 인간의 가장 기본적 성향(fundamental propensity)에 기반을두고 있기 때문에(물론 인간의 기본적 성향은 인지시스템에서 출발하고 있다) 자생적관계교환 질서를 만든다. 자생적 관계교환 질서는 인간의 사회에만 존재하는 것이 아니고, 동물·식물의 생태계에도 존재한다. 그것이 가장 근원적 행동임을 말하는 것이다. 이 근원적 행동과 그것이 만드는 질서는 경쟁규칙(제도)에 의해서그 모습이 만들어진다. 전형적인 예가 스포츠 게임이다.[67]

---

67) 식물 생태계([그림 12–1])에 경쟁규칙은 존재하지 않는다. 그렇지만, 자생적 질서는 [그림 12–1]에서 보는 바와 같이 생물적 본능만으로 작동하는 것으로 보인다.

■ 그림 12-1: 식물 생태계의 관계교환 자생적 질서

■ 그림 12-2: 농구 경기의 관계교환 자생적 질서

시장의 경쟁질서는 스포츠 게임과 잘 비교될 수 있다. 경기규칙이 적절히 만들어지지 않으면, 스포츠 경기는 무질서해지고 경기진행은 더디고 관중은 흥미를 잃고 스타디움을 찾지 않게 된다. 시장도 마찬가지이다. 경기규칙이 잘 만들어져야 한다. 그러면 무엇이 좋아질까? 시장의 거래가 활성화된다.

흄은 그의 저서(1751) *도덕원리에 관한 탐구*에서 도덕원리를 만들어내는 것은 공리(功利 utilitarianism)를 추구하는 인간의 성향이라고 하였다. 도덕원리가 공리 추구의 결과로 나타난다는 말이다. 경기규칙으로 인해서 시장의 거래가 활성화 된다는 것은 정확하게 흄의 분석이 맞는다는 것을 확인해준다.

인간의 인지시스템에서부터 시장의 제도형식이 만들어지는 과정은 금융시장의 제도형식에 그대로 적용된다.

12-2 거래의 활성화 대 거래비용의 최소화

경험론의 세계에서 또는 열린－비결정적 시스템(open－indeterminate system)에서 제도를 발전시키거나 새로운 혁신의 아이디어, 새로운 기술을 도입할 때, 그 변화의 타당성을 어떻게 판단하느냐 하는 기준은 매우 중요하다. 닫힌－결정적 시스템(closed－determinate system)에서는 최적화－균형 알고리즘에 의존해서 기준을 정하게 된다(Roth, 2002). 경험론의 세계에서도 최적화－균형 알고리즘과 같은 그런 기준이 존재하느냐 하는 것은 중요한 문제이다.

물론 경험론의 세계 또는 열린－비결정적 시스템에서 그런 결정적 해답을 주는 기준은 없다. 그것이 열린－비결정적 시스템의 특징이다. 그러나 관계교환을 활성화 한다는 것은 공리주의 입장에서 논리적 귀결이라고 할 때 기준이 아주 없는 것은 아니다. 그것은 관계교환을 활성화 하는 것이다. 그것이 공리주의 원리와 부합한다. 흄도 그런 의미에서 도덕원리(제도)의 확립과정이 공리주의와 부합한다고 보았다(Hume, 1751).

거래를 활성화 하는 제도 변화는 논리 전개의 방향을 가리켜 주기는 하지만, 확정적 답을 주지는 못한다. 경우에 따라 사람들이 주장하는 포인트에 따라, 평가하는 입장과 시점에 따라 다른 답을 줄 수 있기 때문이다. 이것이 열린－비결정적 시스템이다.

이것이 견해 B의 접근방법이다.

이 점에서 거래비용 접근방법은 거래를 활성화 하느냐를 기준으로 삼게 되는 방식과 다르다. 거래비용을 낮추는 방향으로 제도의 변화가 이루어진다고 하는 것은 거래비용을 최소화하는 제도변화를 추구하게 됨을 의미하고 이것은 닫힌―결정적 시스템을 의미한다(Coase, 1960). 거래비용 접근방법은 가치―비용 합리성 차원에서 머물러 있다.

거래비용 접근방법은 견해 A의 접근방법이다.

이 책은 시장제도형식의 발전 과정을 설명함에 있어서 거래의 활성화(견해 B)로 설명하게 되는데, 이 기준이 거래비용의 절감으로 해석되는 것을 경계해서 본 절을 삽입한다.

12-3 \ 금융시장과 혁신 아이디어(innovative ideas)

금융시장의 발달과정에서는 제도형식의 도입과 함께 시장의 특수성을 만들어온 혁신적 아이디어와 도구의 등장을 볼 수 있다. 화폐의 도입과 발달, 회계―

▌그림 12-3: 금융기관의 데이터 처리 전산 시스템

자료: https://www.google.co.kr/search

감사제도, 은행제도, 환어음, 지급결제 제도, 주식회사, 파생상품에 이르기까지 수없이 많은 혁신적 아이디어가 도입되었다. 동시에 컴퓨터와 같은 자본재적 및 기술적 요소가 도입되었다. 어떻게 이들의 도입을 공감차원에서 설명할 것인가?

해답은 열린-비결정적 시스템에 있다. 지각-직관 및 추론 인지시스템 그리고 공감차원의 현상은 열린-비결정적 세계이다. 이 세계는 혁신적 아이디어를 필요로 하고, 자본재의 투입 및 컴퓨터 테크놀로지를 필요로 하는 세계이다. 혁신적 아이디어, 새로운 기술혁신은 거래의 활성화를 이루기 위해서 도입된다. 이것은 금융시장의 새로운 제도형식이 도입되는 과정과 동일하다. 거래의 활성화가 키워드라고 할 수 있다.[68]

12-4 경험론 세계에서 금융시장제도의 발달

경험론의 세계에서 경제활동은 사람들 간에 교류에서 시작된다. 어떻게 하면 사람들 간의 교류를 활성화 할 것인가? 사람들 간의 교류라는 것은 공감과정을 말하고 이것은 관계교환을 말한다. 어떻게 관계교환을 활성화 할 것인가를 말한다. 모든 관계교환은 분업을 만들고 분업은 비약적인 생산성의 증가를 초래한다.

화폐의 도입이 거래를 획기적으로 증가시켰다. 상품화폐(예컨대, 조개 화폐)의 도입은 화폐가 없던 때보다 거래의 활성화에 기여하였고, 귀금속 화폐가 조개 화폐보다 거래를 보다 활성화 하였다. 금만 있을 때보다 금환(gold exchange)이 도입되었을 때 거래가 더 활성화 되었다. 그래서 지금 우리의 법정화폐까지 발전하였고, 신용카드가 등장하게 되었다.

금융시장의 혁신적 도구들은 그들만이 단독으로 등장하는 것은 아니다. 화폐의 발달을 위해서는 금속공업의 발달뿐만 아니라, 귀금속의 순도를 정확히 계량해내는 표준제도의 발달이 수반되어야 한다. 금융산업의 발달을 위해서는 금융기관의 신용이 담보되어야 한다. 이것은 재산권 관련 법제(계약법, 재산권법, 불

---

68) 공감차원의 거래활성화는 닫힌-결정적 시스템의 효용 극대화, 비용 최소화와 비교되는 개념이다. 열린-비결정적 시스템에서 최적화의 논리는 없다. 이에 대해서 거래 활성화의 개념이 그 역할을 대신 하는 것으로 보인다.

법행위법 등)뿐만 아니라, 법 집행 제도(경-검찰, 사법시스템)의 발달을 필요로 한다. 뿐만 아니라, 화폐의 가치를 지키는 중앙은행 시스템, 지급-결제 시스템을 필요로 한다. 금융 및 거래에서 신뢰의 표준을 확립하기 위한 회계-감사 원칙과 표준의 확립을 필요로 한다.

은행은 고객의 예금을 맡아서 그 돈으로 여신 등 영업행위를 하는 산업이다. 오랜 세월의 관행을 통해서 이러한 은행의 영업행위가 경제의 거래 활성화에 도움이 되고 필요하다는 것을 경험한 결과 발달된 제도이다. 이러한 은행영업 관행이 공식적 제도로 발전하기 위해서는 은행의 신용(confidence) 확립이 전제조건이다. 이런 배경에서 국제결제은행(BIS: the bank for international settlements)의 기준 원칙이 생겨나게 되었다.

┃그림 12-4: 기술혁신을 통한 금융시장의 발전과정의 개념도

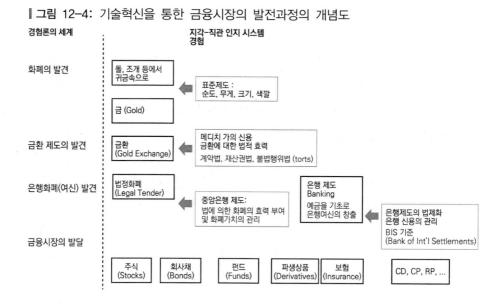

12-5 공감차원에서 지급결제 제도

금융거래가 이루어진다는 것과 그것이 지급되고 결제되는 과정은 개념과 현실의 차이만큼 차이가 크다. 금융거래가 성립했으니 당연히 거래가 결제되고 체결되는 것이라고 생각하는 것은 현실을 모르는 것이다. 이론에서 일일이 현실

을 알 필요가 있느냐고 한다면 지급결제시스템이 정비되지 못한 금융시장에서 거래가 이루어지는 모습을 상상하는 것으로 대답이 족하다.

합리적 의사결정 모형(RAM)은 모델링에 지급결제 시스템이 들어갈 여지를 갖지 못하고 있다. 수요－공급 함수에 의한 시장청산 $D(p) = S(p)$은 개별 거래자의 사업심 행동, (비즈니스) 사업모델을 가치－비용 척도로 통합(aggregate)해야 하는데, 그 과정에서 개별 거래자의 사업심과 (비즈니스) 사업모델은 사라지게 된다. 따라서 지급결제 제도가 개별 거래자의 거래를 어떻게 만들어 내는지를 표현할 방법이 없다. 즉, 지급결제 제도가 어떻게 새로운 사업을 만들어 내는지를 설명하지 못한다. 지급결제 제도는 거래의 외생적 환경 파라미터로 등장할 뿐이다.

이것은 합리적 의사결정 모델의 치명적 약점이며, 공감 모델(관계교환 모델 또는 경험론 접근방법)의 놀라운 설명력이다(Rhee, 2019a).

▌그림 12-5: 베네치아 상인들(A, B, C)이 광장 한 곳에 모여 시작한 스크리타 지급결제 제도

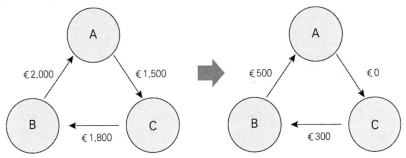

[그림 12-5]는 베네치아 상인들이, 매일 아침 생 마르코 광장 한 곳에 모여서, 자금대차 내용을 적은 노트를 가지고 시작한 지급결제 제도(스크리타, Scritta)의 개념도를 보여주고 있다. A는 C에게 1500유로를 빚지고 있고, C는 B에게 1800유로를 빚지고 있으며, B는 A에게 2000유로를 빚지고 있다고 하자.

이 지불결제의 대차관계를 청산하기 위해서 총 5300유로(1500 + 1800 + 2000)가 지급되어야 한다. 그만큼의 청산을 위해서 3인의 상인은 그만큼의 자금을 마련해야 한다. 매우 많은 비용을 필요로 하고 번거로움을 감내해야 한다.

그러나 베네치아의 상인들은 정기적으로 생 마르코 광장에서 회동하여 서로의 대차관계를 상계하는 시스템을 도입하게 된다. 물론 서로의 거래 활성화를

위해서. 그 결과 서로가 서로에게 빚지고 있던 1500유로를 상계하기로 한다. 나머지는 B가 A에게 갚아야 할 500유로, C가 B에게 갚아야 할 300유로 뿐이다.

이 착상이 발전하여 오늘의 지급결제 시스템이 나타나게 되었다고 할 수 있다. 이러한 지불결제의 대차관계는 상업거래의 결과로 생겨난 것들이다. 이렇게 서로 지불결제의 대차관계를 이용할 수 있는 신용사회가 작동하게 됨으로써 상업활동은 그만큼 원활하게 된다.

이러한 지불결제의 대차관계에, 상업거래를 하는 사람들이 거래하는 금융기관, 예컨대 은행이 개입되어 있다면, 거래는 더욱 활발해지게 된다. 예컨대 지불결제를 은행의 당좌계정을 이용한 어음이나 수표로 할 수 있게 되기 때문이다. 앞서 [그림 12-5]에서 A, B, C를 상업거래를 하는 사람들이 이용하는 은행이라고 생각하자. 상업거래를 하는 사람들은 수많은 사람들이지만, 상업은행은 소수에 불과하다.

경제 전체에서 이루어지는 상업거래는 엄청나게 많지만, 그 모든 거래의 지불결제는 소수의 상업은행들에 집중되게 된다. 수많은 상업거래를 가능하게 하는 것이 은행의 당좌계정제도라고 한다면, 이러한 상업은행 간의 지불결제 대차관계를 원활하게 청산하도록 하는 시스템을 구축하는 것은 활발한 상업활동을 진작시키기 위해서 긴요하다.

15-6세기의 베네치아 만을 생각하더라도, Scritta제도는 이 제도 시스템을 통해서, 한편으로 지급결제 제도에 참가하는 상인 간에 상거래 결제에 필요한 결제자금을 절약할 수 있고, 다른 한편으로 상거래에 참가하는 상인 및 금융기관 간에 신뢰를 확인할 수 있는 것이다. 따라서 이들 간에는 망설임(wavering)이 제어되고, 우연성에 따른 상거래 불발(대학생 A군의 커피에서와 같은)의 가능성이 줄어들게 된다. 이들 간에 잦은 접촉으로 커뮤니케이션 소통이 원활해지고 새로운 사업과 (비즈니스) 사업모델 출현 가능성이 증가한다. 따라서 Scritta지급결제 제도에 참가하는 상인 간에 상거래를 중심으로 상거래가 크게 증가하게 된다.

금리가 내려가서 상거래가 증가하였을까? 거래비용이 낮아져서 상거래가 증가하였을까? 둘 다 아니다. 상거래의 증가는 새로운 지급결제 제도의 도입으로 인하여 생 마르코 광장에 모이는 상인들 간에 새로운 사업구상이 제시되었을 때이고, 이 만남과 결제제도 참가를 계기로 도입하게 된 새로운 (비즈니스) 사업모델에 의해서 이루어진 것이다.

결제제도라는 새로운 제도적 도구에 참가하는 개별 상인 간에만 개별적으로 상거래가 증가하는 것이다. 모든 상인에게 일률적으로 상거래가 증가하는 것이 아니다. 결제제도의 도입으로 거래비용이 낮아져서 상거래가 증가하였다고 설명하는 것은 상거래의 증가가 결제제도에 참가하는 상인들에게 개별적으로 증가하는 것이 아니고 결제제도의 대상이 될 수 있는 모든 상인들에게 일률적으로 상거래가 증가한다고 하는 것과 같은 말이 된다.

그러나 생 마르코 광장의 Scritta지급결제 제도에 참가가 허용되는 것은 신뢰관계가 확보된 일부의 상인에 국한된 현상이다. 한국은행 산하 금융결제원 시스템에 참가하는 금융기관도 그렇다. 금융결제원 시스템에 참가할 수 있도록 허가 받고 등록된 금융기관만이 지급결제 제도에 참가할 수 있는 것이다. 모든 금융제도와 시스템은 그것들이 각각 참가가 허용된 개별적 금융기관에만 허용된 제도이다.

다시 말하자면, 생 마르코 광장의 Scritta지급결제 제도로 증가하는 상거래는 개별 참가자 단위에서 새로운 사업 및 새로운 (비즈니스) 사업모델 단위로 이루어지는 것이지, 가치－비용 단위로 개별 사업 및 (비즈니스) 사업모델을 통합한다면 상거래가 증가하는 이유를 찾아낼 방법이 없게 된다.

합리적 의사결정 모델(RAM)이 시장제도를 설명할 수 없는 것은 금융거래가 개별 금융사업자 사이에서 이루어진다는 사실을 간과하고 있기 때문이다. 금융거래가 통합된 금융수요와 통합된 금융공급 사이에서 일어나는 것으로 파악하려 하니 금융시장제도가 존립하는 기반을 설명해야 할 필요성이 사라져 버리게 된 것이다.

합리적 의사결정 모델(RAM)에서는 가치－비용 척도로 개별 사업 및 (비즈니스) 사업모델을 통합해서 시장청산 시스템 $D(p) = S(p)$에서 균형가격을 결정하여 이것이 거래를 결정한다고 하고 있으니, Scritta지급결제 제도의 도입으로 어떻게 개별 사업을 일으키게 되었는지를 표현할 방법이 없게 된다. 오직 가격 또는 비용(예컨대, 거래비용)을 떨어뜨려야 거래를 활성화 할 수 있다고 잘 못 생각하게 된다. 가격 또는 비용이 거래를 만드는 것이 아니다. Scritta지급결제 제도의 도입으로 출현할 수 있었던 사업 및 (비즈니스) 사업모델이 거래를 만드는 것이다.

이 원리는 금융시장제도의 모든 영역에 일관되게 적용되는 것이다(Rhee, 2018d).

그림 12-6 우리나라 지급결제시스템

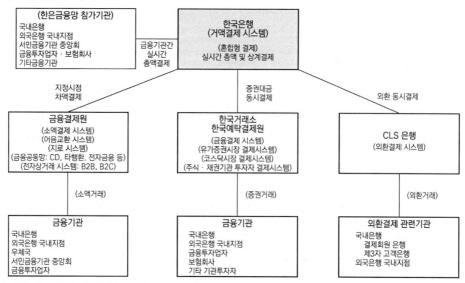

자료: 한국은행, *한국의 금융제도(2011. 12)*, 311쪽.

한국의 지급결제시스템은 현재 모두 전산화 되어 있다. 만약 전산화가 이루어져 있지 못하고 예전처럼 금융 업무가 끝난 뒤 각 금융기관 사람들이 서로 다른 금융기관끼리 상호 지급하고 결제해야 할 유가증권 내지 구좌이체 사항을 한 곳에서 만나 결제해야 한다면, 지금과 같은 신용카드, 지로 제도, 금융자산에 투자하는 행위가 가능할 것인가? 당연히 거래불편 때문에 거래는 급감하게 된다.

거래불편이 있으면 어떻게 거래가 급감하게 되는가? 거래불편이 있으면 거래비용이 올라가고 따라서 거래가 감소하게 된다고 생각해서는 안된다는 말이다. 거래불편이 아니라, '지급결제 시스템의 전산화가 도입되지 않았다면'이라고 해야 한다. 그러면 거래 지급을 위해서 수표를 쓰던가 아니면 현금을 가지고 다녀야 한다. 밥을 사 먹고 장보기 정도는 영향이 크지 않을지 모르나 개별금융거래의 사업모델과 사업심 행동은 대단히 위축될 수밖에 없다. 그래서 금융거래가 위축되는 것이다. 금융거래가 위축되면 실물거래를 위축시키게 되는 것이다.

개별 사업과 (비즈니스) 사업모델이 영향을 받는다는 말이다. 거래비용 상승으로 모든 사업 (비즈니스) 사업모델이 일률적으로 영향을 받는 것이 아니다. 크게 영향을 받는 사업모델이 있고, 영향이 작은 사업모델이 있다. 어떤 사업은 지급결제의 전산화가 없으면 등장할 수도 없게 된다. 다른 거래비용 인하의 요소

(예컨대 세금을 깎아 준다든지 금리를 내려준다든지)를 도입한다고 해서 이 사업들이 다시 등장하게 되는 것이 아니다.

상거래는 공감차원의 현상(견해 B)이지, 가치 – 비용 합리성 차원의 현상(견해 A)이 아니다.

증권거래에서 장내 거래는 한국거래소와 한국예탁결제원을 통해서 거래의 대금 결제와 해당 증권 소유권의 이전이 이루어진다([그림 12 – 6] 참조). 반면 장외거래의 경우는 중앙청산소(CCP: central counter party) 제도가 있지만 부분적 역할에 그치고, 장내거래와 같은 시스템이 대금결제와 증권 소유권 이전 결제절차 과정에서 마땅히 마련되어 있지 못하다. 증권거래의 장외 거래가 활성화 되지 못한 중요한 이유가 된다. 이것도 애컬로프형 시장실패(해체)의 사례로 볼 수 있다.

제도의 필요성에 대해서는 코즈(Coase)형 설명(견해 A), 즉 거래비용을 낮추기 위해서라는 설명과 애컬로프(Akerlof)형 설명(또는 공감차원의 설명)(견해 B), 즉 거래실종(거래감소가 아니다) 또는 시장해체(시장실패가 아니다: Rhee, 2018d)를 줄이기 위해서라는 설명의 두 가지 접근이 가능하다. 전자의 설명은 자가당착에 이르게 된다. 즉 비용만 낮출 수 있다면 제도가 없이도 거래가 가능한가 하는 질문에 답해야 한다.

이 코즈형 질문에 애컬로프형 설명을 하기 위해서는 개별 사업과 (비즈니스) 사업모델로 내려가서 하나하나의 사업을 들여다 봐야 한다. 개별 사업과 (비즈니스) 사업모델들은 각각 특수한 제도와 결부되어 특정 개별사업자 사이에서 출현한 것들이다. 비용요소를 깎아 준다고 회생할 수 있는 것이 아니다. 비용요소를 깎아 주었으니 다른 사업이라도 생겨날 것 아닌가라고 반문한다면 그것은 전혀 다른 스토리가 된다고 말할 수밖에 없다. 두 사업자 사이에 교환이든 투자든 사업이 결정되는 것은 단지 비용요소만으로 설명되는 것이 아니다.

공감차원의 설명(또는 관계교환의 설명이나 경험론의 설명)에는 자가당착이 없다. 개별 제도와 개별 사업 및 비즈니스를 결합시켜서 둘 사이의 관계를 가지고 거래가 발생하는 과정을 설명하는 것이다.

시장이란 무엇인가?

시장이란 가격을 매개로 해서 관계교환이란 공감행동이 집중적(intensively)으로 이루어지는 곳이다. 이 시장의 정의가 가지는 의미를 생각해보자.

[정의(定義)] 시장: 시장이란 가격을 매개로 해서 관계교환이란 공감행동이 집중적으로 이루어지도록 조성해놓은 시장제도(제도, 인프라, 조직)이다.

지금까지 교환이 관계교환이라는 점은 충분히 논의되었다. 모든 교환은 공감과정을 통해서 이루어지기 때문이다. 그런데 시장의 정의에서 이것을 공감행동이라고 불렀다. 그렇다. 관계교환 행동은 공감행동인 것이다.

우리는 시장에서 이루어지는 교환행동을 조직행동과 구분해서 보는 2분법에 익숙하다. 특히 코즈 교수의 논문(Coase, 1937) 이래로. 그런데 이 책에서는 시장에서의 교환행동이 조직행동과 구분되지 않는다. 즉 시장 안에서든 시장 밖, 기업에서 또는 공공조직에서든 인간의 모든 행동은 공감행동인 것이다.

코즈 교수의 2원론(교환행동과 조직행동)이 1원론(공감행동)으로 통합되는 것이다. 그 이유는 간단하다. 인간의 모든 행동은 공감과정에서 비롯된다. 즉 관계교환 행동인 것이다.[69] 이에 관한 설명은 제9장 6절에서 9절까지에서 이미 소개되었다.

이 시장의 정의, 즉 공감행동으로서의 관계교환에서 합산된 수요(aggregated demand)와 합산된 공급(aggregated supply)은 존재하지 않는다. 물론 시장청산 시스템 $D(p) = S(p)$도 존재하지 않는다. 관계교환은 특정한 개인 간에 이루어지는 개별적 거래이다. 이 거래는 공감과정으로 이루어지게 된다. 즉, 거래에 참가하는 특정한 개인의 비즈니스 모델에 의한 사업심 행동이 또 다른 개인의 비즈니스 모델에 의한 사업심 행동과 교류를 통해서 이루어지는 공감과정이다.

이 공감과정은 이미 설명한 바와 같이, 특정 개인의 인지 시스템 간의 교류를 말한다. 이 교류가 사업심 행동의 내용으로 구성된다. 특정 개인의 인지시스템 간의 교류란 불완전성, 또는 ICP(indeterminate, coincidental, path dependence)를 특징으로 한다. 이러한 교류의 특징은 기회주의적 행태(opportunistic behavior)이다.

---

69) 관계교환을 공감교환이라고 불러도 무방할 것이다.

따라서 거래에 참가하는 개인들은 거래의 진실성에 대한 의구심에서 벗어날 수가 없고 망설임(wavering)이 일반적 현상이 된다. 거래는 이러한 신뢰의 결핍, 망설임 때문에 매우 제한적으로 이루어지게 된다.

시장은 이러한 신뢰의 결핍, 망설임을 제어하고 거래를 활발하게 하도록 하는 제도적, 물리적 장치를 마련하게 된다. 즉, 거래를 집중적으로 이루어지도록 하는 장치를 마련하게 된다. 예컨대 화폐가 대표적인 제도적, 물리적 장치이다. 화폐의 도입은 가격의 등장을 가능하게 한다. 그러나 이 때 가격은 합리적 의사결정 모델(RAM)의 가치교환이 아니다. 공감과정의 일부로써의 가격이다.

또한 표준(standards), 재산권제도와 같은 제도 장치가 도입된다. 컴퓨터, 디지털 기술과 같은 물리적 장치는 금융제도와 결합하여 지불결제제도를 획기적으로 혁신하였고 그 결과 새로운 비즈니스 모델의 등장이 가능해지고 사업심 행동 간의 거래가 수월하게 성사되었다. 즉, 거래(관계교환)가 제도적·물리적 장치와 결합하여 획기적으로 증가하고 집중적으로 이루어지게 되었다.

시장의 정의에서는 시장이 3요소로 구성된다는 점을 말하고 있다. 하나는 가격이다. 둘은 관계교환이다. 셋은 집중적 거래이다. 가격만으로는 시장이 이루어지지 않는다. 가치 - 비용 합리성 차원에서는 가격만이 교환을 만들어 내게 되어 가격만으로 시장이 제 역할을 다한다.

그러나 시장은 제도이다. 제도인 시장을 인식하기 위해서는 교환이 관계교환이어야 한다. 즉, 공감차원에서 교환이 파악되어야 한다. 따라서 가격만으로는 시장이 이루어 질 수 없다. 가격과 관계교환이 합해져서 필요한 시장의 구성요소를 만든다.

그러나 가격을 매개로 관계교환이 이루어졌다고 해서 모두 시장이라고는 말할 수 없다. 반면 교환이라고는 할 수 있다. 예컨대 아버지가 아들에게 심부름을 시키고 얼마의 심부름 값을 지불했다고 해서 그것을 시장이라고 할 수 있을까? 시장은 교환이 집중적으로 이루어지게 하는 조건을 갖춘 곳이다. 제3의 구성요소는 집중적 교환거래이다.[70] 이 세 가지 요소가 합해져서 시장을 만든다.

---

70) 시장의 정의에서 '집중적으로'란 조건을 뺀다면, 시장의 정의는 매우 광범위해진다. 시장은 태초에서부터 존재할 수도 있게 된다. 사실상 윌리엄슨 교수(Williamson, 1985b, 143)는 '태초에 시장이 있었다'라고 하고 있다. 그러면 아버지가 자녀들의 선행에 대해서 선물을 주는 경우(*quid pro quo*), 또는 뇌물 등의 경우도 모두 시장이 되는가 하는 질문에 답해야 한다. 시장과 이들을 구분하기 위해서는 '집중적으로'라는 조건이 필요하고, 바로 이 조건으로부터 제12장에서 다루는

시장이 존재하지 않는 사회에서는 교환이 잘 일어나지 않는다. 우연성, 망설임, 그리고 불신 때문에 (관계)교환이 일어나기 어렵다. 5일장, 7일장이 있는 경우에 그 전에는 없던 교환이 원활하게 이루어지는 것을 볼 수 있다.

시장과 시장이 없는 교환은 무엇이 다른가?

시장은 교환이 집중적으로 이루어지도록 자본적, 기술적, 제도적 인프라를 갖추게 된다. 그래서 교환이 신뢰를 가지고 수월하게 이루어질 수 있도록 준비를 해놓게 된다. 이것이 차이점이다. 이것은 시장은 만들어지는 것이라는 명제의 실효성을 확인해주는 대목이다.

공감과정은 추상적 개념이 아니다. 그것의 구체적 모습이 사업(심)이라고 보면 된다. 교환에 임하는 개인의 의사, 이것이 사업(심)이다. 사업심은 (비즈니스) 사업모델을 수반한다. 가격은 (비즈니스) 사업모델의 한 부분이 된다.

지금까지 우리는 개인의 사업(심)을 가치 또는 비용 단위 척도로 통합(aggregate)해서 수요(함수), 공급(함수)를 정의해왔다. 그리고 교환의 기본단위는 수요와 공급이라고 생각해왔다. 이것은 가치−비용 합리성 차원의 합리적 의사결정 모델의 접근방법이다. 견해 A의 접근방식이다.

그러나 공감과정을 넣어서 생각하면, 개인 사업(심)을 가치−비용 단위 척도로 통합한다는 것은 이 통합과정(개인으로부터 합산된 수요나 공급으로)에서 공감과정이 저절로, 마찰없이 이루어진다는 것을 의미하는 것이다. 이것은 공감과정 자체를 부정하는 것이다. 즉, 제한적 합리성 영역, 인지시스템 영역, 경험론의 영역을 부인하는 것이다. 과연 우리는 이들의 존재를 그렇게 부인할 정당성을 가지고 있는가? 행동경제학의 실험들은 그렇지 않다고 증명하고 있다.

이렇게 공감차원을 부인해온 결과, 우리는 시장하면 먼저 일물일가의 법칙(the law of one price)을 당연한 것으로 생각하게 되었다. 시장은 주어진 것이고 주어진 시장에 수요와 공급이 존재하고 따라서 두 함수관계의 균형이 만드는 가격은 하나가 된다. 공감과정이 존재하지 않는다면…

시장과 일물일가의 법칙은 별 관련이 없다. 가격은 매 거래마다 다른 것이 원칙이다. 거래를 결정하는 것은 공감과정이다. 시장이 교환을 집중적으로 처리하는 곳이다 보니, 표준화, 가격 호가제도 등을 통해서 여러 물량을 묶어서 처리하느라고 그 때 함께 묶인 물건들이 가격이 동일하게 호가되는 것 뿐이지, 같은

시장의 제도형식의 문제를 생각할 수 있게 된다.

물건에 같은 가격이란 정의할 수도 없고 통용되지도 않는다. 경우에 따라서 그렇게 보일 뿐이다.[71]

그러면 교환이 집중적으로 처리되도록 하기 위해서 우리는 무엇을 해야 하는가? 즉, 시장을 만들기 위해서 무엇을 해야 하는가? 다시 말하자면, 관계교환이 오직 공감이 이루어지도록 지루한 과정을 거쳐야 하는 것 말고 무엇을 할 수 있는가? 그것은 공감이 신속히 그리고 분명히 이루어지도록 하는 장치를 만드는 일이다. 예컨대 표준화가 그것이다. 그것이 시장을 만드는 일이고, 그것이 시장의 내용이다.

이와 관련해서 화폐의 역할을 생각할 필요가 있다. 화폐는 교환을 획기적으로 증가시키는 촉매(또는 그 이상) 역할을 한다. 화폐 없이 교환을 위한 공감을 만들어가는 것은 매우 어렵다. 그러나 화폐가 등장하면 교환을 위한 공감을 훨씬 쉽게 이룰 수 있다.

즉, 화폐는 시장 이전에 교환에 직접적 역할을 해서 시장을 만드는 (본원적) 요소이다. 즉, 시장이 먼저 만들어지고 그 시장이 기능하는 안에서 역할이 평가되는 (외생적) 요소가 아니다. 교환이 집중적으로 일어나게 하기 위해서 도입된 요소들에는 어떤 것이 있는가? 우선 상품의 특성 구분에 따라서 집중 교환이 가능하도록 표준화하는 작업이 필요하다. 그리고 재산권 기준이 명확해야 한다. 거래와 경쟁의 규칙이 명확해야 한다. 그리고 가격의 결정 과정이 정해져야 한다. 화폐는 이러한 제도 형식을 실현 가능하게 하는 (본원적) 기술장치이다.

---

71) 마트에는 표준화된 농산물, 식품 등이 진열되어 있다. 그런데 꼼꼼한 구매자들은 거기에서도 좋은 상품과 그렇지 못한 상품을 구분해 내느라고 장보기에 머리와 감각을 사용한다. 심지어는 표준화된 공산품을 쇼핑할 때도 복수의 제품이 있으면 더 나은 제품을 고르게 된다. '동일한 메이커의 치즈는 같은 가격이 아닌가'라고 반문한다면 치즈가격은 마크업 가격이라고 답할 수 있다. 메이커끼리 가격은 제각각이다. '금리는 같지 않은가'라고 묻는다면 금리는 관리가격이라고 답할 수 있다. 2부에서 살펴보게 되지만, 관리가격이 아닌 금리는 없다. 재정거래(arbitrage)가 동일한 재화의 가격을 일치시킨다는 이론은 사람의 인지능력의 범위 안에서 가격의 일치경향을 말하는 것으로 해석하는 것이 옳다. 우리가 시공을 초월해서 상품의 동일성을 판별해내는 무한한 인지능력을 가지고 있다고 가정하면 재정거래가 가격을 일치시키겠지만, 그것은 불가능한 일이다(Shleifer and Vishny, 1997).

제도형식과 시장의 조성

시장은 만들어지는 것이다. 시장 제도도 만들어지는 것이고, 시장의 특수성도 혁신적 아이디어로 만들어지고, 새로운 기술적 요소도 만들어지는 것이다. 그 중에 하나만 부족해도 시장은 그만큼 변화된 유형으로 작동하게 된다. 때에 따라서는 교환거래가 정지되는 것을 시장실패라고 표현한 경우에도(Akerlof, 1970), 사실은 시장실패가 아니라 망설임(wavering)으로 교환거래가 일어나지 않는 것을 말한다. 열린－비결정적 시스템에서 망설임이라는 교환행동의 일부분이다. 공감차원에서 이것은 교환 메커니즘의 실패가 아니다. 공감과정이 작동되지 않아 서로의 의혹 속에서 거래를 주저하게 되는 것이다.

시장이 만들어지는 것이라면, 만들어진 시장은 어떤 형식을 가지는가? 이것은 쉽지 않은 질문이다. 경제학은 이 질문을 답하는 데 성공적이지 못했다. 좀 더 구체적으로 말하자면, 이 질문을 제기하는 데 성공적이지 못했다고 할 수 있다(Hodgson, 2015, pp. 212－213; Rhee, 2019a). [표 12－1]은 시장의 제도형식을 정리해놓고 있다.

시장의 기본요소는 교환행동이다. 즉, 시장은 관계교환에서 출발한다. 어떻게 공감과정을 거쳐 이루어지는 관계교환을 집중적(intensively)으로 이루어지게 할 수 있는가? 공감과정이 신속하게 이루어지게 하면 된다. 첫 스텝은 경쟁질서라고 할 수 있다.

정글의 적대적 쟁투(rivalry)에서부터 시장의 경쟁에 이르기까지 차이는 경쟁질서라고 할 수 있다(Hobbes, 1651). 무질서한 경쟁과 비교한다면, 질서 있는 경쟁은 공감과정을 신속하게 한다. 무질서한 경쟁은 무질서한 기회주의 행동을 말한다. 그런 곳에서는 공감과정이 원활하게 이루어지지 않는다.

둘째는 경쟁질서와 대척관계에 있는 개념으로 재산권이라고 하겠다. 기준(standards)을 정해서 재산권을 정확하게 정의해주면 공감과정이 신속하게 이루어지게 된다.

재산권과 경쟁질서는 다른 면에 조명을 비추고 있지만 공유하는 영역을 가지고 있다. 모든 교환은 관계교환에서 출발한다고 볼 때, 재산권을 어떻게 정의하느냐 하는 것이 경쟁질서의 모습을 결정하기 때문이다.

다음으로 고려해야 할 시장형식의 기본요소는 특수성(specificity)이다. 여기서 특수성은 상품 특수성(commodity specificity)이다.

시장은 각기 다른 특수성을 가지고 있다. 노동시장은 실물 시장과 다르다. 금융시장은 독특한 특성을 가지고 있다. 금융시장 안에서도 콜자금 시장, CD, CP, RP시장이 다르다. 주식, 회사채, 외환, 자산유동화 증권, 파생상품시장이 다르다. 상품시장에서도, 커피, 식품, 기계, 의류, 건축자재, 핸드폰, 컴퓨터 등 모든 시장이 특수성에서 서로 다르다. 서비스 시장도 다시 그 안에서 세분되고 각각은 서로 다르다. 즉, 특수성은 시장의 기본요소이다.

특수성은 표준(standards)의 성격을 결정한다. 특수성에 따라 정의된 표준에 의해서 경쟁질서의 내용이 결정되고, 재산권의 내용이 결정되는 것이다.

마지막으로 고려해야 할 기본요소는 가격의 결정이다. 시장 교환이 관계교환과 다른 점은 가격을 매개로 한다는 점이다. 비록 관계교환이 모든 교환의 원형이라고 하더라도 가격을 매개로 한 시장 교환은 교환을 엄청나게 활성화 한다. 즉, 가격은 공감과정의 한 부분이다. 따라서 가격이 이루어지는 모습은 시장마다 다르다. 시장의 특수성이 다르면 가격의 결정과정도 다르다.

12-8 시장의 제도형식

▌표 12-1: 관계교환에서 시장을 세우기 위한 제도형식
관계교환에서(relation exchange)에서 시장(market)으로 가기 위한 조건

	상품특수성 (specificity)	게임규칙 (rules of game)	재산권 (property rights)	교환형식 (exchange format)
공감 차원 에서 본 개별 시장 의 내용	1) 상품특수성 정의, 범위 2) 특수성(자산, 성질, 발명, 다른 상품과의 관계,...) 3) 인프라 특수성 (SOC, 자본, 제도) 4) 특수성의 표준화 (standards (meter/gram, temperature, color, design, accounting/auditing, hygienic, technical, ..)	1) 공감과정의 표준화 (standardized SP (sympathy process) 예: 회계-감사, 신용평가, 위생기준, 기술기준, ..) 2) 공정성 기준 (fairness) 3) 책임성 기준 (accountability) 4) 질서의 공공성	1) 제도화된 권리 구도 (institutionalized disposition of rights): 재산권 관련 법(민-형사 법, 관련 소송법, 관련 특별법, 규제(regulations), ..) 2) 상품특수성에 의해 고안된 권리구도 3) 권리와 질서 공공성의 경계구도 4) 권리의 집행 (enforcement of rights): 경-검찰/사법	1) (Inductive) price as a partial of SP (sympathy process) 공감과정의 부분으로서의 (귀납적)가격 2) 팔자-사자(ask-bid) 가격, 가격흥정(haggling), 경매(auction), 관리가격(administer-ed pricing), 마크업(mark-up) 가격 3) 시장청산 균형가격이 아님 (not $D(p) = S(p)$)

[표 12-1]은 시장형식을 상품특수성, 게임규칙, 재산권 그리고 교환형식으로 나누고 각각의 구성내용을 정리하고 있다. 현실 경제에서 상품특수성의 구분은 상당히 구체적이고 쉽게 구분이 가능하다고 할 수 있다. 시장 자체가 다르게 구분되기 때문이다. 노동시장이라고 하더라도, 일용직, 인턴직, 임시직, 건설노동자 시장과 기업사무직, 일반 기술노동자, 전문 숙련기술자, 과학자, 의사, 간호사 등이 시장의 특수성에서 구분된다. 노조의 조직도 서로 다르다. 기술 특수성이 기술 숙련도로 구분되고 컴퓨터, 전문기계 등 자본장비의 특성에 따라 구분된다.

농산물 시장은 수산물 시장과 구분된다. 수산물 시장도 생선(fresh fish)과 건어물 시장이 구분된다. 농산물 시장도 채소, 육류가 다르다. 가공식품 시장에서 낙농제품, 제빵 제과업, 음료, 주류, 면류가 다르다. 공산품 시장은 수많은 시장이 산업특성, 시장의 가분성, 표준구분 등의 구분에 따라서 기계, 부품, 전자(가전, 컴퓨터, 통신기계 등), 자동차, 고급 메이커 의류, 일반 의류, 생활용품, 건축자재 등 수도 없이 많은 시장이 구분된다. 서비스 시장은 많은 경우가 전문화된 시장이다. 건설, 법률, 회계-감사, 운송 등이 다르고 금융산업이 다르다.

시장의 특수성에 따라 경쟁(게임)규칙은 달라진다. 공통적 요소라고 한다면 회계-감사, 신용평가, 위생기준, 기술기준 등의 요소에 따라 공감과정이 표준화되는 과정이 공유될 수 있다. 이 요소는 공정성 기준, 책임성 기준, 질서의 공공성 등의 요소가 고려되어 경쟁규칙이 만들어진다.

재산권 제도도 시장의 특수성에 따라 달라진다. 공통적 요소라면 민-형법상의 재산권, 소송법, 특별법에서 재산권 규정, 규제규정 상의 재산권적 요소가 고려 대상이다. 특허, 저작권 등에서 기술적 특수성에서, 상품특수성에서 작동하는 재산권적 요소 등이 또한 재산권적 요소이다. 권리의 집행과정에서도 재산권에 영향을 주는 요소, 예컨대 권리 집행을 규정하는 법률의 구분, 권리행사 관할 행정기관 구분 등이 재산권에 영향을 미치는 요소이다.

가격의 결정과정은 공감차원에서 구체적 제도 형식이 구분된다. 어떤 시장은 흥정(haggling)에 의해서, 또는 경매(auction), 오퍼방식(bid-ask), 마크업(markup), 관리가격(administered pricing)에 의해서 가격이 결정된다. 이들이 부분적으로 혼합된 방식으로 가격이 결정되는 경우도 흔하다. 가격이 가치-비용 합리성 차원에서 시장 청산 방정식 $D(p) = S(p)$에 의해서 결정되는 것이 아니라는 점을 유의해야 한다.

거래가 이루어지는 단위는 수요와 공급이 아니라 수요와 공급으로 통합되기 이전의 개인의 사업(심), (비즈니스) 사업모델이다. 이들 개별적 사업(심), (비즈니스) 사업모델이 공감과정이 되어서 거래의 성사를 모색하게 된다. 시장의 제도형식은 이러한 거래의 성사를 신속히, 원활하게 이루어지도록 하는 인프라를 구성하게 된다.

제13장 관계교환의 자생적 질서와 시장형식

13-1 효율적 시장 가설(EMH: efficient market hypothesis)

효율적 시장 가설(EMH: efficient market hypothesis)은 파마 교수(Fama, 1965, 1970)에 의해서 주장된 이론으로 시장의 가격이 모든 정보를 반영할 뿐만 아니라 그 반영의 정도가 매우 효율적이라는 이론이다. 따라서 개인적 정보를 이용해서 시장에서 이익을 취하려는 어떠한 시도도 성공할 수 없다는 것이다. 시장에 어떤 인위적 개입을 하려는 시도도 실패할 수밖에 없다는 함의를 가진다.

이 가설은 많은 경제학자들 사고에 깊이 뿌리를 내리고 있는 개념이다. 가깝게는 합리적 기대 가설(rational expectation theory)과 연결되어 있으며(Muth, 1961), 멀리는 하이에크의 시장에 대한 신뢰로부터 출발하고 있다(Hayek, 1945). 효율적 시장가설에 대한 통계적 검증결과는 그것이 신봉되는 만큼 만족할 만하지는 않다. 언제나 성립하는 것은 아니고 강한 가설(strong-form version)은 통계적으로 받아들여지지 못하고, 약한 가설(weak-form version)과 약간 강한 가설(semi-strong version)이 받아들여지는 상황이다. 그럼에도 불구하고 효율적 시장 가설은 마치 종교의 교리와 같이 경제학에서 신앙으로 자리잡고 있어서 '경제학=시장', '시장=효율적 시장 가설'로 연결되는 경향이 있다.

문제는 이러한 신앙적 믿음이 경제학의 분석적 능력에 심각한 제약을 가하고 있다는 것이다(각주 65의 이론적재성(theory ladenness) 참조). 시장에 대한 믿음이 가격에 대한 믿음으로 연결되고 따라서 경제학 분석이 가격-가치에 매달리는 결과를 낳는 경향이 생겨나는 것이다.[72] 가격의 결정은 시장청산 시스템 $D(p) = S(p)$에 의하게 된다. 그러나 이 접근방법은 공감차원에서는 일반적으로

---

[72] 예컨대 합리적 기대가설에서 축약식(reduced-form equation) $p_t = p_t^e + v_t$이 그것이다. 이 축약식을 만들어낸 구조방정식은 시장청산식(market-clearing equation) $D(p) = S(p)$이다.

성립하지 않는다. 교환을 결정하는 것은 공감과정이기 때문이다.

공감차원, 즉 제한적 합리성 차원에서 합리적 기대 가설은 일반적으로 성립하지 않는다.[73] 합리적 기대 가설이 맞다면, 공감과정은 언제나 당연히 성사된다는 것을 의미한다. 이것은 인간의 인지시스템을 부정하는 것이며, 경험론의 세계를 부정하는 것이다. 열린-비결정적 시스템을 부정하는 것이며, 흄의 분할(Hume's divide)을 부정하는 것이다. 우리에게 그런 맹목적 신앙을 추구할 권리가 있는가? 아니라면 합리적 기대 가설은 의미를 잃는다(Shiller, 2000; Akerlof and Shiller, 2015; Rhee, 2019a).

공감차원에서 효율적 시장 가설은 의미가 없다는 말이 된다(Rhee, 2019a).

(13-2) 관계교환 자생적 질서와 조직

사이먼 교수는 두 가지 문제를 가지고 평생의 연구주제를 삼았다. 하나는 제한적 합리성(bounded rationality)이고 다른 하나는 조직의 문제였다(Simon, 1996a, 1999). 이 두 문제는 서로 분석적 연관을 가지고 있다. 인간의 인지가 합리적이고 아무런 제한성이 없다면, 시장의 문제 또는 가치-비용 합리성 분석과 조직의 문제가 분리될 수 없다. 즉, 가치-비용 합리성 차원에서 시장의 문제건 조직의 문제건 함께 분석할 수 있다. 두 문제가 다른 논리로 분리된다는 것은 인간의 인지가 가치-비용 합리성 차원에서 단일 차원으로 분석될 수 없다는 것을 말한다. 따라서 사이먼 교수는 인간의 인지를 제한적 합리성으로 보고 시장과 분리해서 조직의 문제를 연구대상으로 하였다.

이 점에서 코즈 교수는 사이먼 교수와 반대의 방향을 갔다고 할 수 있다. 시장과 기업(조직)이라는 같은 주제를 가지고 코즈 교수는 거래비용(transaction cost)의 개념으로 접근하였다(Coase, 1937, 1960). 거래비용은 가치-비용 합리성 차원을 말한다. 즉, 사이먼 교수와 달리 코즈 교수는 인간의 제한적 합리성을 인정하지 않고 가치-비용 합리성을 주장하였다. 지금까지 합리적 의사결정 모델의 경제학자들은 코즈 교수와 같은 입장을 견지하고 있다. 방법론적으로 게임이론(Grossman and Hart, 1986)과 확률적 변수이론(Holmstrom, 1989; Maskin and

---

73) 합리적 기대 가설이 성립한다는 것은 공감과정이 임의교란적 행보(random walk)라고 생각하는 것과 같다.

Tirole, 1999a)을 이용해서 문제를 접근하고 있다.

▌그림 13-1: 코즈(Ronald H Coase, 1910-2013) 교수

두 사람 사이에 누가 옳은 방향인가? 티롤 교수(Maskin and Tirole, 1999a)는 제한적 합리성 모델을 만들어야 한다고 주장하고 있다. 같은 주장이 카네먼 교수(Kahneman, 2003)에 의해서 제기되었다. 이미 소개된 바와 같이 이 책은 공감 차원에 입각한 제한적 합리성 모델에서 출발하고 있다.

인간의 인지가 지각 – 직관에 기반을 두고 있다는 점을 고려할 때 인간 행동의 가장 근원적 행동은 관계교환 행동이다. 제한적 합리성에서 관계교환 행동은 인간뿐만 아니라 동식물 생태계에도 적용되는 생물의 본성이라고 했다. 따라서 하이에크가 말한 자생적 질서는 시장의 가격기구에 의해서 나타난다고 하기보다 관계교환 행동에서 나타난다고 할 수 있다(Rhee, 2016). 이것이 관계교환 자생적 질서(SORX: spontaneous order of relation exchange)이다.

┃ 그림 13-2: 하이에크 교수(F. A. Hayek, 1899-1992)

　　하이에크의 자생적 질서는 본래(Hayek, 1973) 시장의 가격기구를 말하는 것이었다. 그러나 하이에크는 마지막 저서인 *치명적 자만*(*The fatal conceit*)에서 '연장된 질서(extended order)'라는 개념을 소개한다. 이 연장된 질서는 다름아닌 관계교환 자생적 질서(SORX)인 것으로 해석된다.

　　관계교환 자생적 질서(SORX)는 사이먼 교수의 2개의 질문, 즉 제한적 합리성과 조직의 문제를 동시에 해결하는 것으로 보인다. 사이먼 교수의 제한적 합리성과 조직문제를 공감차원에서 보면, 두 문제가 통일적 시각에서 해석된다. 조직의 문제는 다름아닌 관계교환의 자생적 질서의 문제인 것이다. 모든 조직을 움직이는 기본 행동과 그 행동이 만들어 내는 질서는 관계교환 자생질서(SORX)가 된다. 두 사람 사이의 관계가 그렇고 다수가 모인 조직에서 움직임이 그렇다.

　　뿐만 아니라, 관계교환 행동은 시장의 교환을 설명한다. 즉, 시장의 교환과 조직 행동을 같은 원리, 즉 공감 행동, 즉 관계교환 행동으로 설명하는 것이다. 코즈 교수는 가치−비용 척도로 제도를 설명하고자 했으나 넘지못할 벽(공감차원)에 막혀 좌절하였고, 사이먼 교수는 인간 인지시스템의 중요성을 인식하여 제한적 합리성 문제를 제기하였으나, 조직이론에 빠져서 가치−비용과 조직 행동의 연결에 이르지 못한 한계를 보이게 된다. 이 분석적 한계가 공감차원에 의해서 가능해진 관계교환 자생적 질서(SORX)라는 통합적 분석에 의해 해결된다 (Rhee, 2012b, 2016, 2018a, 2018c, 2019a, 2020).

13-3 \ 관계교환 질서의 근원성

아담 스미스(1776, book 1 chapter 2, p. 18)는 시장의 교환행동은 인간의 기본적 성향(disposition to trade and exchange)이라고 하였다. 아담 스미스가 관계교환을 생각하지 않았고, 시장의 교환에 분석의 초점을 맞추었지만, 교환이 인성(인지시스템)의 기본 성향이라는 점을 간파하고 있었다. 시장의 교환을 부분집합으로 포함하는 관계교환의 공감차원에서 생각한다면, 사람들의 교류행동(interpersonal interaction)은 아담 스미스의 연장선상에서 논리적 귀결인 인성(인지시스템)의 당연한 기본성향이라고 볼 수 있다.

하이에크는 자생적 질서(spontaneous order)를 설명함에 있어서, 그 복잡계가 사람의 생각으로 만들어지는 범위가 아니라고 하고 있다. *Its degree of complexity is not limited to what a human mind can master*(Hayek 1973 volume 1, chapter 2, p. 38). 다시 말하자면, 인간의 지각 – 직관의 인지시스템에 의하여 만들어지는 것이란 의미이다. 즉, 공감과정으로 관계교환 행동에 의해서 만들어 지는 것이다.

이런 행동은 끌리는 사람에게 접근해서 친구를 사귄다든지, 아는 사람을 찾는다든지, 끌리는 이성과 교제를 한다든지, 사업을 할 때 믿음이 가는 사람을 가린다든지, 사회적 교제 모임을 찾아가고 만들어 간다든지 하는 행동으로 우리 생활의 가장 기본적 행동이자, 생활의 가장 비중이 큰 행동이다. 이런 행동은 직장 밖에서도 이루어지고 직장 안에서도 마찬가지로 가장 기본적인 행동이다.

이런 교류행동은 인간에만 있는 것이 아니고, 동식물의 생태계에도 존재한다. 그만큼 본능적 행동이란 의미가 된다. 하이에크는 이것이 자생적 질서(spontaneous order)라고 해서 *kosmos*라고 불렀다. 본능적으로 만들어지는 질서란 의미이다. 관계교환 행동은 자생적 질서를 만드는 것이다(Rhee, 2016).

[전제가설] 관계교환 자생적 질서(SORX: spontaneous order of relation exchange): 관계교환 행동은 자생적 질서를 만든다.

이 전제가설은 카네만 교수의 지각 – 직관 인지시스템(Kahneman, 2003)과, 공감차원의 근원성(Rhee, 2012b), 그리고 하이에크의 자생적 질서(Hayek, 1973)에 근원을 두고 있다(Rhee, 2016).

관계교환 행동으로 조직 행동을 설명할 수 있다는 것은 관계교환 접근방법의 강력한 설명력을 의미한다. 관계교환 자생적 질서는 조직행동의 기본 골격이며, 조직을 움직이는 규정과 행정명령이 관계교환 자생적 질서에 작동함으로써 조직 행동이 설명된다. 이것은 우정과 같은 개인 간의 관계행동에도 적용되고, 기업이나 공공기관과 같은 조직 행동에도 적용된다.

은행의 조직 운영, 금융기관과 고객 간의 교류－교환 행동, 금융기관 간의 교류－교환행동, 중앙은행의 조직행동, 중앙은행과 상업은행의 조직 간 행동, 직접－간접 금융의 모든 금융기관 간의 조직 간 행동, 금융기관과 신용평가 기관 간의 조직 간 행동, 금융기관과 금융감독 기관 간의 조직 간 행동을 모두 설명하는 기본적 행동 단위는 관계교환인 것이다. 우리가 가지고 있는 모든 금융기관 운용, 금융시장 운용과 관련된 법률, 규정, 조직단위의 행정 체계는 모두가 다 그 안에 기본 요소로 작동하고 있는 관계교환 행동을 규정하고 있는 것이다.

이미 언급된 바와 같이 모든 교환은 관계교환이다. 가격을 수반하지 않는 조직행동도 관계교환이지만, 가격을 수반하는 교환행동도 관계교환 행동이다. 가격을 수반하는 교환행동이 관계교환의 가장 발전된 교환행동이다. 왜냐하면 가격을 수반함으로써 (관계)교환은 가장 활발하게 이루어지기 때문이다. 화폐가 등장함으로써 교환이 활발해지는 것이 바로 그 이치이다. 이것은 시장교환을 위해서 준비(화폐, 가격결정, 제도 등)가 필요하다는 말이다.

시장형식이 시장교환을 위한 준비이다. 시장형식은 가격에 작용하는 것이 아니라 관계교환 행동에 작용하는 것이다. 즉, 시장형식은 공감차원에서 그 존재가 확인될 수 있다.

[정리(定理)] 공감차원의 존재로의 시장형식(market modality the legitimacy of which is grounded in the sympathy dimension): 시장형식은 그 존재의 적법성이 공감차원에 근거를 두고 있다.

이 정리에 대한 증명은 '[전제가설] 관계교환 자생적 질서'에서 따라 나온다. 관계교환 자생적 질서가 관계교환 행동에서 나오고, 관계교환 행동은 공감차원의 행동이다. 관계교환 행동을 제어하는 것이 제도이다. 즉, 제도는 공감차원의 현상이다. 시장형식은 제도이기 때문에 공감차원의 존재가 된다.

가치-비용 차원에서 시장형식(공감차원)을 말하는 것은 2개의 서로 다른 차원을 병행으로 놓고 마치 2개의 분석차원이 같은 선상(가치-비용 차원)에 있는 양 말하는 것으로 논리의 오류를 범하고 있는 것이다.[74] 이것은 흄의 분할 (Hume's divide)에 어긋나는 것이다.

시장형식을 논한다는 것은 그 자체로 이미 공감차원을 전제로 하고 있는 것이다. 두 개의 차원은 흄의 분할에 의해서 분리되어 있다. 가치-비용(합리성) 차원으로 공감차원의 현상을 설명하는 것은 가능하지 않다(Rhee, 2018c, 2020).

이것은 매우 중요한 포인트이다. 금융시장을 포함하는 모든 시장제도에 대한 논의는 공감차원에서 분석이 이루어져야 함을 의미한다. 즉, 시장형식은 관계교환 행동을 규제하기 위해서 만들어진 것이다.

13-5 금융시장과 공감차원

금융시장의 특징은 처음부터 제도로 시작해서 대부분 제도의 문제로 끝난다. 화폐도 제도이고, 법정 화폐(legal tender), 은행, 환어음, 중앙은행, 지급-결제제도, 주식, 보험, 회사채, 예금, 여신, 펀드, 선물, 스왑 등 모두가 제도이다. 이 제도가 기술발전, 즉 컴퓨터 기술과 결합되어 오늘의 금융산업을 만들었다. 금융시장의 거래를 보면, 그 어느 산업보다 빠르게 혁신이 진행되고 있다는 것이다. 물론 컴퓨터 기술과 같이 소프트웨어 공학기술과 결합하는 부분이 크지만, 금융산업의 혁신은 끊임없는 제도의 변화를 의미한다.

과연 경제학은 이런 혁신을 분석적 차원에서 제대로 파악하고 있는가? 우리가 그러한 혁신이 왜 필요한지를 분석적으로 설명할 수 없다면, 혁신의 방향이 어디로 향해야 하는지를 말할 수 없을 것이다.

문제는 현재의 경제학이 닫힌-결정적 시스템(CDS: closed-determinate system)이라는 것이다. 그러나 경제현상은 열린-비결정적 시스템(OIS: open-

---

74) 우리는 주변에서 이런 오류를 범하는 주장을 종종 접하게 된다. 사법재판에 대해 원고와 피고의 주장을 목적함수를 가지고 가치-비용으로 평가하려는 법경제 학자들의 주장, 기부금 입학제 주장, 불법행위를 시장거래를 통한 합법화할 수 있다는 주장 등이다.

indeterminate system)이다. 닫힌－비결정적 시스템으로는 열린－비결정적 시스템 현상을 설명할 수 없다(Rhee, 2018c, 2020). 이미 인간의 인지시스템이 지각－직관 인지에 출발하고 있는데, 경제학은 추론적 인지시스템에 기반을 두고 있어서 후자로 전자의 경제현상을 설명할 수 없음은 이미 수차례 논하였다. 지각－직관 인지시스템에 의한 경제현상은 공감차원의 현상이다. 추론적 인지시스템은 가치－비용 합리성 차원이다. 가치－비용 합리성 차원의 분석으로 공감차원의 경제현상을 설명하는 것은 불가능하다(Rhee, 2018a, 2018c, 2020).

예컨대, 은행들이 지준부족을 메우기 위해서 자기들끼리 초단기 자금 대부 시장을 개설하기로 하였다고 하자. 이것은 엄청난 금융혁신의 사례라고 볼 수 있다. 그 전에는 잘 아는 은행끼리 오늘 내가 10억을 하루 빌려주었으니, 언젠가 나도 너에게 10억을 하루 꾸어 올 수 있는 레인 책(rain check)을 받아 두는 방식이었다. 이런 식의 거래라면 할 수 있는 자금 대차의 거래량에 한계가 있다.

그러나 초단기 콜자금 시장이 개설되면, 개별 은행 간 관계교환이 콜시장 제도 안에서 확립된 신뢰를 바탕으로 한 관계교환으로 바뀌게 된다. 자금 거래가 개인적 관계의 변덕심에 영향을 받을 필요가 없어진다. 콜시장에 참가하는 은행들은 이미 한국은행을 중심으로 한 지준은행의 자격을 획득하기 위한 체계적 은행경영 수준이 확보된 상태이다. 개별 은행 간 변덕스러운 관계교환에서 콜시장 제도권의 제도화된 공감과정으로 대체되게 된다.

개별 은행 간 관계교환은 자금을 빌려주면서도 항상 상대방의 신용이 의심스럽다. 콜시장 제도권에서는 회원은행들의 신용이 이미 한은 지준은행의 자격에 의해서 관리된 상태이기 때문에 자금을 빌려주면서 상대 은행 신뢰도를 찜찜해 할 필요가 없다.

거래량은 폭증하게 된다. (자금거래)교환의 증가는 그만큼 더 많은 경제적 이득을 만들어 낸다. 콜시장 제도는 개별 은행 간 공감과정에서 작동한다. 은행 간 콜자금 대차를 개별 사안별로 각 은행의 사업(심), 사업(비즈니스) 모델이라고 하면, 이것은 은행권 전체의 콜자금 수요와 공급의 문제가 아니라, 개별 은행의 개별 자금대차에서 자금거래의 의사결정 문제임을 알 수 있다.

개별 은행의 개별 자금대차에서 이루어지는 자금거래는 개별은행 간의 신뢰관계에서 결정된다. 물론 콜자금 시장에서는 개별은행의 신뢰가 한국은행의 지준은행 자격관리에 의해서 보장된다. 한은 지준은행제도를 통한 공감과정이 된다. 즉, 자금대차 거래에 따른 신뢰의 문제는 개별 은행 개별 자금거래의 신뢰 문제이다. 은행 콜거래 전체수요 및 전체공급으로 파악하는 대부자금 이론에는 신뢰문제가 분석에 본원적 요인으로 끼어들 여지가 없다.

■ 그림 13-3: 콜시장 개설로 증가된 은행간 자금대차거래를 공감차원에서 해석

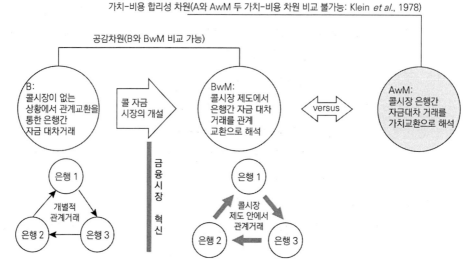

[그림 13-3]에서는 '콜 자금시장의 개설'이라는 금융시장 혁신이 일어나기 전과 후의 2개 상황을 비교하고 있다. 혁신 이전에는 자금시장이 개설되어 있지 않았기 때문에, 금융기관 간에 초단기 자금의 대차가 개인적 관계에 의존했다고 하자(그림의 좌측).

[그림 13-3]에서 B 및 BwM은 공감차원에서 콜시장 개설이라는 금융혁신이 일어나기 이전의 금융거래(B)와 콜시장 개설 이후의 금융거래(BwM)를 비교한 것이다. A 및 AwM은 가치-비용 합리성 차원에서 콜시장 개설 이전의 금융거래(A)와 콜시장 개설 이후의 금융거래(AwM)를 비교한 것이다.

먼저 공감차원에서 생각하면, '콜 자금 시장의 개설'이 이루어지면, B거래환경에서 BwM(B with market)으로 거래 환경에 변화가 있다. B에서는 순전히 (레인책에 의존하는 원시적) 관계교환에 의존하는 거래환경이다. 반면, BwM은 콜시장 개설이라는 시장제도에 혁신적 변화가 나타난 상황에서 콜 금융자금거래가 관계교환으로 파악되고 있다.

이미 설명된 바와 같이 B와 BwM의 차이는, 전자의 경우 순전히 원시적 관계교환에 의존하고 있는 은행간 초단기 금융자금의 대차거래를 말하고, 후자는 콜자금 시장제도에 의해서 자격이 심사되고 관리되는 제도권 내의 금융기관(은행) 간의 자금대차 거래의 관계교환을 의미한다.

전자의 경우는 자금을 빌려주고 항상 상대방 금융기관의 신용에 대한 의구심에서 자유로울 수 없는 반면, 후자의 경우는 그런 신용 의구심에서 자유롭게 자금거래가 이루어진다. 애컬로프의 신뢰문제가 콜시장 제도(한은 지준은행 제도)에 의해서 해결되는 것이다. 폭발적 자금거래의 증가가 뒤따르게 된다. 공감차원에서이지만, 두 시스템(또는 메커니즘) 간에 비교가 가능하다. 마치 메커니즘 설계이론을 공감차원에서 파악함으로서, 의료인력 시장에 국가레지던트매칭 프로그램(NRMP: National Resident Matching Program)을 도입하기 전과 도입한 후를 비교하여, 이 매칭 프로그램으로 의료인력수급이 원활하게 되었음을 비교할 수 있는 것과 같다.

전자([그림 13-3]에서 B: 콜시장 개설 이전의 은행간 초단기 금융)와 후자(BwM: 콜시장 개설 이후의 콜시장을 통한 은행간 초단기 금융)의 차이는 [10장 6절]에서 소개한 식료품 쇼핑에서 '허름한 노점상'의 '대형 슈퍼마켓'을 비교한 비유와 유사하다. 허름한 노점상과 대형 슈퍼마켓의 차이가 가격의 차이가 아니라고 했다. 허름한 노점상에서는 상품표준화가 되어 있지 않아서 일견 가격이 저렴해 보여도 신선도 눈속임 등에서 신뢰가 가지 않는 것이다. 망설임(wavering)이 생기고 거래를 꺼리게 된다. 여기서 거래가 안되는 것은 거래가 영(0)이 아니다. 거래의 실종, 즉 시장해체를 의미한다. 원시적 공감행동(rain check 등)에 의존하는 상업은행 간의 초단기 금융의 경우도 상품표준화가 되어 있지 않아서 망설임이 발생하고 거래실종, 시장해체가 발생한다. 즉, 거래가 위축된다.

반면 후자(BwM)의 경우는 대형 슈퍼마켓의 예에서와 같이 상품표준화가 되어 있어서 거래 관계에서 신뢰가 확보된다. 망설임이 없게 된다. 시장이 만들어지는 것이다. 그 결과로 거래가 증가한다. 콜시장이 개설되면 상업은행 간 초단기 자금 금융시장이 조성(확장)되는 것이다.

B상황에서도 자금대차에 대한 금리가 있고, BwM 상황에서도 금리가 있다. 물론 두 경우 금리는 일반적으로 같지 않을 것이다. 시장제도 환경의 변화가 가격(금리)에도 영향을 주는 것이다. 공감차원에서 가격의 경로의존성 현상을 확인해준다(18장 5절 참조). 가격(금리)은 공감과정의 한 부분이다.

A와 AwM의 그림은 같은 은행 간 자금거래를 가치-비용 합리성 차원에서 파악하고 있다. A는 콜시장 이전의 은행 간 단기자금거래를, AwM은 콜시장 개설 이후 콜시장이란 제도권을 통해서 이루어지는 은행 간 단기자금거래를 말한다. 가치-비용 합리성 차원에서 보고 있기 때문에 A에서의 가치-비용 측정 척도가 AwM에서의 가치-비용 측정 척도와 같지 않다. 콜시장이 개설되기 전의 자금의 가치척도와 콜시장이 개설되어 작동되는 상황에서 자금의 가치척도가 같다고 할 수 없지 않겠는가?(Klein et al., 1978).

[그림 13-3]에서 콜시장 개설 이전과 이후를 가치-비용 합리성 차원에서 비교하는 것, 즉 A와 AwM으로 비교하는 것은 [10장 6절]에서 소개한 '허름한 노점상'을 통한 거래와 '대형 슈퍼마켓'에서 거래의 차이를 망설임(wavering), 거래실종, 시장해체를 고려하지 않은 채로 가격만으로 비교하는 것과 같다. 상품 표준화 표기가 되어 있지 않아서 신선도, 물량 눈속임 등에 신뢰가 가지 않는다면, 일견 가격이 저렴해 보여도 허름한 노점상에서 구매를 꺼리게 되는 것이다. 노점상의 가격이 싸보인다고 대형 슈퍼마켓 고객이 노점상으로 가지 않는다는

말이다. 둘 사이에 가격비교가 가능하지 않다. 망설임, 거래실종, 시장해체 현상이 둘 사이를 가로막고 있기 때문이다.

콜시장 개설 이전과 이후의 비교도 마찬가지이다. 망설임, 거래실종, 시장해체 현상이 둘 사이를 가로막고 있기 때문에 금리의 비교로 둘 사이의 관계를 설명할 수 없다. 콜시장 개설 이후에 금리가 싸져서 콜시장 개설 이전보다 거래가 증가하였다고 할 수가 없는 것이다. 콜시장 개설 이전과 이후의 현상은 본질적으로 공감차원의 열린-비결정적 현상이다. 거래비용이 낮아졌기 때문에 거래가 증가하는 것도 아니다. 오직 콜시장에 참가가 허용된 지준은행 간에 콜시장제도를 수단으로 하는 비즈니스 모델을 만들어 낼 수 있는 상업은행들만이 새로운 거래를 만들어낼 수 있는 것이다. 즉, 콜시장 개설 이전과 이후를 비교하는 것은 A~AwM으로 해서는 안되고 B~BwM으로 해야 되는 것이다.

따라서 콜시장 개설로 인한 변화를 가치 또는 비용(예컨대, 거래비용)의 척도로 표현하려는 시도는 두 상황에서 척도 비교의 일관성 결핍으로 가능하지 않게 된다. 거래에 참가하는 두 은행 간에 있을 수 있는 거래인질(locked-in)에 따르는 기회주의적 행동은 단순한 거래비용의 비교로 설명하는 것이 불가능함을 Klein 등(Klein *et al.*, 1978)이 지적하였다.

B~BwM에서는 가치-비용 척도(예컨대, 거래비용)가 아니라, 서로 다른 관계교환 여건에서 발생하는 자금거래(량)의 변화를 비교하였음을 상기하자.

13-6 관리가격으로 이루어지는 교환도 시장인가?

가격을 가지고 이루어지는 관계교환은 관계교환의 가장 발전된 형태이다. 개인 간의 교류라는 것은 언제든지 기회주의적 행태에 노출되어 있다. 그만큼 교류의 행동이 제약되는 것이다. 상대방이 기회주의적 행동을 할 위험이 있다면 누구나 교류를 꺼리지 않을 수 없는 것이다. 바로 애컬로프형 교류실패가 항상 존재하고 있다. 그런데 가격이 등장하게 되면 교류실패의 위험성이 급격히 줄어든다.

가격이 등장함으로써 관계교환은 폭발적으로 증가하게 된다. 원시시대에는 밤낮으로 일해도 기아를 면치 못했는데 현대 사회는 여가를 즐기면서도 잘사는 이유가 바로 여기에 있다. 즉, 가격을 매개로 한 관계교환으로 교환이 폭발적으로 증가함으로써 생산성이 천문학적으로 증가하게 되었기 때문이다(Smith, 1776). 원시시대에는 가격이 없었기 때문에 언제나 개인 간의 인간관계에 의존해서 교환을 하지 않을 수 없었다. 인간관계란 신뢰라는 한계를 가지고 있다. 언제든지 기회주의적 행태가 나타날 수 있다. 시기심, 질투의 대상이 될 수도 있다.

이때 가격은 어떤 가격을 말하는가? 왜 이 질문을 하게 되는가 하면, 우리는 가격을 말할 때, 그것의 결정과정이 어떤 인위적 결정요소에도 의존하지 않는 가격을 의미하는 경향이 있기 때문이다. 수요곡선-공급곡선의 교차에 의한 가격이 결정되는 그런 가격이다. 그러나 근본적으로 지각-직관 시스템에 의해서 인지가 결정되는 의사결정 시스템에서는 거래가 (수요-공급의 균형에서 만들어지는) 가격이 아니라 공감과정에 의해서 이루어진다고 했다.

이때 가격은 공감과정의 일부분이라고 했다. 그 가격의 결정은 시장청산 $D(p) = S(p)$이 아니라 흥정(haggling), bid-ask, 경매, 마크업, 관리가격 등의 가격결정 방식에 의존할 수밖에 없다. 이들은 하나같이 공감과정인 것이다. 가격의 결정은 우연적으로, 비결정적 시스템에 의한다. 수요-공급 함수에 의해서 이루어지는 닫힌-결정적 시스템과 비교할 수 있다. 그러면 공감과정에서 이루어지는 가격결정, 예컨대 관리가격에 의한 교환도 시장이라고 할 수 있을까?

12장 6절 '정의-시장'에서 시장은 교환이 집중적으로 이루어지도록 조성해 놓은 시장제도라고 했다. 관리가격이 교환을 집중적으로 이루어지도록 하는 제도 장치가 된다면 관리가격에 의한 교환은 당연히 시장이 된다. 관리가격이 교환을 집중적으로 이루어지도록 할 수 있는가? 그렇다.

관리가격은 재화를 공급하는 측이 여러가지 비용 및 정책적 요인을 고려해서 가격을 결정하는 것을 말한다. 전통적 개념의 수요-공급에 의한 가격의 결정과 차이가 크다. 그러나 공감차원에서는 수요-공급에 의한 가격결정은 없다. 개인의 사업(심)-사업모델이 서로 만나 거래를 결정하는 것이다. 아무런 제도의 역할이 없다면 이러한 공감과정이 거래를 만들어낼 가능성은 크지 않다.

이때 재화 공급자가 경험으로부터 도출한 정책적 고려를 넣어서 관리가격을 공급가격으로 결정한다면, 재화의 공급도 가능해지고 소비자의 만족도 이끌어 낼 수 있다. 이 경우 전통적인 사례는 전기, 도시가스, 수도, 철도, 도시운송, 항공, 해운 및 각종 공공서비스 요금 등이다. 이들의 경우 관리가격 외에 방식은 일반적으로 선호되지 않는 경향이 있을 정도로 관리가격의 선호도가 높다. 공공

요금과 같은 관리가격의 전통적 사례 외에도 관리가격은 시장에서 광범위하게 사용되고 있다. 금리의 결정도 관리가격 방식에 의존한다. 한은의 기준금리뿐만 아니라, 상업은행의 여신금리도 관리가격의 변형된 형태로 운영된다.

즉, 관리가격에 의해서 재화거래가 활발해지는 것이다. 그러면 관리가격에 의한 교환은 시장으로 간주되는 것이 맞다. 관리가격에 의한 교환이 공감차원에서 개별 거래자들의 거래임을 상기하자. 공공 유틸리티 서비스 구매자들은 그들의 사업(심), 사업모델에 따라서 공감차원에서 관계교환을 하는 것이고, 공급자(여기서는 공급자가 독점적인 경우가 많다)도 마찬가지이다. 이 공감과정에서 가격이 관리가격인 것이다. 관리가격 체계를 채택함으로써 공공 유틸리티 서비스 시장이 조성되는 것이다.

어떤 형태의 가격이라도 그것이 등장하면 그것은 시장경제의 조성을 의미하는 것인가? 마크업 흥정, 팔자-사자(ask-bid). 옥션, 관리가격 또는 그들 중에서 선택-복합적으로 가격결정방식이 만들어지는 경우, 그 중 어느 것이 가장 우월한가를 어떻게 판단할 수 있을까? 이것은 매우 흥미로운 질문이다. 이 질문에 대한 최적의 답을 찾는 것은 가능하지 않아 보인다.[75] 경험론의 세계에서 최적의 해답이란 존재하지 않기 때문이다. 경험상으로 이런 문제를 푸는 접근방법은 교환거래 유발 정도에 달린 것으로 보인다. 보다 많은 교환거래를 이룩하는 가격의 결정방식이 선호되어야 한다는 것이다. 이것이 공리주의(utilitarian) 접근 방식이다(Hume, 1751; Mill, 1863).

---

75) 숙제를 하면 천원을 주겠다고 엄마가 아이에게 약속(*quid pro quo*)하였다면 이것은 시장교환인가 하는 질문이 그것이다. 12장 6절 시장의 정의는 가격을 통해서 관계교환이 '집중적'으로 이루어져야 한다고 하고 있다. 이런 엄마의 약속을 가격을 통한 '집중적' 관계교환이라고 할 수 없다면 이러한 거래는 시장거래라고 할 수 없을 것이다. 관계교환이 '집중적'으로 일어나게 하는 제도형식, 예컨대 [표 12-1]의 '시장의 제도형식'이 도입됨에 따라 시장은 점차 그 모습을 만들어가는 것이다. 가격을 통해서 관계교환이 집중적으로 일어나도록 하는 시장의 제도형식을 갖추지는 못했지만, 엄마의 약속을 원시적 시장제도라고 볼 수도 있지 않은가 하는 문제 제기도 있을 수 있다.

제14장 코로나-19 팬더믹
불황의 경제학

14-1 COVID-19 팬더믹 불황에 대한 해석

코로나 19(COVID-19) 팬더믹은 필자의 짧지 않은 인생에서도 전례를 찾을 수 없는 엄청난 역병이다. 2020년 1월만 해도 중국 후베이성에서 코로나 바이러스 발병자가 있다는 추측보도가 나오기 시작하였고 오직 중국에서만 국한된 문제로 여겨졌었다. 그것이 6달이 지난 6월말에 이르게 되면 전세계 국가에서 확진자가 1천만명을 넘어서게 되고, 사망자는 50만명여에 이르게 된다. 밀물처럼 몰려드는 환자를 병원시설이 수용할 수 없는 상황에 된다. 각국은 일단 전염의 속도를 늦추고자 사람의 이동을 통제하는 지역적 이동통제(lockdown) 정책 그리고 사람들 간의 교류를 억제하는 사회적 거리두기(social distancing)을 시행하게 된다. 이것은 지역별 인구이동을 통제할 뿐만 아니라, 지역내에서 사람들 간에 교류활동을 급격하게 떨어지게 하는 결과를 낳게 되었다.

문제는 이것이 단지 유행성 역병에 그치지 않고 세계적 공황(depression)을 유발할 소지를 제공하고 있다는 것이다. 4월말 기준, 미국에서만 26백만에 이르는 사람들이 실업급여를 신청하였다. 골드만-삭스는 2020년 2사분기 미국의 GDP 성장이 마이너스 24%에 이를 것으로 예측하고 있다. 세계적 공황이 발생하는 것은 매우 드문 일이라 그것이 어떻게 시작되는지는 경험하는 것은 쉽지 않다. 2008년 미국의 리먼 사태에서 시작한 불황은 금융시장에서 시작되었다. 1919년 세계대공황(The Great Depression)도 월가의 주가폭락에서 시작하였다. 대부분의 공황은 금융시장에서 시작한다. 그러나 COVID-19가 공황으로 연결된다면 공황이 역병에서 시작된다는 매우 드문 경우가 된다.

무엇이 다른가?

공황(또는 공황적 특성을 가진 불황)이란 성장이 둔화된다는 것 또는 실업률이 증가한다는 것과 다르다. 이점에 합리적 의사결정 모델(견해 A)로는 잘 나타나지 않는다. 합리적 의사결정모델에 기반한 경기변동의 설명은 불황을 성장율과 실업률의 크기로 구분하여 공황을 설명하려는 경향이 있다. 경기침체는 성장률 둔화, 실업률 증가 정도로 표시될 수 있겠지만, 공황(또는 공황적 특성을 가진 불황)은 시장이 무너지는 것이다. 이점에서 COVID－19 위기는 초기부터 공황 현상을 보여준다. 지역적 이동통제(lockdown) 사회적 거리두기(social distancing)는 사회적 분업 네트워크를 파괴하여서 초기부터 시장이 무너지는 현상을 보여준다.

지역적 이동통제(lockdown) 정책, 사회적 거리두기(social distancing)가 갑작스럽게 시행된 인도에서 나타난 현상은 수많은 도시의 일용직 노동자의 도시 탈출이었다. 버스나 기차를 타고, 또는 매달려서, 걸어서 탈출하다 다치고 하는 비참한 현상이다. 미국은 어떠한가? 도시 탈출현상은 없다. 탈출해서 갈 곳이 없기 때문이다. 그대로 도시에 남아서 대책없이 굶주림에 직면하는 것이다. 유럽도, 한국도 중국도 예외가 없다. 이것이 바로 케인즈가 목도한 1930년대 대공황의 상황이다. 마치 공황과 유사한 현상이다.

12장 6절에서 시장은 '가격을 매개로 하는 관계교환이 집중적으로 이루어지게 하는 시장제도'라고 하였다. 즉, 시장은 가격을 매개로 하는 관계교환의 네트워크가 운영되는 곳이다. 관계교환이란 분업을 말한다. 즉 시장은 가격을 매개로 하는 분업의 네트워크이다.

COVID－19로 인해서 지역적 이동통제(lockdown)와 사회적 거리두기(social distancing)로 분업 네트워크가 작동을 멈추게 되는 것이다. 이것은 시장경제의 중심동력이 멈추게 됨을 의미한다. 모든 시장제도(제도, 조직, 인프라)는 그대로 있는데 기능이 작동을 멈추는 것을 말한다. 이렇게 기능이 멈추고 그 기간이 길어지면 사회적 분업의 네트워크 자체도 고장이 나기 시작한다. 이런 경우는 경제학 연구에서도 유례를 찾을 수 없는 경우이다.

이 현상을 어떻게 파악할 것인가?

현상을 어떻게 파악하는가 하는 것은 어떤 이론 분석의 틀을 사용할 것인가 하는 문제이고 같은 현상이라도 분석하는 이론의 내용에 따라 진단이 차이가 나게 된다. 정책처방도 다르게 된다. 이것을 10장 5절 각주65에서 '이론의 적재성(theory－ladenness)'이라고 지적하고 있다.

시장은 교환이 이루어지는 곳이고 교환은 가격을 매개로 하지만 본질적으로 관계교환이다. 시장은 관계교환의 네트워크이다. 그런데 지역적 이동통제와 사회적 거리두기 정책이 있게 되면 관계교환의 네트워크 자체가 작동하지 않게 되는 것이다. 이것은 공감의 경제학에서 망설임(wavering) 현상을 말하고 애컬로프는 레몬시장의 실패(시장의 해체)라고 말했다. 이것은 거래의 실종, 시장의 해체(unravelling)가 발생함을 의미한다.

가격의 기능을 중시하는 합리적 의사결정 모델(RAM)에 의하면 수요가 실종이 되니 가격이 떨어져야 한다.

사회적 거리두기 현상으로 사람이 사라진 상가거리에서 보면 거래 T가 실종된 현상이 나타난다. 그러나 상품의 가격을 보면 COVID-19 위기 이전과 다름이 없다. 다만 교환거래가 실종이 될 뿐이다.

이 상황을 피셔의 교환방정식(the equation of exchange)으로 설명해보자.

$$PT = MV$$

P는 가격, T는 거래량, M는 화폐 공급량이고, V는 화폐의 유통속도이다. 이 식은 시장교환을 전제로 시장에서 일어나는 교환거래 현상을 표현하는 정의식이다.

교환은 공감교환이다. 교환거래 PT의 감소는 2개의 요인에서 발생한다. 하나는 시장거래적 요인, 즉 공감(관계)교환 행동의 문제이다. 공감(관계)교환 행동으로 파악한 수요의 감소와 같은 문제이다. 다른 하나는 시장제도적 요인이다. 예컨대 시장의 생성과 해체(market building and unravelling) 현상으로 나타나는 시장제도적 요인이다. 새로운 표준화 채택으로 시장이 생성될 수 있고, 지역적 이동통제로 시장 해체가 나타날 수 있다. 이 시장해체 요인은 망설임(wavering), 시장해체, 거래실종으로 수차례 묘사한 바 있다.

교환거래 PT에서 가격 P는 공감적 가격결정방식(haggling, ask-bid, auction, markup, administered pricing)으로 결정되는 공감가격이다.

COVID-19 위기에서 거래 PT의 폭락은 지역적 이동통제(lockdown)와 사회적 거리두기(social distancing)로 분업 네트워크가 붕괴되면서 발생한 시장 해체(시장제도적 요인)의 결과이다. 거래적 요인에는 변화(수요 감소)가 없었다. 가격 P에도 변화가 없었다. 감염병에 직격탄을 맞은 국내외 여행업, 숙박업, 항공업에서도 거래의 격감은 있었지만, 가격의 변화는 없었다.

교환방정식(the equation of exchange)에서 거래 PT의 격감은 화폐유통속도 V의 하락으로 연결된다. 여기서 주목할 사실은 불황에서 화폐유통속도 V의 하락은 시장해체와 밀접히 연관된 것으로 보인다는 것이다. 다른 불황, 예컨대 2008년 금융위기에서도 나타나는 현상이지만, 특히 COVID-19 역병(pandemic) 위기에서는 이 현상이 분명히 나타난다.

$D(p) = S(p)$로 결정되는 가격을 시장청산가격(견해 A)이라고 하고, 가격결정시스템(haggling, ask-bid, auction, markup, administered pricing)에 의해서 결정되는 가격을 공감가격(견해 B)이라고 부르면, 시장청산가격은 공감가격과 같지 않다. 견해 A에 의하면 불황에서 시장의 조정 메커니즘은 가격을 통해서 이루어진다. 불황에서 가격이 하락해야 한다는 말이다. 그런데 COVID-19 위기에서 가격에는 변화가 없었다.

가격은 변화가 없었던 반면 분업 네트워크 붕괴(시장해체)를 보완하는 배달업, 비대면 사업(원격강의, 원격 서비스 등)은 활황을 보였다. 가격이 조정되는 대신 (lockdown과 social distancing으로 인한 분업 네트워크 붕괴로 발생한) 시장해체를 보완해주는 사업의 활황에 의한 조정, 즉 공감(관계)교환을 이루기 위한 사업모델-사업심 조정이 활발하게 움직였다. 즉, T가 활발하게 움직인 것이다. P에 변화가 없고, T의 변화는 교환방정식에서 V의 변화로 연결된다. 가격 P에 큰 변화가 없었던 것은 현실적으로 가격이 시장청산시스템 $D(p) = S(p)$(견해 A)이 아니라, 공감 가격(haggling, ask-bid, auction, markup, administered pricing) (견해 B)으로 결정되기 때문으로 보인다.

공황적 상황에서 시장의 움직임은 공감(관계)교환 경제학(견해 B)에 의해서 보다 정확히 설명된다.

14-2 불황과 케인즈 경제학

이러한 공황 현상을 정확하게 파악한 사람이 케인즈(Keynes, 1935)이다. 케인즈는 피구(A. C. Pigou)의 고전학파 경제학에서 설명하지 못하는 비자발적 실업(involuntary unemployment)을 설명하기 위해서 국민소득의 순환적 흐름(the circular flow of national income)에서 출발한다. 저축(saving)이 국민소득의 순환적 흐름에서 빠져나가는 소득의 누출(leakage)의 개념을 도입한다. 반면에 국민소득

흐름에 새롭게 주입(injection)되는 투자(investment)가 등장하게 된다. 둘 사이의 균형에서 국민소득 결정의 균형(equilibrium)이 이루어지게 된다.

그러나 국민소득 결정의 균형은 시장의 청산, 즉 $D(p) = S(p)$와는 무관한 개념이다. 이 둘 사이의 관계, 즉 국민소득 결정의 균형과 시장청산에서 등장하는 거래의 균형 간의 괴리의 문제가 경제학자들을 혼란으로 몰고간 핵심적 문제이다.

시장청산이라는 강력한 신고전학파의 분석도구가 어떻게 시장청산이 아닌 상태에서 발생하는 국민소득의 균형이란 개념을 받아들일 수 있겠는가? 예컨대, 국민소득이 완전고용에 못 미치는 수준에서 균형에 도달하였다고 하자. 그때 발생하는 비자발적 실업이 노동시장의 시장청산 시스템에서 어떻게 설명될 수 있다는 말인가? 노동임금의 변화(하락)에 의해서 실업이 해소될 수 있는 상황인데 노동자가 무엇때문에 고통스러운 비자발적 실업을 감내한단 말인가? 케인즈의 저축과 투자 간의 균형이라는 설명은 이 질문에 답을 주기에는 설명력이 미약하였다고 볼 수 있다.

케인즈는, '대공황에서 현실적으로 존재하는 비자발적 실업 현상을 고전학파 경제학이 설명하지 못하고 있다는 점을, 어떻게 분명하게 논구 할 것인가' 하는 명확한 문제의식을 가지고 있었다. 케인즈와 관점을 달리해서 같은 문제를 공감차원에서 관계교환으로 설명해보자. 즉, 저축(saving)으로 표현되는 국민소득 순환의 누출을 국민소득 순환적 흐름이라는 관점에서 보지 말고 시장의 거래로 파악해보자. 그러면 공황의 문제는 시장의 해체(unravelling) 또는 거래의 망설임(wavering), 레몬 시장적 거래의 실종, 거래의 태만(procrastination)이라고 볼 수 있게 된다.

공황 상태에서는 사회적 분업 네트워크가 파괴되고 사람들이 심리(animal spirit)도 위축되어서 거래를 하지 않게 되는 것이다. 케인즈는 투자를 설명함에 있어서 동물적 심성이라고 표현하기도 하였다. 심리적 위축으로 교환거래를 망설인다는 것은 교환거래를 결정하는 것이 가격 만이 아니라는 말이 된다. 공감차원에서 거래가 이루어지는 것이다. 즉, 공감교환(또는 관계교환)이 된다. 가격은 공감과정을 구성하는 유일한 구성요소가 아니고, 하나의 (중요한) 구성요소일 뿐이다. 공감차원에서 거래가 이루어지지 않는 이유는 (사회적 분업 네트워크의 파괴로) 시장이 해체되기 때문인 것이다.

노동시장에서 고용을 결정하는 것은 임금이 아니다. 애컬로프(Akerlof, 1982)는 임금은 고용을 결정하는 것이 아니라 사용자와 노동자 간의 선물 교환이라고 보았다. 고용을 결정하는 것은 양자 간에 암묵적으로 형성된 규범(norm)이라고 설명한다. 즉, 공감교환이라는 말이다. 따라서 비자발적 실업은 노동시장에서 사용자와 노동자 간의 교섭과정에서 얼마든지 나타날 수 있는 것이다. 공감교환(노사교섭)이 잘 안돼서 비자발적 실업이 발생하는 것은 합리적 의사결정 모델(RAM)의 입장에서 보면 시장이 해체되어 현행 임금에서 비자발적 실업(망설임 wavering)이 발생하는 것이다. 가격변화보다 시장의 해체와 조성이 더 먼저 더 근원적으로 이루어지는 것이다. 이것은 이미 애컬로프가 레몬시장에서 시장실패라고 설명한 바로 그 내용이다.

노사교섭이 규범(norm)적으로 설명되고 그 과정에서 임금이 선물교환(gift exchange)의 형태로 이루어지는 현상은 바로 우리가 살고 있는 노동시장의 현실적 현상인 것이다. 이러한 노동시장은 고용이 결정적(determinate)인 현상이 아니다. 다시 말하면 노동의 수요와 공급에 의해서 결정되는 것(시장청산 $D(p) = S(p)$)이 아니다. 공감교환은 비결정적(indeterminate) 현상이다. 시장 참여가 결정되어 있는 것이 아니라, 시장에 참여할 수(injection)도 있고 시장에서 빠져 나갈 수(leakage)도 있다는 말이다. 우리는 가격을 중심으로 모든 거래가 가격의 변화에 의해서 반드시 이루어진다고 보기 때문에 이러한 사고에 익숙하지 않다. 그러나 가격이 신축적이지 않고 가격은 종속적으로 결정되는 상황에서 노사교섭이 고용을 결정한다고 뒤집어 생각하게 되면 그렇게 고용이 결정되는 과정은 가격변화가 고용을 결정한다고 보는 입장(견해 A)에서는 (COVID-19로 분업네트워크 붕괴로) 시장이 해체되고 또 (시장제도가 구축되어) 시장이 조성되는 과정으로 설명되는 것이다. 그래서 망설임 상태가 되는 것이다.

가격에는 변화가 없고 (원인이 lockdown 또는 social distancing으로 또는 위축된 심리로) 고용 또는 구매가 망설임(wavering)에 머무는 현상이 애컬로프 교수의 시장해체 또는 거래실종, 케인즈의 비자발적 실업이 되는 것이다. 견해 A의 입장에서는 이러한 현상이 예외적으로 보일지 모르지만, 공감(관계)교환의 입장에서는 즉, 견해 B의 입장에서는 일반적 현상이다. 공감(관계)교환 경제학이 불황의 경제현상을 설명함에 있어서 더 우월하다는 것을 말해준다.

이것을 케인즈는 소득의 순환적 흐름으로 설명하고자 하였고, 애컬로프는 노동시장에서 시장청산을 선물교환-규범으로 바꾸어 설명한 것이다. 애컬로프의 생각(?)을 연장해본다면 굳이 국민소득 순환을 들먹이지 않아도 공황의 비자발적 실업을 설명할 수 있게 된다. 물론 이 모든 현상은 공감차원의 현상이다.

공황상태에서는 투자가의 투자 심리가 위축되어서 투자 및 고용의 수요가 위축된다. 임금이 낮아진다고 해도 고용이 늘어나지 못한다는 말이 된다. 임금의 변화로 설명할 수 있는 고용의 범위, 즉 시장참여가 매우 비결정적(indeterminate)이다. 그렇다고 임금을 무작정 낮출 수도 없다. 기초생계비를 무시할 수만도 없다. 결국 노사협상으로 결정된 임금에서 발생하는 비자발적 실업은 공감차원에서 보면 교환활동이 시장에서 실종되는 것, 즉 시장의 해체(wavering; lemon-market failure; procrastination; leakage) 현상이 된다.

합리적 의사결정 모델, 즉 시장청산시스템에서 설명되는 바와는 다르게, 시장은 '주어진 것'이 아니다. 시장은 '만들어지는 것'이다. 노동시장제도(시장제도적 요인)와 노사교섭(공감과정: 시장거래적 요인)에 의해서 고용(공감교환)이 결정된다. 비공황 상황에서는 고용과 임금(공감가격)결정은 필립스 곡선(Phillips curve)의 움직임이 시장상황을 표현한다고 생각하자. 이때 필립스 곡선은 임금의 하방경직성과 스태그플레이션의 모습을 보여주는 나선형의 모습이다. 공황상황에서는 임금상승률은 최저생계비 증가율에 고정되고 고용수준(실업률)은 노사교섭(공감과정)에 의해서 결정된다. 실업이 만연한 상태에서 고용이 결정은 투자나 재정지출에 따라서 결정된다. 필립스 곡선으로 보면 최저생계비 증가율에 고정된 평행의 직선이다.

가격기구(임금조정)는 역할이 없고 (피동적) 노사교섭이 고용을 결정한다. 시장의 해체 또는 망설임행동이 시장을 지배하는 현상이다. 비결정적 상태가 광범위하게 존재하게 된다.

재화시장도 마찬가지이다. 가격은 생산비 수준에서 경직적이고 (위축된) 비즈니스 모델-사업심 간의 공감과정에서 (공감교환 또는 관계교환)거래가 결정된다.

문제는 공황상황에서 시장해체가 심각하게 진행되어 분업 네트워크가 붕괴되었다는 것이다. 이때(공황상황) 통화량 M를 증가시키더라도 가격 P를 변화시키지 못한다. 거래가 시장청산 $D(p) = S(p)$에 의해서 이루어지는 것이 아니고 공감(관계)교환으로 이루어지기 때문이다. 그런데 분업 네트워크가 붕괴되어서 통화량 증가가 공감(관계)교환으로 연결되기 어렵게 된 것이다. 결국 통화량 M

의 증가가 거래 T의 증가를 유발하지 못하고 화폐유통속도 V만 떨어뜨리게 된다. 이것이 유동성 함정(liquidity trap)이다. 불황의 심리 상태에서 통화량의 증가는 화폐의 퇴장(hoarding)으로 연결될 뿐이다.

투자심리가 얼어붙어서 오직 가능한 정책수단은 정부가 직접 투자행동에 임하는 재정지출에 의한 투자만 효과가 있게 된다. 이것이 케인즈의 재정정책이다. 경제학계에서는 케인즈 경제학의 정부 가부장적 역할(paternalism)이 비판 받아 왔지만 2008년 금융위기에서나 2020년 COVID-19 불황에서나 현실에서는 케인즈의 정부 가부장적 역할이 오직 유효한 정책수단으로 채택되고 있는 이유가 여기에 있다.

14-3 \ COVID-19 팬더믹 불황은 열린-비결정적 시스템인가, 닫힌-결정적 시스템인가?

두 시스템 사이의 차이는 누차 설명된 바이지만, 요약하면, 전자, 즉 열린-비결정적 시스템에서는 공감차원이 있어서 공감과정에서 일어나는 관계교환이 분업의 네트워크를 만들어 간다고 했다. 여기에 화폐를 매개로 하는 교환이 이루어지면 그것이 시장이 된다. 따라서 보다 큰 시장이 만들어지도록 공감과정에 작동하는 장치들이 전제되어야 한다. 시장제도, 시장인프라, 시장조직 및 운영이 그것이다. 여기에 문제가 생기면 시장은 해체되게 된다. 이것이 망설임(wavering), 해체(unraveling), 태만(procrastination)이라고 불리는 것들이다. 견해 B에 의한 분석의 접근방법이다.

반면, 닫힌-결정적 시스템은 시장이 주어진 것이라고 본다. 간단히 보자면, 시장청산 시스템 그리고 왈라스의 일반균형의 체계라고 할 수 있다. 여기서는 '얼마를 살 것인가?'하는 문제만 존재한다. '살 것인가 안 살 것인가?'하는 망설임의 문제는 존재하지 않는다. 가격이 '얼마나 살 것인가(자원배분)?'를 결정하는 유일한 결정요소이다. 모든 자원의 배분은 가격으로 설명된다. 따라서 시장이 어떻게 만들어지고 또는 해체되는지를 설명할 방법이 없다.

COVID-19 위기 사태는 '시장은 무엇인가?' 하는 문제를 관찰할 수 있는 아주 드문 현상을 제공해주고 있다. 갑작스러운 지역적 이동통제(lockdown) 정책, 사회적 거리두기(social distancing)로 인해서 시장안에서 가격을 매개로 하는 교환 뿐만 아니라 시장 밖에서 관계교환활동이 모두 위축되는 상황이 발생하였다. 그 결과 관계교환으로 만들어진 분업 네트워크가 작동할 수 없게 되었다. 이 상황이 하루 이틀이 아니라 수개월 또는 그 이상 지속되게 되었다. 이 상황에서 모든 경제활동이 타격을 받았는데 특히 분업 네트워크의 약한 고리, 즉 자영업자, 중소기업, 하청업자, 저축이 많지 않은 저소득층 가계, 일용직노동자 등이 크게 타격을 입게 된다.[76]

합리적 의사결정모델(견해 A)은 이 상황을 어떻게 설명할 것인가? 가격의 역할을 설명해야 한다. 궁색해질 수밖에 없다. 가격이 할 일이 없기 때문이다. 미국에서 이렇게 몇일 사이에 실업자가 수천만이 발생하였는데 가격의 폭락이 있었는가? 전혀 없다. 가격을 그대로 이다. 가격은 그대로 인데 수천만의 실업자가 발생하고, 기업이 도산하고, 거래가 격감하고 있다. 그리고 가격을 여전히 변화가 없다.

분명히 이 경제현상을 닫힌－결정적 시스템(견해 A)으로 설명하는 것은 안된다는 것을 알 수 있다. 지역적 이동통제(lockdown) 정책, 사회적 거리두기(social distancing)는 가격에 작동하는 것이 아니라, 공감과정을 통해서 진행되는 관계교환에 작동하고 있는 것이다. 그런데 이 관계교환이 멈춰버린 것이다. 그 결과 분업의 네트워크가 붕괴된 것이다. 즉 시장의 토대 자체가 붕괴한 것이다. 시장을 전제로 한 가격기구가 해결할 수 있는 문제의 범위를 벗어나고 있다. 즉 닫힌－결정적 시스템으로 설명이 되지 않는다. 열린－비결정적 시스템 현상이기 때문이다.

피셔의 교환 방정식에서 COVID－19불황 또는 공황은 분업의 해체에 따르는 거래의 급감 즉 화폐유통속도 V의 하락으로 표현되는데 이것은 가격 P로 설명될 수 없고, 분업해체로 인한 시장거래 T의 격감으로 설명되는 것이다. 이러한 불황은 가격기구(견해 A) 만으로 해결될 수 없다. 분업체계가 붕괴하고 따라서 시장이 해체되는 현상이기 때문이다. 기존의 분업체계가 급격해 붕괴하는 것을 막고 새로운 분업체계를 만들어주는 정부의 이니셔티브가 해결책이라고 본 케인즈의 혜안이 빛나는 대목이다. 민간의 투자는 위축된 투자심리(animal spirit) 때문에 기대할 수 없는 상황이다.

---

76) 죠셉 스티글리츠는 수요과 공급 체계가 동시에 붕괴한다고 표현하고 있다(매일경제 2020년 5월 11일자)

14-4 COVID-19 불황과 중앙은행의 역할

지금까지 COVID-19 불황에서 재정정책 또는 정부의 가부장적(paternal) 역할의 유효성에 대해서 생각해보았다. 케인즈 경제학의 통찰력이 새롭게 해석되었다. 그러면 COVID-19 불황에서 중앙은행의 역할은 없는 것인가? 미국 연준(the Federal Reserve)의 파월(Jerome Powell)의장은 3월 15일 제로금리정책으로의 복귀, 17일 기업어음(CP) 매입기구 설치, 23일 무제한 양적완화 선언, 4월 9일 2조 3,000억달러 추가 유동성공급정책을 발표하였다. 월스트리트 저널은 "연준은 2008년 금융위기 전체 기간보다도 최근 몇 주 사이에 더 신속하고 과감한 조치를 쏟아냈다"고 평가하고 있다. 연준은 COVID-19로 타격을 받은 기업의 회사채인 경우 BB-등급(투기등급의 정크본드)까지 매입하도록 하였다. 한은도 환매채(RP) 매입을 무제한으로 하겠다고 발표한 바 있다.

COVID-19 불황에 대응하는 미국 연준의 정책은 올바른 방향으로 가고 있는 것인가? 전대미문 역병의 창궐로 사회적 분업 네트워크가 붕괴된 상황에서 중앙은행의 역할은 무엇인가?[77] 1930년대 대공황에서 화폐의 공급은 유동성 함정(liquidity trap)을 초래할 뿐이라고 케인즈는 화폐정책 무용론을 주장하였다. 그러면 파월의 금융정책을 무엇을 추구하고 있는 것일까?

지금까지 경제학은 '시장은 주어진 것'이라는 사고에 매여서 분석이 이루어져 왔다. 따라서 수시로 시장이 만들어지고, 해체되고 하는 조건에서 시장을 파악하는 사고에 익숙하지 않다. 공감(관계)교환경제학에 의하면 시장은 수시로 만들어지고 또 해체되고 하는 존재이다. 시장제도는 제도, 인프라, 조직이라고 하였다. 그런데 자본주의 시장경제를 구성하는 시장제도(제도, 인프라, 조직) 속에는 금융시장이 시장제도 인프라를 구성하는 구성요인으로 존재하고 있다. 자본주의가 고도로 발달할수록 금융시장의 역할은 긴요하고 그 중요성은 자본주의 발전과 비례해서 커지게 된다. 대부분의 공황이나 불황이 금융시장의 위기에서 시작하고 있음을 보면 알 수 있다. 금융시장은 시장경제의 긴요한 인프라이며 그것이 얼마나 정교하게 운영되느냐 하는 것은 이 책의 2부에서 소개되고 있다.

우리는 중앙은행의 역할에 대해서 분명하지 못한 해석을 하고 있는 경향이

---

77) "연준은 제대로 게임에 대응하고 있다." 이것은 헤지펀드 매니저 출신 짐 크레머(Jim Cramer) CNBC 앵커가 한 평가이다. 크레머는 이전까지 연준에 비판적이었었다.

있다. 물가안정과 금융시장의 안정에 방점을 두고 있는 해석은 일견 흠잡을 데가 없어 보이지만, 실상 금융시장의 안정이 무엇을 의미하는 지가 불분명하다. 왜냐하면 가격이론의 기반위에 축조된 합리적 의사결정이론의 논리를 가지고 중앙은행의 역할을 해석하고 있기 때문이다. 물가안정이란 가격의 안정을 의미하기 때문이다. 그러나 현장의 금융시장 전문가들은 물가안정 만으로는 금융시장의 안정이 가능하지 않다는 것을 피부로 느끼고 있다.

금융시장의 전문가들은 금융시장의 안정이 물가안정 외에 그 보다 훨씬 중요한 금융시장제도(제도인프라, 조직)의 문제라는 것을 경험으로 체득하고 있다. 그런데 문제는 그렇게 민감하고 (시장경제 운영에) 절대로 중요한 금융시장의 상태변화를 감지해서 그 진단을 분석적 개념으로 전달해주는 이론 틀이 경제학에 존재하지 않는다는 것이다.

금융시장은 통화량, 물가, 이자율, 고용, 환율, 주가 등이 아니다. 금융시장은 신뢰(trust)로 조성된 건축물이다. 신뢰를 바탕으로 한 제도, 인프라, 조직이 금융시장을 떠 받치고 있는 것이다. 경제학의 분석에서 이 신뢰의 차원, 즉 공감의 차원이 빠져 있다. 신뢰의 외형적 모습이 제도인 것이다. 화폐도 제도이고, 은행도 제도이다. 당좌예금도 제도이고, 어음도 제도이다. 수표도 제도이고, CP(기업어음)도, CD(양도성 예금증서), 신용카드도 제도이다. RP(환매채), 주식, 회사채도 제도이다. 증권회사, 증권거래소, 외환거래시스템, 청산-결제 시스템, 중앙은행 모두가 제도이다.

금융시장은 신뢰라고 하는 원사(filament)로 직조된 제도에 의해서 정교하게 구축된 시스템이다. (우리가 가끔 장난 삼아) 카드를 가지고 집을 짓듯이 그렇게 정교하게 그러나 쉽게 부서질 수 있는 건축물로서 금융시스템은 구축되어 있다. 평시에는 위험성이 노출되지 않지만, 그러나 붕괴의 위험은 언제나 상존하고 있다. 언제 그 위험성이 금융시장의 안정성으로 위협하게 되는가? 그것은 금융시스템의 어느 한 곳이라도, 신뢰(trust)에 흠집이 발생한다면 그로부터 금융시장은 안정성에 대한 위험은 시작된다고 할 수 있다. 신뢰에 대한 작은 흠집이라도 조기대응에 의한 국지적 불안정 위험을 차단 해내지 못하면 전체 금융시스템의 붕괴 위험성은 언제나 존재한다. 카드로 지은 건축물이 어떻게 붕괴되는지는 2008년 미국의 금융위기에서 경험한 바 있다. 금융시장 시스템의 안정성 문제는 현대 자본주의 시장경제의 아킬레스건이다(이러한 견해가 견해 B에 따르는 공감차원에서만 파악이 가능하다는 점을 상기하자).

2008년 미국의 금융위기는 주택모기지 채권에 대한 ABS(자산유동화증권)에서 시작되었다. 주택 모기지 채권을 가지고 선순위 ABS를 발행하고 부동산 시장과 함께 이것이 과열되는 과정에서 이들 채권에 대한 신뢰가 과장되어 거래되고 결국 약한 고리에서 시장붕괴가 일어나고 이것이 급속히 금융시장 전체의 신뢰붕괴로 연결된 것이다.

COVID-19 불황에서 위기는 금융시장에서 시작되지 않았지만 사회적 분업 네트워크의 붕괴는 결국 금융시스템 운영에 연결된다. COVID-19로 인한 지역적 이동통제(lockdown)와 사회적 거리두기(social distancing)가 사회적 분업 네트워크를 깨뜨리게 되면, 중소상공인, 생산물류의 공급망 붕괴현상이 부분적으로 진행된다. 그로 인한 기업 도산의 염려로 사람들은 현금을 확보하려 한다. 결국 금융시장이 폭락장으로 가고, 금융기관의 신용이 의심을 받게 된다. 이것이 방치되면 금융위기가 도래하게 되는 것이다.

금융시장 안정이라고 두루뭉실하게 표현된 것은 이 위험을 파악할 개념의 틀, 즉 '시장을 시장제도로 파악'하는 개념의 틀이 지금의 경제학에 없기 때문이다. 금융시장을 제도로 파악 할 수 있어야 '금융시장이란 신뢰를 바탕으로 한 제도(제도, 인프라, 조직)이고 금융시장제도는 신뢰에 일반적 회의가 발생하는 순간 위험에 처하게 된다'는 개념이 명확해지게 된다. 중앙은행의 역할은 금융시장제도에 대한 신뢰에 일반적 회의가 발생하지 않도록 자신에게 주어진 능력에 따른 행동을 하는 것이다. 예컨대, COVID-19 사태에서 지급불능의 위험에 처할 수 있는 중소상공인 기업과 거래하는 금융기관에 신용경색이 감지되는 순간 충분한 물량의 채권(환매채, CP, CD 등)을 매입해주겠다는 공개적 의사결정을 천명한다면 그것만으로도 금융시장제도의 신뢰에 대한 일반적 위기가 발생하는 것을 사전에 차단할 수 있다. 이것이 금융시스템의 신뢰를 지키기 위한 중앙은행의 역할 이다.

중앙은행이 화폐 공급의 조정을 통해서 금융시스템의 신뢰를 확보하는 것이다. 화폐 공급으로 금리를 낮추거나, 가격을 변화하는 것을 타겟으로 하는 것이 아니다. COVID-19 위기로 약화되어 끊어질 위험에 처한 금융네트워크의 고리에 자금공급을 통해서 그 금융네트워크 고리의 안정을 보장하고 전체 금융시스템의 신뢰가 붕괴하는 것을 조기 차단하는 것을 타깃으로 하는 것이다. 이러한 정책 발상은 교환거래가 (금융인프라를 기반으로 만들어진) 비즈니스 모델(및 사업심) 간에 공감과정에서 이루어지는 것이라는 공감차원이 경제학 분석에 등장하지 않고는 생각할 수가 없다. 금리나 가격이 근원적 목적이 아니고 신뢰가 보다 근원적 원인요인이 된다. 이러한 방향의 설정은 오직 공감차원에서 제도를 파악할 수 있는 공감경제학 또는 관계교환경제학에서만 가능하다.

14-5 마스크 구입-줄서기 대란과 경제학의 새로운 지평

COVID-19에서 드러난 또 하나의 특징적 현상이라면 마스크(face mask)를 구입하는 줄서기 대란이라고 하겠다. 상품이 넘쳐나는 21세기 자본주의에서 무엇을 사기 위해서 줄서기를 해야 하다니 그야말로 충격이 아닐 수 없었다. 옛날 사회주의 국가에서나 또는 세계대전의 전쟁 중에 있었던 이야기가 아니고... 코로나 바이러스의 강한 전염력에 모두가 공포에 떠는 상황에서 마스크를 구하고자 하는 행렬은 절실함 자체였다.

갑작스러운 마스크 수요의 폭증이 있었지만, 공급능력에는 한계가 있다. 그러니 시장에서 초과 수요가 발생한 것이다. 초과수요의 내용을 조금 자세히 보면, 공급업자들이 마스크에 대한 폭발적 수요를 보고 가격을 올린 것이다. 물론 유통업자들의 매점 매석이 중요한 역할을 하고 있었다. 가격이 좀 올라간 것이 아니고 평소의 10배 또는 그 이상 올라갔다. 일반 서민 수요자들의 아우성이 진동한 것은 물론이다.

이러한 물건의 품귀현상에 대한 분석은 경제학 교과서의 단골 메뉴이다. 경제학 교과서의 설명은 단순하다. 그래서 더 강력한 호소력을 가진다. 가격의 폭등은 나쁜 것이 아니라 공급을 촉진하는 자연적 자생력과 같은 것이라고 보는 것이다. 가격이 올라감으로써 공급이 촉진된다는 것이다. 가격의 폭등은 그만큼 공급능력을 더 촉진한다고 본다. 가격폭등이 지금은 고통스럽겠지만, 결국 공급을 촉진하게 되고 공급이 촉진되어야 궁극적으로 가격도 안정되는 것이다. 이것을 '경제원론의 방식'이라고 부르자.

'이러한 고통스러운 과정 말고 다른 선택지는 없는가?' 하는 질문에 경제원론은 즉답이 없다. 침묵 속에는 '단순한 문제를 복잡하게 생각하지 말라'고 하는 뜻이 담겨져 있다. 무엇이 단순한 문제인가? 이것은 수요 또는 공급 q와 가격 p

의 관계라는 것이다. 물량 q에서 초과수요가 발생하였으니 가격 p를 올려서 공급 증가를 유도해야만 궁극적으로 문제가 해결될 수 있다는 것이다.

여기에서 초기의 혼란을 겪은 후 도입된 우리나라의 마스크 공급대책에 대해서 사례연구의 필요가 있어 보인다. 3월초에서 중순에 이르기까지 우리는(중국이나 다른 나라고 마찬가지이지만) 극심한 마스크 공급부족 대란을 겪었다. 마스크를 파는 상점(약국, 우체국, 등)이 있다고 알려지면 사람들은 끝도 없는 줄을 섰었고, 그나마, 중도에서 물량이 동나버리는 경우가 다반사였다. 반면, 생산업자 유통업자들은 물량을 사재기하고 값을 높여 물량을 빼돌리게 된다. 전체적으로 국내의 소비량에 비교해서 국내의 생산량은 적지 않았던 것으로 발표되고 있었다.

결국 정부가 나서서 공급을 순전히 시장의 유통구조에만 맡기지 않고 개입을 하게 된다. 가격을 정해주고(매당 1,500원) 일인당 구입물량 제한(1인당 일주일 2매) 하는 요일별 5부제를 시행하게 된다. 구입처를 약국에 지정해주고 요일을 정해서 주민등록번호의 탄생년도 마지막 자리 수와 요일을 연결지어 월(1, 6), 화(2, 7), 수(3, 8), 목(4, 9), 금(5, 0) 그리고 토와 일요일에는 탄생년도 자리수와 상관없이 그 주에 구입하지 못한 사람들이 구입 하도록 하였다. 일종의 (관리가격＋배급)제도라고 할 수 있다. 이것을 '(관리가격＋배급제) 방식'이라고 부르자.

흥미로운 사실은 이렇게 배급제(rationing)가 시행되면서 마스크 시장이 안정되었다는 점이다. 더 이상 마스크 부족을 발생하지 않았고, 마스크 사재기도 사라져 버렸다. 가격도 안정되었다. 구매자들이 정처없이 줄을 서는 고통도 없어졌다.

(관리가격＋배급제) 방식은 경제원론의 해결방식과 다르다. 경제원론에서는 자신들의 방식이 '시장에 맡기는 방식'이라고 주장하는 데 시장에 맡긴다는 것이 가격을 사용한다는 의미인 점에서는 (관리가격＋배급제) 방식도 마찬가지 이다. 즉, (관리가격＋배급제) 방식도 시장에 맡기는 방식이다. 다만 둘 사이에 시장에 맡기는 유형이 다를 뿐이다. 이러한 진단은 공감차원이 도입되어야 만 가능해지는 스토리이다. 경제원론에서는 공감차원이 존재하지 않고 오직 물량 q와 가격 p만 존재하기 때문에 (관리가격＋배급제) 방식을 생각한 개념 영역이 존재하지 않고, 따라서 가부장적 정부역할(paternalism)에 대한 고려가 없이 개인은 물량 q와 가격 p의 변화에 피동적으로 받아들이는 것이 시장경제라고 생각하는 경향

이 있다. 이렇게 현상을 해석하는 것을 정상과학의 이론적재성(theory ladenness)이라고 부른 바 있다.

경제원론 방식이 옳은가 (관리가격＋배급제) 방식이 옳은가. 분석적 공간에서 후자에는 전자의 방식에 없는 공감차원이 더해져 있다. 전자가 가지고 있는 가격p와 물량q 차원은 후자에도 존재한다. 후자가 전자에 비해서 더 넓은 분석차원을 가지고 있다는 말이 된다. 따라서 새롭게 부가된 공감차원이 그것이 도입되는 타당성을 확보할 수 있는 한, 후자의 접근방식은 전자에 비해서 우월하다고 할 수 있다.

그러나 지금까지 경제학계에서는 경제원론 방식을 주장하는 사람들은 그들만이 '시장에 맡기는 방식'이고 (관리가격＋배급제) 방식은 시장에 간섭하는 반시장적 방식이라고 주장하는 경향이 있다. 이러한 주장은 하이에크, 합리적 기대(rational expectation)가설, 효율적 시장가설(efficient market hypothesis)을 통해서 주장되고 있다. 이러한 주장은 행동경제학(behavioral economics)이 등장하기 까지 무소불위의 영향력을 행사하고 있었다.

그러나 행동경제학의 심리학적 실험들이 인간의 인지시스템의 지각－직관 시스템을 조명하기 시작하면서 후자의 주장이 힘을 얻기 시작한다. 넛지(nudge)이론(Thaler and Sunstein, 2003, 2008) 등이 그것이다. 인간 인지시스템의 지각－직관 시스템은 합리적 의사결정가설(RAM)과 괴리가 있다. 가부장적 정부의 역할(paternalism)이 작용할 영역, 즉 합리적 의사결정이론과 행동경제학이 절충을 도모하는 실용적 분석시각(pragmatic perspective)이 존재하는 것이다(Chetty, 2015; Spiegler, 2019). 애컬로프－쉴러 교수의 견해는 합리적 의사결정이론에 대해서 보다 비판적이다. 이들은 연작(Akerlof and Shiller: *Animal Spirits*, 2010; *Phishing for phools*, 2015)을 통해서 합리적 의사결정이론을 비판하고, 가격기구에 대한 맹목적 추종이 무모함을 지적하고 있다.

행동경제학자들의 주장이 공감차원에 대한 언급에 까지 이른 것은 아니지만, 행동경제학의 심리학적 실험들은 공감차원 존재의 정당성에 대한 이론적 발판을 마련해주고 있다고 할 수 있다. 인간의 행동이 합리적 의사결정에 의해서 완전히 설명될 수 있다면, 가격만으로 시장행동을 설명하는 것은 의심의 여지가 없게 된다. 공감차원이 끼어들 여지가 없는 것이다.

사람들이 마스크를 사기 위해서 줄서기를 쫓아다니며 정신없이 허둥대는 상황에서 가격의 결정은 코로나 감염에 대한 공포에 의해서 영향을 받게 된다. 마스크 공급업자는 이 상황을 이용하여 필요 이상의 가격 상승과 폭리를 취하는 것(phishing for phools)이 가능하다. 이것은 코로나 감염에 쫓기는 심리상태가 심리적 프레임(framing)을 구성함을 말한다. 가격기구를 기본으로 하지만 요일 별 5부제의 배급제를 도입하는 것은 일종의 넛지의 기저를 채용함을 의미한다. 실용적 분석시각을 주장하는 학자들(Chetty, 2015; Spiegler, 2019)은 이러한 정책을 실용적 입장(pragmatism)이라고 부르지만, 이러한 절충론이 정당화 될 수 있다는 것은 공감차원의 존재를 암묵적으로 인정하는 결과에 이를 수 있도록 하는 의미가 있다고 하겠다.[78]

　　COVID-19 위기가 조기에 종식되고 경제가 V자의 경기회복에 이르리라는 전망에 동의하는 경제학자는 별반 없는 것으로 보인다. 그 보다 2020년 3월에 시작된 COVID-19 위기가 5월 들어서 3천만의 실업자를 양산하고 있는 미국경제를 보면서 1930년대의 대공황을 떠올리는 경제학자들이 늘고 있다. 만약 가을 들어서 COVID-19의 제2차 파고가 온다면 그 가능성은 더 절실해질 것 같다. 문제는 이 COVID-19 불황이 지금의 수요-공급이론을 기반으로 하는 경제학으로 현상의 핵심포인트 파악이 안된다는 것이다. 교환이 비즈니스 모델과 사업심 간의 공감과정에서 이루어진다는 개념, 즉 공감차원이 지금의 경제학 분석에 결핍 되어있기 때문이다. 1930년대의 대공황은 케인즈 경제학을 탄생시켰다. 2020년의 COVID-19 불황을 설명하기 위해서 우리는 어떤 경제학을 준비해야 하는가?

---

78) 행동경제학의 실험으로 인해서 '코로나-19 불황에서 정부의 역할(paternalism)은 있다'는 주장은 정당성이 인정 받게 되었다. 사회적 분업 네트워크의 붕괴를 막기 위해서 정부는 어떻게 민간을 도와줄 것인가? 얼마나 도와줄 것인가? 고통받게 된 산업을 도와준다면 어떤 산업을 도와줄 것인가? 언제까지 도와줄 것인가? 이제 '그저 시장에 맡기면 된다'는 식의 대응은 의미가 없어졌다. 시장은 '주어진 것'이 아니고 '만들어내는 것'이 되었기 때문이다. 결국 경제학이 감당해야 하는 질문은 '시장을, 더 넓게는 (공감 또는 관계)교환의 기반(제도, 인프라, 조직)을 어떻게 만들어 갈 것인가?' 하는 결코 간단치 않은 것이 된다고 하겠다.

'경제가 V자의 경기회복을 할 것인가 또는 L자 경기침체에 이를 것인가'라고 질문을 던지는 것은 무엇을 의미하는가? 이 방식이 지금까지 경제학이 경기침체에 대하여 진단하는 방식이었다. 재정지출 또는 통화공급을 하면 그 결과 경기에 어떤 효과(V형이든 L형이든)를 주게 될 것인가 하는 것이다. 한마디로 '장님 문고리 잡는 방식'이다. 왜냐하면 재정지출이란 정부지출은 존재하지 않는다. 지출에도 방식이 있다는 말이다. 실업자에게 실업수당으로 지출하든지, 자영업자에게 보조금(세금감면 or 손실보전?)을 지원하든지, 바이오 또는 데이터 산업에 산업기반시설을 마련해주든지 등이다.

통화공급도 마찬가지이다. 서민금융(또는 중소기업, 또는 항공산업) 여신의 신용이 악화되어 서민금융(중소기업금융 또는 항공－여행산업금융)기관에 대한 신뢰가 위태로워져서 이들 금융기관의 금융채를 또는 CP(기업어음)를 무제한 매입해주든지 하는 것이다. 하다못해 헬리콥터로 공중에서 현금을 살포하는 것도 한 통화공급 방식이다. 후자의 경우는 수혜자가 불특정 개인들이라는 특징을 가진다. 이들이 돈을 주워서 (소비성향에 따라서) 사용을 하면 거래가 증가할 것이란 구체적 현상을 생각하는 것이다.

어느 경우나 재정지출이나 통화공급이 구체적 현상으로 파악되어 경제주체의 비즈니스 모델의 구성을 이루게 된다. 즉 견해 B의 접근방식이다. 현실은 견해 B에서 존재하고 있다. 그런데 지금의 경제학은 견해 A 이상을 생각하지 못한다. 재정지출이나 통화공급이 구체적 현상으로 구현되는 과정을 말할 수 있는 방법이 없다. 그저 '재정지출 얼마' '통화공급 얼마'의 식이다. 그리고 그 효과가 어떨 것인가(V자인가 L자인가)를 말한다. 어떻게 해서 그런 효과가 나타나는지 하는 과정에 대해서는 깜깜하다.

COVID－19 위기의 내용을 파악함에 있어서도 견해 A는 내용에 대한 파악 능력이 없다. '실업자가 몇 명 발생하고, 경제성장률이 마이너스 몇 퍼센트가 된다'라고 해서는 안된다. 그렇게 하면, 1930년대 대공황과 구분할 방법이 없다. 재정투입을 얼마, 통화공급을 얼마로 하면 대처가 되는가 정도의 연상에서 벗어날 수가 없다. 지역통제(lockdown)과 거리두기(social distancing)으로 발생한 분업 네트워크의 파괴현상이 위기의 내용에서 파악되어야 한다. 견해 B의 접근방법이 아니면 안된다. 그래야 어디에 재정을 투입하고 어디에 통화공급을 해야 하는지, 그리고 재정투입－통화공급과 마스크공급－감염진단검사 사이에서 어느 것에 얼마만큼의 비중을 주어야 하는지 선후가 어느 것인지에 대한 가늠을 할 수 있다.

견해 A의 접근방법으로는 마스크 대란의 경우도 구체적 현상을 설명할 능력이 없다. 가격이 오르면, 비록 '소비자들이 괴롭겠지만 그저 참아라. 가격상승만이 공급을 증가시키는 확실한 방법이다' 하는 식이다. COVID－19의 패닉에 처한 소비자 심리를 이용하여 매점매석으로 터무니 없는 가격인상이 이루어지는 현상을 '그것이 가격기구'라는 식으로 얼버무리는 깜깜이(벽에 박은 수도꼭지) 대응방식이다(Akerlof and Shiller, 2015). 그러나 우리나라의 사례에서 보듯이 (관리가격＋배급)제도는 마스크 가격과 마스크 공급을 동시에 안정시킬 수 있었다.

어떻게 이런 일이 가능했을까? 그것은 가격기구로 모든 경제현상을 설명하려는 견해 A의 방식이 잘못되었기 때문이다. (관리가격＋배급)제도가 명시적으로 견해 B를 상정하고 계획된 정책 이라고는 말할 수 없겠지만 결과적으로 견해 B의 공감차원에서 열린－비결정적 시스템과 비즈니스 모델을 상정한 구체적(경험론적)인 현상에 고객맞춤형으로 디자인된 정책이었던 것이다.

이 책을 통해서 반복해서 설명하지만, 거래를 만드는 것은 가격이 아니다. 그것은 공감과정이다. 가격은 그 공감과정의 한 부분일 뿐이다. 물론 중요한 부분이다. 그러나 공감과정이 이루어지는 시스템은 열린－비결정적 시스템이다. 이 과정에서 개별 경제주체들은 지각－직관에 영향을 받는 인지시스템에 의해서 의사결정을 하게 되는 것이다.

개별 경제주체들은 각자의 비즈니스 모델과 사업심을 가지고 거래(공감과정)에 임하게 된다. 이 과정은 견해 B로만 설명이 가능한 부분이다. 이 과정을 견해 A를 가지고 설명하려는 것이 합리적 의사결정 접근방식이다. 그래서 '그냥 가격기구에 맡기면 된다'고 생각하는 것이다. 실제로 작동하는 것은 가격기구가 아니고 개별 비즈니스 모델과 사업심이 만나는 공감과정이다. 가격은 비즈니스 모델의 한 구성요소일 뿐이다. 이 현상에 대한 이해가 있어야 요일 별 배급제와 관리가격제가 어떻게 마스크 가격과 공급을 모두 안정시킬 수 있었는지를 설명할 수 있다.

이제 세계경제는 극도로 세분화된 분업(the division of labor) 네트워크로 연결되어 있는 시스템이 되었다. COVID-19 위기가 무서운 것은 역병의 방역을 위해서 도입된 지역적 고립화(lockdown), 사회적 거리두기(social distancing)가 이 분업 네트워크를 파괴하는 결과를 준다는 것이다. 교환은 이 극도로 세분화된 분업 네트워크 안에서 만들어지는 비즈니스 모델 간의 공감과정(또는 교류과정)을 통해서 교환거래를 이루어 내는 사업심 행동이다. COVID-19 위기의 문제는 어떤 정책처방으로 조각 조각이 난 분업 네트워크를 (어떻게) 수선하고, 개별 비즈니스 모델과 사업심을 살려 나갈 수 있는가 하는 것이다. 세분화된 분업 네트워크를 이해하고 개별 경제주체들의 비즈니스 모델의 내용을 파악해야 (관리가격＋배급)제도와 같은 고객 맞춤형 정책을 처방할 수 있다.

더 이상 '가격기구에 맡기면 자원배분문제가 해결 되겠지' 하는 깜깜이(벽에 박은 수도꼭지) 경제학이 통하는 세상이 아니다. 가격기구에 맡겨 내버려두고 고통을 감내하면 무엇인가 이루어지지 않겠는가 한다면, 이렇게 분업 네트워크가 이렇게 세분화된 세상에서는 그 고통이 1930년대 대공황에 비교할 수 없을 만큼 클 것이라고 답할 수 있다.

제**2**부

금융시장의 제도형식

이 책은 1부와 2부가 구분되어 있다. 2부 15장－25장까지는 금융시장에 적용된 시장제도를 논의하고 있다. 1부 내용이 공감차원에서 시장제도의 문제를 논의하는 일반이론이라고 한다면, 2부는 금융시장에 적용된 시장제도이론의 응용이라고 할 수 있다. 시장제도 문제가 단지 추상적 일반이론이 아니라 실생활에 직접 관련된 구체적 문제라는 점을 부각한다는 의미를 가진다는 점을 말하고 있다.

이 과목을 숭실대 대학원에서 강의하면서 실무적 응용에 관심이 많은 학생들에게 시장제도 문제가 합리적 의사결정이론보다 우리의 실생활에 더 긴요한 경제학 접근방법이라는 점을 알려주고자 하는 저자의 의도가 반영된 편제라고 하겠다. 따라서 2부는 두 가지 내용이 복합을 이루고 있다. 하나는 제도로 파악한 금융시장의 모습이다. 이 부분의 설명을 위해서 저자는 금융시장의 전문서적, 특히 한국은행에서 디지털 파일로 발간한 *국제금융기구(2018), 한국의 금융시장(2016), 한국의 지급결제제도(2014), 한국의 금융제도(2011)*에 크게 의존하였다. 이 부분의 내용은 금융시장의 제도적 모습에 관심이 많은 학생들에게 지적 호기심 탐구에 도움을 주었다.

다른 하나는 금융시장을 어떻게 제도로 파악할 수 있는지에 대한 분석적 설명을 하는 부분이다. 지금까지 경제학은 이론과 실무를 구분하는 2원론적 접근방법을 취했다. 시장제도는 실무에 해당한다. 따라서 이론으로 설명하지 않는 영역이라고 치부해왔다. 이러한 현상이 발생한 것은 시장제도 영역을 분석적으로 설명하지 못하는 합리적 의사결정이론의 근본적 문제, 즉 이론적재성(theory－ladenness) 문제라는 점을 지적한 바 있다.

왜 우리는 시장제도를 분석적으로 설명해낼 수 있어야 하는가? 우리가 시장제도의 분석적 의미를 숙지하지 못하면, 정책을 처방해야 하는 결정적 순간, 예컨대 '사회주의에서 시장경제로 전환하는 이행기 경제의 경우, 정부 소유 재산을 어떻게 사유화해야 하는가?', '갑작스러운 불황(COVID－19 불황)이 내도한 경우, 어떻게 정책적으로 대처해야 하는가?', '경제활동을 저해하는 규제와 시장제도의 기본요소인 규칙을 어떻게 구분하는가?', '시장을 어떻게 발전시킬 수 있는가?' 등의 중요한 문제에 당면해서 당황할 수밖에 없다. 우리는 역사와 국가를 막론하고 수많은 정부정책의 실패 사례를 알고 있다. 러시아 사유화 프로그램은 그 실패 사례 중 하나에 불과하다. 중남미 국가들은 개방정책과 국가부도사태 사이에서 악순환을 반복해오고 있다. 규제를 타파해야 한다고 외치면서 시장규칙을 공격하는 저널리즘은 자주 목도되는 사례이다. 제도문제가 시장구성의 대부분을 차지하고 있는 금융시장의 경우 시장제도를 분석적으로 파악하는 작업은 그만큼 더 중요하다.

제15장 국제결제은행의 은행감독과 신용평가제도

15-1 | 국제결제은행(BIS)이란?

국제결제은행(BIS: bank for international settlements)은 제1차 세계대전의 패전국인 독일의 배상문제를 처리하기 위한 중앙은행 간의 국제금융기구로 1930년 스위스 바젤에 설립되었다. 당사국인

> 벨기에, 프랑스, 독일, 이탈리아, 일본, 영국 등 6개국이 1930년 1월 20일 네덜란드 헤이그에서 독일의 전쟁배상금 문제 해결을 위한 헤이그 협정을 체결하고 배상금결제 전담기구로서 국제결제은행의 설립을 결정하였다. 같은 날 동 6개국 및 스위스 정부는 '국제결제은행에 관한 협정'을 체결하였으며, 2월 27일 동 6개국 중앙은행과 미국의 민간상업은행이 로마에서 국제결제은행 설립헌장 및 정관에 서명하고 스위스 정부가 이를 승인함으로써 BIS 창설기반이 완료되었다. BIS는 동년 5월 17일부터 스위스 바젤에 본부를 두고 정식으로 업무를 개시하였다(한은, *국제금융기구(2018)*, 109쪽).

이후 업무 범위가 확대되어 국가간 금융협력 증진, 금융거래 중개, 국제통화 및 금융안정, 국제금융거래의 편의 제공, 국제결제와 관련된 수탁자 및 대리인 역할 등을 수행한다.

시장의 본원적 구성요소는 표준(standards)이다.[79] 국제결제은행(이하 BIS)은 중요한 시기(20세기 초반)에 금융시장의 운용에 필요한 표준을 찾아내고 확립시키는 데, 즉 금융시장인프라(FMI: financial market infrastructures) 구축에 중요한

---

[79] 이 분석적 관찰은 오랜 시간 필자가 경제현상을 보면서 얻은 직관적 관찰이다. 많은 경제학자들이 시장을 말하면서 가치−비용 합리성 모델링에 치중하고, 경험으로부터 오는 관찰을 소홀히 한 결과 이러한 사실발견의 중요성을 간과하는 경향이 있다.

역할을 한 기관이다. 금융시장 운용에 필요한 표준을 찾아내는 작업이 왜 중요한가? 이 질문에 답하기 위해서 다시 애컬로프의 레몬시장으로 돌아갈 필요가 있다(Akerlof, 1970). 당시 미국에 중고차시장이 존재하지 않은 이유는 정보비대칭으로 중고차 구매자가 시장에 나온 중고차 품질에 신뢰를 가지지 못했기 때문이다. 금융시장도 마찬가지이다. 아니, 금융시장은 금융기관과 고객 간의 신뢰가 절대적이란 의미에서 신뢰문제가 아주 결정적이다.

금융기관과 고객 간에 신뢰가 확립되지 못한다면, 애컬로프가 말하는 시장의 실패, 즉 시장이 해체(unravelling)되는 현상이 발생하는 것이다. 시장은 가격만으로 교환이 성사되는 곳이 아니다. 교환은 금융기관과 개별 고객 간에 이루어지고, 그 교환은 양 당사자 간에 공감과정을 거쳐서 이루어진다. 가격은 공감과정의 한 부분일 뿐이다. 공감과정에 확보되지 못한다면, 즉 신뢰가 확보되지 못한다면, 교환이 영이 되는 것이 아니라, 교환이 해체되는 것이다.

무엇이 다른가? 교환이 영이 된다는 것은 '산다는 것을 전제로 몇 개를 살 것인가'를 정하는 결정(determinate)의 행동(견해 A)이지만, 교환이 해체되는 것은 '살 것인가, 안 살 것인가'를 정하는 비결정(indeterminate) 행동(견해 B)이다. 결정행동의 경우 비결정의 선택은 가능하지 않다(견해 A이거나 견해 B이거나 하나의 입장을 선택해야 하니까: Hume's divide). 비결정의 선택이란 교환이 실종되는 것이다. 저자는 이것을 망설임(wavering)이라고 표현한 바 있다. 교환거래로부터 망설임(pull-out)을 의미한다. 시장이 해체(unravelling)되는 것이다.

전자의 경우는 교환이 살아 있기 때문에 가격만 맞으면 언제든지 교환이 발생한다. 그러나 후자의 경우는 교환, 즉 시장이 없어져 버리는 것이다. 가격이 바람직한 수준으로 되더라도, 거래가 성사되지 않는다. BIS는 금융시장 운용에 필요한 표준들을 찾아냄으로써 없어져 버릴 수 있는 시장을 살려낸 것이다. 또는 표준제도들을 도입 및 확립함으로써 새로운 금융시장을 만들어 낸 것이다. 마치 애컬로프의 중고차 시장에서 중고차 품질표준제도를 도입함으로써 새롭게 중고차 시장을 만들어 낼 수 있는 것과 같다.

어떻게 금융시장의 기술적 표준을 정해 나갈 것인가? 기술적 표준을 정함으로써 해체될 시장을 보호하고 또는 새로운 시장을 만들어 낼 수 있다는 사실을 깨닫고 보니 이 문제가 중요해졌다. 그러나 이 문제에 답하는 것은 간단한 일이 아니다. 왜냐하면 이것은 공감차원의 문제이기 때문이다. 오직 경험에 의지해서 표준에 관한 지식을 찾아갈 수 있을 뿐이다. 전문성을 가진 사람들의 역할이 중요해지는 영역이다. BIS가 이 역할을 감당한 것이다.

'어떻게 금융시장의 기술적 표준을 정해 나갈 것인가' 하는 문제는 공감차원의 문제라고 했다. 즉, 경험에 의지해서 답을 찾아 나가야 하는 문제이다. 경험은 우연적(coincidental)으로 등장하는 것이고, 일단 경험을 얻게 되면 그 경험으로부터 배우게 되기 때문에 새로운 인지의 경로를 택하게 되어 경로의존적(path-dependent)이 된다. 우연히 접한 경험이 언제든지 인지의 경로를 바꿀 수 있기 때문에 비결정적(indeterminate) 현상이 된다.

경험은 우연성에 벗어날 수는 없지만, 경험 과정을 거쳐 얻은 기술적 표준의 지식으로 인해서 새로운 금융시장이 만들어 지게 된다. 지금의 엄청난 자본시장은 그런 과정을 거쳐서 한 걸음씩 쌓아온 것이다. BIS는 고도의 전문적 조직 및 네트워크의 운영을 통해서 현대의 금융시장을 만들어내는 데 중요한 역할을 담당해온 것이다. 당연히 기술적 표준을 만들고 새로운 금융시장을 확립하는 과정은 역사적 발전 과정이다. 이것은 [그림 8-4]는, 금융시장의 교환행동에 참가하는 당사자(금융기관과 고객)들의 사업심 교류과정(공감과정)에서 반복적 경험을 통해서 얻어진 지식을, 전문적 시각에서 (BIS 등이) 찾아내어 기술적 표준을 확립하는 제도발전 과정을 보여주고 있다.

> BIS는 스위스 국내법에 의해 설립된 주식회사인 동시에 정부 간 협정에 의해 설립된 국제기구의 성격을 지니고 있다. 따라서 스위스의 은행법 및 회사법과 기타 국내정책의 적용을 받지 않으며 납세의무도 면제되어 있다. 또한 창설회원 중앙은행의 동의 없이는 스위스 정부에 의한 자산의 몰수, 수용, 징발 등의 조치도 받지 않는다. … BIS는 각국 정부에 의해 설립되었으나 실제 가입, 출자 및 운영은 중앙은행에 의해 이루어지고 있는 중앙은행 간 협력기구이다(한은, *국제금융기구(2018)*, 109쪽).

여기 기술된 BIS의 법적 성격을 보면, 두 가지 사실을 알 수 있다. 하나는 BIS의 "스위스 국내법에 의해 설립된 주식회사인 동시에 정부 간 협정에 의해 설립된 국제기구"라는 중요한 성격과 기능이 이 법적 내용에 모두 들어있다는 것이다. 다른 하나는 그것이 반드시 공감차원에 속하고 있다는 것이다. BIS설립은 그 자체가 역사성의 산물이다. 스위스라는 특수국가에서 시작되었다는 것 자체가 우연성을 의미한다. 따라서 비결정적이다. 다른 나라에, 다른 사람들에 의해서, 다른 시기에 설립되었다면, 다른 결과가 나올 수도 있기 때문이다. 그래서 지금의 BIS가 있다. 경로의존적이다. 즉, ICP이다.

15-2 BIS 조직과 위원회

> 2017년 11월 현재 6개 창설회원 중앙은행을 포함하여 모두 60개의 중앙은행이 가입되어 있다. 이 중 35개 은행은 유럽지역 소재 중앙은행이며 OECD 가입국 중앙은행은 모두 BIS에 가입되어 있다. … BIS에의 가입은 이사회에서 2/3의 찬성을 얻어야 하며, 신규발행 되는 주식의 일부를 인수하거나 기발행된 주식을 양도받음으로써 가능하다. BIS 정관 제8조 제13항은 신주발행 시 이의 인수권한을 국제통화협력 및 동기구의 활동에 상당히 공헌하였다고 인정되는 국가의 중앙은행에 우선 배정하도록 규정하고 있으며 동 규정이 BIS 가입의 가장 중요한 기준이 되고 있다(한은, *국제금융기구(2018)*, 111쪽).

BIS회원국 현황과 회원가입 의사결정 절차는 금융거래 당사자(금융기관, 고객) 간의 공감과정과 어떻게 연결되는가? 우선 금융거래는 당사자 간에 가격(예컨대 금리)을 매개로 한 가치교환이 아니다. 만약 금융거래가 금융거래 당사자 간에 가치교환이 전부라면, 공감과정이 개입할 여지는 없게 된다. 즉, BIS의 역할이 개입될 여지도 없게 된다. 금융거래와 BIS의 조직운용이 어떤 연관관계를 맺고 있다면 그것은 금융거래가 거래 당사자 간의 공감과정을 거쳐 만들어지는 공감교환(또는 관계교환)이기 때문이다.

금융거래 당사자 간의 공감과정은 열린−비결정적 시스템(OIS: open−indeterminate system)이다. 최적화−균형해로 계산해낼 수 있는 것이 아니다. 경험을 통해서 찾아가는 과정이다. 그 과정에서 BIS의 표준제도는 공감과정을 만들어 내는데 결정적 매개체(vehicle) 역할을 하게 된다. BIS역할은 단지 표준제도의 제정에 그치지 않고 각 회원국들 경험의 공유, 전문가의 제언, 회원국 간 공동행동의 조직 등 중요한 행동의 매개체가 된다.

이것이 열린−비결정적 시스템(OIS)으로서의 공감과정이다.

이 공간에서는 표준제도도 중요하지만, BIS와 같은 기관의 조직 운용도 중요하다. 우리나라가 BIS에 가입되어 있느냐 아니냐 하는 것이 우리의 금융시장 발전에 영향을 미치고 그 결과 금융거래 당사자 간의 교류행동에 영향을 주게 된다. 만약 우리가 BIS에 가입되어 있지 않고, 그 결과 나타나는 금융제도 인프라 및 금융네트워크의 취약성이 우리나라 금융시장활동을 위축시킨다면, 그것은 분명 금융거래 당사자 간의 금융거래가 후진국형에 머물 수밖에 없는 원인이 된다.

따라서 모든 나라들은 BIS회원국이 되기 위해서 적극적이게 된다. 우리가 BIS회원국인가, 그리고 회원국 가입을 위한 절차는 무엇인가 하는 문제는 모든 회원국 또는 회원국이기를 희망하는 국가에게 의미를 가지게 된다.

> 대표권 및 투표권은 각국이 인수한 주식 수에 따라 당해 중앙은행 또는 그 지명인이 행사한다. 2001년 1월 8일 BIS주식 소유를 중앙은행에 한정키로 한 정관 개정 이전에도 BIS주식을 보유한 금융기관이나 개인은 배당금 수취 등의 재산권 행사만 가능했을 뿐 총회에서의 대표권 및 투표권은 오로지 해당 중앙은행에 의해서만 행사되어 왔다. 예컨대, 상업은행 등이 주식을 전액 보유했던 미국의 경우 총회에서의 대표권 및 투표권 행사와 BIS운영에의 참여는 미 연준에 의해 이루어져 왔다(한은, *국제금융기구(2018)*, 112-113쪽).

각국이 BIS에서 어떻게 대표권을 행사하느냐 하는 것은 제도가 어떤 과정을 통해서 만들어지는가(path dependence)를 잘 보여준다. 회원국의 '대표권-투표권은 각국이 인수한 주식 수에 따라 중앙은행 또는 그 지명인이 행사한다.' 금융거래 당사자 간에 공감과정에서 제도는 중요한 역할을 하지만, 그 제도가 만들어지는 과정은 역사적 우연성(coincidence)의 산물인 것이다. BIS가 주식회사 형식을 취하고 있기 때문에 BIS의 조직 운용은 주식회사의 운용 형식을 따르게 된 것이다.

BIS에의 참가가 회원국의 입장을 대표하고 있기 때문에 대표권 행사는 중앙은행에 의해서 이루어지는 것이 타당해 보인다. 그러나 이 경우에서 미국의 경우는 초기 참가가 상업은행에 의해서 이루어졌었기 때문에 아직도 주식은 전액 상업은행에 의해서 보유되고 있다. 다만 대표권 행사를 미 연준에 위임하고 있다.

이것은 ICP(비결정적, 우연적, 경로의존적) 특성을 가진 열린-비결정적 시스템의 공감차원이 어떻게 경험에 의해서 운영되는지 하는 과정을 잘 보여준다.

> BIS는 최고 의사결정기구인 총회와 운영을 담당하고 있는 이사회 및 일반
> 업무를 관장하는 집행부로 구성되어 있다. 집행부의 직원 수는 사무총장을
> 비롯하여 약 630여 명이며 본부에 3개 부서, 홍콩과 멕시코에 각각 지역사
> 무소를 두고 있다. 또한 BIS는 바젤은행감독위원회, 글로벌금융시스템위원
> 회, 지급결제 및 시장인프라 위원회, 시장위원회 등 산하에 복수의 위원회
> 를 두고 있다(한은, *국제금융기구(2018)*, 114쪽).

BIS 조직이 어떤 의사결정구조를 가지고 있고, 어떻게 의사결정이 이루어
지는가 하는 것이 [그림 15-1: BIS 주요 조직 및 위원회]에 나타나 있다. 역사
적 우연성과 경험을 통한 제도적 진화, 그리고 전문적 식견이 복합적으로 작용
하여 만들어진 BIS 이사회 및 전문위원회는 열린-비결정적 시스템 속에서 각
국의 은행시스템이 효과적으로 작동하기 위해서 어떤 의사결정구조를 가지고
어떻게 의사결정이 이루어져야 하는가를 잘 보여준다.

BIS가 효과적인 의사결정구조를 가지고 있고, 전문성 있는 의사결정을 하
고 있다는 것은 금융시장의 운영에 어떤 의미를 가지는가?

만약 BIS가 효과적으로 전문성을 발휘하는 역할을 하지 못한다면, 각국의
금융시장 그리고 금융시장 간의 결제 시스템은 제대로 작동하지 못하게 된다.
이것은 시스템의 비효율성의 문제만이 아니고 금융거래의 당사자(금융기관 및 고
객) 간에 금융거래 자체에 대한 신뢰의 상실로 인하여 거래가 실종되는, 즉 거래
관계가 해체(unravelling)되는 결과로 이어진다.

BIS가 효과적인 의사결정구조를 가지고 전문성 있는 역할을 수행함으로써
새로운 금융시장이 만들어지고 계속적으로 새로운 금융거래가 생겨나게 된 것이다.

┃그림 15-1: BIS 주요 조직 및 위원회

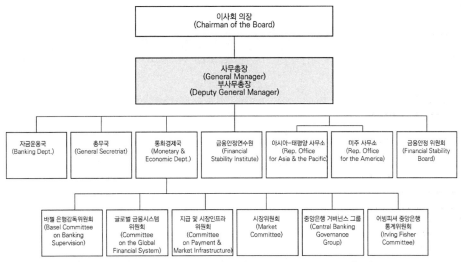

주: 1) 금융안정위원회 외에 국제예금보험기구협회(IADI), 국제보험감독자 협의회(IAIS)의 사무국도 BIS 내에 위치해 있으며 BIS는 동기구들의 운영경비를 지원함.
자료: 한은, *국제금융기구(2018)*, 120쪽.

15-3 바젤은행감독위원회(BCBS)와 은행의 규제감독

금융기관의 운용과 관련해서 우리에게 낯익은 조직은 바젤은행감독위원회(BCBS: Basel committee on banking supervision)이다. 이 위원회는 Basel I, II, III로 알려진 은행부분 자기자본 규제에 관한 협약을 제정하였고, 대부분의 국가가 이 협약을 준수하게 됨으로써, 이 협약을 적용하여 1998년 금융권 구조조정을 시행하였던 우리나라의 일반인에게도 알려지게 되었다. 1997년 금융위기 때, 금융부문 구조조정에서 은행의 파산을 결정하는 기준의 중요한 잣대 중 하나가 Basel II의 은행 자기자본 비율 8%였다. 이 8%라는 숫자는 어떻게 얻어진 것일까? 결론을 말한다면 경험으로부터이다. 물론 전문가의 경험이다.

이 말은 전문적 모델에 의한 시뮬레이션이 중요하지 않다는 의미가 아니다. 전문적 모델의 최적화 접근법은 당연히 중요하다. 그러나 분명한 사실은 금융의 또는 금융기관의 안정성을 판단하는 기준을 정한다는 것은 궁극적으로 공감차원의 비결정적(indeterminate) 시스템에 속하는 문제라는 것이다. 8%는 어떤 모델의 최적화 결과로 나온 수치일 수 없다는 것이다. 모델 최적화 분석의 결과는 참고지표일 뿐이다. 8%는 전문적 모델을 포함하여 모든 정보를 분석한 이 분야 전문가의 오랜 경험의 판단에 의해서 얻을 수밖에 없는 수치라는 것이다.[80] 그렇게 해서 얻은 은행의 자기자본의무비율 8%는 은행의 감독지표로 요긴하게 사용된다. 마치 고속도로 주행 제한속도, 예컨대 시속 100킬로미터를 표준으로 정해서 이를 위반하는 차량을 단속함으로써 교통질서를 만들어가는 것과 같다.

> 1970년대 초 … 자본흐름이 자유화되고 정보통신기술이 발전하는 등 국제금융환경에 근본적 변화가 나타나게 되었다. 각국 은행을 비롯한 금융시장 참가자들은 이러한 환경에서 새로운 이익창출 기회를 찾아 활발하게 활동했다. 그 결과 금융시장의 상호연계성은 증대되었으나 은행감독은 국별 감독체계에만 의존함에 따라 국제적으로 활동하는 은행들을 규제하는 데 한계가 생겼다. 이와 더불어 국제영업행위은행의 부실화 및 도산 시 글로벌 금융시스템에 치명적 영향을 초래할 수 있다는 우려가 제기되면서 국제적으로 통일된 은행감독기준 제정 필요성이 대두되었다. 실제로 1974년 독일의 헤르슈타트 은행(Bankhaus Herstatt)의 도산이 국제외환시장 및 은행시스템에 심각한 영향을 미치면서 글로벌 은행감독기준 마련을 위한 공조가 필요하다는 주장이 힘을 얻게 되었다. 그 결과 1974년 말 G10 국가 중앙은행 총재회의의 결의로 바젤은행감독위원회(BCBS)가 설립되었다. BCBS는 조약 또는 근거법이 아닌 G10 국가 간 비강제적 합의를 설립근거로 하고 있으므로 국제기구로서의 지위를 갖는다고 보기 어려우며 초국가적 은행감독법규의 제정 권한도 가지고 있지 않았다. 따라서 BCBS는 최소한의 공통원칙을 제시하고 이를 감독당국이 자국 실정에 따라 적용토록 하는 것이 바람직하다는 입장을 견지하였다(한은, *국제금융기구(2018)*, 140쪽).

국제교역과 투자 활동이 빈번해짐에 따라 이를 뒷받침하는 국제금융 교류

---

80) 이와 관련해서 떠오르는 생각은 중앙은행의 기준금리를 정하는 프로세스이다. '이제 금리를 올릴(또는 내릴) 타이밍인가?' 올린다면(또는 내린다면) 얼마나? 금융통화위원회(또는 미국 FOMC)의 의사결정이 어떻게 이루어지는가 하는 것은 일반인이 궁금해 하는 대목이다. 엄청나게 전문적이고 복잡한 모델의 최적화 분석을 통해서 결론을 얻을 것이라고 추측하곤 한다. 물론 금융전문가들이 참고하는 지표는 이를 이해하고 분석하는데 전문성을 요구한다. 그러나 정책결론은 최적화 분석의 결과로 얻어질 수가 없는 것이다. 왜냐하면 공감차원의 비결정적 시스템에 속하는 문제이기 때문이다. 결국 최종적 정책결정은 '이제 0.25% 올릴(또는 내릴) 때가 된 것 아냐?' 하는 직관적 판단에 의존하게 된다는 말이다.

도 증가하게 된다. 따라서 국가 간의 금융시장 상호연계성도 증가하게 되었다. 이는 은행 등 금융기관 활동이 국가 간에 활발해졌다는 것을 말한다. 반면 은행 등의 활동에 대한 감독체계는 개별국가 국별 체계에 의존하고 있었다. 금융기관의 국제적 교류가 증가함에 따라 국제적 감독체계의 취약성 때문에 금융거래의 안정성이 위협을 받게 되었다는 것을 의미한다.

국제적 금융 및 실물교류의 공감교환(또는 관계교환)이 애컬로프형 신뢰의 상실로 인하여 거래의 실종현상, 즉 시장(교환)의 해체에 이르게 된 것이다. 이 문제는 1974년 헤르슈타트 은행의 도산으로 당면한 이슈가 되었다. 이 사건을 계기로 글로벌 은행감독기준을 마련해야 한다는 공감에 이르게 된다. 그 결과 1974년 말 G10 국가 중앙은행 총재회의의 결의로 바젤은행감독위원회(BCBS)가 설립되었다.

바젤은행감독위원회(BCBS) 사례는 공감차원에서 경험에 의해서 제도발전이 이루어지는 과정을 잘 보여준다. [그림 8-4]에서, 제도발전의 역사적 진화과정이 금융거래 사업심 간의 교류로 나타나는 공감차원에서의 모습을 사례로 보여준다.

▌그림 15-2: BCBS 조직도

중앙은행 총재 및 감독기관장 회의
(GHoS: Group of Governors and Heads of Supervision)

바젤은행감독위원회
(BCBS: Basel Committee on Banking Supervision)

의장(Chairman)
· 회의 소집 및 주재
· 위원회의 주요활동상황 점검
· 임기3년(한 차례 연임 가능)

정책개발그룹
(Policy Development Group)
· 은행시스템의 건전성 제고
· 양질의 은행감독기준 제정

감독-이행 그룹
(Supervision and Implementation Group)
· 제정기준의 적시성과 일관성을 갖춘 효과적 이행 및 이를 위한 회원국 이행상황 모니터링
· 은행감독 관행의 개선 촉진

거시건전성 감독그룹
(Macroprudential Supervision Group)
· 시스템 리스크 모니터링
· 거시건전성-시스템적 중요 은행 감독 관련동향 모니터링 및 정책개발

회계전문가 그룹
(Accounting Experts Group)
· 회계기준-보고-감사의 질적 향상 및 조화로운 적용을 통한 은행의 리스크 관리 및 시장규율 강화

바젤자문그룹
(Basel Consultative Group)
· 전 세계 감독당국과의 협력 강화
· 정책개발 과정에서 비회원국 감독당국 및 국제협의체의 의견 수렴

BCBS 사무국(Secretariat)

자료: 한은, *국제금융기구(2018)*, 144쪽.

이러한 상황에서 1980년대 중반 이후 BCBS의 활동은 세계각국 감독당국
이 공통적으로 적용할 수 있는 자본적정성 규제를 마련하는 데 중점을 두
었으며, 그 결과물이 바젤 자본규제이다. 1988년 6월 발표된 바젤 I과 2004
년 6월 발표된 바젤 II는 은행이 영업을 영위하는 과정에서 노출되어 있는
리스크요인을 식별하고 측정방법을 제시하는 한편, 국제영업영위은행으로
하여금 동 방법으로 측정된 은행 자산 내 리스크의 총량인 위험가중자산
(RWA: risk−weighted assets) 대비 8% 이상의 자본을 상시 유지하도록
의무화하였다. 특히 바젤 II는 자본적정성에 대한 국제기준 제정을 목표로
하였다는 점에서 은행 규제−감독에 있어 BCBS의 확대된 국제적 영향력을
보여준다고 할 수 있다(한은, *국제금융기구(2018)*, 146쪽).

1980년대 중반 이후, 국제금융활동을 면밀히 관찰한 BCBS는 세계각국 감
독당국이 공통적으로 적용할 수 있는 자본적정성 규제를 마련하였다. 이것이 바
젤 자본규제이다. 1988년 6월 바젤 I이 2004년 6월 바젤 II가 발표된다. 애컬로
프형 거래의 실종(unravelling)을 막기 위해서는 표준제도, 예컨대, 중고차의 품질
표준제도를 도입하는 것이 필요하다고 했다. 금융시장에도 마찬가지로 표준제도
가 도입되어야 거래의 실종을 막고, 새로운 금융거래활동을 창출(금융시장의 조
성)해낼 수 있는 것이다.

바젤 자본규제는 은행의 신용창출 행동에 행동표준을 마련하는 것이다. [그
림 8−4]에서와 같이 금융거래 행동, 즉 금융거래 사업심 간 교류의 반복된 경
험을 통해서 표준제도는 더 효율적인 제도로 개선되게 된다. 그것이 바젤 I에서
바젤 II로의 진화이다.

15-4 바젤 III 도입

은행의 신용창출 행동에 행동표준을 마련한 것이 바젤 자본규제라고 했다.
이러한 행동표준은 최적화−균형 모델로부터 유도해낼 수 있는 결정적(determinate)
해답이 아니다. 열린−비결정적 시스템에서 반복된 경험으로부터 얻어낼 수 있는
것이다. 바젤 I, 바젤 II가 마련되어 있었지만, 2008년의 국제금융위기의 경험은,
변화된 국제금융 활동의 환경에서, 더 세밀하게 전문화된 행동표준이 설정되어야,
국제금융질서의 안정성이 회복될 수 있고, 한편으로 국제금융위기에서 금융시장의

안정성을 회복하고 다른 한편으로 새로운 금융활동을 유도해낼 수 있음을 시사하고 있었다.

바젤 규제가 글로벌 은행 규제－감독 기준으로서 은행의 영업활동에 광범위한 영향을 미치게 됨에 따라 역설적으로 바젤 규제의 한계점이 국별 및 글로벌 은행시스템의 취약성을 증폭시킬 수 있다는 우려가 제기되었다. 금융위기를 통해 이러한 우려가 현실화됨에 따라 BCBS는 바젤II 자본규제체계의 한계점을 보완하게 된다. ⋯ 2009년 7월 14일 '신바젤 자기자본 협약 개선안(Enhancement to the Basel II framework)'을, 2010년 12월 16일 '은행부문의 복원력 강화를 위한 글로벌 규제체계(Basel III: A global regulatory framework for more resilient banks and banking systems)' 및 '유동성리스크 측정, 기준 및 모니터링을 위한 국제규제체계(Basel III: International framework for liquidity risk measurement, standards and monitoring)'를 발표하였다.

바젤III는 기존 자본규제의 문제점을 보완하는데 중점을 두고 진행되었다. 먼저 규제자본의 질을 제고하기 위해 즉각적으로 손실흡수가 가능한 보통주 자본 중심으로 자본규제를 재편하고, 비자본증권의 규제자본인정범위를 엄격하게 제한하였다. 또한 최저 자본비율(8%) 충족 시 가장 양질의 자본인 보통주 자본과 기본자본을 각각 4.5% 및 6% 이상 유지하도록 의무화하였다. 규제자본의 양적 확충 측면에서는 모든 국제영업영위은행으로 하여금 최저 자기자본에 더하여 2.5%의 보통주 자본을 추가 적립하도록 하는 자본보전 완충자본(capital conservation buffer)을 도입하였다. 또한 거시건전성 요인을 고려하여 은행별－국별로 자본을 추가 적립하도록 하였다. 도산 시 금융시스템 전체에 미칠 수 있는 부정적 영향이 큰 글로벌 시스템적 중요은행(G－SIB: global systemically important bank)의 복원력을 강화하기 위해 시스템적 중요도에 따라 1.0%~2.5%의 보통주 자본을 추가 적립하도록 하는 한편, 국별 감독당국의 금융 싸이클 판단에 따라 최대 2.5%의 경기대응완충자본(countercyclical buffer)을 보통주 자본으로 적립하도록 하였다. 경기대응완충자본은 자본확충이 상대적으로 용이한 호황기에 미래 손실에 대비한 추가 자본적립을 의무화하고, 경기 하강기에 자본적립 의무비율을 완화하여 은행이 기 적립된 자본을 손실 흡수에 활용하도록 유도함으로써 경기 하강기의 신용공급 축소 등 경기순응성으로 인한 문제점을 완화하도록 대처하였다.

┃그림 15-3: 바젤Ⅲ와 바젤Ⅱ 간 보통주자본 규제 비교

	바젤Ⅲ		바젤Ⅱ
	G-SIB	비G-SIB	
완충자본	경기대응완충자본 (0~2.5%)		
	G-SIB 추가자본 (1.0~2.5%)	경기대응 완충자본 (0~2.5%)	
	자본보전 완충자본 (2.5%)	자본보전 완충자본 (2.5%)	
최저 자기자본	보통주 자본 (4.5%)	보통주 자본 (4.5%)	
			보통주 자본 (2.0%)

자료: 한은, *국제금융기구(2018)*, 150쪽.

또한 리스크에 기반한 자본규제체계의 한계를 극복하기 위해 비리스크 기반(non-risk based) 규제인 레버리지비율과 거액익스포저 한도를 도입하였다. 두 규제는 각각 은행이 보유 중인 전체 익스포저의 총량과 특정 차주에 대한 익스포저 총량을 제한하는 것을 목적으로 하므로 위험가중치를 적용하지 않은 명목가액 기준으로 익스포저를 측정한다.

레버리지비율(leverage ratio) 규제는 은행의 레버리지를 자본의 일정 배수 이하로 제한 함으로써 경기 하강기에 은행들이 급격한 자산 감축(deleveraging)에 나설 경우 초래될 수 있는 과도한 신용공급 위축과 금융불안을 최소화하기 위한 것이다. 레버리지비율은 총익스포저 대비 기본자본의 비율로 정의되며 모든 은행들이 항상 동 비율을 3% 이상으로 유지하도록 규율함으로써 리스크 과소 측정으로 인한 복원력 부족 등의 문제를 일부 보완하는 역할을 한다.

거액익스포저는 단일 차주 또는 경제적으로 연계된 차주들(group of connected counterparties)에 대한 신용리스크 익스포저의 합계가 기본자본의 10% 이상인 경우로 정의된다. 거액익스포저 규제는 은행의 감독당국 앞 거액익스포저 현황 보고를 의무화하는 한편 거액익스포저가 해당 은행 기본자본의 25%를 초과할 수 없도록 하였다. 또한 G-SIB 간 상호연계성을 축소하고 위기 시 전염효과를 차단하기 위하여 G-SIB 간 거액익스포저에 대해서는 더욱 강화된 한도인 15%를 적용한다.

한편 BCBS는 유동성 위기에 대비한 은행들의 복원력을 강화하기 위해 유동성커버리지비율(LCR: liquidity coverage ratio)과 순안정자금조달비율(NSFR: net stable funding ratio) 규제를 도입하였다. LCR은 금융시장의 유동성 경색이 30일 간 지속될 경우 보유중인 고유동성자산(HQLA: high quality liquid assets)을 통해 필요한 자금을 얼마나 조달할 수 있는지를 나타내는 지표이다. NSFR은 장기 유동성 기준으로서 은행 보유 자산이 안정적 자금으로 얼마나 조달되고 있는지를 나타내는 비율이다. 유동성 규제는 LCR과 NSFR을 모두 100% 이상으로 유지하도록 규정하고 있는데, 두 비율 모두 이를 충족하면 해당 은행의 유동성에 문제가 없음을 의미한다.

이와 같은 규제체계 개편이 실효를 거두기 위해서는 규제체계의 설계 못지않게 실제 이행이 중요하다는 인식이 확대되었다. 이에 따라 BCBS는 2012년 4월 바젤III 규제 이행을 평가하기 위하여 '규제 일관성 평가 프로그램(RCAP: regulatory consistency assessment program)'을 마련하였다. RCAP는 전체 회원국을 대상으로 바젤III 규제를 합의된 일정에 맞추어 도입하고 있는지를 정기적으로 점검하는 모니터링 부문과, 특정 회원국의 이행상황을 실사하는 평가 부문으로 구성된다. RCAP은 수검국의 규제가 관련 바젤 규제의 취지에 부합하도록 내규화 되었는지를 평가하고 미흡한 점이 발견되는 경우 개선을 요구함으로써 각국이 바젤 규제체계를 완전하고 일관성 있게 이행하도록 독려하고자 하는 것이다(한은, *국제금융기구 (2018)*, 148-152쪽).

이상에서 일별한 금융감독기구로서의 BIS의 운용과 BIS은행감독기준 체계의 내용을 한 마디로 정리한다면 그것은 '금융시장에서 신뢰의 제도화(the institutionalization of trust)'이다. 표준(standards)은 신뢰의 제도화를 이루기 위한 가장 기본적 제도장치가 되는 셈이다. 어떻게 금융시장 시스템을 안정적으로 운용할 수 있는가? 이 질문이 BIS에 주어진 것이며, 이에 대한 BIS의 대답이 이상에서 정리한 은행의 규제 감독-기준 제도이다. 이러한 은행의 규제 감독-기준 제도는 경험으로 얻은 것들이다. 즉 견해 B의 접근방법에 따라서 경험을 통해서 찾아낸 것들이다.

공감차원의 경험론적 현상으로서의 BIS 은행 규제 감독-기준 제도

BIS의 은행 규제 감독-기준 제도를 이해하기 위해서는 다음 3가지 사실을 이해해야 한다.

첫째, 금융거래는 특정 금융기관과 특정 고객 사이의 거래라는 사실이다. BIS 은행 규제 감독-기준 제도는 금융기관의 안정성을 확보하기 위한 장치인데 금융기관의 안정성이 문제가 되는 것은 특정 금융기관과 특정 고객 사이의 거래에서 발생하는 문제이다.

자본의 수요자 일반과 자본의 공급자 일반 간의 거래에서는 이미 금융기관 안정성은 외생적 요인으로 간주되고 있고 다만 자본거래의 가격, 즉 금리만 관심사로 국한된다. 금융기관의 안정성에 관심을 가지는 것은 투자자인 '나'이지 투자가 일반으로 합산되면(aggregated), 각자 의견이 달라서 행동으로 연결될 수가 없다.

특정 금융기관이 특정 고객에게 자금을 빌려준다고 문제가 설정되어야 이 고객에게 자금을 빌려주고 안정적으로 자금의 회수가 가능할 것인가를 생각할 수 있게 된다. 그래야 고객의 신용상태를 살필 수 있게 되고 자신의 자금관리 방식을 어떻게 하는 것이 현명한지를 생각할 수 있게 된다. 금융기관의 신용을 살피는 그 반대의 경우도 마찬가지로 성립이 가능해진다. 이것이 공감차원의 접근이다.

그것이 특정 금융기관이든 금융기관의 개별 고객이든 금융거래에 임하는 모든 개별 주체는 자신의 인지시스템에 따르는 금융거래 행동을 하게 된다. 이것이 사업심 행동(entrepreneurial behavior)이다. 이 사업심 행동이 공감차원의 관계교환 행동이다(견해 B). BIS의 은행 규제 감독-기준 제도가 중요해도 합리적 의사결정 모델(RAM)에서 이를 파악할 수 없는 것은 RAM에서는 자본거래가 합산된 자본의 수요자 일반과 합산된 자본의 공급자 일반 간의 거래로 파악되고 있기 때문이다. RAM에서는 가격변수(예컨대, 금리) 또는 비용변수가 금융거래를 설명하는 기본구조가 된다. 금융거래를 설명함에 있어서, 금융시장의 BIS의 은행 규제 감독-기준 제도가 끼어들 여지는 없다.

둘째, 금융거래는 공감차원의 공감교환 (또는 관계교환) 행동이다. 금융거래가 자본의 수요자 일반과 자본의 공급자 일반 간의 거래 $D(p) = S(p)$가 아니라

고 했다. 금융거래는 특정 금융기관과 특정 고객 사이의 거래라고 했다. 특정 금융기관과 특정 고객 사이의 금융거래는 합산된(aggregated) 거래가 아니고 개별적 거래이다. 개별 특정 금융기관은 개별 고객을 상대함에 있어서 그 고객에 대해서 개별적 특성을 파악하고 차별적 금리(프라임 등급 적용 여부)와 차별적 대우 서비스를 가지고 거래에 임하게 된다.

시장의 거래가 시장청산거래, 즉 $D(p) = S(p)$로 인식되게 된 것은 거래의 주체들이 모든 경제행동을 가치－비용 척도에 따라 일관되게 측정할 수 있다고 전제(CMVCI: consistent measuring of the value－cost indices)하였기 때문이다. 합리적 의사결정 모델(RAM)은 이 전제 위에서 출발하고 있다. 이러한 견해 A의 접근방법은 금융기관의 안정성이 이미 확보되어서 은행 규제 감독－기준 제도 자체에 대해서 염려할 필요성이 없다고 하는 것과 같다.

행동경제학의 수많은 실험들은 합리적 의사결정 모델(RAM)의 기본가설, 즉 경제행동을 가치－비용 척도에 따라 일관되게 측정할 수 있다는 전제(CMVCI: consistent measuring of the value－cost indices) 자체를 부정하고 있다. 모든 거래(물론 시장거래를 포함)는 시장청산시스템, 즉 $D(p) = S(p)$에 의해서 이루어지는 것이 아니라, 공감과정(SP: sympathy process)에 의해서 이루어질 수밖에 없다는 말이 된다.

BIS은행감독기준 체계는 금융시장에서 신뢰의 제도화(the institutionalization of trust)는 공감차원의 경험론적 현상이다. 자본주의 시장경제는 공감차원에서만 이해될 수 있는 것이다. 경제학이 분석적 차원에서 BIS 은행 규제 감독－기준 제도를 제대로 이해하는 데 실패한 이유는 경제학에서 공감차원과 경험론의 경제학이 이해되지 못하고 있기 때문인 것이다.

셋째, 거래가 영(zero)이라는 것과 거래의 실종을 구분할 수 있어야 한다. 전자는 거래가 이루어지는 것을 전제로 한 개념이다. 거래는 당연히 이루어지는데, 가격조건에 따라서 '가격이 얼마면, 거래량이 얼마고' 하는 식의 결정적 거래이다. CMVCI를 전제로 견해 A에 따라서 최적화－균형해의 결과로 나타나는 결정적(determinate) 의사결정의 거래 스케줄이다. 가격이 맞지 않으면 거래는 영이 된다. 그러나 거래할 의사는 분명히 존재하고 있다. 따라서 가격조건이 변하면 금방이라도 거래는 성립될 수 있다.

그러나 후자, 즉 거래의 실종은 다르다. 이것은 애컬로프의 레몬시장의 경우를 말한다. 이것은 단순히 거래가 안 일어나는 현상(영의 거래)만이 아니다. 신뢰의 상실로 시장 자체가 붕괴(unraveling)되는 경우이다. 가격조건이 변화해도 거래가 일어나지 않는다. 즉, 가격기구가 실패하게 된다(Rhee, 2018d, 2020). 어떻게 이런 현상이 나타날 수 있는가? 지금까지 경제학은 이 경우를 설명하는데 성공적이지 못했다.

애컬로프(1970)는 이 후자의 문제를 지적하였다. 하지만, 그 현상을 설명함에 있어서 합리적 의사결정 모델(RAM)을 동원함으로써 문제의 내용 파악에 혼란을 주게 된다. 오히려 1991년 AER논문의 태만(procrastination) 개념이 현상 설명에 더 가깝다고 볼 수 있다. 문제의 핵심은 이것이 열린-비결정적 시스템(OIS)의 문제인지를 파악하고 있는가 하는 것이다.

거래는 공감차원의 현상이다. 공감차원의 현상은 결정적 현상이 아니고 비결정적(indeterminate) 현상이다. 견해 A가 아니라, 견해 B로만 설명이 가능한 현상이다. 우리는 거래에 임할 때, 산다는 것을 전제로 '얼마 만큼을 살 것인가'의 결정적 의사결정을 하는 것이 아니다. 오히려 '살 것인가, 안 살 것인가'의 비결정(indeterminate)의 의사결정을 한다. 여기서 '안 사는 것(비거래)"은 거래의 실종(pull-out)을 의미한다.

저자는 이미 이 경우를 망설임(wavering)이라고 표현한 바 있다. 망설임은 거래 행위로부터의 망설임이다. BIS의 은행자본규제는 신뢰의 제도화를 통해서 거래의 실종(또는 시장의 해체, 또는 거래의 실종, 망설임)으로부터 거래를 보호하는 것이다. 시장이 해체되는 것은 막고 새로운 시장을 조성되도록 하는 것이다. 이것이 바젤 I, II, III를 도입하게 된 동기인 것이다.

15-6 신용평가(credit rating) 제도

금융시장이 신뢰의 제도화 위에 만들어져 있다는 것을 BIS의 사례에서 살펴 보았다. 금융시장에서 신뢰의 제도화에 다른 사례는 신용평가(credit rating) 제도이다. 신용평가 제도가 금융거래에 핵심적 제도라는 것은 금융거래가 공감차원의 관계교환이라는 분명한 증거이다. 신용평가가 있어야 금융거래가 이루어진다면 그것이 공감과정을 통해서 이루어지는 관계교환이 아니고 무엇이란 말인가?

다른 시장도 마찬가지이지만, 특히 금융시장은 가격을 매개로 고도로 제도화 된 금융상품의 거래가 이루어진다. 은행대출, 회사채, 국채, 주식평가, 자산유동화 증권 가격, 파생상품, 선물 등이다. 이들 금융상품의 거래는 믿을 수 있는 신용평가를 전제로 한다.

신용평가 제도는 다름 아닌 공감차원의 경험론적 현상이다. 우리는 공감차원을 의식하지 않고 신용평가 제도를 만들고 운용해왔다. 신용평가 제도의 현실적 필요성을 인식하면서도 그것을 설명할 분석적 구도를 찾지 못하였다. 신용이 평가되는 공감으로 설정된 경험론 차원이 가치-비용 합리성 차원과 구분되는 분석적 구도를 설명하지 못하고 어설픈 설명으로 얼버무려지고 있었다는 말이 된다.

공감차원이 등장하지 않는 분석구도에서 신용평가는 그 의미가 제대로 이해될 수 없다. 공감차원은 그 자체로 열린-비결정적 시스템을 의미한다. 즉, 신용평가란 열린-비결정적 시스템의 경험론적 현상이란 의미이다. 어떤 지표나 공식(formula)을 가지고 신용평가지표를 계산하는 것은 불가능하다는 말이다. 신용평가의 세계는 비결정성(indeterminateness), 우연성(coincidence), 경로의존성(path dependence)의 영역, 즉 공감차원의 경험론 영역에 속한 현상이다. 신용평가를 완전하게 계산해낼 최적화 모델이란 존재하지 않는다.

그렇다면 전문성이 필요 없다는 말인가? 오히려 그 반대이다. 그렇기 때문에 경험에 바탕을 둔 전문성이 필요하다는 말이 된다. 전문가가 신용평가를 할 때, 각종의 정보와 지표 그리고 최적화 모델과 시뮬레이션을 사용하게 된다. 그렇지만 그 어느 것도 완전한 신용평가의 지수를 계산해낼 수는 없는 것이고 모두가 참고 지표일 뿐이다. 그렇기 때문에 높은 수준의 전문가와 그렇지 못한 전문가가 구분된다.

따라서 전문가에 따라서 신용평가의 방식은 같을 수도 없다. [그림 15-4: Big three의 신용평가 표시방식 비교]는 Moody's, S&P, Fitch 3사의 신용평가 표시방식을 비교하고 있다.

그림 15-4: Big three의 신용평가 표시방식 비교

Moody's		S&P		Fitch		Rating description	
Long-term	short-term	Long-term	short-term	Long-term	short-term		
Aaa	P-1	AAA	A-1+	AAA	F1+	prime	
Aa1		AA+		AA+		High grade	
Aa2		AA		AA			
Aa3		AA-		AA-			
A1		A+	A-1+	A+	F1	Upper	
A2		A		A		medium	
A3	P-2	A-		A-	F2	grade	
Baa1		BBB+	A-2	BBB+		Lower	
Baa2	P-3	BBB		BBB	F3	medium	
Baa3		BBB-	A-3	BBB-		grade	
Ba1	Not Prime	BB+		BB+		Non-invest	
Ba2		BB		BB		ment grade	
Ba3		BB-	B	BB-	B	speculative	
B1		B+		B+			
B2		B		B		Highly	
B3		B-		B-		speculative	
Caa1		CCC+		CCC+			
Caa2		CCC		CCC		Substantial	
Caa3		CCC-	C	CCC-	C	risks	
Ca		CC		CC		Extremely speculative	
		C		C		Default imminent	
C		RD		DDD			
/		SD	D	D	D	In Default	
/		D		D			

우리나라는 신용평가 3사(한국기업평가, 한국신용평가, NICE신용평가)가 신용평가시장을 거의 비슷한 비율로 3분할하고 있다. 각 신용평가 기관이 개발한 신용평가의 방식은 경험과 (경험론적) 전문성을 결합하여 만들어낸 것이다.

제16장 지급결제 제도

지급결제 제도란?

> 지급결제(payment and settlement) 제도란 경제주체들이 지급수단을 이용
> 하여 각종 경제활동에 따라 발생하는 거래당사자 간의 지급결제의 채권-
> 채무관계를 청산-해소하는 행위를 말한다(한은, *한국의 지급결제 제도*
> *(2014), 5쪽*).

이미 12장 5절에서 금융시장의 제도형식과 관련해서 지급결제 제도를 소개
한 바 있지만, 여기서는 우리나라의 지급결제 제도를 소개한다. 선진적 지급결
제 시스템을 갖춘 국가와 그렇지 못한 국가의 상행위, 즉 교환거래는 전혀 다르
다. 따라서 가격의 결정도 같지 않고 교환의 물량도 같지 않다. 금융시장이 발달
되었느냐 하는 것은 선진국 경제의 틀이 마련되었는가를 판단하는 잣대가 된다.

합리적 의사결정모델이 '시장이 무엇인가?' 하는 문제에 답을 하지 못하는
이유는 합리적 의사결정 모델이 지급결제 제도를 파악하지 못하는 이유와 동일
하다. 시장은 주어진 것이 아니라 만들어가는 것이다. 금융시장도 마찬가지이다.
한 국가의 금융시장이 얼마나 발전되어 있는가 하는 것은 그 나라의 지급결제
제도의 발달 정도에 나타나 있다고 해도 과언이 아니다.[81]

지급결제 제도란 단순히 (거래)비용의 문제가 아니다. 즉, 얼마의 비용만 지
불하면 마찰없이 자동적으로 성취되는 것이 아니라는 것이다. 지급결제 제도를
조직으로 관리할 기구가 필요하며, 이를 위한 법, 규정의 제정을 필요로 한다.

---

81) 시장경제가 자생적 질서(spontaneous order)의 결과이며 사람의 인위적 노력이 가지는 역할에
대해서 크게 평가하지 않는다는 생각(Hayek, 1973)은 현대의 시장경제가 고도로 디자인된 지급
결제시스템에서만 작동이 가능하다는 사실에 주목할 필요가 있다. 시장은 주어진 것이 아니라
만들어내는 것이다. 뷰케넌(James M. Buchanan) 교수는 이러한 하이에크의 포지션에 대한 필
자의 질문(2004년 봄학기)에 대하여 초기의 하이에크와 후기의 하이에크가 다르다고 말해주었
다. 고(故) 뷰케넌 교수께 감사드린다.

물론 이 기구를 운영하기 위한 예산의 조달 방식이 마련되어야 한다. 또한 이 기구를 관리할 관리인력 및 경영자가 있어야 한다. 우리나라에서는 한국은행이 총괄적으로 지급결제 시스템을 관리하고 있다.

이러한 지급결제 제도를 만들어내고, 그것이 운용되는 수많은 규정과 관행을 정하고, 그 인프라를 구축하고, 전체 시스템을 운영할 인력을 교육하고, 일반 금융이용자들이 이에 적응하여 행동하게 하되 그 모든 과정이 법치(the rule of law)의 테두리 안에서 이루어지도록 하는 것이다. 이 과정은 수많은 경험과 세월을 필요로 한다.

16-2 \ 금융시장인프라

우리가 사용하는 지급수단에는 여러 가지가 있지만 그 근간을 이루고 있는 것은 현금이다 … 어떤 거래에서나 현금을 지급하면 더 이상의 결제과정을 거칠 필요가 없이 지급결제가 마무리 된다. 그러나 소액의 일반 상거래를 제외한 대부분의 거래에는 현금 대신 계좌이체, 지급카드, 어음-수표 등의 지급수단이 사용된다. 이러한 비현금 지급수단은 지급인이 자신의 거래은행에 맡겨 놓은 돈을 수취인에게 지급하여 줄 것을 요청하는 수단에 불과하다. 그러므로 이러한 지급수단을 사용하는 경우에는 지급인의 금융기관 예금계좌에서 해당 금액을 인출하여 수취인의 예금계좌로 입금하여 주는 금융기관 간의 자금이체 절차를 거쳐야 한다.

금융기관 간의 자금이체를 위해서는 지급인과 수취인이 지급지시를 주고받을 수 있는 접근장치와 접근채널이 필요하다. 주로 이용되는 접근장치로는 PC, 휴대전화, 플라스틱 카드와 금융기관이 제공하는 장표 등이 있다. 지급지시 정보가 금융기관에 전달되는 접근채널로는 금융기관이 제공하는 영업창구, 인터넷, CD/ATM 및 모바일 접근채널(애플리케이션, IC칩) 등이 이용되고 있다.

지급인과 수취인으로부터 금융기관에 전달된 지급지시는 각 금융기관이 중앙은행에 개설해 놓은 당좌예금계좌 간에 자금이체를 통하여 최종 결제된다. 즉, 중앙은행은 지급인이 거래하는 은행의 당좌예금계좌에서 자금을 출금하여 수취인이 거래하는 은행의 당좌예금 계좌로 입금하게 된다. 이와 같이 경제주체들의 일상적인 지급이나 금융상품 거래를 청산, 결제 또는 기록할 목적으로 사용되는 지급결제시스템을 금융시장인프라(FMI:

financial market infrastructures)라고 한다. 수취인의 입장에서 보면 상품 판매에 따른 대금결제는 금융시장 인프라를 통한 금융기관 간의 자금이체 과정을 거쳐 자신의 예금계좌에 대금이 입금되어야만 비로소 완료되는 것이다.(*한국의 지급결제 제도(2014)*, 5 - 6쪽)

▌ 그림 16-1: 지급결제 금융시장인프라

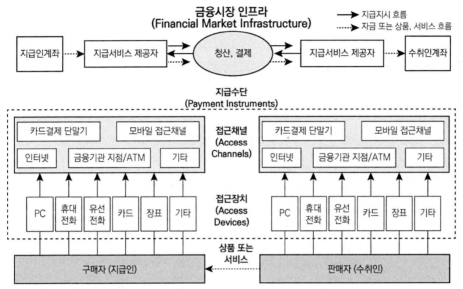

자료: 한은, *한국의 지급결제 제도(2014)*.

증권이나 외환 등의 금융상품 거래는 금융시장 인프라에 의해 직접 거래, 지급(payment), 청산(clearing), 결제(settlement)까지 이루어진다. 거래당사자 간 거래 확인(payment) 후 최종적으로 수취하거나 지급해야 할 차액을 산출하는 청산(clearing) 과정을 거쳐 자금의 이체 또는 증권의 이전을 통해 결제(settlement)가 실행되는데 이러한 과정은 모두 금융시장 인프라를 통해 처리된다. 이와 같이 현금 이외의 지급수단(그러나 금융상품)을 통한 자금 거래가 우리사회에서 널리 통용될 수 있는 것은 지급결제 제도를 통해 틀림없이 자금이 이전된다는 믿음이 있기 때문이다.(*한국의 지급결제 제도(2014)*, 6쪽)

지급결제 제도는 이 제도에 대한 믿음에서 출발한다. 금융위기 상황과 같이 이 제도에 대한 믿음이 갑자기 사라지게 되는 경우, 지급결제시스템은 작동을 중지하게 되고 이로 인해서 금융시장은 기능정지(시장의 해체) 상태가 된다. 이것은 공감차원의 현상이다. 지급결제 제도는 전형적인 공감차원의 현상이다.

16-3 결제리스크

결제리스크 문제의 본질은 결제리스크의 비결정성에 있다. 그런데, 결제리스크의 비결정성은 열린-비결정적 시스템으로 정의된 경제구조에서 설명될 수 있다. 합리적 의사결정모델(RAM)의 닫힌-결정적 시스템으로 파악된 경제구조에서는 이미 경제현상이 닫힌-결정적 시스템 현상으로 정의되기 때문에 지급결제 제도의 비결정성을 설명할 방법이 없다. 따라서 결제리스크가 외생적 현상으로 파악될 수밖에 없어서 외생적으로 파악된 결제리스크를 인위적으로 모델에 삽입하는 방식으로 모델화를 시도할 수 있을 뿐이다.

따라서 *한국의 지급결제 제도(2014)*가 결제리스크를 정의하는 방식도 열린-비결정적 시스템을 암묵적으로 가정하고 이를 정의하고 있다. 닫힌-결정적 시스템과 구분된 열린-비결정적 시스템을 명시적으로 밝히지 않고 있을 뿐이다.

*한국의 지급결제 제도(2014)*는 결제리스크를 "예기치 못한 사정으로 인해서 결제가 예정대로 이루어지지 않을 가능성 또는 그로 인하여 야기되는 손실발생 가능성"으로(*한국의 지급결제 제도(2014)*, 11쪽) 정의하고 있다. "결제리스크의 종류에는 신용리스크(credit risk), 유동성리스크(liquidity risk), 운영리스크(operational risk), 법률리스크(legal risk), 시스템리스크(systemic risk) 등이 있다"라고 하고 있다.

결제리스크를 5개로 분류해서 정의한다는 것도 경험에 기초한 것이다. 열린-비결정적 시스템에서 발생이 가능한 결제리스크를 5개 분야로 분류해보니 리스크 내용이 대체로 설명된다는 것이다. 5개 각각의 리스크도 리스크의 본질은 열린-비결정적 시스템이다. 이것은 닫힌-결정적 시스템으로 정의되는 모델링이 무용하다는 의미는 아니다. 각종 모델링을 통해서 우리는 전문적 식견을 통한 예측을 시도할 수 있고 그 효용성을 부정할 수 없다. 그렇다고 해도 결제리스크의 비결정성이 달라지는 것은 없다는 말이다. 모델링과 시뮬레이션의 예측을 참고할 수는 있겠지만, 최종적으로는 경험에 기초한 직관의 문제에 직면할 수밖에 없게 된다.

신용리스크는 금융시장인프라에 참가기관이 파산 등으로 결제시점에 지급
채무를 완전하게 이행하지 못할 경우에 발생할 수 있는 손실위험으로 원금
리스크(principal risk)와 대체비용리스크(replacement cost risk)로 나뉘어
진다. …유동성리스크는 금융시장인프라 참가기관이 단기적인 자금부족 등
으로 정해진 결제시점에 결제의무를 이행하지 못하는 경우 발생할 수 있는
리스크를 말한다. …운영리스크는 정보시스템이나 내부프로세스의 결함,
운영인력의 실수 또는 외부사건 등으로 인해 금융시장인프라가 제공하는
서비스의 축소, 질적 저하 또는 장애가 발생할 위험을 말한다.
…법률리스크는 법률이나 제도가 제대로 정비되어 있지 않거나 법적 불확
실성으로 인하여 결제가 완결되지 못하는 경우 발생하는 리스크를 의미한
다.…시스템적 리스크는 금융시장인프라에서 특정 참가기관의 결제불이행
이 다른 참가기관으로 확산되어 연쇄적인 결제불이행을 유발함으로써 금융
시장 전체의 안정성에 악영향을 미치는 결제리스크를 말한다.(*한국의 지급
결제 제도(2014)*, 11 – 14쪽)

결제리스크의 가장 최종적 요소는 결제시스템에 대한 신뢰의 상실이다. 신
용리스크, 유동성리스크, 운영리스크, 법률리스크, 시스템리스크는 신뢰의 상실
을 초래하는 원인이 되지만 리스크 자체는 아니다. 우리는 왕왕 갖가지 지표를
개발하여 위에 언급한 5개의 리스크 가능성을 계산하여 참고지표로 삼지만, 그
러나 그 지표의 수치가 표시하는 만큼의 리스크 가능성을 자동적으로 계산해주
는 것은 아니다. 리스크 지표가 높게 나와도 반드시 금융위기로 연결되는 것은
아니고 지표가 낮다고 반드시 금융위기가 그만큼 낮은 것도 아니다. 왜냐하면
신뢰는 공감차원의 현상이기 때문이다.[82]
  결제위험은 전적으로 공감차원에서만 존재하는 경험론적 요소이다. 이 차
원에서 현상의 특징은 비결정성(indeterminateness), 우연성(coincidence), 경로의
존성(path dependence)이다. 결제리스크의 단초는 현상의 비결정성에서 출발한
다. 여기에 우연성, 경로의존성이 발생하여 종국적으로 지급결제시스템에 대한
신뢰의 상실로 연결된다. 이 과정에서 각 단계의 현상에 대한 진단을 위해서 5
개의 리스크 지표에 대한 지표개발과 지표계산이 도움되는 것은 분명하다. 그러

---

82) 물론 이것은 리스크 지표를 개발하고, 지속적으로 그 위험을 계산하여 참고로 하는 관리가 필요
  없다는 것을 말하는 것이 아니다. 다만, 그것은 참고지표일 뿐이고, 리스크의 결정은 신뢰의 차
  원, 즉 공감차원에서 이루어지는 것이라는 말이다.

나 최종의 단계는 공감차원에서 경험적 판단의 몫이다.

16-4 \ 우리나라의 지급결제 제도

우리나라의 지급결제 제도는 선진국의 제도에서 개발 발전된 제도와 시스템을 도입하여 우리의 실정에 맞게 정착시킨 것이다. 그러니까 이것은 역사적 산물이고 여기에 혁신적 아이디어가 결합된 것이다. 금융거래는 그 자체가 비결정적(indeterminate) 시스템이기 때문이다. 그렇기 때문에 선진국 제도를 도입할 여지가 있고, 우리 실정에 맞게 개량할 혁신적 아이디어가 작동할 여지가 있다.

동시에 이것은 우연성(coincidence)의 영역이다. 필연적으로 그 유형의 제도여야만 한다고 할 수가 없다. 따라서 국가마다 그 국가의 실정에 맞는 제도와 시스템이 조금씩 다르다. 이것은 어느 제도가 거래비용(transaction cost)과 일관성 있게 연결될 수 없다는 것을 의미한다. 모든 제도가 거래비용과 일관성 있게 연결된다면 그 제도는 필연적 제도가 된다. 거래비용이 낮은 제도가 더 좋은 제도이기 때문이다. 역사의 성격상 그런 제도나 시스템은 존재하지 않는다.

어느 사회에서나 지급결제 제도의 발전과정은 경로의존성(path dependence)을 가진다. 따라서 국가마다 그 사회의 특성에 따라 발전된 제도가 서로 다르고 그러한 역사성은 차후 그 제도가 발전되어 나갈 방향에 영향을 미치게 된다. 이것이 우리나라의 지급결제 제도가(다른 나라의 지급결제 제도에서도 마찬가지이지만) 가진 일반적 특성이다.

즉, 지급결제 제도는 어느 나라의 제도이든 공감차원(SD: sympathy dimension)의 현상이고, 열린-비결정적 시스템(OIS: open-indeterminate system)이며, 경험론의 세계(the domain of empiricism)에 속하는 존재이다. 경험을 통해서만 찾을 수 있고 발전되는 존재이다. [그림 8-4: 공감과정으로서의 사업심과 제도발전]에서 그림으로 표현되고 있는 제도의 진화적(evolutionary) 발전과정을 통한 역사적 제도발전의 산물이다.

우리나라의 지급결제 제도는 한국은행을 정점으로 하는 지급결제 시스템으로 만들어져 있다. [그림 12-6: 우리나라의 지급결제시스템]은 이를 도식화 하여 보여주고 있다. 우리나라의 지급결제 시스템은 크게 3개의 축으로 구성되어 있다. 하나는 한국은행 산하의 금융결제원을 통해서 한은금융망 참가기관 간에 이루어지는 실시간 총액 및 상계결제 시스템이다. 이것은 원화 통화(Won currency)의 결제 시스템이다.

> 원화 통화의 결제시스템은 한은금융망(BOK-Wire+)을 통하여 이루어진다. 이 금융망을 통하여 거액결제, 소액결제가 이루어지는 중추의 역할을 한다. 우리나라 지급결제 시스템의 다른 2개의 축은 증권거래의 결제이고 외환거래 의 결제이다. 한은금융망은 증권거래 및 외환거래의 결제를 수행하는 중심축 의 역할을 한다. 모든 거래는 그것이 신용카드에 의한 거래이든 주식의 거래이 든 종국적으로 원화 통화의 결제를 통해서 완결되기 때문에 한은금융망이 지급결제 시스템의 중추를 이루게 된다. 한은금융망에 참가하는 참가기관에 는 국내은행, 외국은행 국내지점, 서민금융기관 중앙회, 금융투자업자, 보험 회사 기타 금융기관이 된다.(*한국의 금융제도(2011)*).

16-5 한은금융망

한은금융망은 1994년 12월에 가동하였다. 이 금융망을 통하여 한국은행과 금융기관의 전산시스템을 상호 연결하여 금융기관 간 거액의 자금이체를 실시 간 처리할 뿐만 아니라, 소액결제시스템에서의 금융기관 간 채권-채무를 지정 시점에 최종결제하는 허브센터의 역할을 한다. 또한 한은금융망을 중심으로 증 권거래대금 동시결제와 외환거래 동시결제가 이루어진다.

> 한은금융망의 결제시스템은 총액결제시스템과 혼합결제시스템으로 구분되 는데 전자는 순수 총액결제방식만이 적용되는 반면, 후자는 총액결제방식 과 양자간 및 다자간 동시처리방식이 모두 적용된다. … 금융기관이 신청 하는 거액의 자금이체거래는 접수 즉시 처리되지만 금융결제원이 다자간 차액결제금액을 산출하여 의뢰하는 차액결제업무, 상환기일이 명시된 콜자 금의 상환, 금융기관이 수납한 국고자금 회수 등은 특정시점을 지정하여 처리하고 있다.(*한국의 금융제도(2011)*, 306쪽)

총액결제란 모든 거래가 매 거래의 시점에 바로바로 지급결제가 이루어지 는 시스템이다. 그러나 차액결제란 일정 기간 이루어진 거래를 모았다가 차액 잔액만으로 지급 결제를 처리하는 시스템이다. 소액 거래의 경우 수많은 거래를 모두 지급 결제하려면 전산에 부과되는 부담이 크고 따라서 높은 처리비용과 번거로움이 발생한다. 상환기일이 명기된 콜자금의 상환, 금융기관이 수납한 국고자금의 경우 특정시점에 상환이 정해져 있어서 매 거래를 처리하지 않고 특정시점에 맞추어 그 때까지의 거래를 모아서 처리할 수 있다.

이러한 결제시스템의 확립 과정이 거래비용의 개념으로 설명될 수 있는가? 그렇다고 주장하는 사람들(견해 A)은 제도 시스템의 발전과정은 거래비용을 낮추는 경향이 있다고 한다. 제도가 발전하였다고 해서 일률적으로 거래비용이 낮아진다고 말할 수 있을까? 완전한 제도는 없다. 어느 제도에서든 기회주의적 행동의 불가예측성은 존재하며, 그로 인해서 초래될 거래비용은 일률적으로 낮아질 수가 없다.

그렇지 않다고 하는 사람(견해 B)은 거래비용의 잣대를 들이대면 시스템의 도입과 변화과정이 전혀 설명되지 않는다고 한다. 이 과정은 비결정성(indeterminateness), 우연성(coincidence), 경로의존성(path dependence)의 시스템의 영역이다.

우연적 혁신의 발생, 우연적 사건에 의한 의견충돌의 해결 또는 우연적 사건에 의한 분쟁의 발생은 어떻게 거래비용으로 설명이 가능한가? 이 과정은 공감차원의 현상이다. 비결정성이 경험론에 의해서 설명되는 세계이다. [그림 8-4: 공감과정으로서의 사업심과 제도발전]에서 그림으로 표현되고 있는 제도의 진화적(evolutionary) 발전과정을 통해서 설명될 수 있을 뿐이다. 가치-비용 합리성으로 설명이 불가능한 영역이다. 그만큼 역사적 변화의 과정은 유의미하다고 할 수 있다.

엄밀히 말하면, 이 공감과정은 편익주의적(utilitarian) 과정이라고 표현하는 것이 맞다. 편익주의적 과정이라고 표현하는 것은 공감차원의 경험론적 과정을 말하지만, 거래비용을 낮추는 과정이라고 하는 것은 가치-비용 합리성 차원의 합리적 의사결정이론(RAM)에 의한 설명이다. 둘은 전혀 다른 의미를 가진다.

표 16-1: 한은금융망을 통한 결제규모

(단위: 일평균, 10억원)

	2006[1]	2007[1]	2008[1]	2009	2010	2011.1~6
총액결제	110,844	128,517	147,577	149,221	168,890	176,245
차액결제	10,490	12,789	15,930	18,297	19,318	19,424
국고금수급	2,899	3,012	3,703	3,560	3,855	4,651
한국은행 대출	920	720	652	947	892	783
국공채거래	3,594	4,058	4,936	8,938	7,692	8,587
합계[2]	128,747	149,096	172,798	181,008	200,647	209,691

주: 1) BOK-Wire 결제규모
   2) 외화자금이체 제외

자료: 한은, *한국의 금융제도(2011)*.

[표 16-1: 한은금융망을 통한 결제규모]는 총액결제가 절대적으로 높은 비중을 차지하고 있음을 보여준다. 그만큼 한은금융망의 전산처리용량이 다량의 소액거래 및 대규모 거래를 총액으로 처리할 수 있을 만큼 기술적 능력과 용량을 갖추고 있음을 말해준다.

16-6 소액결제시스템

이미 소개한 바와 같이 소액결제시스템은 소액의 결제를 말한다. 액수는 소액이지만 수많은 거래빈도와 거래량을 수반한다. 소액의 결제가 매 거래단위마다 한은금융망에서 처리된다면 전산처리에 엄청난 부담으로 작용하게 된다. 따라서 기간 단위로 또는 특정한 시간을 정해 놓고 그 기간의 거래를 합하여 잔액으로 결제하는 차액결제 시스템을 작동하게 된다. 이때 중요한 것은 어떻게 특정시점을 정하여 차액결제를 하느냐 하는 것이다.

베네치아의 스크리타(Scritta) 제도에서는 매일 아침 은행업자들이 레알토(Realto) 앞 광장에 회합하여 차액결제를 하였다고 소개한 바 있다. 매일 아침 은행업자들이 회합하는 패턴으로 어음교환시스템, 지로시스템, 금융공동망, 전자상거래지급결제시스템이 소액의 결제를 다수로 처리하며 주로 차액결제방식을 이용한다.

어음교환은 다수 은행이 일정한 시간에 어음교환소에 모여 자기은행이 수납한 어음 중 타 은행을 지급지로 하는 어음과 타 은행이 수납한 어음 중 자기은행을 지급지로 하는 어음을 서로 교환하고 대금을 결제하는 것을 말한다. 최근에는 IT의 발전 및 '전자어음의 발행 및 유통에 관한 법률' 시행 등으로 어음 등을 실물로 교환하지 않고 어음 등에 기재된 내용을 정보화하여 교환하는 방식으로 전환되었다. 참가은행간 어음교환에 따라 발생하는 교환 차액은 한국은행에 개설된 참가은행의 당좌예금계정에서 대차결제된다.(*한국의 금융제도(2011)*, 307쪽)

지로시스템은 지로를 통한 계좌이체가 지급결제중계센터에서 일괄처리 되는 지급결제 제도이며 전기, 전화요금 및 물품판매대금 등 대량의 수납−지급거래에 편리한 지급수단이다.(*한국의 금융제도(2011)*, 307쪽)

금융공동망은 금융기관과 금융결제원의 전산시스템을 연결하여 고객에게 각종 금융거래서비스와 거래정보를 제공하는 지급결제시스템으로서 우리나라 소액결제시스템의 중추를 담당하고 있다. 현재 운영되고 있는 금융공동망에는 현금자동인출기(CD)공동망, 타행환공동망, 직불카드공동망, 자금관리서비스(CMS)공동망, 지방은행공동망, 전자화폐공동망, 전자금융공동망 등이 있다.(*한국의 금융제도(2011)*, 307쪽)

┃ 표 16-2: 소액결제시스템

소액결제시스템 현황

구분		결제대상	도입연도
어음교환시스템		어음, 수표 및 제증서	1910
지로시스템		판매대금, 보험료, 전화료, 공과금 등 수납, 급여이체	1977
금융 공동망	CD공동망	예금인출, 계좌이체, 신용카드 현금서비스	1988
	타행환 공동망	소액송금	1989
	직불카드 공동망	직불카드 사용대금 이체	1996
	CMS 공동망	대량자금 입·출금 이체	1996
	전자화폐공동망	전자화폐 사용대금 이체	2000
	전자금융공동망	홈뱅킹(인터넷, 모바일 및 스마트폰 뱅킹), 펌뱅킹 이체	2001
	지방은행공동망	예금 입·출금, 송금	1997
전자 상거래	B2B지급결제시스템	기업·개인간 전자상거래 사용대금 이체(계좌이체 PG)	2000
	B2B지급결제시스템	전자채권 등 기업간 전자상거래 사용대금 이체	2002

자료: *한국의 금융제도(2011)*, 308쪽.

전자상거래지급결제시스템은 인터넷 등을 통한 전자상거래에서 이용되는 지급결제시스템으로 거래 상대방에 따라 B2C 및 B2B 지급결제시스템으로 구분된다.(한국의 금융제도(2011), 308쪽)

공감과정은 거래당사자의 사업(심) 간의 교류과정으로 현상화 된다. 거래당사자 간의 사업심과 사업모델이 소액결제를 요하는 비즈니스인 경우 소액결제시스템의 작동을 전제로 한다. 물론 이 공감과정은 열린—비결정적 시스템이며 소액결제시스템이 작동함으로써 공감과정은 (관계)교환으로 연결된다. 이때 소액결제시스템은 한은의 금융공공망을 이용하게 된다. 그러니까 수많은 소액결제의 거래가 시장제도(소액결제시스템), 시장인프라(금융공동망, 컴퓨터 인터넷), 시장조직(금융결제원 운영)의 뒷받침이 없다면 이루어질 수 없는 것이다. 교환거래는 수요와 공급함수로 결정되는 것이 아니다.

만약 이러한 시장제도, 시장인프라, 시장조직이 없었다면, 교환거래는 어떻게 되었을까? 당연히 일어나지 못했을 것이다. 이것이 애컬로프의 교환거래(시장)의 실종이고, 시장의 해체이고, 거래의 망설임(wavering)이다.

16-7 지정시점 처리제도

한은금융망 참가기관이 일중에 신청하는 거액의 자금이체는 접수 즉시 정해진 절차에 따라 처리된다. 그러나 금융결제원이 다자간 차액결제금액을 산출하여 한국은행에 의뢰하는 어음교환시스템, 지로시스템, 전자금융공동망 등의 차액결제업무와 상환기일이 명시된 콜자금의 상환, 금융기관이 수납한 국고자금 회수 등은 지정된 특정시점에 처리된다.(*한국의 지급결제제도(2014)*, 156쪽)

이는 다수의 참가기관이 서로 연결되는 대량의 거래를 특정시점에서 일괄적으로 처리함으로써 참가기관들이 예측 가능하고 효율적인 자금관리를 할 수 있도록 하는 동시에 결제업무의 편리성을 도모하기 위한 것이다. 현재 한은금융망의 업무별 지정처리시점은 [표 16-3: 한은금융망의 지정처리시점]과 같다.

한은금융망의 지정처리 시점

구분		처리시점	처리계좌
차액결제	1) 어음교환시스템(외화표시 내국신용장어음 교환 포함) 2) 지로시스템 3) 현금자동인출기(CD)공동망 4) 타행환공동망 5) 직불카드공동망 6) 자금관리서비스(CMS)공동망 7) 지방은행공동망 8) 전자화폐(K · CASH)공동망 9) 기업 · 개인간(B2C) 전자상거래 지급결제시스템 10) 전자금융공동망 11) 기업간(B2B) 전자상거래 지급결제시스템 12) 국가간ATM망	11:00	당좌예금계좌
국고금 수납자금 회수		14:00	
콜자금 상환	오전 반일물	14:05	결제전용 예금계좌
	오후 반일물	16:05	
	1일물 이상	11:05	
차액결제용 예약자금이체 거래 실행 외화자금 예치		11:00 16:00[1]	당좌예금계좌

주 1) 일본엔화에 대한 자금예치는 익일 09:30분
자료: 한은, *한국의 지급결제 제도(2014)*, 157쪽.

　　지정처리시점에서 결제도 처리대상거래에 따른 결제순서가 정해져 있다. [표 16-4]는 이 순서를 보여주고 있다. 합리적 의사결정모델(RAM)에서 생각하듯이 지급결제는 저절로 이루어지는 것이 아니다. 전산의 처리과정까지 살펴가면서 처리대상거래의 결제순서까지 정해서 지급결제가 이루어진다. 이 과정은 경험으로 체득하고 만들어진 금융인프라 축적과정이다.

　　이 금융시장 인프라를 기반으로 해서 금융거래 당사자들의 사업(심) 모델 (공감과정)이 나타나게 되는 것이다.

| 표 16-4: 지정처리시점에서의 결제순서

처리순서	처리대상거래
1순위	• 참가기관 간 차액거래, 차액결제참가기관 간 및 차액결제참가기관 본지점 간 예약자금 이체
2순위	• 1순위의 예약자금이체를 제외한 다른 예약자금이체
3순위	• 국고금 수납자금 회수

자료: 한은, *한국의 지급결제 제도(2014)*, 157쪽.

여기서 한은금융망의 지정처리시점과 지정처리시점에서의 결제순서에 관한 주제가 특별히 부각된 이유는 교환거래가 가지는 시간-공간적 제약에 주목하기 위해서이다. 교환거래는 시장청산 시스템 $D(p) = S(p)$와 같은 추상적 개념이 아니라 구체성을 가지는 현상이다. 시장청산 시스템 $D(p) = S(p)$에서는 시간-공간적 제약을 고려할 필요가 없다. 아무런 언급없이 시장청산시스템을 가정하는 것은 시장이 가지는 시간-공간적 제약은 저절로 해소된다고 암묵적 가정을 하고 있는 것과 같다.

> 자금이체신청 입력가능시간은 기본적으로 09시부터 17시 30분까지이나 한국은행 지역본부 관할 내 참가기관 결제모점의 자금이체를 위한 전문 입력 종료시각은 17시까지이다. 또한 일중당좌대출 상환자금을 입금하기 위한 자금이체신청 전 문의 17시 50분, 자금조정예금 입출금은 18시까지이다. 다만 동절기(10월 마지막 일요일부터 다음해 3월 마지막 일요일까지) 중 CLS은행이 이체의뢰기관 또는 수취기관이 되는 자금이체신청의 입력종료시각과 동 자금이체와 관련된 일중당좌대출의 상환종료시간은 18시 30분이며 CLS결제와 관련된 자금조정예금 입출금은 18시 40분까지이다. 일중RP 방식의 일시 결제부족자금 신청 및 상환은 각각 16시 및 17시 15분까지이며, 전자단기사채 상환신청과 국채발행대금 입금 전문 입력 종료시각은 각각 14시 20분과 15시 50분이다.(한은, *한국의 지급결제 제도(2014)*)

모든 교환거래가 무한정하게 금융망에 접근한다고 생각하는 것은 이러한 제약이 가지는 조건을 고려하지 않는 것이다. 교환은 저절로 이루어지는 것이 아니다. 따라서 지정처리시점제도가 필요하다. 이것은 가치-비용 합리성 접근방법으로는 파악할 수 없는 현상이고, 공감차원의 경험론에서만 파악이 가능한 현상이다.

특히 소액결제의 경우에는 총액의 결제가 아니라 시간을 정하여 그때까지의 거래를 청산(clearing)해 잔액만을 정해진 시간에 지정 처리하게 된다. 금융망의 접속에서 결제의 순서를 1순위부터 3순위까지 정하여 결제를 처리하게 된다. 시장청산 시스템 $D(p) = S(p)$을 가지고는 파악이 안되는 공감차원의 경험론적 현상이다.

16-8 금융공동망

기술의 발달은 (비즈니스) 사업모델에 변화를 주었다. 컴퓨터 및 IT 기술의 발달은 (비즈니스) 사업모델에 혁명적 변화를 주었고, 특히 금융시장에 그러하였다. 이미 소개된 바 있는 [그림 8−3]은 기술의 발달이 어떻게 (금융)시장에서 교환거래를 촉진하는지 설명하는 개념도이다.

인간의 인지시스템(Kahneman, 2003)이 고려된 조건에서 교환은 공감과정(SP)으로 나타날 수밖에 없다. 공감차원의 경험론 세계에서 공감과정은 (비즈니스)사업모델(BM: business model)을 수단으로 하는 사업(심)(EP: entrepreneurship)으로 나타난다. 두 (비즈니스) 사업모델이 만나서 교환 거래가 성사된다. 이 때 가격은 시장청산시스템 $D(p) = S(p)$로 결정되는 것이 아니라, 흥정(haggling), 경매(auction), 팔자−사자(ask−bid), 마크업(markup), 관리가격(administered pricing) 또는 그중 어느 조합으로 결정된다.

금융시장도 마찬가지이다. 컴퓨터와 IT기술의 발달은 금융시장의 (비즈니스) 사업모델에 혁명적 변화를 초래하였다. 컴퓨터와 IT기술을 지렛대로 하여 금융시장의 교환거래는 그 범위(scope)에서나 거래량(volume)에서나 엄청난 변화를 겪게 된다. 컴퓨터와 IT 기술을 통해서 금융기관 간의 자금결제가 전산화 되고 전자금융공동망이 구축되었다. 따라서 거래 상대방과의 신용확인 거래결제가 제도화된 신뢰 과정으로 확립되었고 교환거래가 신속하고 수월하게 진행되었다. 이렇게 금융거래가 증가하는 것은 금융혁신에 따라 창출된 새로운 사업모델이 증가하였기 때문이다. 공감차원의 현상이다.

교환거래와 투자활동이 화폐경제라고 하는 자본주의의 특성상 모든 시장거래는 화폐의 흐름을 동반하고 있고, 투자는 금융시장의 금융조달을 전제로 하고 있다. 이러한 전자금융공동망의 구축은 새로운 (비즈니스) 사업모델의 출현을 가능하게 하였고 그 결과 경제사회 전반의 교환거래는 비약적으로 증가하게 되었다. 그 과정이 어떻게 진행되는지 개념도를 보여주고 있는 것이 [그림 8-3: 공감과정으로서의 사업심과 (비즈니스) 사업모델]이다. 그림에서 금융공동망은 기술, 제도, 혁신적 아이디어가 합하여 이루어진 것으로 파악할 수 있다.[83]

금융공동망의 구축으로 현금자동인출기(CD: cash dispenser)공동망, 타행환 공동망, 전자금융공동망(ARS, 인터넷 뱅킹, 모바일뱅킹 등), 기타 금융공동망(직불카드, 자금관리서비스CMS 등), ATM(automatic teller machine) 등의 금융혁신 모델이 등장하게 된다. 또한 신용카드 결제시스템이 출범하게 된다.

현금자동인출기의 등장으로 그렇지 않았으면 이루어지지 않았을 거래가 일어나게 된다. 신용카드, ARS, 인터넷 뱅킹, 모바일 뱅킹, 직불카드, 자금관리서비스(CMS), ATM 모두 컴퓨터 IT기술의 산물들로, 21세기의 교환경제에 편리한 거래도구로 등장한 시스템들이다. 다시 말하자면, 이들 시스템이 갑자기 가동을 정지한다면, 교환거래는 패닉의 상태가 될 것이고, 거래량은 위축될 것이다. 이 거래량 위축은 애컬로프의 거래 실종이며, 거래 망설임(wavering)이다.

이러한 전자금융공동망을 갖춘 금융시장과 갖추지 못한 금융시장은 같은 시장인가? 같지 않은 시장이다. 다시 말하면, 전자금융공동망은 시장의 구성요소 (시장인프라)이다. 이 구성요소를 갖추어 내는데 기술과, 그에 수반하는 표준, 규정, 법제도가 필요하고, 많은 시간과 노력으로 이러한 시스템을 익숙하게 사용하는 과정이 필요한 것이다. 전자금융공동망 구성요소 하나하나는 모두 시장의 구성요소이다. 전자금융공동망 구성요소가 하나씩 만들어질 때마다 그만큼 시장이 새롭게 만들어지는 것이다.

시장은 만들어지는 것이다. 시장은 주어진 것이 아니다. 시장의 구성요소가 부가될 때마다 그 시장에 의해서 수행되는 거래의 내용은 그만큼 커지게 된다. 다시 말하자면, 새로운 시장의 구성요소로 인해서 새로운 사업심 모델, 비즈니스 내용이 등장하게 되고 그것들이 공감과정에서 (관계)교환으로 거래를 만들어 내서 시장에서 수행되는 거래를 증가시키는 것이다. 이것은 오로지 공감차원 (SD)에서만 설명될 수 있는 현상이다.

---

83) 지금까지 합리적 의사결정 모델(RAM)은 예컨대, 금융공동망이 어떻게 교환거래를 촉진하는지 설명하는 데 성공하지 못하고 있었다.

16-9 신용카드에 의한 거래

왜 시장이 주어진 것이 아니라, 만들어지는 것이라고 하는지 금융시장을 보면 잘 알 수 있다. 금융시장의 모든 요소는 만들어진 것들이다. [그림 16−2: 전문카드사 신용카드의 상품구매서비스 업무처리절차]는 카드소지자가 어떤 과정을 거쳐서 신용카드를 사용하여 상품구매를 하는지의 개념도를 보여준다. [그림 16−2]는 공감과정을 통한 관계교환의 금융거래가 이 업무처리절차를 금융거래 참가자 개개인의 비즈니스 모델의 한 부분으로 하여 금융거래를 어떻게 성사시켰는지를 보여준다.

신용카드소지자가 가맹점에서 상품이나 서비스를 구매할 때, 카드를 제시①하면, 가맹점은 전문카드사에 거래승인을 요청②한다. 전문카드사는 가맹점에 거래승인 통보③를 하게 된다. 가맹점은 카드소지자에게 상품−서비스 판매를 실시④하고 매출전표를 전문카드사에 송부⑤한다. 전문카드사는 카드사 거래은행에 대금지급을 의뢰⑥한다. 카드사 거래은행은 가맹점 거래은행에 자금이체⑦를 하게 된다. 이때 전자금융공동망을 사용하게 된다. 전문카드사는 카드소지자에게 대금청구를 통지⑧한다. 이와 동시에 가맹점 거래은행은 가맹점 구좌에 입금⑧을 하게 된다. 이로써 신용카드를 이용한 교환거래는 완결된다.

▌그림 16-2: 전문카드사 신용카드의 상품구매서비스 업무처리절차

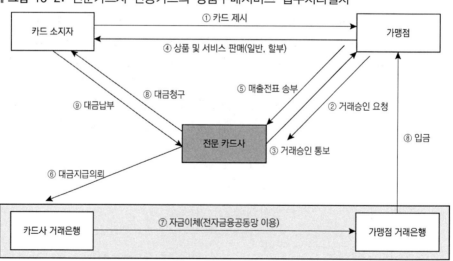

자료: 한은, *한국의 지급결제 제도(2014)*, 218쪽.

이 개념도는 신용카드에 의한 상품－서비스의 구매가, 신용카드 시스템으로 어떻게 (비즈니스) 사업모델을 만들어 상품－서비스의 매매거래를 성사시키고 있는지를 보여준다. 이 과정은 시장의 거래가 가격만으로 결정되는 것이라는 가설(가치－비용 합리성 가설)을 거부한다. 교환거래는 공감과정이며 그것은 구매자와 판매자의 (비즈니스) 사업모델이 만나서 결정되는 것이고, 가격은 그 공감과정의 (중요한) 일부인 것이다.

신용카드제도는 금융선진국에서 도입한 것이다. 하지만 어느 사회나 그 사회의 역사적 특수성이 반영되지 않을 수 없고 그 사회의 특성에 따라 적용하게 된다. 예컨대, 신용카드를 취급하는 은행의 특수성 및 거래은행의 수, 전문카드사의 수(카드사 허가 방식)와 특수성 등이 사회마다 다를 수밖에 없다. 해외 카드사와 제휴가 이루어질 때, 누가 어느 해외카드사와 제휴하느냐 제휴의 조건은 무엇이냐 하는 것이 그때 그때의 상황 특수성으로 결정하게 된다. 제도와 시스템의 결정은 비결정적(indeterminate)이고, 우연적(coincidental)이고, 경로의존적(path－dependent)인 것이다. 즉, 시장이 어떤 구조와 모습이냐 하는 것은 이러한 경험적 현상인 것이다.

개념도 [그림 8－4: 공감과정으로서의 사업심과 제도발전]이 이러한 시장제도의 진화적 변화과정을 개념도로 보여주고 있다.

같은 신용카드라도 BC카드는 변형된 진화과정을 보여준다. BC카드 시스템은 신용카드와 달리 카드사를 몇 개의 은행이 공동으로 설립한 경우이다. 따라서 카드사의 운영도 공동으로 하게 되며, 회원은행 간의 자금이체나 정산이 자체 내에서 이루어지게 된다. [그림 16－3: BC카드의 상품구매서비스 업무처리절차]는 [그림 16－2]의 신용카드 경우와 구분되는 업무처리절차의 개념도를 보여준다.

▌그림 16-3: BC카드의 상품구매서비스 업무처리절차

자료: 한은, *한국의 지급결제 제도(2014)*, 219쪽.

해외카드사(예컨대, 중국의 은련카드)와의 제휴관계도 BC카드의 경우는, 자체적 결정이 수월하였다. 이와 같이 신용카드와 구분되는 BC카드의 시스템 제도의 차이는, 시장제도의 변화가 비결정성, 우연성, 경로의존성을 가진다는 사실을 확인해준다.

16-10 외환거래의 결제제도(CLS 시스템)

원화거래의 지급결제는 한은금융망을 중심으로 하는 우리나라 지급결제 제도의 중심축이다. 다른 2개의 축은 외환거래의 결제제도와 증권거래의 결제제도이다. 외환거래의 지급결제 제도는 국가 간의 화폐 및 통화제도가 상이하고, 또한 표준시간의 차이가 제각각이어서 이 제도의 확립 여부는 국가간 상거래 시장의 성립과 활성화에 매우 중요한 의미를 가진다.

국가간에 상이한 화폐 통화제도, 외환거래의 결제제도는 국제상거래 비즈니스 모델의 중요한 구성요소이다. 국제상거래는 상거래의 당사자들 개인의 비즈니스 모델에 기반을 둔 사업심 행동의 공감과정인데, 화폐 통화제도, 외환거래의 결제제도가 각 상거래 개별 당사자의 비즈니스 모델의 구성요인이 된다.

편리한 외환거래의 결제제도는 그만큼 활발한 국제상거래를 견인하게 된다. 즉, 지금 같은 외환거래의 결제제도(CLS)가 없다면, 국가간 상거래 시장은 대단히 위축(애컬로프형 거래실종, 시장해체 또는 거래망설임)될 수밖에 없다는 말이 된다.

외국과의 상거래는 자국의 국가주권이 권한을 행사하는 경계 밖에 있기 때문에 언제나 지급불능의 위험에 노출되어 있다. 이러한 지급불능을 초래한 위험 요인은 의도적 지급거부 같은 요인을 고려하지 않는다고 하더라도, 거래의 적용시간과 결제시간의 격차, 적용 환율의 변동, 지급인 부도, 거래은행의 부도, 국가부도 사태 등으로 얼마든지 존재한다. 외환거래의 결제제도가 생겨나기 이전과 이후는 국가간 상거래 시장이 전혀 다른 시장이 된다. 외환거래의 결제제도는 국가간 상거래의 새로운 시장을 만드는 것이다.

이러한 필요에 따라 국제결제은행(BIS: the bank for international settlements)의 권고에 따라 1999년 전 세계의 주요 상업은행들이 외환 동시결제를 위하여 미국 뉴욕에 외환결제 전문은행(CLS: the continuous linked settlement)을 설립하고 참여국의 상업은행들이 이 시스템에 회원으로 가입하여 CLS를 통해서 외환거래 결제업무를 수행하고 있다.

> 우리나라는 2014년 9월말 현재 한국외환은행, 국민은행 및 신한은행 3개의 은행이 CLS시스템에 결제회원으로 참가하고 있으며, 이들 은행을 제외한 15개 모든 국내은행 및 19개 외은지점은 국내외 결제회원을 통한 CLS시스템의 제3자고객으로 외환거래를 결제하고 있다([표 16-5: 우리나라의 CLS시스템 참가현황]). 3개의 결제은행을 포함한 16개의 국내은행과 1개의 외은지점은 금융결제원이 운영하는 CLS공동망을 통하여 CLS시스템을 이용하고 있다(*한국의 지급결제 제도(2014)*, 245쪽).

┃ 표 16-5: 우리나라의 CLS시스템 참가현황

국내은행[1]	참가시기	CLS공동망[2]	외은지점	참가시기	CLS공동망
국민은행	2004.12	이용	HSBC	2004.12	-
(농협은행)	2005.2	이용	BOA	2004.12	-
(광주은행)	2005.2	이용	BNP파리바	2005.6	-
(대구은행)	2005.3	이용	미쓰이스미토모	2006.3	-
외환은행	2004.12	이용	UBS	2007.1	-
(하나은행)	2005.1	이용	ING	2008.7	-
(수협중앙회)	2005.2	이용	(모간스탠리)[3]	2009.3	이용
(수출입은행)	2005.2	이용	골드만삭스	2009.7	-
(부산은행)	2005.3	이용	크레디아그리콜	2009.8	-
(전북은행)	2005.4	이용	JP모간체이스	2009.8	-
(경남은행)	2005.5	이용	미쓰비시도쿄UF	2009.11	-
(산업은행)	2005.6	이용	크레디트스위스	2010.3	-
(기업은행)	2005.9	이용	도이치	2010.4	-
(우리은행)	2005.9	이용	DBS	2010.6	-
신한은행	2005.1	이용	뉴욕멜론	2010.12	-
(제주은행)	2007.3	이용	스테이트스트리트	2010.1	-
SC은행	2006.1	-	맥쿼리	2011.3	-
한국씨티은행	2010.11	-	소시에테제네랄	2011.8	-
			바클러이즈	2013.11	-

주 1) 국민은행, 외환은행, 신한은행은 결제은행으로 CLS시스템에 참가하고 있으며 괄호는 국내 결제은행
   을 통해 제3자고객으로 참가하는 기관을 의미
   2) 해외 본사 등 국외 결제회원을 이용하는 경우 CLS공동망을 이용하지 않음
   3) 외환은행을 결제은행으로 하여 CLS시스템에 참가

자료: 한은, *한국의 지급결제 제도(2014)*, 263쪽.

　　이러한 CLS 외환거래 결제시스템의 확립과 운용은 공감차원의 현상이다.
　　2014년 12월의 CLS시스템 동시결제시간대는 [그림 16-4], CLS시스템 결
제가능 통화는 [표 16-6]과 같다.

주: 1) 동절기(10월 마지막 주 일요일~익년 3월 마지막 주 토요일) 기준.

지역	중부유럽시간	해당지역시간	한국시간기준
아시아-태평양 지역 (홍콩, 싱가포르) (한국, 일본) (호주, 뉴질랜드)	07:00~12:00	14:00~17:00 15:00~18:00 16:00~19:00	15:00~18:00
북미지역(미국, 캐나다)	07:00~12:00	01:00~06:00	15:00~20:00
유럽지역(유로, 스위스)	07:00~12:00	07:00~12:00	

자료: 한국의 지급결제 제도(2014), 264쪽.

■ 표 16-6: CLS시스템 결제가능 통화

지정시기	결제통화
2002년	• 미 달러, 일본 엔, 영국 파운드, 유로, 스위스 프랑, 캐나다 달러, 호주 달러
2003년	• 싱가포르 달러, 덴마크 그로네, 노르웨이 크로네, 스웨덴 크로나
2004년	• 한국 원, 홍콩 달러, 뉴질랜드 달러, 남아공화국 랜드
2008년	• 이스라엘 셰켈, 멕스코 페소

자료: 한국의 지급결제 제도(2014), 261쪽.

이러한 외환거래의 결제시스템에서 나타나는 시간-공간적 제약조건은 공감차원의 경험론적 현상이다. 이러한 시스템의 확립과 운용도 비결정성, 우연성, 경로의존성의 조건에서 만들어진 경험론적 현상이다. 역시 이 경우도 [그림 8-4: 공감과정으로서의 사업심과 제도발전]이 이러한 시장제도의 진화적 변화과정을 보여주고 있다.

[그림 16-5: CLS시스템의 원/달러거래 결제과정]에서 예시하는 경우를 보

면, A은행이 달러화USD를 매도하고 B은행이 이를 원화로 매입하는 경우이다. 두 은행이 외환거래를 체결①하면, 각 은행은 자신들의 결제(국내)은행에 이를 전송 통지②하게 된다. 각각이 거래하는 결제(국내)은행(X, Y)은 각각 이 거래정보를 CLS은행에 통지③하게 된다. 그러면 CLS은행은 이 거래의 결제내역을 국내결제회원에게 통지④하게 된다. 이 결제내역을 통지받은 국내결제은행X는 미달러화를 CLS은행에 납입⑤하고, CLS은행은 미 달러화를 국내결제은행Y에게 지급⑥하게 된다. 이에 대하여 국내결제은행Y는 한은금융망을 통하여 CLS은행에 해당거래 원화를 지급하고⑤ CLS은행은 이 원화를 국내결제은행X에게 지급⑥함으로써 외환거래의 결제과정은 종료된다.

┃그림 16-5: CLS 시스템의 원/달러거래 결제과정

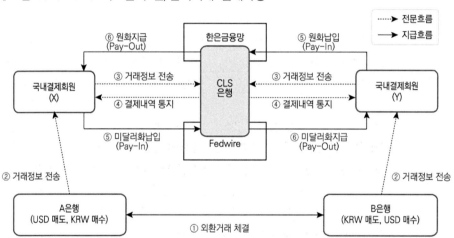

①~④ 거래 당사자는 거래체결 후 결제회원을 통해 CLS은행에 거래정보를 전송하고, CLS 은행은 다자간 상계 처리한 후 결제내역을 결제회원에 통지
⑤~⑥ 결제회원, X, Y가 각각 A, B은행을 대신하여 Fedwire와 한은금융망을 통해 CLS은행 계좌에 매도 통화를 납입하면 CLS은행은 입금 확인 후 매수통화를 결제회원에 지급
자료: *한국의 지급결제 제도(2014)*, 248쪽.

　　이러한 외환거래의 결제과정은 합산된 수요(D)와 합산된 공급(S)으로 거래를 파악하는 시장청산식 $D(p) = S(p)$의 시스템으로는 파악할 수 없다. 거래 일방 개인의 사업심과 사업모델이 거래 상대방 개인의 사업심과 사업모델과 교류하는 공감차원의 관계교환에서 발생하는 경험론적 현상이다.

우리나라 지급결제 제도 3개의 축 중에 자본시장 거래를 지급결제하는 시스템이 증권거래 결제제도이다. 증권거래 결제제도를 소개함으로써 자본주의의 가장 중요한 시장인 금융시장이 어떻게 만들어졌는지를 알 수 있게 된다.

증권거래는 청산결제제도이다.

> 증권의 청산결제란 장내 또는 장외거래를 통해 매매가 체결된 이후 증권을 인도(delivery)하고 대금을 지급(payment)함으로써 거래쌍방이 채권과 채무를 이행하여 거래를 완결시키는 것으로써 처리 절차에 따라 청산(clearing)과 결제(settlement)로 구분할 수 있다. 청산이란 매매확인 후 차감을 거쳐 결제자료를 산출하는 일련의 과정이며 결제는 청산과정을 통하여 확정된 결제자료에 따라 최종적으로 증권과 대금을 교환하여 매매에 따른 채권－채무관계를 해소하는 행위이다.(*한국의 지급결제 제도(2014)*, 257쪽)

증권거래 결제를 위해서 증권대금동시결제(DvP: Delivery versus Payment) 방식을 소개할 필요가 있다. 이 방식은

> 중앙예탁기관의 증권계좌대체(book entry)시스템을 자금결제시스템과 연결하여 증권거래시 증권의 실물과 대금을 동시에 결제하는 방식이다. 이 방식은 증권인도시기와 대금결제시기가 서로 달라 거래당사자 중 한쪽이 계약을 불이행할 경우 발생하는 원금리스크를 근본적으로 제거할 수 있기 때문에 증권결제리스크를 관리하는 데 효과적이며 국제적으로도 증권결제시스템이 준수해야 할 표준이 되고 있다.(*한국의 지급결제 제도(2014)*, 25－26쪽)
> DvP 1 방식은 증권과 대금 모두 총량(액) 기준으로 거래건별로 동시에 처리하는 방식이다. 이 방식은 증권인도와 대금지급 간에 시차가 없어 원금리스크를 완전히 해소할 수 … 있다. DvP 1 방식은 위험축소 측면에서 큰 효과가 있는 반면에 차감결제방식에 비해 증권 및 대금 유동성이 많이 필요하고 일중 잔량관리의 부담이 있다.(*한국의 지급결제 제도(2014)*, 26쪽)
> DvP 2 방식은 증권은 결제일 중에 거래건별로 총량 결제되는 반면 대금은 증권인도 종료시점에서 참가기관별로 차감하여 결제되는 방식이다. DvP 2 방식은 증권인도가 대금지급에 선행하기 때문에 시차에 따른 원금리스크가 발생할 수도 있어 대부분 중앙예탁기관 또는 결제은행 등이 대금지급을 보증하는 방식으로 운영되고 있다.(*한국의 지급결제 제도(2014)*, 26쪽)

DvP 방식	증권 결제	대금 결제
DvP 1	건별 총량(실시간)	건별 총액(실시간)
DvP 2	건별 총량(실시간)	차액(지정시점)
DvP 3	차감(지정시점)	차액(지정시점)

자료: 한은, *한국의 지급결제 제도(2014).*

DvP 3 방식은 증권과 대금 모두 차감기준으로 처리되는 방식이다. 증권은 종목 및 참가기관별로 다자간 차감되며 대금도 참가기관별로 다자간 차감 된 후 1일 1회 또는 수회에 걸쳐 결제가 이루어진다. 증권과 대금 모두 차 감하여 결제되기 때문에 유동성이나 잔량 관리 부담이 경감되는 장점이 있 으나 일부 참가기관의 증권인도 또는 대금지급이 이루어지지 않을 경우 당 초의 차감과정을 재계산하는 상황이 발생할 수 있다.(*한국의 지급결제 제 도(2014)*, 26쪽)

┃ 표 16-8: 우리나라의 장내 및 장외시장 거래 대상증권

증권대금 동시결제

구분			대상증권
장내시장	증권시장	유가증권시장	• 주식, 국채, 일반채권, RP
		코스닥시장 코넥스시장	• 주식
	파생상품시장		• 선물, 옵션
장외시장			• 주식, 채권, CD, CP, RP, 전자단기사채, 이자율스왑 (IRS) 등 장외파생상품

자료: 한은, *한국의 지급결제 제도(2014).*

증권대금동시결제(DvP) 방식은 중앙예탁기관의 증권계좌대체 시스템을 자 금결제 시스템과 연결해서 증권거래시 증권의 실물과 대금을 동시에 결제하는 방식이다. 증권인도시기와 대금결제시기가 서로 달라 거래 당사자 중 한쪽이 계 약을 불이행하는 경우 발생하는 원금리스크를 근본적으로 차단하기 위해서 도 입된 결제방식이다. 이것은 공감과정의 열린-비결정적 시스템의 문제이다. 증 권대금동시결제(DvP) 방식을 도입함으로써 증권거래의 사업심과 비즈니스 모델

이 이 방식을 채용하여 만들어지게 된다. 이 새로운 공감과정에서는 보다 활발하고 대량화된 거래가 가능해진다.

증권대금동시결제(DvP) 방식이라고 하는 새로운 시장조건(제도, 인프라, 조직)이 도입되고 그에 따라 거래가 확장하는 것이다. 공감차원의 열린－비결정적 시스템에서는 이렇게 시장이 만들어지게 되는 것이다.

증권대금동시결제(DvP) 방식은 결재방식에 따라 다시 DvP 1(증권: 건별 총량, 대금: 건별 총액), DvP 2(증권: 건별 총량, 대금: 차액)방식, DvP 3(증권: 차감, 대금: 건별 차액)으로 구분된다. 이러한 모든 제도적 구성요소가 그에 수반하는 시장인프라, 시장조직과 함께 시장의 조건을 만들고 그에 따라 시장의 거래가 만들어지게 되는 것이다. 세세한 시장의 구성요소들은 각각 애컬로프의 시장거래의 내용을 또는 거래 망설임(wavering)의 내용을 만들게 된다.

우리나라 증권청산결제시스템은 청산기관, 중앙예탁기관 및 결제은행 등으로 구성되어 있다. 이들은 장내－장외에서 증권의 청산 및 결제를 처리하기 위한 각각의 역할을 수행하고 있다.([그림 15－6: 우리나라 증권청산 결제시스템의 개요] 참조)

청산기관(clearing house)은 매매확인과 거래당사자간 증권과 대금에 대한 채권과 채무의 내용을 산정하는 청산업무를 담당하는 기관이다. 장내시장에서는 한국거래소가, 장외거래에서는 한국예탁결제원이 청산기관의 역할을 주로 담당하고 있다. 청산기관은 체결된 매매계약의 매도자에 대해서는 매수자 역할을, 매수자에 대해서는 매도자의 역할을 수행하기도 하는데 이런 경우 청산기관을 중앙거래당사자(CCP: central counter－party clearing house)라고 한다. … 장내시장에서는 한국거래소가 중앙거래당사자의 기능을 수행하고 있으며, 장외거래의 경우 주식기관투자자거래에 대해서는 한국예탁결제원이, 원화 이자율스왑거래에 대해서는 한국거래소가 이 기능을 수행하고 있다.

중앙예탁기관(CSD: central securities depository)은 고객으로부터 증권을 집중예탁 받아 증권의 양도나 질권설정 등의 권리이전을 실물증권의 인도가 아닌 예탁자계좌부 상의 기재에 의해 처리하는 기관이다. … 우리나라의 경우에는 한국예탁결제원이 장내시장과 장외 증권거래에서 중앙예탁기관으로서 증권결제를 처리하고 있다.

한편 결제은행은 증권거래에 따른 대금의 결제를 처리하는 기관으로 중앙은행 또는 상업은행이 이에 해당한다. … 대부분의 장내시장(주식, 국채 및 RP

등) 및 장외 증권거래(주식, 채권 및 RP 등)의 대금결제는 한은금융망을 이용하고 있지만 장내 일반채권결제와 장내‒외 파생상품의 대금결제는 상업은행 예금계좌를 이용하고 있다(*한국의 지급결제 제도(2014)*, 258쪽).

▌그림 16‒6: 우리나라 증권청산결제시스템의 개요

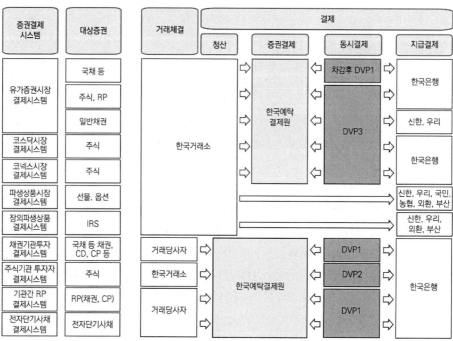

자료: *한국의 지급결제 제도(2014)*.

이러한 우리나라 증권청산결제시스템은, 합산된 수요와 합산된 공급이 만나서 거래를 결정하는 시스템이 아니라, 거래 일방 개인의 사업심과 사업모델이 거래 상대방 개인의 사업심과 사업모델과 교류하는 공감차원의 거래 시스템으로 경험론적 현상이다.

이 증권청산결제시스템이 금융거래 개별 당사자의 비즈니스 모델의 중요한 구성요인이 되어 (관계교환 행동으로 파악되는) 금융거래에 구성요소가 되는 것이다. 어떻게 편리한 증권청산결제시스템을 만들어 낼 것인가 하는 것은 반복되는 금융거래의 경험을 통해서만 지득(understanding)하고 찾아낼 수 있는 것이다 (Hume, 1751; Mill, 1863). 시장제도는 경험을 통해서 만들어지는 것이다.

제17장 콜자금 시장

17-1 시장의 형식

　[표 12-1: 관계교환에서 시장을 세우기 위한 제도형식]에서와 같이 시장의 형식은 가치-비용 합리성 차원에서는 파악이 불가능하고 오직 공감차원에서만 파악이 가능하다. 이 시장의 제도형식을 지금부터 고찰하게 되는 개별시장에서 각 개별시장의 제도형식을 파악하는 방식으로 활용해보고자 한다. [표 12-1]을 보다 간결하게 하여 게임규칙과 재산권을 통합하여 경쟁의 질서로 본다. 즉, 공감차원에서 시장의 제도형식을 파악하는 방식으로 (1) 상품특수성, (2) 경쟁의 질서, (3) 가격결정 방식의 3항목으로 파악한다.

◉ 상품특수성

　상품특수성은 상품의 품질적 특성, 기술적 특성에서 출발한다. 이러한 품질적, 기술적 특성을 구분하는 표준(standard)의 발견이 필요한 것은 물론이다.

　이 특성의 차이가 시장의 작용영역을 구분하는 것이다. 예컨대, 농산물시장이 구분되고, 그 중에서 옥수수, 쌀, 배추, 사과 등의 시장이 구분되는 것이다. 마찬가지로 제조업제품, 그 중에서 자동차, 핸드폰, 컴퓨터, 양복, 내의 등의 시장이다. 서비스업, 금융산업에도 세분된 시장이 있다. 골동품, 예술품, 광산물, 수산물 등 수많은 시장이 구분되어 있다. 이러한 각각의 시장은 성격, 즉 제도적 형식이 다 다르다. 이것은 공감차원의 경험론적 현상이다.

　상품특수성을 제도로서 구분시켜 줌으로써 상품특수성이 시장의 형식으로 작동하게 된다. 예컨대, 농산물시장이 수산물시장과 구분된다. 시장의 법제도, 적용규칙이 다르다. 시장참가자도 다르다. 마찬가지로 제조업 제품, 예술품, 서비스업, 금융상품 모두 시장의 제도형식이 다르다.

　이렇게 상품특수성에 따라 시장의 제도형식이 다른 것은 공감차원의 비결정성(indeterminateness), 우연성(coincidence), 경로의존성(path dependence)에서 비롯되는 것이다. 그 결과 시장의 제도형식은 열린-비결정적 시스템으로 존재하게 된다. 즉, 상품의 또는 기술의 서로 다른 특수성은 그에 알맞은 제도형식의 차이와 연결되어 각각 다른 경로로 발전하는 것이다.

◎ 경쟁질서

경쟁질서는 특수성으로 구분된 개별 상품시장이 운용되는 제도형식이다. 교환을 만들어 내는 시장 참가자들의 공감과정(SP)이 따라야 하는 제도 형식을 말한다. 경쟁질서의 내용에는 세 가지의 요소가 내포되어 있다.

하나는 재산권(property rights)의 영역이다. 다른 하나는 규칙(rule of game)의 영역이다. 어디까지가 재산권 영역이고, 어디까지가 규칙영역인가를 구분하는 것은 간단한 문제가 아니다. 규칙 자체도 재산권을 제약하는 요소를 가지고 있기 때문이다. 그 자체가 공감차원의 특징인 불완전성(incompleteness)을 가지고 있다.

경쟁질서의 다른 하나의 요소는 행동의 기술적 표준(technical standards)이다. 예컨대, 금융시장에서 시장 참가자별로 구분하여 은행, 증권사, 보험사, 저축조합 등으로 구분하고 구분별로 각각 참가자의 특성에 따른 행동표준을 다르게 적용하는 것 등이다. 이것은 금융시장에 국한된 문제가 아니고, 비결정적인 공감차원에서 경쟁질서라는 제도형식을 만들어 가는 과정에 필연적으로 따르는 일반적 문제이다.

(열린-비결정적 시스템인) 원시사회에서 규칙과 표준에 의해서 어떻게 경쟁질서가 만들어지는지 하는 것은 이미 1장(7절)과 9장(4절)에 논의되었다.

◎ 가격결정 방식

시장에서 교환형식은 가격에 의존한다. 따라서 가격결정 방식의 문제가 된다. 누차 언급되고 있지만, 가격은 공감과정의 일부분이다. 합리적 의사결정 모델(RAM)에서는 가격의 결정을 시장청산 시스템 $D(p) = S(p)$에 의존하여 결정하지만 이것은 연역적 프로세스(deductive process)라고 할 수 있고, 현상은 귀납적 프로세스(inductive process)라고 할 수 있다. 즉, 흥정(haggling), 경매(auction), 팔자-사자

(tatonnement; ask – bid), 마크업(markup), 관리가격(administered pricing)이나 그 변형의 방식으로 결정된다.

<h2>17-2   콜 시장의 상품특수성</h2>

콜(call) 시장은 금융기관들이 일시적인 자금 과부족을 조절하기 위하여 상호간에 초단기로 자금을 차입하거나, 대여하는 자금시장이다. 지급준비제도 적용 대상 금융기관들이 지급준비금(이하 지준) 과부족을 주로 콜거래를 통해 조정하고 있다. ··· 콜시장은 1960년 7월 한국은행 금융통화운영위원회가 은행에 대해 콜론(call loan) 최고금리를 13.8%로 규제하고 대출최고한도 적용대상 외로 취급하도록 결정하면서 제도적인 기반이 마련되었다(한은, *한국의 금융시장(2016)*, 29쪽).

콜거래는 담보제공 여부에 따라 담보콜과 무담보콜로 구분된다. 그러나 실제거래는 무담보콜이 대부분을 차지하며 담보콜은 매우 미미한 수준이다. ··· 콜거래 만기는 최장 90일 이내 ··· 실제거래에서는 익일물이 대부분을 차지하고 있다. 콜거래의 최소 거래금액은 1억원이며 거래단위는 억원이다. 거래이율의 변동단위는 0.01%이다. ··· 2016년 6월말 현재 콜시장에 참가할 수 있는 기관은 은행, 한국산업은행, 중소기업은행, 한국수출입은행, 국고채 전문딜러 및 한은 공개시장운영 대상기관 증권회사, 자산운용회사, 자금중개회사 등이다(한은, *한국의 금융시장(2016)*, 33쪽).

콜시장의 자금 공급자인 콜론기관은 자산운용회사, 국내은행 및 외국은행 국내지점 등이다. 자산운용회사는 펀드 환매에 대비하여 보유하는 고유동성자산을 콜론으로 운용하며 국내은행은 지준잉여자금을 콜론으로 공급한다. ··· 콜시장의 자금 차입자인 콜머니 기관은 콜자금을 공급하기도 하지만 지준자금 조절을 위한 콜머니 수요가 보다 많은 편이다. 외국은행 국내지점은 수신기반이 취약하여 주로 본지점 차입이나 콜머니를 통해 영업자금을 조달해야 하므로 콜자금의 공급보다는 차입이 많은 편이다. 자금조달 수단이 고객예탁금, RP매도 등으로 제한되는 증권회사도 자금 조달 – 운용상의 불일치 조정 등을 위해 콜자금을 차입하고 있다(한은, *한국의 금융시장(2016)*, 34쪽).

콜시장은 자금의 수요(콜머니)와 공급(콜론)으로 볼 수 있고 콜자금의 거래가 이루어지는 시장이다. 그러니 '수요 공급 이론에 의해서 움직이는 시장이 아닌가'라고 한다면 그건 아니다. 콜자금의 거래가 이루어지는 것은 합산된 (aggregated) 콜자금 수요와 합산된(aggregated) 공급 간에 이루어지는 거래가 아닌 것이다. 콜자금 거래는 개별 차입자와 개별 대여자 간에 이루어진다.

콜자금 차입자는 국내 지준은행 및 외국은행의 국내지점으로 그들의 신용이 이미 확보된 기관들이다. 개별적 콜자금 거래의 공감과정이 요구하는 신뢰를 확보한 기관들인 것이다. 콜자금 공급자는 공적 신뢰를 보장받은 자산운용회사, 그리고 국내 지준은행들이다. 역시 개별적 콜자금 거래의 공감과정이 요구하는 신뢰를 확보한 기관들이다.

콜자금 거래는 지준은행으로서의 공인된 신용을 비즈니스 모델의 요소로 갖춘 개별 자금 차입자와 역시 지준은행으로서의 공인된 신용을 비즈니스 모델의 요소로 갖춘 개별 자금 대여자 간에 각각의 사업심 행동으로서 공감과정을 통해서 이루어지는 (관계)교환의 산물인 것이다. 이때 금리는 공감과정의 한 부분이 된다. 대체로 한국은행의 기준금리에 연동되는 관리가격의 성격을 띠게 된다.

콜시장을 보면 시장이 인위적으로 만들어지는 것이란 사실을 현상으로 확인할 수 있다. 1960년 7월 한은 금융통화운영위원회가 은행에 대해 콜론 최고금리를 13.7%로 규제하고 대출최고한도 적용대상 외로 취급한다고 결정함으로써 콜시장의 제도적 기반이 마련되었다. 이 시장에 참가하는 은행은 초기에는 한은의 기준을 충족하는 지준은행이다. 콜시장이 도입되기 전과 후가 어떤 변화가 있겠는가? 콜시장이 도입되기 전에 금융기관은 단기자금이 긴급히 필요한 경우 금융기관 간의 개별적 안면으로 또는 개별적 신뢰관계로 자금을 융통하는 수밖에 없었다. 원시적 관계교환에 의한 자금의 대차라고 할 수 있다.

이것은 기회주의에 노출되고, 불완전해서 단기자금 대차가 원활하게 이루어질 수 없다. 즉, 애컬로프의 거래 실종, 거래 망설임이 발생하여 시장거래가 성장할 수가 없다. 정부 시책의 일환으로 콜시장 제도기반 및 인프라, 조직이 마련됨으로써 다량의 새로운 거래가 발생할 수 있게 된 것이다. 시장제도(제도, 인프라, 조직)의 도입으로 시장은 한 스탭씩 만들어지게 되는 것이고, 그에 따라 다량의 새로운 거래가 나타나게 되는 것이다.

어떻게 다량의 새로운 거래가 나타나게 되느냐고? 새로운 콜시장의 제도가 등장함으로써, 금융기관은 콜 시장 제도를 채용한 새로운 사업심 ─ 비즈니스 모델을 출범하게 되고 그것이 새로운 금융거래를 등장시키는 것이다.

이것이 공감차원의 열린-비결정적 시스템에서만 설명이 가능한 현상이다.

17-3 콜시장 경쟁질서의 제도형식

시장을 만드는 것이 얼마나 정교한 작업인지 하는 것은 콜시장에서 볼 수 있다. 물론 콜시장만 정교하게 만들어지는 것이 아니다. 모든 시장이 다 그렇게 정교하게 만들어져야 교환거래가 이루어진다. 우선 콜거래 참가자들이 한은의 지준은행으로서의 조건을 갖추어야 하지만 그것만으로 콜거래가 이루어질 수 없다. 콜거래는 대부분 중개거래로 이루어지는 데 중개거래는 자금중개회사가 있어서 거래조건(이율, 만기, 금액 등)에 따라 자금의 공급자와 수요자를 연결시켜 줘야 한다. 자금중개회사는 유선을 통해 콜론 및 콜머니 주문을 접수한 후 거래 금액이 콜론기관의 콜머니기관에 대한 신용공여한도 범위 내인지 여부를 확인하여 거래를 체결 시킨다. 콜거래 체결에 따른 자금의 공급과 상환은 주로 한은 금융결제망(BOK-Wire+) 콜거래 시스템을 통해 이루어진다.

자금시장에서 진행되는 모든 스탭이 시장의 제도와 인프라, 그리고 조직으로 제공되어야 그것을 기반으로 자금의 교환거래가 이루어지는 것이다. 이것은 공감차원의 열린-비결정적 시스템이다. 그러나 그것만으로는 부족하고 시장조건이 경험에 의해서 한 스텝 한 스텝씩 정교하게 구축되어야 시장이 작동하는 것이다. 이 과정은 경험을 통해서만 배우고 세워질 수 있다. 만약 정교한 시장조건의 한 구성요소라도 잘못된다면 당연히 시장거래는 영향을 받게 된다. 애컬로프형 거래의 실종이나 거래 망설임이 발생하는 것이다. 시장조건을 이해하지 못하면 시장을 만들어내는 것이 가능하지 않다.

시장경제를 논하면서 시장제도(조건)의 중요성을 파악하지 못하고 있다는 것은 경제학의 치명적 약점이고 매우 개탄스러운 일이다.

> 콜거래는 계약체결 방식에 따라 중개거래와 직거래로 구분되는데 대부분의 거래는 중개거래로 이루어진다. 중개거래는 자금중개회사가 거래조건(이율, 만기, 금액 등)에 따라 자금의 공급자와 수요자를 연결시켜 주는 거래이다 ([그림 17-1] 참조). … 자금중개회사는 부가가치 통신망(VAN)을 통해 만기별, 금융권별 콜론-콜머니 신청금액 및 체결현황, 금리단계별 콜체결 현

황 등 거래정보의 일부를 실시간으로 제공하고 있다. … 콜거래 체결에 따른 자금의 공급과 상환은 주로 한국은행금융결제망(BOK－Wire＋; 이하 한은금융망) 콜거래시스템을 통해 이루어지고 있으나 경우에 따라 콜자금이 어음 발행 및 교환을 통해 결제되기도 한다. 콜머니기관이 은행인 경우 콜자금 결제가 어음교환거래를 수반하지 않고 한은금융망 콜거래시스템을 통해 이루어진다. 이 경우 콜거래 체결시 자금이 콜론기관(또는 콜론기관의 거래은행)의 결제전용예금계좌에서 콜머니기관인 은행의 결제전용계좌로 이체되며, 만기일 지정시점(11시 5분)에 자금이 반대 방향으로 이체되면서 상환이 완료된다(한은, *한국의 금융시장(2016)*, 35－36쪽).

┃그림 17-1: 콜 중개거래 메커니즘

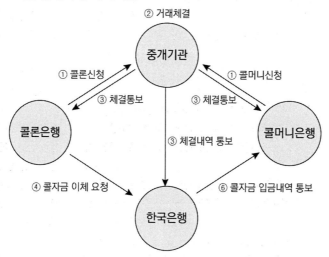

자료: 한은, *한국의 금융시장(2016)*, 36쪽.

우리나라 콜시장의 참가기관별 콜거래 규모 및 거래 비중은 [표 17－1]과 같다.

표 17-1: 콜시장 참가기관별 콜거래 규모 및 비중

		2008	2010	2012	2013	2014	2015	2016상
콜론	국내은행	6,246(20.0)	13,146(38.0)	9,280(32.9)	8,194(28.2)	6,950(28.2)	7,765(43.4)	7,841(49.4)
	외은지점	2,941(9.4)	2,421(7.0)	2,396(8.5)	2,173(7.5)	2,702(11.0)	3,466(19.4)	2,714(17.1)
	자산운용사	17,972(57.5)	17,284(49.9)	15,590(55.3)	16,996(58.6)	13,594(55.2)	6,423(35.9)	5,330(33.6)
	은행신탁	1,132(3.6)	418(1.2)	168(0.7)	468(1.6)	253(1.0)	67(0.4)	...
	증권신탁	887(2.8)	710(2.1)	117(0.4)	239(0.8)	151(0.6)	25(0.1)	...
	기타	2,103(6.7)	623(1.8)	612(2.2)	954(3.3)	961(3.9)	130(0.7)	...
콜머니	국내은행	15,945(51.0)	14,703(42.5)	15,209(54.0)	15,537(54.0)	15,034(61.1)	11,741(65.7)	8,496(53.5)
	외은지점	5,535(17.7)	5,629(16.3)	3,332(11.8)	5,173(17.8)	4,130(16.8)	3,384(18.9)	5,043(31.7)
	증권사	7,223(23.1)	12,405(35.9)	8,113(28.8)	6,905(23.8)	4,187(17.0)	2,704(15.1)	2,346(14.8)
	종합금융	998(3.2)	995(2.9)	919(2.9)	839(2.9)	618(2.5)	32(0.2)	...
	기타	1,581(5.1)	870(2.5)	607(2.2)	569(2.0)	642(2.6)	15(0.1)	...
합계		31,282	34,603	28,180	29,024	29,024	17,875	15,884

주 1) 기간 중 중개거래 일평균 잔액(지준마감일 제외)기준
자료: 한국은행

17-4 콜시장의 가격결정 방식

콜론 최고이율에 대한 결정은 1972년 1월 한국은행에서 금융단 협정사항으로 위임되었다가 1984년 7월 금융단 협정이 폐지됨에 따라 다시 한국은행으로 이관되었다. 이후 1984년 11월 한국은행이 금융기관의 자율적인 금리 결정 폭을 확대하는 방향으로 여수신금리를 조정하면서 콜금리도 '이자제한법'이 정하는 최고이자율 범위 내에서 자율적으로 결정할 수 있게 되었다(한은, *한국의 금융시장(2016)*, 29쪽).

콜금리는 한은 기준금리를 중심으로 시장의 자금수급 상황에 따라 결정되며, 3개 자금중개회사의 무담보신용콜 1일물 거래 가중평균금리(C2)를 계산하여 한은에서 매일 공표하고 있다. 콜시장의 금리는 관리가격이라고 볼 수 있다.

17-5 콜시장의 제도형식

콜시장의 제도형식([표 17−2])은 콜시장이 어떤 시장조건(제도, 인프라, 조직)에서 성립하게 되었는가 하는 것을 시장특수성, 경쟁질서, 가격결정방식이라는

3개의 항목으로 해석하여 정리한 것이다. 먼저 콜시장은 초단기 자금시장(지준시장)의 조성을 목적으로 하고 있다. 시장이 저절로 생겨나는 것이 아니라 특수한 목적성을 가지고 조성되는 것이라는 점을 알 수 있다.

이 목적 하에서 콜시장의 참가자격은 한은 지준은행으로서의 자격을 갖춘 시장참가자에 국한된다. 따라서 콜시장 거래는 거래의 신뢰성이 한은 지준은행의 자격에 의해서 보장된다. 대부분의 자금거래는 중개거래(99%)인데, 자격조건에 따라 공인을 받은 자금중개회사(㈜한국자금중개, ㈜서울외국환중개, ㈜KIDB자금중개)에 의해서만 거래가 중개된다.

경쟁질서의 내용은 세세한 부분에 이르기까지 제도화 되지 않을 부분이 없다. 예컨대, 최소거래금액은 1억원이고 거래이율의 변동단위는 0.01%이다. 어떻게 이런 거래표준이 정해졌을까? 경험을 통해서이다.

자금중개회사는 VAN을 통해서 만기별, 금융권별, 콜론-콜머니 신청금액 및 체결현황을 실시간으로 제공한다. 콜거래 체결 시 자금이 콜론기관(또는 콜론기관의 거래은행)의 결제전용계좌에서 콜머니 기관인 은행의 결제전용계좌로 이체되며, 만기일 지정시점(11시 5분)에 자금이 반대방향으로 이체되면서 상황이 완료된다.

만기일 지정시점이 11시 5분으로 정해져 있음을 주목하자. 만기일 지정시점 11시 5분이 아니고 다른 시간이어서, 또는 분명하지 않아서 나타날 혼란을 생각해보자. 필경 거래는 (얼마만큼 위축될지는 알 수 없지만) 영향을 받게 된다. 시장은 사소한 세부사항에 이르기까지 과거의 경험과 전문성을 동원하여 정해놓고 있는 것이다. 그리고 이러한 시장제도의 운영에 필요한 자본투자, 기술조건을 제공하고 시장제도 운영에 필요한 조직을 세우고 이를 운영하고 있다. 시장은 제도이고, 인프라이고, 조직인 것이다.

경험적으로 만기일 지정시점이 11시 5분으로 정해짐으로써 시장거래가 안정적으로 이루어질 수 있다는 점을 설명하지 못하는 경제학 분석구도(견해 A)는 시장제도(제도, 인프라, 조직)를 설명한다고 할 수 없다.

콜시장은 자금거래의 가격, 즉 금리의 결정방식을 정해 놓고 있다. '콜금리는 한은 기준금리를 중심으로 시장의 자금수급 상황에 따라 결정되며, 3개 자금중개회사의 신용콜 1일물 거래 가중평균금리를 한은에서 매일 공표하는 방식으로 운영된다(견해 B). 이것은 시장청산 시스템 $D(p) = S(p)$가 아니다(견해 A). 콜머니이든 콜론이든 언제나 개별 금융기관 간에서 거래가 결정되는 것이지, 수요자 전체와 공급자 전체 사이에서 자금거래가 이루어지는 것이 아니기 때문이다. 일종의 관리가격 방식이라고 하겠다.[84]

▎표 17-2: 공감차원에서 본 콜(call)시장의 제도형식

	콜시장의 특수성	콜시장의 경쟁질서	콜시장의 가격결정 방식
공감차원에서 본 콜시장 제도형식의 내용	1) 초단기 자금시장(지준시장): 익일물이 대부분(만기 최장 90일) 2) 한국은행지준은행으로서의 자격을 갖춘 시장참가자: 은행, 특수은행, 국고채 전문딜러, 한은 공개시장운영 대상기관, 증권회사, 자산운용회사, 자금중개회사 등 3) 중개기관 (2016년 6월말): 한국자금중개㈜, 서울외국환중개㈜, KIDB자금중개㈜	1) 거래방식: 중개거래(대부분)와 직거래(1% 이내) 2) 최소거래금액은 1억원이며 거래단위는 억원; 거래이율의 변동단위는 0.01% 3) 중개거래: 자금중개회사가 거래조건(이율, 만기, 금액 등)에 따라 자금의 공급자(콜론)와 수요자(콜머니)를 연결 4) 중개기관은 대부분 단순중개를 하며, 중개수수료를 수취 5) 직거래: 거래 당사자들이 거래조건을 직접 협의하여 체결 6) 자금중개회사는 VAN을 통해 만기별, 금융권별 콜론, 콜머니 신청금액 및 체결현황, 금리단계별 콜체결 현황 등 거래정보를 실시간(real-time)으로 제공 7) 콜거래 체결에 따른 자금의 공급과 상환은 주로 한은금융망(BOK-Wire+) 콜거래시스템을 통해서 이루어짐 8) 콜거래 체결시 자금이 콜론기관(또는 콜론기관의 거래은행)의 결제전용계좌에서 콜머니기관인 은행의 결제전용계좌로 이체되며, 만기일 지정시점(11시 5분)에 자금이 반대 방향으로 이체되면서 상환이 완료 9) 콜론기관은 신용도가 낮은 기관의 과도한 콜차입이나 일부 기관의 콜차입 독점을 억제하기 위해 콜머니기관별로 신용공여한도를 설정하여 운영 10) 콜론-머니 기관이 한은에 결제전용예금계좌를 보유하지 않은 비은행금융기관인 경우 해당 기관의 거래은행을 통해 결제가 이루어 짐	관리가격: 콜금리는 한은 기준금리를 중심으로 시장의 자금수급 상황에 따라 결정되며, 3개 자금중개회사의 신용콜 1일물 거래 가중평균 금리(C2)를 한은에서 매일 공표.

---

[84] 물론 자금수요 증가가 금리에 상승압박을, 자금공급의 증가가 금리에 하락압박을 가하는 것은 사실이다. 그렇지만, 그것과 시장청산시스템 $D(p) = S(p)$와는 다르다.

제18장 양도성 예금증서CD 시장

18-1 금융혁신으로서의 양도성 예금증서CD

양도성 예금증서는 정기예금증서에 양도성을 부여한 것이다. 본래 정기예금(TD time deposit)은 일정기간 동안 예금을 예금구좌에 묶어 두는 것을 전제로 하는 예금이다. 따라서 요구불예금보다 높은 금리를 공여하게 된다. 이러한 예금을 증서화 해서 양도성을 부여한다는 것은 무리 없는 재산권 논리의 연장이라고 할 수 있으며 금융시장의 입장에서는 새로운 금융상품의 등장이고 금융혁신이라 할 수 있다.

필자는 제도의 변화를 시장제도의 형식(modality)이라는 틀에서 파악하였다. [그림 18-1]은 CD라는 금융혁신이 발생한 경우, 거래의 쌍방 사이에 일어나는 교환의 공감과정을 묘사하는 개념도를 보여주고 있다.

▎그림 18-1: CD금융혁신이 작동하는 공감과정

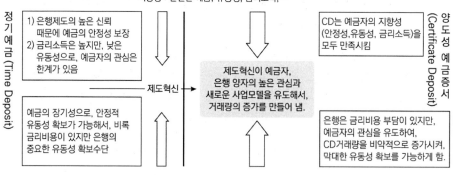

[그림 18-1] 좌측은 예금자와 은행이 정기예금이라고 하는 은행상품을 통해

서 사업심-비즈니스 모델을 가지고 공감과정을 만들어내는 과정을 보여주고 있다. 은행에 예금을 하는 예금자들은 무엇보다 은행에 대한 높은 신뢰를 가지고 있어서 은행거래를 선호한다. 정기예금의 경우도 은행에 대한 신뢰를 바탕으로 예금을 한다. 정기예금에 대해서는 높은 금리를 보장하기 때문에 선호하게 된다. 그러나 일정 기간 자금을 은행에 잠궈 두어야 한다는 유동성 제약이 큰 부담이다. 따라서 은행의 입장에서 정기예금을 통한 자금의 조달은 한계가 있다. 예금자의 사업심-비즈니스 모델이 은행의 사업심-비즈니스 모델과 공감과정을 통해서 (관계 또는 공감)교환(여기서는 정기예금 실적)을 만들어내는 데는 한계가 있게 된다.

그런데 정기예금증서에 양도성을 부여하면 이 유동성 제약이 제거된다([그림 18-1] 우측). 즉, 예금자 입장에서 정기예금이 주는 금리소득도 확보하고, 필요할 때 정기예금증서를 유통시킴으로써 유동성으로 전환이 가능하다. 은행의 입장에서도 정기예금에만 의존하던 자금조달 창구가 CD 시장이라는 새로운 자금조달의 시장을 확보하게 된다. 정기예금증서에 양도성(금융제도혁신)을 부여함으로써 예금자의 사업심-비즈니스 모델이 은행의 사업심-비즈니스 모델과 공감과정을 통해서 CD거래(관계교환 또는 공감교환)라고 하는 금융거래의 실적을 획기적으로 끌어올리게 되는 것이다.

[그림 18-1]은 CD금융혁신이 어떻게 새로운 예금자의 사업모델을 만들고, 동시에 은행의 새로운 사업모델을 창출해서 CD거래를 창출해내는지의 내용을 개념도를 통해서 보여주고 있다.

시장은 만들어지는 것이다. 이러한 금융혁신으로 인해서 새로운 금융시장, 즉 양도성 예금증서(CD: certificate of deposit) 시장이 만들어진 것이다. CD 거래는 폭발적으로 증가하였으며, 2008년에는 116.6조 원에 달하였다([표 18-1]). 그러나 기관 간 CD 발행에 대한 엄격한 제한, 그리고 은행 예대율 제한 조치 등에 (CD를 채용하는 비즈니스 모델이) 영향을 받아 CD 발행은 급격히 감소한다. 은행채 등의 등장이 은행 자금조달 창구로서의 CD 발행을 대체하게 되었다. CD의 발행규모는 2016년 6월 기준으로 24.2조 원으로 감소하게 된다.

	2008	2010	2012	2014	2016.6
대고객CD	116.4(99.8)	44.3(99.6)	24.5(99.2)	20.1(100.0)	24.2(100.0)
창구CD	96.5(82.8)	37.7(84.7)	21.3(86.5)	16.6(82.5)	20.5(84.7)
시장성CD	119.5(17.1)	6.6(14.9)	3.1(12.7)	3.5(17.5)	3.7(15.3)
은행간CD	0.2(0.2)	0.2(0.4)	0.2(0.8)	0.0(0.0)	0.0(0.0)
합계	116.6(100.0)	44.5(100.0)	24.7(100.0)	20.1(100.0)	24.2(100.0)

주) 1) 기말기준, ( )내는 구성비
자료: 한국예탁결제원
    한국은행, *한국의 금융시장(2016)*, [표 2-21].

18-2 ⟍ 금융시장 혁신과 공감차원

CD 시장의 등장은 공감차원의 현상이다.[85] CD라는 혁신적 금융상품의 발행이 1984년 이래로 허가되기 시작하였다. 1984년 CD 발행이 시중은행, 지방은행 및 한국외환은행에 (1974, 1978년 이래) 재차 허가되었다. 1985년 특수은행, 1986년 외국은행 국내지점, 1997년 한국산업은행 및 한국장기신용은행으로 확대되었다(공감차원의 우연성과 경로의존성).

1984년 CD 도입 당시에는 종합금융회사(종전 투자금융회사 포함)와 자본금 200억원 이상인 증권회사에 대해서만 CD 중개업무가 허용되었으나, 이후 콜거래 전문중개회사로까지 CD 중개업무가 확대되었다.

> CD는 매수주체에 따라 대고객 CD와 은행간 CD로 구분된다. 대고객 CD는 다시 은행창구에서 직접 발행되는 창구 CD(또는 통장식 CD)와 중개기관의 중개를 통해 발행되는 시장성 CD로 구분된다. 개인, 일반법인, 지방자치단체 등은 주로 발행은행 창구에서 직접 매입하는 반면 자산운용회사, 보험회사 등 금융기관은 중개기관을 통해 매입한다.
>
> 은행간 CD는 일반적으로 중개기관을 통하지 않고 발행은행과 매수은행 간 직접 교섭에 의해 발행된다. 은행간 CD는 은행 상호간 자금의 과부족을 해소

---

85) 금융거래가 CD라는 금융상품을 매개로 성사된다. 이때 CD는 자금 거래의 쌍방 모두에게 비즈니스 모델의 구성요인으로 자리잡아 자금거래의 공감과정을 만들게 된다. 자금거래는 이러한 공감과정의 결과인 관계교환인 것이다.

하기 위한 수단으로 발행되며, 지급준비금 적립대상에서 제외되는 대신 양도
가 엄격히 금지되고 있다(한국은행, *한국의 금융시장(2016)*, 117쪽).

　이상의 CD시장은 두 가지 사실을 분명히 하고 있다. 하나는 시장은 만들어
지는 것이라는 사실이다. CD시장이 생겨남으로써 정기예금에 가입하던 예금자
가 CD에 투자하는 투자자로 바뀌게 된다. 비즈니스 모델에 변화가 생긴 것이다.
CD를 매개로 하는 투자는 개별 예금자(투자자)의 자금의 운영을 영위하는 공감
과정이다.

　특정 개별 은행의 경우에도 CD라는 금융상품의 출현으로 개별 예금자를 상
대하는 비즈니스 방식에 변화가 온 것이다. 단순 예금유치가 아니라 CD투자자를
유치하는 것이다. 이것은 개별 예금자(투자자)와 특정 개별은행 사이에 벌어지는
공감과정이다. 즉, CD시장의 출현으로 나타나는 경험론 세계의 현상이다.

　둘째, CD거래가 이루어지는 것은 '개별 거래참가자 차원에서'라는 것이다.
이것은 경제학에서 거래가 수요와 공급의 차원에서 이루어진다고 보는 시장청
산시스템 $D(p) = S(p)$의 접근방법과 극명한 대조를 이룬다(Rhee, 2018d). CD거
래는 CD의 발행자, 매수자 사이에 때로는 중개기관을 거쳐서 때로는 당사자 간
에 직접거래로 이루어진다. 수요와 공급으로 합산(aggregated)되어서 이루어지는
거래는 없다.

　CD거래는, 발행자, 매수자 개인별로 이루어지며, 금융감독당국의 전문적 관
리 감독제도에 의해서 신뢰가 확보된 주체 간에, 신뢰라는 공감과정에 의해서 거
래가 이루어지는 것이다. 이때 가격(금리)은 이 공감과정의 일부가 될 뿐이다. CD
발행자(은행)는 자신의 사업 모델을 가지고 거래에 임하게 되며, 매수자(예금자 또
는 CD 투자자)는 역시 자신의 사업모델을 가지고 거래에 임하게 된다.

　두 사업모델이 만나는 것이 공감과정이며, 이를 통해서 거래가 이루어지기도
하고, 안 이루어지기도 하며, 때로는 망설임(wavering)으로 되기도 하고, 때로는
태만(procrastination)에 이르기도 한다. 경험론의 세계는 비결정적(indeterminate),
우연적(coincidental), 경로의존적(path dependent) 현상의 세계이다(Akerlof, 1970,
1991; Rhee, 2018c, 2018e, 2018f, 2020).

▎그림 18-2: CD시장 개설로 증가된 은행자금거래를 공감차원에서 해석

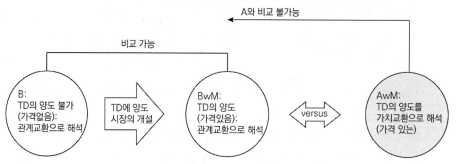

[그림 18-2]는, 콜시장에서 소개된 [그림 13-3: 콜시장 개설로 증가된 은행간 자금대차거래를 공감차원에서 해석]의 CD 시장 버전에 해당한다. 그림은 저축성 정기예금(TD) 통장에 양도성을 부여하는 금융시장혁신을 통해서 CD시장을 창설함으로써 나타나는 변화를 B와 BwM(B with Market)의 비교를 통해서 공감차원에서 해석하고 있다. 또한 같은 제도변화를 가치-비용 합리성 차원(AwM: A with Market)에서 해석하고 두 경우를 병렬로 배치하여 차이를 보여주고 있다. 여기에서 M(market)은 CD시장을 표시한다.

공감차원에서 보면(B와 BwM의 비교) 금융혁신(TD에 양도성 부여)이 주는 효과가 직접 비교 가능하다. 이 비교는 [그림 18-1: CD금융혁신이 작동하는 공감과정]에서 설명된 변화에 해당한다. 즉, 금융혁신의 결과로 CD를 비즈니스에 포함하는 은행의 새로운 사업모델이 등장하고 동시에 CD를 비즈니스에 포함하는 고객의 새로운 사업모델이 등장하여 둘 사이에 거래가 증가한다. 즉, B와 BwM을 거래량의 변화로 비교한다.

그러나 같은 현상을 가치-비용 합리성 차원에서 보면 그림에서와 같이 제도혁신이 발생한 이후(CD 등장 이후)의 거래는 파악이 되지만(AwM), 그에 상응하는 제도혁신 이전(TD 시절의 AwP에 상응하는 거래 A)의 TD거래는 제도변화 이후의 CD거래와 비교가능하게 파악하는 것이 불가하다. 제도변화(TD에 양도성 부여)로 인해서 제도변화 이전(A)과 제도변화 이후(AwM) 간에 가치-비용 척도 단위의 일관성이 유지된다고 볼 수 없는 것이다.

같은 자금이라고 하더라도 CD 등장의 이전과 이후에 자금의 금리스케줄이 같으리라는 보장이 없다. CD등장 이전과 이후를 자금의 가치-비용 단위로 일관성 있게 비교한다는 것은 가능하지 않다(흄의 분할, Hume's divide: Rhee, 2018e, 2020).

제도변화에 따른 거래의 변화는 오직 공감차원에서만 파악이 가능하다. 지금까지 우리는 이 사실에 무심했다. 즉, 제도변화가 있는 경우에 거래량이 어떻게 변화했다고 아무런 생각 없이 판단하였다. 그러나 이것은 암묵적으로 공감차원을 가정하고 있는 것이다. 가치-비용 차원에서 판단하고자 한다면, 제도 변화의 이전과 이후가 비교 가능한 가치-비용 척도단위가 아니기 때문이다(Klein *et al.*, 1978, Rhee, 2018c, 2020). 13장 5절에서 콜시장의 경우를 가지고 보다 상세한 논의가 있었음을 첨언한다.

18-3 ＼ CD 시장의 제도형식

양도성 예금증서CD는 "예금증서를 교부하고 예금을 받는다는 점에서 법적 성격이 일반예금과 같지만, 권리의 이전과 행사를 위해서는 동 증권의 소지가 필요하다는 점에서 유가증권에 해당된다." 따라서 "양도성 예금증서CD는 한국은행법상 지급준비금 적립대상이 되는 예금채무에 해당한다." 그러나 예금이 아니라 유가증권이기 때문에 2001년부터 예금보호대상에서 제외되었다.

이렇게 제도의 변화가 시장의 제도형식에 의미하는 바는 실로 그 끝을 모를 정도로 오묘하다. 제도변화의 현상이 ICP 현상 그 자체이다. 이렇게 복잡한 변화를 큰 틀에서 대충 정리한 것이 CD 시장의 제도형식([표 18-2])이다. 공감차원에서 또는 경험론 세계에서 완전한 분석(determinate solution)이란 가능하지 않다.

▌표 18-2: CD 시장의 제도형식

CD시장의 특수성	CD 시장의 재산권	CD시장의 경쟁질서	금리 결정방식
1) 정기예금증서에 양도성 부여 2) 유가증권으로서의 CD 3) 발행기관이 금융감독당국에 의해서 허가된 은행(발행기관의 신용관리) 4) 발행기간 등 규범적 규제 작동 5) 가격책정 방식	1) 대 고객 CD의 경우 한은 지급준비금 적립 대상 2) 예금보호 대상에서 제외 3) 단기자금 조달 수단 4) 중개기관의 경우 중개수수료 수입 5) 중도해지가 불가하지만 양도가능 6) 양도가 가능하기 때문에 시세차익의 수익창출이 가능	1) 발행은행: 시중은행, 지방은행, 외국은행 국내지점, 수출입은행을 제외한 모든 은행 2) 중개기관: 증권회사, 종합금융회사, 3개 자금중개회사 3) 대고객 CD(통장식, 시장성), 은행간 CD 4) 현금화를 원할 때 매각 5) 최단만기 30일, 최장만기 제한 없으나 대부분 1년 이내에서 발행 6) 할인방식(매수자가 CD를 구매할 때, 예치기간 동안 이자를 뺀 금액만 지급하고, 만기에 액면금액을 받는 방식) 7) 2006년 6월부터 대부분 CD는 실물발행을 하지 않고 한국예탁결제원에 등록하는 형태로 발행 8) CD 발행금리를 관리가격 방식으로 산정	1) 중개수수료는 관리가격 형태로 책정 2) CD금리는 관리가격방식: 금융투자협회 『최종호가 수익률 공시를 위한 수익률 보고 관련 기준』제5호, 즉 금융투자협회가 10개 증권회사로부터 신용등급이 AAA인 시중은행이 발행한 CD(91일물)의 거래(유통)시 호가수익률을 제출 받아 매일 2회(11시 30분과 15시 30분) 산출-발표하고 있다. 증권회사는 수익률 보고 시 당일 CD의 발행 및 거래내역, 은행채 등의 유사채권 수익률, 한국은행의 기준금리, 단기금리 동향 등을 종합적으로 고려하여야 한다. 금융투자협회는 증권회사가 제출한 수익률 중 상하위 각각 1개씩을 제외한 나머지 8개의 수익률을 단순평균하여 최종호가 수익률을 산출 고시한다.

◉ CD시장의 특수성

CD는 양도성이 부여된 정기예금이다. 금융혁신을 통해서 새로운 금융상품(CD)이 만들어짐으로써, 한편으로 예금자에게 매력적 금융상품으로 되어 수요를 창출하고, 다른 한편으로 은행에게는 거액의 자금을 조달할 수 있는 통로를 열어주었다. 그 결과 CD시장이라는 새로운 금융시장이 등장하게 되었다. CD시장은 제도적으로 이미 존재하던 정기예금(TD) 시장에 금융혁신(양도성 부여)이라는 제도변화를 통해서 새로운 시장이 만들어진 것이다. 새로운 시장이 만들어진 것은 순전히 혁신적 제도변화에 기인한 것이다.

이미 언급된 바이지만, 양도성 예금증서CD는 한국은행법상 지급준비금 적립대상이 되는 예금채무에 해당한다. 그러나 예금이 아니라 유가증권이기 때문에 2001년부터 예금보호대상에서 제외되고 있다. CD발행기관은 은행이다. 은행은 은행법에 적용을 받으며 금융감독당국에 의해서 기관운영의 신용책임(fiduciary duty)이 엄격히 관리되는 기관이다. 따라서 CD매수자는 매입 시 매번 해당CD의 진정성을 점검하지 않고 투자할 수 있는 것이다.

다시 말하자면, CD시장의 성립은 거래 참가자들의 신용책임을 전제로 하고 있다. 사실 이것은 CD에만 해당하는 것이 아니고, 모든 금융상품에 해당하는 문제이고 신용책임은 금융시장의 특징이다. 이것이 애컬로프 교수가 제기한 레몬시장의 문제이다(Akerlof, 1970). 즉, 공감차원의 현상이다.

◉ CD시장의 재산권

CD시장의 재산권 제도는 CD시장 고객 쌍방의 개인들의 재산권이다. 자금의 수요자 일반 그리고 자금 공급자 일반의 재산권이 아니다. 대 고객CD의 경우 한은 지급준비금의 대상이라는 점은 이미 언급되었다. 또한 유가증권이라는 점에서 예금보호 대상에서 제외되고 있다는 점도 언급되었다. 그러나 매수자가 은행 등의 기관일 경우 지급준비금 대상에서 제외된다.

은행 등 기관간 CD거래는 중개기관을 통해서 이루어지는데 중개업무는 증권회사, 종합금융회사, 3개 자금중개회사가 담당하도록 허가되고 있다. 중개서비스는 중개수수료에 의해서 운영된다.

CD발행은 은행이 내규로 정해서 5백만원, 1천만원 단위로 발행된다. CD는 중도 해지가 허용되지 않는다. 그러나 양도가 가능하다. 매수 및 양도에서 발생하는 시세차익이 가능하다.

CD시장은 이렇게 정교하고 세심한 재산권 제도적 디자인 위에서 작동하고 있는 것이다. 이는 시장이 만들어지는 것이라는 점을 잘 보여준다.

◎ CD시장의 경쟁질서

CD는 공감차원의 현상이고, CD거래는 공감교환(또는 관계교환) 거래이다. 경쟁질서란 공감(또는 관계)교환의 거래질서를 말한다. CD거래가 가치교환거래라면 경쟁질서가 필요 없다. 공감(또는 관계)교환이기 때문에 경쟁질서가 필요한 것이다.

[표 18-2]의 CD시장 경쟁질서에서 1)-4) 사항은 표에서 논의된 바대로이다.

CD발행은 최단 만기가 30일이고 최장 만기에는 규정상 제한은 없지만, 대부분 1년 이내에서 발행되고 있다. 할인 방식으로 운영된다. 즉, CD매수자는 CD를 구매할 때, 예치기간 동안 이자를 뺀 금액만 지급하고, 만기에 액면금액을 받는 방식이다.

2006년 6월부터 대부분 CD는 실물 발행을 하지 않고 한국예탁결제원에 등록하는 형태로 발행한다. 한국예탁결제원이라고 하는 금융시장인프라가 CD발행기관에는 간편한 발행이라는 사업모델의 출현을 가능하게 하고, CD매수자에게는 유가증권을 보유해야 하는 번거로움, 비용, 위험을 경감시켜준다. CD거래가 CD수요 대 CD공급이라는 합산 단위의 거래, 즉 시장청산 시스템 $D(p) = S(p)$가 아니라, CD매수자 개별 사업단위 대 CD발행자 개별 사업단위 간의 거래라는 사실, 즉 공감과정(SP: sympathy process)이라는 사실을 확인시켜준다.

◎ CD금리 결정방식

CD금리는 관리가격방식: 금융투자협회 『최종호가수익률 공시를 위한 수익률 보고 관련 기준』 제5호의 규정을 따르고 있다. 즉, 금융투자협회가 10개 증권회사로부터 신용등급이 AAA인 시중은행이 발행한 CD(91일물)의 거래(유통)시 호가수익률을 제출 받아 매일 2회(11시 30분과 15시 30분) 산출-발표하고 있다. 증권회사는 수익률 보고 시 당일 CD의 발행 및 거래내역, 은행채 등의 유사채권 수익률, 한국은행의 기준금리, 단기금리 동향 등을 종합적으로 고려하여야 한다. 금융투자협회는 증권회사가 제출한 수익률 중 상하위 각각 1개씩을 제외한 나머지 8개의 수익률을 단순평균하여 최종호가 수익률을 산출 고시한다.

CD시장의 수요와 공급이 금리 결정에 영향을 주지 않는 것은 아니다. 그러나 CD 수요함수, CD 공급함수에 의해서 CD금리가 결정되고 시장청산 시스템에 의해서 거래가 결정되는 것은 아니다. 매수자의 사업모델과 발행자의 사업모델이 만나서 거래가 결정되고 그 과정에 CD금리가 사용되는 것이다. 그 CD금리는 위에서 서술한 관리가격 방식에 의해서 결정되는 것이다. 그러면 CD시장에는 매 거래마다 수요와 공급이 정확히 일치하는 균형이 성립하지 않는 것 아닌가? 그렇다. 시장의 거래가 균형조건에 의해서 이루어진다고 하는 것은 경제학자들의 한가한 환상일 뿐이다(Rhee, 2018d, 2018e, 2019b).

18-4 CD 시장 거래 메커니즘

[그림 18-3]은 CD발행의 거래 메커니즘을 [그림 18-4]는 CD상환의 거래 메커니즘의 개념도를 보여주고 있다. 이 그림을 보면 CD 발행과 상환에서 일어나는 거래현상이 매 국면 소상하게 표현되어 있음을 알 수 있다. 이것은 CD에 대한 투자자 개인들과 발행은행 간에 적용되는 거래 메커니즘이다. CD 투자자 일반과 은행일반의 스토리가 아니다.

마치 현장을 들여다보고 있는 것 같다. 이 중요한 현장 정보가 경제학의 교환 분석에서 파악되고 있느냐 하는 것이 본 저서의 핵심적 분석 테마이다. 답은 '명백하게 아니다'라는 것이다. 경제학은 분석과정에서 이러한 중요한 정보를 모두 놓치고 있다.

왜 그럴까? 그것이 문제이다.

문제는 경제학이 거래를 이렇게 현장에서 파악하는 것이 아니라, 개별 매수자를 모두 합한 CD 수요총액 그리고 발행자를 모두 합한 CD 공급총액에서 파악하여 거래의 결정이 시장청산, 즉 $D(p) = S(p)$로 이루어진다고 가정하여 거래를 파악한다는 것이다. 그 결과 개별 매수자의 사업모델, 인지시스템, 그리고 나타날 수 있는 기회주의적 행동의 문제가 사라져 버린다. 또한 개별 발행자의 사업모델, 인지시스템, 기회주의적 행동의 문제가 사라져 버린다.

따라서 [그림 18-3], [그림 18-4]는 경제학에서 이루어지는 CD시장의 분석과 전혀 무관하게 실무적 문제로 취급되고 있다. 경제학을 분석하는 사람은 실무와 별개의 사람인 듯이 행동한다. 그 결과 경제학의 교환거래 분석은 제도와 유리되어 이루어지고 있다. 기술적 요소, 자본적 요소, 네트워크, 금융시장인프라, 금융시장 경영의 노하우 등은 기껏해야 비용에 영향을 미치는 요소 정도로 생각되고 있다. 이 중요한 요소들이 금융거래에 직접적 요소로서 역할을 할 여지는 원천적으로 봉쇄되고 있다.

▌그림 18-3: CD 발행의 거래 메커니즘
[CD 발행]

1. 창구발행

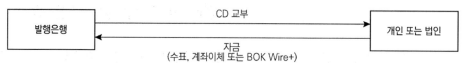

2. 중개기관 경유 발행

▌그림 18-4: CD 상환의 거래 메커니즘
[CD 상환]

1. 창구제시

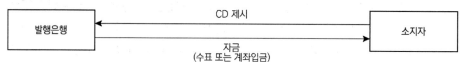

2. 교환회부

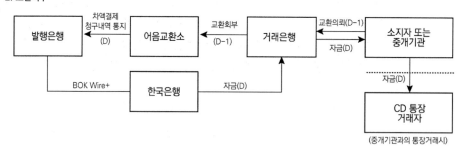

D: 만기일

[그림 18-3], [그림 18-4]를 보면 CD의 거래가 개별 발행은행과 매수인 개인 사이에서 이루어지는 것을 볼 수 있다. 개별 발행은행의 사업모델과 매수인 개인의 사업모델 사이에서 이루어지는 것이다. 양자의 사업모델에 기술적 요소, 자본적 요소, 네트워크, 금융시장인프라, 금융시장 경영의 노하우 등이 결합되는 것이다. 양자의 사업모델이 만나는 것이 공감과정(SP)이다.

발행은행을 모두 합해서 공급함수를 만들고, 매수자를 모두 합해서 수요함수를 만들어서 금리라는 가격변수로 교환을 결정한다고 설정해 놓으면 기술적 요소, 자본적 요소, 네트워크, 금융시장인프라, 금융시장 경영의 노하우 등이 경제학의 거래분석에서 역할을 할 여지는 모두 사라져 버린다. 오직 공감차원(견해 B)에서만 [그림 18-3], [그림 18-4]의 거래 메커니즘의 상세정보가 어떻게 CD 매매거래에서 작동하는지 분석적 파악이 가능해진다.

예컨대, 모든 CD거래에 따르는 대금결제는 수표, 계좌이체 또는 BOK Wire+를 이용하고 있다. 이것이 금융시장인프라이다. 이 금융시장인프라를 구비하는 데는 장구한 시간이 필요하고 많은 경험과 노하우를 필요로 한다. 단순히 비용을 지불한다고 단시간에 만들어지는 것이 아니다. 이러한 결제수단이 제대로 작동하지 못한다면 CD 거래는 또는 다른 금융거래는 얼마나 불편해지겠는가? 이러한 금융시장인프라가 발행은행, 구매자 모두의 사업모델에서 중요한 역할을 하고 있다. 예컨대, 계좌이체가 새로 도입되었다면, 발행은행, 구매자들은 계좌이체를 포함하는 새로운 사업모델을 만들어 내게 되고 그 결과 신속한 단기 자금 회전이 가능해져서 전에는 가능하지 않았던 사업모델이 등장하게 되고 CD 거래는 증가하게 되는 것이다.

BOK Wire+시스템도 마찬가지이다. 한은이 새로운 슈퍼컴퓨터를 도입해서 매매거래와 동시적 대금결제가 가능해졌다면 역시 그 결과 새로운 사업모델이 만들어지게 되고 CD거래는 증가하게 되는 것이다.

CD거래의 중개기관 도입도 마찬가지이다. 보는 관점에 따라서 중개기관의 제도를 새로운 금융시장인프라라고 볼 수도 있고, 또는 금융중개시장이라고 볼 수도 있을 것이다. 어떤 경우이든 간에 중개기관의 존재는 단순히 거래비용을 낮추는 역할이 아니다. 중개기관의 역할로 인해 새로운 사업모델이 출현하게 되는 것이다. 경험론의 세계, 공감차원의 현상인 것이다. 즉, ICP 현상이다.

어음교환소의 역할도 마찬가지이다.

18-5 공감차원에서 가격결정

경제학이 공감차원으로 확장됨으로써 경제학 분석은 많은 점에서 달라지게 되지만 획기적으로 달라지는 것은 가격결정에 대한 분석이라고 할 수 있다. 가치 − 비용 합리성 차원, 즉 합리적 선택 모형(RAM)에 따르면, 가격은 시장청산 시스템 $D(p) = S(p)$에 의해서 균형가격으로 결정된다. 그러나 경험론의 세계에서 수요 − 공급함수는 주어졌다고 할 수 없다. 가격은 공감과정의 일부분으로 개별 참가자의 사업모델별로 하나씩 체결되어 나타나는 것이다. 이 분석 포인트는 본 저서의 핵심 포인트이며, 이미 필자의 논문에 수차에 걸쳐서 논구된 바 있다(Rhee, 2012b, 2018a, 2017).

이렇게 결정되는 가격은 양 참가자의 사업모델이 서로 만나서, 즉 공감과정을 통해서 만들어진다. 즉, 거래를 성사시키는 것은 공감과정이다. 공감과정이 ICP이므로 가격도 ICP이다. 가치 − 비용 합리성 접근방법(견해 A)에서 가격은 최적화 − 균형 알고리즘에 의해서 결정되기 때문에 가격결정은 결정적(determinate)이다. 그러나 공감과정(견해 B)에서 결정되는 가격은 비결정적(indeterminate)이고, 우연적(coincidental)이며, 경로의존적(path dependent)이다.

[정리(定理)] 공감과정으로서의 가격결정(price determination as a step of sympathy process): 가격결정은 공감과정의 일부이다.

[정리(定理)] 가격결정의 경로의존성(PPD: price path dependence): 가격결정은 경로의존적이다.

이 두 정리에 대한 증명은 필자의 논문(Rhee, 2012b, 2017, 2018a, 2018d, 2019b, 2020)에 의존한다. 가격의 결정도 ICP현상의 하나인 것이다.

[표 18 − 2]의 금리결정방식에서 서술된 바와 같이 CD금리의 결정은 금융투자협회에서 계산하며, 관리가격(administered pricing) 방식의 시장제도 형식의 결정이 이루어진다. 이것은 시장청산시스템 $D(p) = S(p)$과는 전혀 무관하다. 이것은 공감과정이다.

이렇게 금리를 결정하는 방식은 ICP현상이며, 따라서 금리결정에서 정답

(determinate solution)이 없다. 모든 정보를 이용하여 최선을 다해서 그때그때의 금리를 정할 뿐이다. 따라서 금리결정방식에 대한 찬반의 이론이 분분한 것은 당연하다. 그것이 경험론의 세계이다. 그러한 문제가 다음의 사례에서 잘 나타나 있다.

18-6 CD금리 등의 결정은 공감과정

CD금리의 결정과정을 보면 공감차원에서 가격결정이 공감과정의 한 부분임을 확인할 수 있다. 우리는 금융시장에서 금리의 결정이 자금에 대한 수요함수와 공급함수에 의해서 이루어진다고 막연히 생각하는 경향이 있다. 그러나 공감차원에서, 즉 지각 – 직관 시스템에 의해서 인지가 만들어지는 상황에서 금리는 수요 – 공급함수에 의해서 이루어질 수가 없다(Rhee, 2018a, 2017). 결국, 금리는 시장형식의 실체로부터 찾아가는 수밖에 없다.

CD금리는 변동금리대출, 금리스왑 및 본지점 간 자금이전의 준거금리로 널리 사용되고 있다. CD금리의 산출방식에 대한 한국은행 *한국의 금융시장* 2016년판 98쪽은 다음과 같이 설명하고 있다.

> CD금리(최종호가수익율)는 금융투자협회가 10개 증권회사로부터 신용등급이 AAA인 시중은행이 발행한 CD(91일물)의 거래(유통)시 호가수익률을 제출받아 매일 2회(11시 30분과 15시 30분) 산출 – 발표하고 있다. 증권회사는 수익률 보고 시 당일 CD의 발행 및 거리내역, 은행채 등 유사채권의 수익률, 한국은행 기준금리, 단기금리 동향 등을 종합적으로 고려해야 한다. 금융투자협회는 증권회사가 제출한 수익률 중 상하위 각각 1개씩을 제외한 나머지 8개의 수익률을 단순평균(소수점 셋째자리에서 반올림)하여 최종호가 수익률을 산출하여 고시한다(한국은행, *한국의 금융시장(2016)*, 98쪽.).

이것은 CD금리가 증권회사가 보고한 금리를 공식에 따라 계산한다는 내용으로 일종의 관리가격적 성격을 지니고 있음을 말한다. 어떻게 이 계산과정을 운영하느냐에 따라서 다른 금리가 계산될 수 있다는 말이다. 즉, 금리의 계산은 공감차원의 현상인 것이다.

따라서 끊임없이 금리의 계산방식에 대한 이의 제기가 나타날 수 있으며, 그때마다 금리계산 방식에 대한 개선의견이 나타날 수 있는 것이다. 이것은 전형적인 공감차원의 현상이다.

아래 내용은 한국은행 *한국의 금융시장* 2016년판 101-105쪽에서 인용한 한국의 코리보 금리 및 KOFIX금리에 대한 소개, 그리고 LIBOR조작 사건 이후 전 세계 무담보 차입금리(IBOR: inter-bank offered rate)의 산출방식 개편 논의의 내용이다. 역시 금리가 시장균형가격으로 계산되는 것이 아니라, 공감과정을 통하여 찾아내는 것이 금리(가격)의 현실적 실체라는 점을 확인해주고 있다.

코리보(KORIBOR)의 개요

(도입경과)

한국은행과 은행권 CD 유통수익률이 공급물량의 불확실성, 유통시장 미발달 등으로 지표금리로서의 위상이 점차 약화된 데다 다양한 만기의 단기지표금리 도입 필요성이 지속적으로 제기됨에 따라 영국의 LIBOR를 벤치마킹한 코리보(KORIBO: KORea Inter-Bank Offered Rate)를 도입하였다. 코리보는 은행간 무담보 원화자금 차입시의 호가금리(offered rate)로서 전국은행연합회가 2004년 7월 26일부터 공시하고 있다. 2016년 6월말 현재 1주일 1, 2, 3, 6, 12개월물 등 총6종 만기의 금리가 고시되고 있다.

(산출 및 공시)

코리보는 다음과 같은 절차로 산출·공시된다. 우선 금리제시은행들이 매 영업일 오전 10시 40분에서 55분 사이에 코리보 산출업체(연합인포맥스) 앞으로 만기별 호가금리를 제시한다. 산출업체는 12개 은행이 제시한 금리 중 상하 각각 3개씩을 제외한 나머지 6개를 산술평균하여 코리보를 산출한 후 주관기관(전국은행연합회 내 코리보 전문위원회 및 한국은행) 앞 통보하여, 한국은행은 은행별 제시금리와 산출된 금리의 착오 여부 등을 검토한 후 승인한다. 당일 코리보는 승인과 동시에 정보제공업체(연합인포맥스)를 통해 오전 11시경 발표되며, 오후 3시경 전국은행연합회 홈페이지에도 게재된다.

(개선노력)

2012년 7월 LIBOR 사태를 계기로 국내 단기지표금리 개선 논의의 일환으로 코리보의 신뢰성과 활용도를 제고하는 방안이 논의되었다. 이후 2013년 12월 전국은행연합회는 금리제시은행들과 함께 코리보 개선방안을 발표하였다. 이에 따라 코리보금리 제시 기본원칙 및 금리제시은행 내부통제시스템이 마련되었고 2014년 7월 1일부터 이용도가 낮거나 참조대상 금리가 없어 금리제시가 어려운 만기의 편제를 중단하여 고시금리가 10종에서 6종으로 축소되었다(한국은행, *한국의 금융시장(2016)*, 101 – 105쪽.).

코픽스(COFIX) 금리에 대한 소개

(도입경과)

2000년대 후반까지 CD금리는 주택담보대출의 주된 준거금리로 활용되어 왔다. 그러나 은행의 전체자금조달규모 가운데 CD가 차지하는 비중이 크지 않은 데다 CD금리와 시장금리 간 괴리가 확대되는 등 CD금리가 은행의 자금조달비용을 제대로 반영하지 못한다는 문제가 제기되기 시작하였다. 이에 따라 금융당국 및 은행연합회는 은행과의 협의를 거쳐 새로운 대출 준거금리로서 은행자금조달 상품의 가중평균금리인 코픽스(COFIX: Cost of Funds Index)를 도입(2010년 10월 최초 공시)하였다.

이후 각 은행들은 코픽스 연동대출 상품을 적극 출시하는 한편 기존 대출에서의 전환도 용이하게 할 수 있도록 하였다. 그 결과 코픽스 연동대출은 CD금리 연동대출을 빠르게 대체하여 왔으며, 2016년 6월말 현재 전체 변동금리부 대출의 31.3%를 차지하고 있다.

(산출 및 공시)

은행연합회는 국내 8개 은행이 제공한 자금조달 관련 정보(자금조달 총액 및 가중평균금리)를 바탕으로 잔액 및 신규취급액 기준 코픽스를 산출하여 매월 15일(공휴일인 경우 익영업일) 15시 이후 은행연합회 홈페이지를 통해 공시하고 있다.

(단기 코픽스 도입)

코픽스는 전체조달자금의 평균비용으로 평균만기가 9~10개월 수준이며, 월 1회만 공시됨에 따라 은행들은 만기가 1~2년 내로 짧은 변동금리부 단기대출에 대한 준거금리로 여전히 코픽스보다는 CD금리를 선호하는 경향이 있었다.

이에 따라 2012년 7월 CD금리 담합논란 이후 구성된「단기지표금리 개선 관련 합동T/F」에서는 코픽스를 보완하여 만기가 짧은 기업대출 및 가계 신용대출에 활용할 수 있도록 단기코픽스 도입을 결정하였다. 단기코픽스는 단기(3개월) 조달상품의 평균금리로서 2012년 12월 20일부터 신규취급액 기준으로만 매주 1회 공시되고 있다(한국은행, *한국의 금융시장(2016)*, 101 – 105쪽.).

코픽스와 단기코픽스 비교

	코픽스	단기코픽스
개념	은행 총 조달상품의 가중평균비용 지수	은행 단기(3개월물) 조달상품의 가중평균비용지수
대상은행	8개 은행	좌동
산정범위	모든 조달상품(단 수시입출금식 · 요구불예금, 전환사채 등 제외)	코픽스 산정대상 조달상품 중 계약만기 3개월(또는 89~92일)물 상품
공시주기	매월 1회(매월 15일경)	매주 1회(매주 수요일경)
공시유형	잔액기준 및 신규취급액 기준	신규취급액 기준

자료: 한국은행, *한국의 금융시장(2016)*, 101-105쪽.

주요국의 금리지표 개편 논의

LIBOR로 대표되는 은행간 무담보 차입금리(IBOR: Inter-Bank Offered Rate, 이하 'IBOR')는 전세계 다수 국가에서 오랜 기간 동안 대출시장과 파생상품시장의 지표금리로 활용되어 왔다.

그러나 글로벌 금융위기와 LIBOR 조작사태를 겪으면서 IBOR의 대표성과 신뢰성에 대한 의문이 제기되기 시작하였다. 글로벌 금융위기 이후 신용위험에 대한 인식이 증대되면서 무담보 단기자금거래가 위축됨에 따라 동 거래를 기초로 산정되는 IBOR의 신뢰성도 저하되었다.

이를 계기로 IOSCO, FSB 등 국제기구와 주요국을 중심으로 지표금리 개편 논의가 활발하게 진행되었다. 이에 따라, 영국, EU, 미국, 일본, 호주, 싱가포르 등 IBOR를 지표금리로 사용해온 국가들은 기존 IBOR를 개선하는 동시에 파생상품 거래에 적용할 새로운 무위험지표금리를 도입하는 방향으로 개편을 추진하고 있다.

우선 IBOR의 기본체제는 유지하되 산출방법, 관리기관의 지배구조 및 규제-감독 측면에서 개선한 IBOR+ 산출-고시를 앞두고 있다. IBOR+는 대표성을 제고하기 위해 실거래 기반강화, 금리제출 은행수확대, 계산방식 변경, 고시금리종류 축소 등 산출방법을 전반적으로 개선하였다. 또한 IBOR+ 관리기능을 기존 은행연합회에서 별도의 독립된 민간기관 등으로 이관하고, 금리제출기관의 기초금리 제출절차 및 관리 책임 등에 대한 금융당국의 규제-감독을 강화함으로써 투명성과 신뢰성을 제고하였다.(한국은행, *한국의 금융시장(2016)*, 101-105쪽).

제19장 기업어음 시장

19-1 금융혁신으로서의 기업어음

"기업어음(CP: commercial paper)은 신용상태가 양호한 기업이 상거래와 관계 없이 운전자금 등 단기자금을 조달하기 위해서 자기신용을 바탕으로 발행하는 융통어음을 의미한다." 본래 상거래에 수반되어 발행되는 상업어음(commercial bill)이 진성어음으로 있는데 같은 어음제도에 융통어음의 기능을 접목시킨 기업어음 CP가 금융혁신으로 나타난 것이다. 따라서 법적으로 상업어음과 같은 약속어음으로 분류된다.

이러한 기업어음CP의 등장으로 이루어진 금융혁신은 기업으로 하여금 단기 금융조달을 수월하게 대규모 자금을 동원하는 획기적인 효과를 만들었다. 특히 우리나라는 예전에 사채(私債, curb market loan)나 단기금융에 의존하던 기업금융이 무담보−기업신용에 기반을 둔 제도금융의 채널을 확보하게 된 것이다.

▌그림 19-1: 약속어음의 견양(sample)

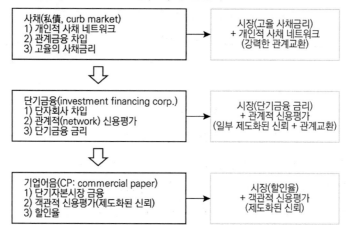

그림 19-2: 기업금융 비즈니스 모델(BM)의 변천사

사채(私債, curb market)
1) 개인적 사채 네트워크
2) 관계금융 차입
3) 고율의 사채금리

→ 시장(고율 사채금리)
+ 개인적 사채 네트워크
(강력한 관계교환)

⬇

단기금융(investment financing corp.)
1) 단자회사 차입
2) 관계적(network) 신용평가
3) 단기금융 금리

→ 시장(단기금융 금리)
+ 관계적 신용평가
(일부 제도화된 신뢰 + 관계교환)

⬇

기업어음(CP: commercial paper)
1) 단기자본시장 금융
2) 객관적 신용평가(제도화된 신뢰)
3) 할인율

→ 시장(할인율)
+ 객관적 신용평가
(제도화된 신뢰)

위 [그림 19-2]는 우리나라에서 기업금융이 걸어온 금융채널의 역사적 변천을, 기업금융의 (비즈니스) 사업모델의 변화를 통해서 보여주고 있다. 경제발전의 초기단계에는 금융시장이 발달되지 않았기 때문에 기업들은 사채(私債, curb market loan)에 의존하였다. 사채는 고율의 금리를 요구하였을 뿐만 아니라 기업이 사채를 조달하기 위해서는 개인적 친분의 네트워크에 의존하는 수밖에 없었다. 돈을 빌려가는 기업에 대한 신뢰도를 평가할 정보도 전혀 제도화 되어 있지 않았고 믿을 만 하지 못한 상태였다. 기업활동은 이러한 원시적 금융시장 여건 때문에 대단히 제약을 받는 상황이었다.

이러한 기업금융시장의 미개발 상황을 타개하기 위해서 등장한 것이 단자회사, 종합금융회사의 단기금융시장이다. 사채시장과 비교할 때, 이러한 단기금융회사를 통한 단기금융시장은 비제도권 금융을 제도권 금융으로 끌어들였다는 획기적 금융혁신이었다. 물론 단기금융회사를 통한 제도금융과 함께 동시에 사채시장이 기업금융을 이끌어가고 있었다.

아직도 객관적 신용평가의 시스템이 확립되지 않았고, 단기금융회사는 자체적으로 기업의 신용정보를 분류하고는 있었지만, 체계적이라고 볼 수 없고, 사채시장의 경우와 같이 강력한 관계교환의 네트워크에 의존하지는 않는다고 하더라도 여전히 관계교환의 네트워크는 단기금융회사 금융의 중요한 기초 역할을 하고 있었다. 금리는 사채시장의 금리에 비교하여 낮았고 신용도가 있는 기업의 경우 단기금융회사를 통한 기업금융은 기업금융의 발전된 (비즈니스) 사업모델로 자리잡게 되었다.

기업어음CP의 도입은 근대적 기업금융으로 변화를 위한 금융혁신이라고 볼 수 있다. 무엇보다 전통적 개인 간 신뢰관계의 네트워크에 의존하지 않는 객관적 신용평가제도가 도입되었다는 점이 특기할 사항이다. 객관적 신용평가제도이기 때문에 관계교환이 아닌 것은 아니다. 객관적 신용평가제도는 제도화된 신뢰이다. 이것은 공감차원의 현상이다. 그러나 개인적 신뢰관계가 아니라 객관적 신용평가제도가 공감차원의 신뢰문제를 다뤘다는 점이 다르다.

무엇이 다른가? 개인적 신뢰관계의 네트워크는 원시적인 신뢰의 방식이라 인간인지의 밑바탕에 언제나 존재하는 생활양식이다. 그러나 기회주의적 행동에 무력하다는 치명적 맹점을 가지고 있다.[86] 객관적 신용평가제도는 그것을 확립시키는 것이 대단히 어렵다. 그러나 일단 확립되면 신뢰의 제도화가 이루어진다. 그 결과 기회주의적 행동에 취약한 개인적 신뢰관계의 네트워크에 의존하는 관계교환에서 벗어날 수 있다. 객관적 신용평가제도에 의존하는 관계교환을 이룩할 수 있는 것이다.

기업금융 방식의 변화, 즉 사채에 의존하던 방식에서부터 단기차금금융회사에 의존하는 방식, 그리고 지금의 객관적 신용평가제도에 의존하는 방식으로의 제도적 변화는 공감차원이 없으면 설명이 불가능하다. 이러한 제도변화의 결과는 놀랄 만한 것이다. 객관적 신용평가제도를 채용한 비즈니스 모델의 등장으로 교환(CP발행)이 폭발적으로 늘어나게 된다.

2015년 CP발행잔액이 무려 150조 원에 달하게 된다. 물론 객관적 신용평가제도가 문제가 없는 것은 아니다. 공감차원에서 그리고 경험론의 세계에서 완전이란 존재하지 않는다. 2012년과 2013년에 웅진-동양의 신용사건이 발생한 이후 CP의 신용도에 의문이 제기되었고 CP의 발행규모가 감소하였다. 2015년 대우조선해양 사건 이후 발행의 감소폭은 훨씬 크고 장기간 지속되고 있다. 이것은 객관적 신용평가제도가 공감차원의 현상임을 말한다. 그러나 개인 간의 관계적 네트워크에 의존하던 관계교환의 방식에서 보다 시장경제의 제도 틀에 가까워지는 그래서 가격(할인률)에 의존하는 기업금융 방식, CP기업금융방식으로 금융혁신 이행이 이루어졌다는 점은 역사적 현실이다. 이러한 금융혁신 없이 방대한 경제활동 규모를 지탱할 기업금융은 불가능하다.

---

86) 이것은 애컬로프(1970)가 지적하는 레몬시장의 시장실패(거래실종)이다.

(비즈니스) 사업모델의 변천을 살펴보기 전에 먼저 (비즈니스) 사업모델을 정의 할 필요가 있다.

[정의] (비즈니스) **사업모델** BM(business model): 특정 거래 당사자가, 거래의 특정 상대방과, 관계교환 행동을 성사시키기 위해서, 주어진 제도환경(institution)에서, 자본(C)과 기술(T) 그리고 비즈니스 네트워크를 결합하여 만들어내는 비즈니스(공리주의적 목적을 추구하는) 수단을 (비즈니스) 사업모델이라고 한다.

합리적 의사결정 모델에서 비용함수(cost function)는 비용의 크기가 가치 ─ 비용 척도로 표시된다. 그러나 공감차원, 또는 경험론의 세계에서 (비즈니스) 사업모델은 가치 ─ 비용 척도로 표시될 수 없다. 지각 ─ 직관(perception ─ intuition) 인지시스템이 작동하는 사람들의 의사결정에서, 가치 ─ 비용보다 공감 행동 또는 제한적 합리성 영역의 행동이, 가치 ─ 비용 척도에 따른 행동보다 더 근원적이기 때문이다.

공감차원에서 비즈니스를 성취하는 모델은 가치 ─ 비용을 척도로 표시할 수 없고, 관계교환을 기초로 표현할 수 있다. 즉, 합리적 의사결정 모델에서 수요함수와 공급함수가 차지할 위치를 경험론의 세계(공감차원)에서는 사업모델이 차지하는 것이다. 거래의 쌍방은 각각의 비즈니스 사업모델을 가지고 (관계교환)거래의 성사를 모색하게 된다. 즉, 거래의 쌍방은 각각의 비즈니스 사업모델을 가지고 공감과정에 임하게 된다.

18장 5절의 '[정리(定理)] 공감과정으로서의 가격결정'은 가격이 공감과정의 한 부분이라는 점을 밝히고 있다. 따라서 '[정의] (비즈니스) 사업모델'은 다음과 같이 수정될 수 있다.

[정의] 가격이 있는 (비즈니스) **사업모델** BMwP(business model with price): 특정 거래 당사자가, 거래의 특정 상대방과, 가격(p)을 매개로 하는 관계교환 행동을 성사시키기 위해서, 주어진 제도환경(Institution)에서, 자본(C)과 기술(T) 및 비즈니스 네트워크를 결합하여 만들어내는 비즈니스(공리주의적 목적을 추구하는) 수

단을 가격이 있는 (비즈니스) 사업모델이라고 한다.[87]

'[정의] (비즈니스) 사업모델'은 넓은 의미에서 '[정의] 가격이 있는 (비즈니스) 사업모델'을 내포하고 있다고 할 수 있다.

(비즈니스) 사업모델은 본질적으로 관계교환 활동이 기본요소이다. 자본(C)과 기술(T), 비즈니스 네트워크를 각각의 용도와 목적에 맞추어 이용하고, 가격(p)을 교환의 효율적 매개로 사용하며, 그리고 제도 환경에 적응하여 만들어 내는 교류 행동이 바로 (비즈니스) 사업모델이다. 따라서 디지털 전자 기술이 발달하면 (비즈니스) 사업모델은 이 디지털 기술을 이용하여 자신의 목적 달성을 위해서 새로운 (비즈니스) 사업모델, 즉 새로운 디지털 기술을 이용하는 교류 행동을 만들어내게 된다. 혁신적 제도가 도입되어도 마찬가지이다. 이 혁신적 제도를 이용하는 교류 행동, 즉 (비즈니스) 사업모델이 등장하게 된다.

(관계)교환 거래의 쌍방이 각자의 (비즈니스) 사업모델을 가지고 만나서 교환을 모색하는 것이 공감과정이다. 즉, 공감과정은 추상적인 철학 또는 심리학 개념이 아니며 바로 우리 생활에 생동하는 현실의 개념인 것이다. 이에 따라서 5장 2절에서 내렸던 공감과정에 다음과 같이 다시 정의내릴 수 있다.

[정의(定義 Definition)] 사업모델이 있는 공감과정(SPwBM: sympathy process with business model): 서로 다른 인지시스템을 가진 개인들이 사업모델을 가지고 모색하는 교류과정을 공감과정이라고 칭한다.

13장 3절 '[전제가설] 관계교환 자생적 질서(SORX: spontaneous order of relation exchange)'는 관계교환 행동이 자생적 질서를 만든다고 하고 있다.[88] 이제 '[정의] (비즈니스) 사업모델'이 정의 되었기 때문에 자생적 질서는 다음과 같

---

87) 경제학에서는 공리주의(utilitarianism)를 제러미 벤담(Jeremy Bentham, 1891, Preface/2nd para.)의 '최대다수의 최대행복'으로 해석하는 경향이 있지만, 여기서는 공리주의를 광의로 해석해서 행복의 추구(seeking happiness) 또는 목적의 추구(seeking objectives)라고 본다.

88) [전제가설] 자생적 질서는 하이에크(Hayek, 1973)의 자생적 질서(spontaneous order)에서 출발하고 있다는 점은 13장 3절에서 이미 언급되었다. 또한 하이에크(Hayek 1991)는 연장된 질서(extended order)라는 개념을 언급함으로써 그가 말하는 자생적 질서가 관계교환 자생질서임을 시사하였다는 점도 언급한 바 있다.

이 다시 표현될 수 있다.

[수정전제가설] 관계교환 자생적 질서(SORX: spontaneous order of relation exchange): 모든 개인이 (비즈니스) 사업모델을 추구하며 관계교환 행동할 때 만들어지는 질서가 자생적 질서이다.

모든 개인이 (비즈니스) 사업모델을 추구하며 행동할 때 만들어지는 질서가 자생적 질서이다. (비즈니스) 사업모델의 기본 단위가 관계교환 행동이기 때문에 모든 개인이 (비즈니스) 사업모델을 추구하며 하는 행동은 관계교환 행동이다.

[그림 19-3: 기업금융에서 경쟁의 진화와 시장제도의 확립]은 기업금융 방식의 변화에 따라서 경쟁질서가 어떻게 변화했고 시장제도가 어떻게 확립되어 왔는지를 보여준다. 사채(私債 curb market loan)가 기업금융 채널이었던 때에는 기업은 기업금융을 융통하기 위해서 기업의 비즈니스 모델이 사채전주의 개인적 사채 네트워크에 연결이 되어 있어야 했다. 사채전주(curb market loan-baron)는 나름대로의 판단기준이 있어서 자금의 차입을 원하는 기업 중에서 신뢰가 가는 기업을 선택하여 돈을 꾸어 주었다.

그러나 '나름대로의 판단기준'은 순전히 주관적 판단기준이다. 기업이 돈을 차입하기 위해서는 무엇보다 사채전주와 안면이 있어야 한다. 안면도 없는 사람에게 돈을 꾸어줄 사람은 없기 때문이다. 안면이 있는 중에서도 믿음이 가는 사람을 고르게 된다. 아무리 실력이 있는 기업도 사채전주의 주관적 판단기준에 맞지 않으면 자금을 차입할 수 없는 것이다.

사채전주의 신뢰도 테스트를 통과하더라도 고율의 사채금리(가격)를 지급해야 한다. 즉, '사채시장(curb market)의 기업금융의 (비즈니스) 사업모델 = 고율 사채금리(가격) + 개인적 사채 네트워크(강력한 관계교환)'가 된다. 이 정의식은 공감차원에서 파악된 것이다. '개인적 사채 네트워크(강력한 관계교환)'는 공감차원의 행동, 즉 (강력한) 관계교환 행동이다.

'고율 사채금리(가격)'는 어떤가? 공감차원에서는 가격도 공감을 이루기 위한 공감과정의 한 스텝이다. 그러나 이것, 즉 가격은 공감과정에서 매우 중요한 스텝이다. 왜냐하면 가격이 없는 관계교환에서 가격이 있는 관계교환으로 이행을 의미하기 때문이다. 즉, 시장의 도입을 의미하기 때문이다. 시장요소(가격)가 도입되는 만큼 교환은 변덕스러운 관계교환에 덜 의존해도 된다. 가격이라는 제도의 도입을 통해서 가격에 의한 경쟁질서를 만들어 낸 것이다.

그러나 사채시장(curb market)의 기업금융의 (비즈니스) 사업모델은 '강력한 관계교환(개인적 사채 네트워크)'에 의존해야 한다는 한계를 가진다.[89] 이 점에서 단기투자금융회사에 의존하는 단기적 기업금융 방식의 도입은 시장의 역할이 더 강조되는 금융혁신이라고 할 수 있다. 단기투자금융회사의 기업금융은 제도권 금융이고 제도권 금융은 개인적 사채 네트워크보다 금융기관의 경영이 투명하고 객관성을 갖추었기 때문에, 자금 차입을 필요로 하는 기업에게 私債시장의 기업금융보다 원칙 있는 경쟁이 된다. 그만큼 시장의 경쟁질서로 한 걸음 다가가게 된 것이다.

▌그림 19-3: 기업금융에서 경쟁의 진화와 시장제도의 확립

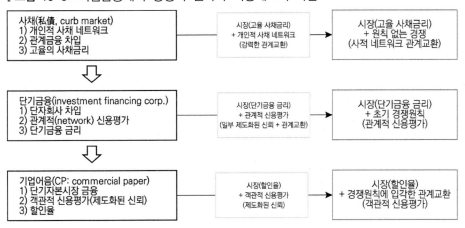

사채시장은 고율의 사채금리가 시장적 요소로 역할을 하고 있지만 동시에 사채 전주의 사적 네트워크에 의존한 관계교환에 의해서 기업금융이 결정되는 (비즈니스) 사업모델이다. 이 (비즈니스) 사업모델의 기업금융은 시장적 요소를 갖추고 있기는 하지만 원칙 없는 경쟁이라고 평가될 수 있는 관계교환의 유형이

---

89) 이 경우 경제학자들은 사채시장에 의한 기업금융은 거래비용(transaction cost)이 높다고 말하고 싶은 충동을 받는다. 그러나 거래비용으로 이 상황을 설명한다는 것은 열린－비결정적 시스템을 닫힌－결정적 시스템으로 설명하겠다는 것을 말한다. 어떻게 사채업자의 네트워크, 개인적 판단(변덕?)을 (거래)비용으로 일관성 있게 연결한다는 말인가? 이것은 불가능하다(Klein *et al.*, 1978; Rhee, 2018c, 2020).

라고 할 수 있다. 기업금융 시장의 초기단계라고 볼 수 있다.

단기투자금융회사를 통한 기업금융은 자금배분을 둘러싼 기업금융의 시장 경쟁이 아직 단기금융회사와의 관계적 신용평가에 의존하는 단계이지만 사채 전주의 사적 네트워크에 의존하는 (비즈니스) 사업모델과 비교할 때보다 원칙에 입각한 경쟁이 확립된 단계의 시장이라고 할 수 있다.

기업어음 CP에 의한 기업금융에서는 기업금융의 (비즈니스) 사업모델이 객 관적 신용평가에 의존하게 된다. 이것은 (비즈니스) 사업모델이 객관적 원칙에 의해서 경쟁이 이루어지는 시장유형이다. 가격의 결정도 그에 걸맞는 객관적 신 용평가에 따른 가격의 결정, 할인율의 결정이라는 과정이 이루어진다.

[그림 19−3]에서는 기업금융 시장이 이상의 3단계를 통해서 어떻게 진화 하는지가, 경쟁 유형의 변화 그리고 동반해서 이루어지는 가격결정 방식의 변화 를 통해서, 설명되고 있다. 시장의 변화는 가격이 사용되는 방향으로 그리고 경 쟁이 보다 객관적 원칙에 따른 경쟁의 방향으로 이루어진다.

19-3 기업금융 (비즈니스) 사업모델과 공감차원

[그림 19−3]이 시간이 흐름에 따라 기업금융에서 시장제도의 변화를 보여 주고 있다면, 다음 2개의 그림([그림 19−4], [그림 19−5])은 특정 시점에 선택 가 능한 서로 다른 (비즈니스) 사업모델의 의미를 각각 비교하고 있다.

▎그림 19-4: 기업금융의 서로 다른 사업모델 1

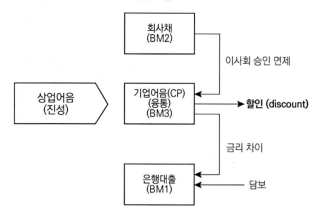

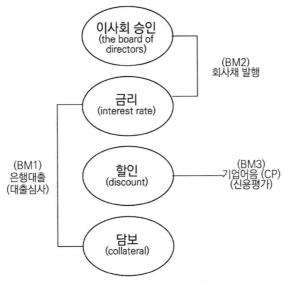

주) BM: business model

　기업금융에서 흔히 동원이 가능한 3개의 기업금융 (비즈니스) 사업모델은, 하나는 은행대출이고(BM1), 다른 하나는 회사채(corporate bond)이며(BM2), 셋째 는 기업(융통)어음(CP)이다(BM3). 3개의 기업금융 (비즈니스) 사업모델은 서로 다 른 특징을 가지고 있다.

　은행대출(BM1)은 담보를 필요로 한다. 물론 은행은 나름대로 기업에 대해 서 신용을 평가하는 기준을 가지고 있다. 은행의 대출은 은행의 자금사정에 따 라 영향을 받는다. 은행의 대출심사에 따라 대출 여부가 결정된다.

　회사채(BM2)를 발행하기 위해서는 이사회의 승인을 받아야 한다. 절차상 회사채의 발행은 번거롭다. 그만큼 투자에 타이밍을 맞추는 데 어려움이 있다.

　반면, 기업어음CP(BM3)의 발행은 절차상 번거로움이 적다. 기업어음을 통 한 기업금융은 담보를 필요로 하지도 않는다. 그러나 기업의 신용평가가 투자등 급(A) 이상이어야 한다는 조건이 있다. 신용평가가 좋은 기업에게 기업어음CP는 편리한 기업금융 (비즈니스) 사업모델이다.

　기업금융의 3개의 서로 다른 (비즈니스) 사업모델은 기업이 필요한 자금을 융통한다는 점에서는 공통의 목적을 가지지만 기업금융 방식에서 서로 다르다. 특기할 사항은 금융방식의 차이점이 오직 공감차원에서만 파악될 수 있다는 점이다. 즉, 자금을 원하는 개별 기업과 자금을 융통해주는 측(은행, 개인투자자, 기관투자자)의 문제이다. 이 양측은 각각의 (비즈니스)사업모델을 가지고 (관계)교환을 모색한다. 이것이 공감과정이다(19장 2절의 '[정의(定義 Definition)] 사업모델이 있는 공감과정' 참조).

은행의 대출심사는 차입을 원하는 기업의 양호한 신용상태도 필요조건이지만 충분조건은 아니다. 은행과 고객인 기업 간의 공감과정은 다분히 지각–직관 인지시스템에 영향을 받는 관계교환의 문제이다.

회사채 발행을 위한 이사회의 승인도 의사결정이 언제나 일관된 과정이 아니다. 공감차원의 문제라는 것이다. 신용평가 역시 일관된 지수화가 불가능한 공감차원의 과정이다.

결국 인간의 인지가 지각–직관 인지시스템에 기반을 두고 있는 한, 어느 (비즈니스) 사업모델도, 가치–비용 합리성 차원에서 일관된 지수로 비교될 수 없는, 공감차원의 현상일 수밖에 없는 것이다.

경험으로 기업금융의 세 가지 (비즈니스) 사업모델 중에서 어떤 유형을 선택하겠느냐 하고 기업인에게 물어보면 이들은 어렵지 않게 선택을 하는 것을 볼 수 있다. 각자의 기업인은 자신만의 경험의 영역에서 자신의 영업환경에 맞는 기업금융의 (비즈니스) 사업모델을 어렵지 않게 찾아 낼 수 있는 것이다. 이것은 순전히 경험의 문제인 것이다.

[정리(定理)] 경험론적 기업금융 (비즈니스) 사업모델의 선택(the choice among business models of business financing by the experience): 공감차원에서 기업금융 (비즈니스) 사업모델의 선택은 기업가의 경험에 달린 문제이다.

이 점에서 Modigliani–Miller(MM)정리를 비교하지 않을 수 없다. MM정리는 기업금융의 방식(주식이든 회사채이든)이 기업가치에 영향을 주지 않는다는 것을 내용으로 하고 있다(Modigliani and Miller, 1958, 1961). MM정리는 주식과 회사채 사이에 세제와 같은 제도적 여건의 차이가 존재하지 않는다고 가정하고 있다. 둘 사이에 제도적 차이가 있다면 기업금융의 (비즈니스) 사업모델은 기업가치에 영향을 준다는 것이 된다. 즉, 공감차원(경험론의 세계)에서 MM정리는 의미 없고 존재할 수 없는 정리이다.

MM정리에 기초해서 비즈니스를 하는 사람은 없다. 현실 비즈니스에서(공감 차원에서) 이것은 이미 잘 알려진 사실이다. 이 책의 기여는 기업금융의 (비즈니스) 사업모델에 대한 기업가치에 대한 평가는 공감차원의 문제이고, 경험론 세계의 문제라는 점을 지적한 것에 있다.

그런 점에서 MM정리는 이 책의 기업금융 (비즈니스) 사업모델의 경험론적 판단론과 대칭이 되는 관계에 있다고 할 수 있다. MM정리는 기업금융을 가치 — 비용 합리성 영역에서 파악하려고 시도하였다(견해 A). 기업금융 (비즈니스) 사업모델의 경험론적 판단론은 같은 문제가 공감차원의 경험론적 현상임을 지적하고 있다(견해 B).

19-4 CP 시장의 제도양식(modality)

[표 18−1]은, CP시장을 만들어내는 경험론적 현상(Rhee, 2018a; open access order: North et al., 2009)을, 시장제도 양식으로 분류해서, 정리해놓았다.

본질적으로 CP시장을 구성하는 2주체는 사업자금을 융통하고자 하는 기업과 자금을 가지고 수익성을 확보하고자 하는 투자자이다. 이 문제를 보는 가장 기본적 시각은 CP시장의 대부자금 거래가 두 당사자 각각이 개별적 사업모델을 가지고 대부자금 거래를 하고 있다는 것이다. 물론 두 당사자는 합리적 판단에 미치지 못하는(제한적 합리성) 인지시스템을 가지고 있는 인간이다.

자금을 가지고 투자 수익성을 추구하는 사람들이 가장 두려워 하는 것은 투자위험 리스크이다. 수익성을 위해서 자금을 빌려주었다가 이자나 심지어 원금을 회수하지 못하면 어떻게 하나 하는 두려움은 매우 크다. 차라리 원금에 비교하여 얼마 안되는 금리소득을 못 버는 상황이더라도 투자를 하지 않고 자금을 안전한 곳에 보관해두는 것이 의사결정의 방향인 경우가 허다하다. 이것이 다름 아닌 애컬로프의 레몬시장 실패(거래실종 또는 거래망설임)이다.

이런 상황에서는 경제가 돌아가지 않는다.

CP시장에서 자금 대부거래가 이루어졌다면, 그것은 대부업 투자자의 이러한 두려움을 CP시장의 시장제도 양식이 해소해주었기 때문에 가능한 것이다. 여기서 분명히 해 두어야 할 사항은 거래의 성립을 좌우하는 원리금 회수에 대한 의구심이 특정한 CP발행 기업과 이 CP에 투자하고자 하는 대부자금 투자자

양 당사자 간의 문제(문제 B)라는 점이다. 즉, CP시장의 발행기업을 다 합한 CP 공급과 CP시장에 자금을 공급하는 CP수요를 모두 합한 CP수요 간의 문제(문제 A)가 아니라는 점이다.

여기서 CP시장을 보는 2개의 다른 시각, 즉 문제 A와 문제 B를 정리해보면 다음과 같다. 문제 A는 견해 A와 연결되고, 문제 B는 견해 B와 연결된다는 점을 유의하자.

• **문제 A:** CP거래의 문제가, CP시장의 발행기업을 다 합한 합산된 CP공급과 CP 시장에 자금을 사용하는 CP수요를 모두 합한 합산된 CP수요 간의 문제, 즉 CP 수요와 CP공급의 문제 $D(r) = S(r)$라고 보는 시각.

• **문제 B:** 원리금 회수에 대한 의구심을 어떻게 해소할 수 있는가 하는 것이 거래 의 성립을 좌우하며, 따라서 CP거래의 문제는 특정한 CP발행 기업과 이 CP에 투자하고자 하는 대부자금 개별투자자 양 당사자 간의 문제, 즉 양 당사자 개인 간의 공감과정의 문제라고 보는 시각.

경제학은 CP시장의 문제를 문제 A로 보는 분석을 하고 있다. 그래서 CP시장의 문제는 $D(r) = S(r)$의 문제가 되는 것이다. CP거래를 결정하는 것이 금리의 문제가 된다. 이것은 현실과 다르다. 현실은 문제 B이다. CP를 매개로 빌려준 자금을 회수하지 못할까 전전긍긍하는 대부자금 투자자와 자금을 필요로 하는 기업 간의 문제는 두 개인 당사자 간의 공감과정의 문제인 것이다. $D(r) = S(r)$의 문제가 아니고.

금리는 단지 이 공감과정의 일부분일 뿐이다. 금리는, 시장청산시스템 $D(r) = S(r)$에 의해서 결정되는 것이 아니고, [표 19–1]의 가격결정 방식에서와 같이, 어떤 관리가격 시스템(공감차원의 현상)에 의해서 결정된다.

시장제도 및 시장제도 양식의 문제는 문제 B의 접근방법에서만 파악이 가능하다. 문제 A의 접근방법을 따르면 오직 금리가 모든 거래를 완전하게(determinate) 설명하고 있어서 제도가 끼어들 여지가 없다. 반면에 문제 B의 접근방법은 열린–비결정적(open–indeterminate) 시스템이어서 경제현상이 ICP현상이 된다. 따라서 제도가 어떻게 디자인 되고 도입되느냐에 따라서 CP거래의 의사와 거래량이 영향을 받게 된다. 즉, 시장제도를 가지고 시장을 조성할 수 있게 된다.

[표 19-1]은 CP시장이 어떤 제도를 통해서 어떻게 조성되었는지를 네 가지 제도양식으로 분류해서 보여주고 있다.

▎표 19-1: CP 시장의 시장제도 양식(institutional market modality)

시장 특수성	경쟁질서	재산권	가격결정 방식
1) 단기 기업 금융 2) 융통어음	1) 객관적 신용평가 2) 은행을 매개로 한 어음제도(융통어음) 3) 당좌거래 제도 4) CP 발행 시 할인방식으로 발행하며, 만기 시 액면금액 상환(어음할인제도와 할인기관) 5) 만기 상환 시스템 6) 부도처리 시스템 7) 어음교환소(금융결제원) 8) 한국은행 BOK Wire+	1) 발행기업, 할인기관, 매수기관 간에 부도어음 배상책임 배분 2) 당좌거래 정지 제도	1) 발행금리: 발행기업과 할인기관이 발행기업의 신용리스크, 할인기간, CP 시장의 수급상황 등을 감안하여 결정 2) 고시금리: 금융투자협회가 매일 2회(11시 30분, 15시 30분) 공시하는데, 8개 금융기관으로부터 A1등급 CP에 대한 할인율을 통보받아 최고 및 최저 할인율을 제외한 나머지 6개의 할인율을 평균하여 산출

◎ 시장 특수성

시장은 만들어지는 것이라고 했다. 어떻게 만들어지는가? 이 질문에 답하기 위해서는 시장의 가장 기본적 행동인 (관계)교환에서부터 시작해야 한다. 관계교환이 자생적 관계교환 질서(SORX: spontaneous order of relation exchange)를 만든다고 했다. 이것이 하이에크의 연장된 질서(extended order)이다. 하이에크는 이 연장된 질서가 제도(institution)를 만든다고 했고 그것이 문화적 진화(cultural evolution)를 해서 유전된다고 했다(Hayek, 1991).

시장의 특수성은 특정시장을 다른 시장과 구분하는 작업이다. 시장을 만들기 위해서는 그 시장을 만들어 내기 위한 제도적 작업을 해야 하는데, 그러기 위해서는 특수성으로 특정 시장을 구분해주어야 한다. 시장을 특정해서 다른 시장과 구분하고 그 시장의 특수성을 반영하는 시장제도를 만드는 작업은 자생적 관계교환 질서(하이에크의 연장된 질서)와 거기에서 파생하는 문화적 진화 그리고 그 결과 만들어지는 제도로 이루어지는 부분과 이와 구분되는 인위적이고 의도적으로 만들어지는 제도로 구성되어 있다.

CP시장의 경우에는 어음제도(bill of exchange)가 문화적 진화의 결과라고 할 수 있다. CP, 즉 기업어음은 이 어음제도를 현실적 필요에 맞게 발전시킨 것이다. 기업의 사업자금을 조달해야 하는 절실한 필요와 은행을 중심으로 한 금융시장의 금융시장인프라를 결합하여 만들어 낸 인위적 제도이다([그림 8-4] 참조).

단기적으로 자금 조달을 필요로 하는 기업에 대한 객관적 신용평가를 기반으로 해서 은행 당좌거래의 어음제도를 발전시켜 융통어음 제도를 만들어냈다.

이렇게 시장의 특수성을 찾아내는 것은 CP를 발행하는 개별기업 그리고 CP에 투자하는 개별투자가들의 입장에서 가능한 일이다(견해 B, 문제 B). 합산된 CP공급자, 합산된 CP투자자로 문제를 설정한다면(견해 A, 문제 A) 시장 특수성을 생각하는 것은 불가능하다. 시장특수성은 공감차원의 문제이다.

◉ 경쟁질서

자금을 가진 사람(전주)과 자금을 필요로 하는 사람(차주기업) 간의 문제는 아주 자연적 문제이다. 즉, 관계교환의 자생적 질서(SORX)가 만들어지는 문제이다. 그 생생한 모습이 사채(curb market loan)라고 할 수 있다. 전주와 차주기업 간에 개인적 신용관계에 의해서 주로 전주의 주도권으로 자금의 임대차가 이루어진다.

기업어음CP제도는 은행의 당좌거래 제도를 금융시장 인프라로 해서 사채시장이 한 단계 선진화(문화적 진화: cultural evolution) 된 제도이다([그림 8-4] 참조). 즉, 은행의 당좌거래를 이용하여 기업이 융통어음을 발행하는 제도이다. 물론 은행의 허락이 있어야 어음발행이 가능하다. 은행이 어음발행을 허용하는 순간 이미 이 기업은 그만큼 제도권의 신용을 얻고 CP 발행을 통한 자금 차입은 할 수 있는 유리한 입장이 된 것이다.

CP를 사는 사람들(투자가)은 기관투자가(은행의 신탁, 펀드 등)와 개인이 있다. 물론 이 투자가들은 CP투자의 수익률을 중요 고려사항으로 본다. 그러나 그보다 더 근본적으로 중요하게 고려하는 사항은 누가 CP발행기업인가(삼성인가, LG인가, SK인가 등) 하는 것 그리고 어느 은행의 CP인가, 누가 할인기관인가 등이다. 즉, 거래를 결정하는 것은 가격이 아니고, 공감과정이다.

CP를 사는 측과 파는 측이 거래를 이룰 수 있는 조건은 둘 사이에 CP를 매입함으로써 원리금을 회수할 수 있는가에 대한 의구심 문제가 가장 중요한 전제조건이라는 것이다. 위에 서술한 내용은 이 의구심을 은행의 당좌거래 제도, 할인기관, 신용평가기관 등의 금융시장인프라를 가지고 해결해가고 있는 것일 뿐이다. 이것이 다름 아닌 공감차원의 현상인 것이다.

객관적 신용평가 제도는 CP발행기업의 차입자금 상환 능력을 측정하는 금융시장 인프라이다([그림 19-6] 참조). 즉, 공감과정의 기본적 일부분이다. 물론 높은 신용등급을 받는 기업이 발행된 CP를 상환하지 못하는 사례를 우리는 알고 있다. 이것이 공감과정이다. 공감과정은 불확정적(indeterminate)이다. 아무리 노력을 해도 완전한 신용평가란 인간의 인지시스템으로는 불가능하다는 말이다. ICP현상에 속한다.

[표 19-1: CP시장의 시장제도 양식]에서 제2열이 '경쟁질서'로 표시되어 있는데 이것은 가격경쟁을 의미하는 것이 아니다. 자금을 빌리는 CP발행기업이 당면하는 경쟁은 공감차원의 경쟁이다. 어떻게 은행 당좌거래의 신용을 유지 향상시키느냐 하는 경쟁이고, 어떻게 신용평가를 잘 받느냐 하는 경쟁이며, 어떻게 증권사의 CP할인을 좋은 조건에서 받느냐, 이러한 경쟁질서에서 어떻게 사업 네트워크를 잘 관리하느냐 하는 경쟁인 것이다. 이 경쟁질서를 만들어내는 준칙이 기반이 된다.

CP 투자자의 입장에서도 여러 투자 가능한 금융상품 중에서 특정 CP에 투자를 선택할 때 고려하는 사항은 투자 수익률([표 19-2] 참조)만이 아니다. CP발행기업이 누구인가, 어음취급은행이 어느 은행인가, 할인기관은, CP발행기업의 신용등급은, 등의 공감차원의 현상인 것이다.

이러한 경쟁질서 속에는 은행의 당좌거래 제도를 매개로 한 융통어음 제도, CP의 할인제도, 만기 상환 시스템, 어음교환소, 한국은행 BOK Wire+ 등이 금융시장인프라로 작동하게 된다.

이러한 경쟁질서를 관리하는 것은 무엇인가? 규정과 관행, 금융인프라 그리고 이에 참가하고 이를 운용하는 사람들이다. 이 전체의 시스템이 법치(the rule of law)의 틀 속에서 움직이게 된다.

┃그림 19-6: 우리나라의 CP 신용등급

구분	평가등급	등급정의
투자등급 (investment grade)	A1	적기상환능력이 최고수준이며 안정성은 예측가능한 장래환경에 영향을 받지 않을 정도
	A2+, A2, A2-	적기상환능력 우수, 안정성은 A1보다 다소 열등
	A3+, A3. A3-	적기상환능력 우수, 안정성은 A2보다 다소 열등
투기등급 (speculative grade)	B+, B, B-	적기상환능력은 있으나 단기적인 여건변화에 따라 그 안정성에 투기적인 요소가 내포되어 있음
	C	적기상환능력 및 안정성에 투기적인 요소가 큼
	D	현재 채무불이행 상태

자료: 한국신용평가.

┃표 19-2: CP 대표 수익률

금융투자협회   [단위: 백만원, %]   2017/10/31

구분		59일 이하	60일-90일	91일-180일	181일-270일	271일-1년	합계
할인	가중평균심리	1.58	-	1.83	-	2.03	0.00
	당일거래대금	23,712	-	194,960	-	199,478	418,150.00
	거래량	23,743	-	195,854	-	203,600	423,197.00
	금일잔액	32,713,776	13,185,826	29,764,645	28,650,083	15,152,824	119,467,154.00
매출	가중평균금리	1.58	1.39	1.78	1.58	2.01	0.00
	당일거래대금	67,211	54,850	340,034	84,252	220,521	766,868.00
	거래량	67,300	55,000	341,854	85,100	225,000	774,254.00
중개	당일거래대금	-	-	-	-	-	0.00
	거래량	-	-	-	-	-	0.00

◎ 재산권

재산권에 관한 사항은 경쟁질서의 일부라고 볼 수도 있다. 여기서 분명히 하고자 하는 점은 재산권이 추상적 개념이 아니라 제도의 모습으로 나타나는 구체적 공감차원의 현상이라는 점이다. 예컨대, [표 19-1]에서와 같이 CP발행기업이 만기일에 CP 액면금액을 상환하지 못하고 부도가 발생하는 경우 그 법적 책임이 어떤 형태로 부과되느냐 하는 것이다.

이런 문제는 가치-비용 합리성 차원에서 본다면, 즉 (19장 4절에서 구분된) 문제 A의 접근방법으로 접근한다면 파악될 수 없는 문제이다. 공감차원에서, 즉

(19장 4절에서 구분된) 문제 B의 접근방법으로 접근할 때만 파악이 가능한 문제이다.

만기일이 되어 교환에 회부된(액면상환을 요구하는) CP를 발행기업이 결제하지 못하면, 담보부 거래인 경우 CP매출기관이 대신 지급한다. 자금회수의 책임을 CP매출기관이 지게 된다는 의미이다. 그러나 중개 및 무담보부 거래인 경우에는 결제불능임을 CP 보유기관(투자자)에게 알리고 어음 실물을 투자자에게 넘겨준다. 자금회수의 책임이 투자자에게 속하게 된다는 의미이다. 즉, 담보부인지 또는 중개거래인지 하는 차이가 자금회수의 책임 소재와 연결된다는 말이다. 자금회수의 책임이 법적 대응을 의미한다는 것을 생각할 때 담보부인지 또는 중개거래인지 하는 차이가 현실적으로(공감차원에서) 얼마나 큰 재산권적 의미를 가지는지 알 수 있다.

교환에 회부된 CP를 결제하지 못한 기업은 그 다음 날에라도 영업시간 중에 대금을 CP제시은행에 입금시켜야 한다. 그렇지 못하면 당좌거래 정지 처분을 받게 된다. 은행과 당좌거래가 갖는 중요성을 감안한다면, 당좌거래 정지 처분이 갖는 재산권 소실의 의미는 매우 크다. 이 사정 역시 공감차원에서만 파악이 가능한 현상이다.

◎ 가격결정 방식

가격결정 방식의 포인트는 가격이 시장청산 $D(r) = S(r)$에 의해서 이루어지는 것이 아니라는 점이다(문제 A). 공감과정의 일부분으로서 가격이 결정된다(문제 B). CP시장의 경우, 고시금리 결정은 금융투자협회가 매일 2회(11시 30분, 15시 30분) 공시하는데, 8개 금융기관으로부터 A1등급 CP에 대한 할인율을 통보 받아 최고 및 최저 할인율을 제외한 나머지 6개의 할인율을 평균하여 산출해 결정한다.

발행금리는 발행기업과 할인기관이 발행기업의 신용리스크, 할인기간, CP시장의 수급상황 등을 감안하여 결정한다. 고시금리를 참조하지만 궁극적으로 발행금리는 관리가격 방식을 따른다고 볼 수 있다. 공감차원의 현상이다.

공감차원에서 시장의 거래는 추상적 교환의 개념이 아니라, 경험적 사실로서 거래이다. 즉, 시장거래가 구체적 인프라의 구축을 전제조건으로 하고 있다. 다음의 개념도 [그림 19-7]은 어떻게 CP가 발행되고 할인되며 매출되는지 그리고 만기가 도래하면 원금이 상환되는지의 거래 메커니즘에 대한 개념도를 보여주고 있다.

CP거래는 발행기업, 할인기관, 매수기관으로 구성되어 있다. 발행기관은 민간기업, 공기업, 증권사, 카드사, 특수목적회사(SPC: special purpose company) 등이다. 할인 및 매출기관은 주로 증권회사와 종합금융회사가 담당하고 있다. 매수기관은 자산운용회사의 MMF, 종합금융회사, 은행신탁, 증권신탁 등이 주요 CP매입 주체이다.

CP를 발행하는 기업은 지급장소로 지정되는 당좌계정 개설은행에서 기업 어음용지를 받아 자금을 사용할 날의 전일이나 당일 오전에 증권회사, 종합금융회사 등 할인기관과 만기, 금액, 금리 등을 협의한 다음, 어음을 발행하여 할인을 요청하게 된다. 이 때 할인기관은 일반적으로 발행기업과 CP거래에 관한 약정을 맺고 할인한도를 부여한다.

▌그림 19-7: CP 거래 메커니즘

[CP 발행 및 매출]

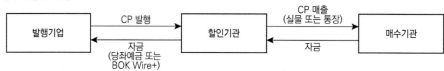

[CP 상환: 실물거래의 경우]

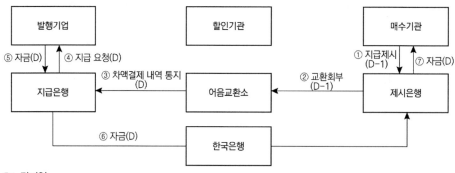

D: 만기일

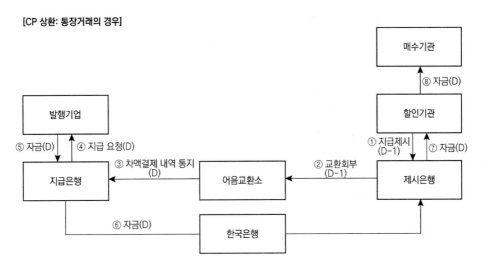

D: 만기일
자료: 한은, *한국의 금융시장(2016).*

종합금융회사, 증권회사 등은 기업어음을 할인한 후 할인금리보다 낮은 금리 수준으로 자산운용회사 등의 어음 매수기관에 매출한다. 거래방식으로는 실물교부와 통장거래방식이 모두 가능하나 대부분 실물교부 방식이 이용되고 있다. 실물교부라 하더라도 대부분의 경우에는 할인기관이 발행기업으로부터 할인매입하여 기관투자가 일반법인 등 매수자에게 매출하는 동시에 한국예탁결제원의 매수자 계좌에 예탁하는 형태로 이루어진다.

할인기관은 매수기관으로부터 자금을 받아 어음교환차액결제가 끝난 후 거래은행 계좌이체(동일은행 거래시) 또는 BOK-Wire+(거래은행이 다른 경우)를 통해 발행기업에 지급한다. 만기가 되면 CP 보유기관은 거래은행을 통해 CP를 교환에 회부하여 지급장소로 지정된 은행 앞으로 결제를 요청한다. 발행기업이 상환자금을 동 지급은행의 결제계좌에 입금하면 상환자금은 CP 교환회부은행을 통해 보유기관(투자자)에게 이체되며 이로써 결제가 종료된다.

발행기업이 교환에 회부된 CP를 결재하지 못하면 담보부거래인 경우 CP 매출기관이 대신 지급하고, 중개 및 무담보부 거래인 경우에는 결제불능임을 CP 보유기관(투자자)에게 알리고 어음 실물을 넘겨준다. 교환에 회부된 CP를 결제하지 못한 기업은 그 다음 날에라도 영업시간 중에 대금을 CP 제시은행에 입금시켜야 하며, 그렇지 못할 경우에는 지급은행으로부터 당좌거래정지 처분을 받게 된다. 부도대금을 부도 다음날 입금하는 경우에는

1년간 3회에 한해 당좌거래정지 처분을 면할 수 있으나 4회째부터는 부도 어음대금을 납입하더라도 당좌거래정지 처분을 받게 된다[90] (한은, *한국의 금융시장(2016)*).

제20장 환매조건부 매매(RP거래) 시장

20-1 제도의 내용

　환매조건부매매(RP: repurchase agreement 거래)란 미래 특정시점 또는 거래 당사자 중 일방이 통지한 시점에 특정 가격으로 동일한 증권을 다시 매수 매도할 것을 약정하고 이루어지는 증권의 매매 거래를 의미한다. 즉 RP거래는 환매조건부 매매라는 거래제도이다. 그러나 이 거래제도는 자금의 차입을 가능하게 하는 자금시장을 만들어낸다.

　대상증권을 매도하고 일정 시점이 경과한 후 다시 대상증권을 반대매매 함으로써, 사실상 그 일정기간 동안 자금을 차입하고 다시 상환하는 행동이 된다. 이렇게 환매라고 하는 특정한 유형으로 이루어지는 거래제도가 RP거래 자금시장을 창조한 것이다. 제도가 전혀 새로운 자금시장을 만든 것이다. 공감차원, 열린－비결정적 시스템에서 어떻게 시장이 만들어지는지를 보여주는 흥미로운 사례이다.

> 환매조건부매매(RP 또는 Repo: repurchase agreement)란 미래 특정시점 또는 거래 당사자 중 일방이 통지한 시점에 특정 가격으로 동일한 증권을 다시 매수 매도할 것을 약정하고 이루어지는 증권의 매매 거래를 말한다.

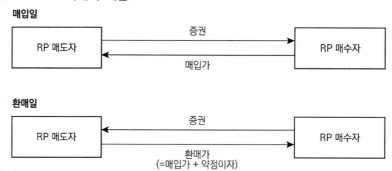

그림 20-1: RP 거래의 개념도

매입일

| RP 매도자 | ← 증권 → | RP 매수자 |
| | ← 매입가 | |

환매일

| RP 매도자 | ← 증권 → | RP 매수자 |
| | ← 환매가
(=매입가 + 약정이자) | |

자료: 한은, *한국의 금융시장(2016)*, 50쪽.

법적으로 RP거래는 약정기간 동안, 대상증권의 법적 소유권(legal title)이 RP매도자에서 RP매수자로 이전되는 증권의 매매 거래이다. 따라서 RP매도자가 파산 등으로 약정 사항을 이행하지 못할 경우 RP매수자는 대상증권을 정산(liquidation)할 권리를 갖게 된다. 우리나라의 경우 '채무자 회생 및 파산에 관한 법률'(통합도산법)에서도 기본계약(master agreement)에 근거하여 이루어진 RP거래는 회생 및 파산 절차상의 해지, 취소 및 부인의 대상에서 제외 됨으로써 매매 거래로서의 성격을 강화하고 있다.

이러한 법적 성격에도 불구하고 경제적 실질 측면에서 RP거래는 일정 기간 동안 RP매도자가 RP매수자에게 증권을 담보(collateral)로 제공하고 자금을 차입하는 증권담보부 소비 대차로서 기능한다. 이러한 측면에서 RP매수자와 RP매도자는 각각 자금 대여자 및 자금 차입자이며, 매매 대상증권은 차입담보에 해당된다. 또한 환매가와 매입가의 차이는 대출이자로, 매매 대상증권의 시가와 매입가의 차이는 초과담보(haircut)로 볼 수 있다(한은, *한국의 금융시장(2016)*, 51쪽).

20-2 환매거래 참가기관

과일 노점상에는 누구나 거래에 참가해서 과일을 살 수 있다. 물론 과일의 공급은 특정 지역의 농장에 국한되겠지만. 그러나 자금의 환매거래 또는 중개에는 오직 정해진 금융기관만 거래에 참가가 허용된다. 공감차원의 역사성(우연성과 경로의존성)에 입각한 공공선택 과정(정해진 금융기관만 거래 참가)에 시장의 거래활성화를 지향하는 정책지향의 결과라고 할 수 있다.

> 대고객 RP는 증권사(투자매매업자), 은행(투자매매업 인가를 받은), 한국증 권금융, 종합금융회사 및 체신관서가 취급하고 있다. 기관 간 RP거래는 '자 본시장과 금융투자업에 관한 법률'상 전문투자자에 해당하는 금융기관 및 금융공기업 등이 참가할 수 있다. 다만 (자금중개회사가 중개하는) 장외 RP시장에는 은행, 금융투자업자, 보험회사, 종합금융회사 등 인가 받은 기 관만 참가할 수 있다(한국거래소 내의 장내 RP시장에는 한국거래소의 회 원 증권사 및 은행(채무증권전문회원)이 참가할 수 있다).
>
> 현재 장외 RP의 중개는 한국자금중개㈜, KIDB자금중개㈜, 서울외국환중개 ㈜ 등 자금중개회사 3사와 한국증권금융 등이, 장내 RP의 중개는 한국거래 소가 담당하고 있다(한은, *한국의 금융시장(2016)*, 51쪽).

(20-3) 환매의 거래조건

금융투자협회가 제정한 '대고객환매조건부매매약관'이나 '기관간 환매조건 부매매약관'은 환매거래의 제도적 세부사항을 꼼꼼하게 규정하고 있다. 이들 중 에 어느 하나라도 규정대로 지켜지지 않을 경우 시장의 거래에 혼란이 초래된 다. 애컬로프의 거래 실종, 거래 망설임(wavering)이 나타나게 된다. 시장은 시장 제도(제도, 인프라, 조직)에 의해서 만들어지는 것이다.

> 대고객 RP거래의 경우 대상증권은 국채, 지방채, 특수채, 보증사채 및 모집 ―매출된 채권 등으로 채권평가회사가 일별로 시가평가를 할 수 있어야 한 다. 또한 투자적격 이상의 신용평가를 받거나 적격금융기관이 발행 또는 보증하였거나, 정부, 지방자치단체가 보증한 증권으로 제한되어 있다. 금융 투자협회가 제정한 '대고객환매조건부매매약관'이나 개별 금융기관이 자체 적으로 제정한 약관이 사용된다.
>
> 기관간 RP거래의 경우 대상증권의 종류, 가격, 만기, 거래금액 등 거래 조 건에 관한 제도적 제한은 없다. 거래 약관이나 환매서비스기관의 운영규정 등에 기초하여 거래 당사자 간 협의로 결정된다. 거래약관으로는 금융투자 협회가 제정한 '기관간 환매조건부매매약관'이 주로 사용되며 외국계 금융 기관과의 거래에는 '국제표준약관'이 사용되기도 한다. 시장 운영규정은 장

외 RP의 경우 한국예탁결제원이, 장내 RP의 경우 한국거래소가 정하고 있다[91](한은, *한국의 금융시장(2016)*, 56쪽).

20-4 ＼ 환매거래제도의 메커니즘

　환매거래 시장에서 RP거래가 거래 참가자 간에 어떤 메커니즘으로 실행되는지 하는 것이 소상히 예측되어 시장제도(제도, 인프라, 조직)에 디자인 되어야 한다. 메커니즘설계이론(Milgrom and Weber, 1982; Roth, 1984)이 닫힌－결정적 시스템을 가지고 단순한 거래 메커니즘을 불완전하게 설명하고 있을 뿐이지만, 열린－비결정적 시스템인 시장은 시장거래의 디테일을 시장제도(제도, 인프라, 조직)를 가지고 환매거래제도의 메커니즘을 예측하고 운영하고 있다. 전자는 '견해 A － 문제 A'의 설정이고 후자는 '견해 B － 문제 B'의 설정이다.

> 대고객 RP거래는 통장거래방식으로 이루어진다. 투자자보호를 위해 매도 금융기관이 거래원장에 대상증권을 직접 기입하고 거래내역을 고객에게 통지한다. 매도 금융기관은 대상증권을 투자자 예탁본으로 명시하여 한국예탁결제원에 예탁한다. 예탁된 매도증권의 시가가 환매가의 105% 이상이 되도록 유지해야 한다.
> 한국예탁결제원은 거래 개시 시점에 매도증권을 매도 금융기관 예탁자계좌부의 자기분계좌에서 투자자분계좌(RP매수증권계정)로 계좌이체하며, 이후 약정기간 동안 일일정산, 증권 대체 및 증권 반환 업무 등을 수행한다.

---

91) 신용등급이 BBB등급 이상(RP형 CMA의 경우 A등급).

그림 20-2: RP거래 메커니즘 개념도[1]

1. 대고객 RP

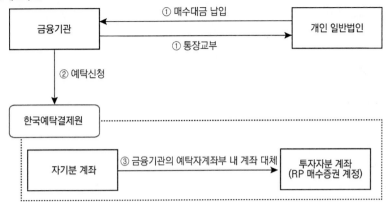

2. 기관간 RP(장외 중개거래)

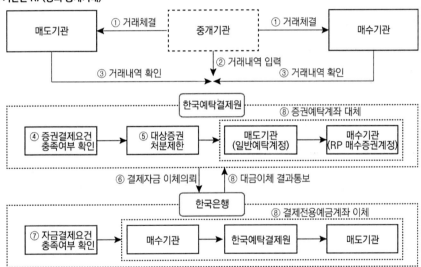

주: 1) 매입일 기준
자료: 한은, *한국의 금융시장(2016)*, 59쪽.

　　기관간 RP거래는 장외 거래인 경우 직거래와 중개거래 방식으로 이루어지는데, 중개거래 방식이 대부분이다. 직거래인 경우 매도자가, 중개거래인 경우 중개회사가 한국예탁결제원 시스템에 거래내역을 입력한다. 직거래인 경우 매수자가, 중개거래인 경우 거래 쌍방이 거래내용을 확인함으로써 매매 확인이 완료된다. 매매 확인 후 한국예탁결제원은 RP 결제내역을 생성－확정하고 증권대금동시결제(DvP: Delivery versus Payment) 방식으로 결제를 수행한다. 한국예탁결제원은 RP 매도기관의 예탁자계좌부에 증권 잔량을 확인하고 RP 매도기관의 예탁자계좌부에 있는 대상증권에 대하여 일시 처분제한 조치를 취한 후, RP매수기관이 한국은행금융결제망 (BOK−Wire＋)을 통해 RP매도기관에게 결제대금을 이체하면 대상증권을 RP매도기관의 예탁자계좌부에서 RP매수기관의 예탁자계좌부(RP매수증권 계정)로 계좌이체하여 결제를 완료한다.

이후 한국예탁결제원은 거래기간 동안 매일 대상증권의 시장가치와 기준증 거금을 비교하여 필요시 추가증거금(margin)을 징수하는 일일정산과 증권 이체 및 환매 등의 업무를 수행한다.

장내 시장은 거래 중개, 담보관리 및 일일정산 등 환매서비스와 중앙거래 당사자(CCP)로서 매매확인, 채무인수, 청산, 결제이행보증 등의 업무를 한 국거래소가 수행한다는 점에서 차이가 있다. 결제는 장외거래와 마찬가지 로 증권대금 동시결제 방식으로 진행된다(한은, *한국의 금융시장(2016)*, 57−58쪽).

20-5) 공감차원의 시각

이상에서 인용 논술한 환매RP 조건부 매매거래 시장을 보면, 환매조건부 증권매매 거래 방식의 혁신성을 볼 수 있다. RP조건부 매매 시장도 자금을 빌리 고 빌려주는 대부자금 시장의 일부이다. 대부자금 시장은 근본적으로 빌려준 자 금의 원리금을 회수하지 못할 가능성에 대한 우려가 가장 근본적인 문제이다. 이 문제는 대부자금 시장이 본질적으로 공감차원의 현상이라는 것을 말해준다. 환매거래 방식이란 자금을 빌려주는 기간 동안 자금 차입자가 담보증권의 소유 권을 자금 대부자에게 넘겨주는 조건의 자금대부를 말한다.

이렇게 되면 자금 차입자가 만기일 자금 상환을 못하는 경우에도, 자금 대 부자는 담보증권의 소유권을 확보하고 있으므로, 그 증권의 소유권을 확보함으 로써, 자금 차입자에게 자금상환을 법적으로 청구해서 집행하여 자금상환을 확 보해야 하는 부담에서 벗어날 수가 있다.

이 점에서 환매조건부 매매방식은 대부자금 방식의 획기적인 혁신이라고 할 수 있다. 법적으로 RP거래는 약정기간 동안 대상증권 소유권이 자금 차입자 에게서 자금 대부자에게로 이전되는 대상증권 매매 거래에 해당한다.

이렇게 오묘한 거래방식을 파악할 수 있는 것은 오직 공감차원, 즉 경험론의 세계에서만 가능하다.

여기서 환매조건부 매매거래 시장을 보는 2개의 다른 시각을 문제 A와 문제 B로 정리해보자.

- **문제 A**: 환매조건부 매매거래의 문제가, RP 조건부 매매거래의 차입자 모두를 다 합한 자금 수요와 대부자 모두를 다 합한 자금공급의 문제 $D(r) = S(r)$라고 보는 시각.

- **문제 B**: 원리금 회수에 대한 의구심을 어떻게 해소할 수 있는가 하는 것이 대부자금 거래의 성립을 좌우하며, 따라서 RP매매거래의 대부자금 대부자와 차입자 개별 양 당사자 간의 문제, 즉 개별 양 당사자 간의 공감과정의 문제라고 보는 시각(자금상환에 대한 신뢰를 확보하기 위해서 자금의 대차와 동시에 대상증권의 소유권을 양 당사자 간에 이전시키는 행동은 개별 양 당사자 간에 이루어지는 행동이지 대부자금시장 일반의 문제, 즉 $D(r) = S(r)$가 아니라는 시각)

경제학은 RP 조건부 매매거래의 문제를 문제 A로 보는 분석을 하고 있다. 그래서 RP 조건부 매매거래 시장의 문제는 $D(r) = S(r)$의 문제가 되는 것이다. RP 매매매거래를 결정하는 것이 금리의 문제가 된다. 이것은 현실과 다르다. 현실은 문제 B이다. RP 조건부 매매거래를 매개로 빌려준 자금을 회수하지 못할까 전전긍긍하는 대부자금 대부자와 자금을 필요로 하는 대부자금 차입자 간의 문제는 두 당사자 간의 공감과정의 문제인 것이다. $D(r) = S(r)$의 문제가 아니다.

공감차원의 경험론 세계에서 현상은 비결정적(indeterminate)이다. 2장(4절)에서 살펴본 바와 같이 우리 일상은 망설임(wavering)이 일반적이다. 금융거래도 각종 불확실성(incompleteness) 속에서 망설임으로 거래가 일어나기 쉽지 않다. 금융의 대차도 마찬가지이다. 내가 빌려준 돈을 계약조건대로 받아낼 수 있을 것인가? 이 의문은 일반적 현상이다.

이때 망설임 속에서 이러한 금융의 대차를 헤쳐 나가는 것이 사업심(entrepreneurship)이다. 사업심이 다름 아닌 공감과정(SP)인 것이다. 이 금융 대차의 문제를 환매(repurchase) 방식이라고 하는 혁신적 모델을 제도화 함으로써 공감과정을 획기적으로 끌어올린 제도가 환매조건부 매매 제도이다.

지금까지 우리는 돈을 빌리기 위해서 담보를 제공하였다. 만약 내가 돈을 제때에 또는 정해진 조건에 따라 상환하지 못할 경우 돈의 대부자는 그 담보를 처분할 수 있는 권리를 주장할 수 있게 된다. 돈을 못 갚았다고 담보물이 자동적으로 대부자의 소유가 되는 것이 아니라, 법적으로 처분권을 주장할 수 있게 되었다는 말이다.

이것이 공감 세계이다. 당연히 이루어지는 것은 아무 것도 없다. 상대방이 내 돈을 갚지 못했어도, 내가 담보물을 자동적으로 소유하게 되는 것이 아니라, 그 처분을 주장할 수 있는 권리를 가지는 것이다. 그 권리도 법적으로 주장을 해야 행사가 되는 것이지, 주장하는 법적 행동을 취하지 않으면 처분권이 행사되지 않는다.

이렇게 담보를 처분하는 절차와 과정이 당연한 것이 아니라 시간이 걸리고 번거롭고 불확실한 부분이 있는 것이다. 돈을 빌리려는 사람은 돈이 필요한 입장이니 금융대차를 성사시키고 싶다. 그러나 대부자 입장에서는 이런 불확실한 부분이 있어 행동이 망설여진다.

환매 방식은 대부자의 망설임을 획기적으로 안심시켜 준다. 대부자는 돈을 빌려주는 시점에서 담보물의 소유권을 취득하게 된다. 그러나 대금을 변제하면 이 담보물의 소유권은 돈의 차입자에게 돌려준다는 약속과 함께 담보물을 소유하게 되는 것이다. 대부자 입장에서는 안심하고 돈을 빌려줄 수 있다. 차입자 입장에서는 대금을 변제하면 담보물을 되찾을 수 있으니 염려할 것이 없다. 돈을 빌리고 빌려주는 (특히 대부자에게) 성사시키기 어려운 공감과정을 획기적으로 개선시키는 혁신적 방식인 것이다.

이러한 현상은 공감차원의 경험론 세계의 현상이다. 문제 B의 접근방법에 의해서만 파악이 가능하며, 문제 A의 접근방법으로는 파악이 불가능하다.

[표 20-1]은 RP시장의 거래규모(단위: 조원)를 보여주고 있다.

▌표 20-1: 장내 RP 조건부 매매거래의 규모

	2006	2007	2008	2009	2010	2011	2012	2013	2014	2015	2016상
거래금액 (조원)	36.3	17.2	22.0	43.0	44.9	48.7	21.4	13.4	28.9	27.0	25.5

자료: 한은, *한국의 금융시장(2016)*, 60쪽.

[표 20-2: 공감차원에서 본 RP 조건부 매매거래 시장의 제도형식]은 RP 조건부 매매거래 시장을 시장의 특수성, 시장의 경쟁질서, 가격결정 방식의 세 가지 시각에서 파악하고 있다. RP 조건부 매매거래 시장의 특수성은 이 특수성으로 어떻게 RP 조건부 매매거래 시장이 성립하게 되었는지를 밝히고 있다. 자금을 빌릴 때, 담보의 소유권을 자금의 차입자에게서 자금의 대여자에게로 이전함으로써 자금대여자의 원리금 회수에 대한 불안감을 제거하여 자금대차 거래의 공감과정을 획기적으로 촉진시키는 방식으로 RP 조건부 매매거래 시장의 성립을 가능하게 한 것이다.

시장은 거래 참가자격이 있어서 엄격히 규정된 기준에 맞는 참가자들만이 거래에 참가하도록 하여, RP 조건부 매매거래에 대한 신뢰를 확립하고 있다. RP 자금은 중개방식을 통해서 쉽게 자금거래가 이루어짐을 보여주고 있다. 이것도 다름아닌 공감과정인 것이다. 이러한 구분은 17장 1절 경쟁질서에 대한 설명에서 밝힌 행동의 기술표준에 해당한다. 행동의 기술표준은 공감과정을 획기적으로 촉진시키게 된다.

RP거래를 대고객 RP거래, 기관간 RP거래, 장내-장외 RP거래로 구분하여 운영하는 것도 17장 1절에서 밝힌 바와 같이, 행동의 기술표준에 해당한다. 행동의 기술표준의 또 다른 형식은 시장운영규정이다. 공감차원의 비결정적 시스템 속에서 일어날 수 있는 위험요소들을 통제하기 위해서 갖가지 상황(contingencies)에서 시장운영의 기준과 행동준칙(code of conduct)을 마련하는 것이다.

특히 환매제도의 특수성이 나타나는 (자금대차거래와 동시에 체결되는) 환매계약 운용을 위한 시장운영 기준과 행동준칙이 여기에 해당한다. 대고객 거래의 통장거래방식, 예탁결제원에 RP의 예탁, 한은금융망을 사용하는 자금지급결제 방식 등이다. 한국예탁결제원은 거래기간 동안 매일 대상증권의 시장가치와 기준증거금을 비교하여, 필요시 추가증거금을 징수(margin call)하는 일일정산과 증권 이체 및 환매 등의 업무를 수행한다.

RP 조건부 매매거래 시장의 가격, 즉 RP금리는 콜금리와 달리 한은의 직접적 관리 및 지도의 대상은 아니다. 그러나 RP금리는 한은의 기준금리 그리고 금융투자협회가 일별로 계산하는 평균수익률의 범위에서 결정되는 틀에서 벗어날 수가 없다. 우리는 가치 – 비용 합리성 차원, 즉 시장청산시스템 $D(p) = S(p)$에 의해서 구해내는 것이 아니다. 즉, 관리가격의 개념적 범주에 속할 수밖에 없다는 말이다. 즉, 가격(RP 금리)은 공감과정의 일부분인 것이다.

▌표 20–2: 공감차원에서 본 RP 조건부 매매거래 시장의 제도형식

	RP 조건부 매매거래 시장의 특수성	RP 조건부 매매거래 시장의 경쟁질서	RP 조건부 매매거래 시장의 가격결정 방식
공감차원에서 본 RP시장 제도형식의 내용	(1) 특수성: 환매제도를 활용한 자금차입 방식으로 생겨난 단기 자금시장 (2) 자금의 대차 시에 담보로 사용할 대상증권의 소유권을 RP매수자(자금대여자)에게 이전 함으로써 RP매수자 자금회수의 불확실성을 획기적으로 낮추는 혁신적 방식. (3) RP매매 계약 시, 특정 기간 후 약정 조건(금리 등)을 포함한 원금을 변제 함으로써, 대상증권에 대한 RP매도자의 소유권을 회복하는 환매계약을 동시 체결	(1) 거래참가 자격: 매고객 RP, 기관 간 RP(장외, 장내 구분)가 구분되어 인가기관에 한하여 참가 자격 (2) 중개 자격(장외, 장내 구분) (3) 대고객 RP 조건부 매매거래: 채권평가회사가 일별로 시가평가를 할 수 있고, 투자적격 이상의 신용 평가를 받은 채권; 금융투자협회가 제정한 '대고객 환매조건부매매약관' 또는 개별 금융기관이 자체적으로 제정한 약관 사용 (4) 기관 간 RP 조건부 매매거래: 대상증권의 거래 약관이나 환매서비스기관의 운영규정 등에 기초하여 당사자 간 협의로 결정; 금융투자협회가 제정한 '기관간 환매조건부매매약관'이나 '국제표준약관'을 사용 (5) 시장운영규정: 장외 RP 조건부 매매거래(한국예탁결제원), 장내 RP 조건부 매매거래(한국거래소) (6) 대고객 RP 조건부 매매거래 통장거래방식: 매도 금융기관이 대상증권을 거래원장에 직접 기입, 거래고객에 통지; 대상증권을 투자자 예탁본으로 명시하여 한국예약결제원에 예탁; 한국예탁결제원은 거래 개시 시점에 매도증권을 매도 금융기관 예탁자계좌부의 자기분계좌에서 투자자분계좌로 계좌이체하며, 이후 약정기간 동안, 일일정산 및 증권 대체 및 증권 반환 업무 등 수행	관리가격: RP 조건부 매매거래 금리는 한은 기준금리를 중심으로 시장의 자금수급 상황에 따라 결정되며, 3개 자금중개회사의 RP 1일물 거래 가중평균금리(C2)를 한은에서 매일 공표.

(7) 기관 간 RP 조건부 매매거래–장외거래: 매매 확인(직거래, 중개거래 구분) 후 한국예탁결제원이 RP 결제내역을 생성–확정, 증권대금동시결제(DvP) 방식의 결제; 한국증권예탁결제원은 RP거래 매도기관의 예탁자계좌부에 있는 대상증권에 일시 처분제한 조치를 취하고, RP매수기관이 한은금융망을 통해 RP매도기관에 결제대금을 이체하면 대상증권을 RP매도기관 예탁자계좌부에서 RP매수기관의 예탁자계좌부로 계좌이체하며, 결제를 완료

(8) 이후 한국예탁결제원은 거래기간 동안 매일 대상증권의 시장가치와 기준증거금을 비교하여, 필요시 추가증거금을 징수(margin call)하는 일일정산과 증권 이체 및 환매 등의 업무를 수행

(9) 장내거래: 거래 중개, 담보관리 및 일일정산 등 환매서비스와 중앙거래당사자(CCP)로서 매매확인, 채무인수, 청산, 결제이행보증 등의 업무를 한국거래소가 수행; 결제는 증권대금 동시결제 방식

제21장 주식 시장

21-1 \ 주식회사

어느 시장에서도 마찬가지이지만, 주식시장에서도 시작은 개인 대 개인에서 출발한다. 수요함수와 공급함수에서 출발하는 것이 아니다. 사업모델의 아이디어와 추진력(entrepreneurship)을 가진 사람(사업가)과 자금을 가진 사람(투자자)의 양자이다. 투자자의 자금을 사업가의 사업모델에 투자하도록 하는 것이 주식시장을 조성하는 것이다. 주식회사제도는 이것을 성사시키도록 만들어진 제도양식 중에 하나이다. 주식회사 제도말고도 수많은 제도양식이 사업가와 투자자를 연결하는 제도로 만들어져 있다. 주식회사제도는 그 중에서 문화적 진화(cultural evolution)을 통해 확립된 가장 성공적인 제도양식 모델이다([그림 8-4] 참조).

투자자의 자금을 사업가의 사업에 투자하도록 하기 위해서는 투자자로 하여금 이 투자를 통해서 안전하게 본인의 원금과 수익금을 회수할 수 있을 것이라는 믿음을 갖도록 해야 하는 것이다. 즉, 본질적으로 공감차원의 문제이다. 이러한 투자자의 믿음을 제도화 해 놓은 것이 주식회사제도이다.

주식회사제도는 회사제도의 일종이다. 회사제도는 수백년 자본주의 역사와 함께 발전해온 제도이다. 관계교환 자생적 질서(SORX) 속에서 문화적 진화(cultural evolution)를 통해서 만들어진 제도이다. 여기에 인위적 제도가 합해져서 주식회사제도가 만들어진 것이다([그림 8-4] 참조).

주식회사제도를 통해서 투자자는 신뢰를 확보하고 사업가의 사업모델에 안심하고 투자하게 되는 것이다. 즉, 주식회사제도가 이 거래의 공감과정을 확보하는 데 결정적 역할을 하게 된다.

여러 사람이 함께 자본과 전문성을 모아서 한 사업에 투자하고 사업운영을 한다는 것은 간단한 문제가 아니다. 일견 복잡해 보이는 이 문제의 핵심은 어떻게 사업가가 투자자의 신뢰를 확보해내는가, 즉 투자자가 자신의 원금 및 수익금을 안전하게 회수해낼 수 있다는 믿음을 갖도록 하는가에 있다. 이 문제는 본질적으로 공감차원의 문제이며, 애컬로프의 레몬시장의 신뢰문제와 다르지 않다.

주식회사제도는 주식회사제도의 특수성으로 이 문제를 해결한 것이다.

[그림 21-1]은 주식회사제도의 제도 양식을 통해서 사업가가 어떻게 투자자의 신뢰를 확보하여 주식시장을 만들어내게 되었는지 하는 것을 개념도로 보여주고 있다. 그림에는 2개의 사업모델(BM1, BM2)의 경우를 보여준다. 각각의 사업모델은 각각의 경우 동원된 기술(T), 자본(K)과 함께 비즈니스 네트워크(BM1의 경우 H1과 H2, H3로 연결된 관계교환(RX)으로 개념화 됨)로 만들어진다.

┃ 그림 21-1: 주식시장의 시장제도 형식

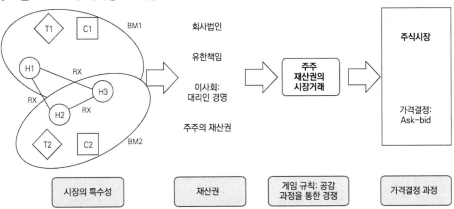

주) H: 개인, C: 자본, T: 기술, RX: 관계교환, BM: 비즈니스 모델.

이러한 BM1, BM2로 표시되는 주식회사가 성립하기 위해서는 수많은 제도적 조건이 충족되어야 한다. 그 제도적 조건들은 다름아닌 투자자들의 신뢰 확보과정인 것이다. 즉, 공감과정인 것이다.

그 중에서 대표적인 제도가 주식회사의 유한책임제도이다.

회사제도(corporation)는 문화적 진화를 통해서 만들어진 제도이다. 회사제도의 핵심은 법인이다. 여러 사람이 모여서 사업을 할 때, 이 사업 결과의 법적 책임 문제가 발생한다. 이 사업이 잘되서 또는 실패해서 그 결과에 대하여 이 사업에 참가한 개인은 어떤 책임을 지게 되는가? 이것은 제도의 문제이며, 동시에 공감차원의 문제이다(모든 제도는 공감차원의 문제이다).

관계교환의 자생적 질서는 문화적 진화의 결과로 법인제도를 만들어 냈다([그림 8-4] 참조). 자연인과 마찬가지로 법적 권리와 의무를 가지는 법인(legal person)이다. 주식회사제도는 유한책임제도이다. 즉, 법인의 주주가 자신이 투자한 투자액의 범위에서만 회사 영업의 결과에 책임은 지도록 하는 제도이다.

이 주식회사의 유한책임제도의 등장으로 회사경영의 사업결과에 대한 투자자의 재무적 연대책임에 대한 의구심은 획기적으로 경감되었다. 사업가는 주식회사제도를 통해서 투자자의 투자를 동원해 낼 수 있는 기반을 확보하게 되었다.

이것은 특정(회사)사업에 참여하는 당사자 간의 공감의 문제이지, 모든 주식시장을 합산한 직접금융시장으로서의 주식시장 자금 동원의 문제, 즉 $D(r) = S(r)$가 아니다.

21-3 \ 주식회사의 주인-대리인 문제

유한책임제도는 중요한 제도개혁이지만, 사업가와 투자자 사이의 신뢰 문제를 다루는 많은 문제 중에 일부분이다. 회사 문제에 공통적이지만, 특히 주식회사제도의 중요한 문제는 주인-대리인(principal-agent) 문제이다.

주식회사제도는 다수의 주주로 주인이 구성되어 있는데, 이들이 모두 경영에 참가할 수는 없다. 대체로 이 사업모델의 사업가 역할을 하는 사람이 중심이 된 이사회가 구성되어 회사 경영을 하게 된다. 과연 이사회는 또는 대표이사는 주주의 이익을 충실히 실현하는 경영을 할 것인가? 이것은 본질적으로 사업가와 투자자 사이의 신뢰 또는 불신의 문제이다(Jensen and Meckling, 1976). 즉, 공감차원의 문제이다(Rhee, 2018d).

주식회사에서 경영을 담당하는 이사회와 주주 간에 신뢰의 문제는 주식회사제도의 구조적 문제이다. 완전한 해결이 되지 않는 문제인 것이다. 회계-감사 제도는 이러한 본질적 신뢰의 문제를 다루기 위한 제도 장치라고 할 수 있다. 회계의 투명성을 통해서 회사 경영자들의 사익추구에 제동을 거는 제도 장치를 만들어 놓은 것은 그만큼 신뢰의 제도화를 구축하였다는 것을 말한다.

불완전하지만 이러한 제도 장치에 의존하여 주식회사제도는 작동하고 있는 것이며, 주주의 재산권은 그만큼 안전장치를 확보한 것이 된다.

주식회사제도에서 주주의 재산권을 보호하는 또 다른 가장 중요한 제도 장치는 주식시장이라고 할 수 있다. 주식시장이 존재하고 작동한다는 것 자체가 투자자, 즉 주주의 신뢰를 확보하는 제도 장치, 즉 공감과정이라고 할 수 있다. 주주는 주식시장을 통해서 투자하는 비즈니스 모델을 만들어낼 수 있고, 비즈니스 모델에 따라서 투자의 원금을 회수함으로써 재산권을 현금화 할 수 있는 것이다.

21-4 발행시장

주식시장은 발행시장(제1차 시장 primary market)과 유통시장으로 구분된다. 발행시장은 자금수요자인 발행인, 자금공급자인 투자자, 주식발행사무를 대행하는 인수인으로 구성된다. 주식발행은 기업공개, 유상증자, 무상증자, 주식배당의 형태로 이루어진다. 이러한 주식시장의 시장제도(제도, 인프라, 조직)는 경험으로 통해서 찾아낸 문화유산으로 역사성(비결정적, 우연적, 경로의존적)의 특성을 가진다([그림 8-4] 참조). 공감차원의 열린-비결정적 시스템의 특성을 가진다. 시장운영의 세세한 모든 부분을 운영규정으로 마련하고 있다. 이중 어느 하나라도 지켜지지 않는 경우, 주식시장의 운영은 혼란을 겪게 된다. 이 혼란이 투자자의 비즈니스 모델과 사업심을 위축시켜 거래의 실종, 거래의 망설임으로 연결되게 된다.

> 주식시장은 발행시장과 유통시장을 구분할 수 있다. 주식의 발행은 주식회사가 설립자본금을 조달하거나 자본금을 증액할 때 이루어진다. 새로운 주식이 출시되는 시장이라고 해서 제1차 시장(primary market)이라고도 한다.
> 발행시장은 자금수요자인 발행인, 자금공급자인 투자자, 주식발행사무를 대행하고 발행위험을 부담하는 인수인으로 구성된다. 발행인에는 기업, 금

융회사 등이 포함된다. 투자자는 일반투자자와 전문투자자로 구분되며, 인수인의 역할은 투자매매업자(예: 증권회사)가 담당한다.

주식의 발행은 기업공개(IPO: initial public offering), 유상증자, 무상증자, 주식배당 등이 있다. 첫째, 기업공개를 추진하는 기업은 먼저 금융위원회에 등록하고 증권선물위원회가 지정하는 감사인에게 최근 사업연도의 재무제표에 대한 회계감사를 받아야 한다. 그리고 대표주관회사를 선정하고 수권주식수, 1주의 액면가액 등과 관련한 정관 개정 및 우리사주조합 결성 등의 절차를 진행한다. 이후 금융위원회에 증권신고서 제출, 수요예측 및 공모가격 결정, 청약 – 배정 – 주금납입, 자본금 변경 등기, 금융위원회에 증권발행실적 보고서 제출 등의 절차를 거쳐 한국거래소에 상정신청 후 승인을 받으면 공개절차가 마무리 된다(이상 한은, *한국의 금융시장(2016)*, 261 – 262쪽).

둘째, 유상증자란 기업재무구조 개선 등의 목적으로 회사가 신주를 발행하여 자본금을 증가시키는 것을 말한다. 유상증자 시 신주인수권의 배정방법에는 주주배정 증자방식, 주주우선공모 증자방식, 제3자배정 증자방식, 일반공모 증자방식 등이 있다.

셋째, 무상증자란 주금의 납입 없이 이사회의 결의로 준비금 또는 자산재평가 적립금을 자본에 전입하고 전입액만큼 발행한 신주를 기존 주주에게 소유 주식수에 비례하여 무상으로 교부하는 것이다.

넷째, 주식배당이란 현금 대신 주식으로 배당함으로써 이익을 자본으로 전입하는 것을 말한다. 우리 '상법'에서는 주식배당을 배당가능이익의 50% 이내로 제한하고 있다.

주식의 발행방식은 공모발행과 사모발행으로 구분된다. 공모발행(public offering)이란 발행회사가 투자자에 제한을 두지 않고 동일한 가격과 조건으로 주식을 다수의 투자자(50인 이상)에게 발행하는 방식이다. 사모발행(private placement)이란 회사가 특정한 개인 및 법인을 대상으로 주식을 발행하는 방법이다(한은, *한국의 금융시장(2016)*, 262 – 263쪽).

우리나라의 주식 발행 현황은 [표 21 – 1]과 같다.

▌표 21-1: 주식 발행 현황[1)]

	유상증자	기업공개			합계
		모집	매출	소계	
2001	6,357[215]	1,531[169]	–	1,531[169]	7,888[384]
2002	6,722[226]	1,710[130]	633[3]	2,343[133]	9,065[359]
2003	8,282[311]	1,102[79]	36[1]	1,138[80]	9,420[391]
2004	5,349[189]	992[54]	86[2]	1,078[56]	6,427[245]
2005	3,514[246]	1,299[77]	3[1]	1,302[78]	4,816[324]
2006	4,459[233]	1,706[60]	11[1]	1,717[61]	6,176[294]
2007	14,292[326]	2,302[68]	409[3]	2,711[71]	17,003[397]
2008	3,754[203]	717[42]	17[1]	734[43]	4,488[246]
2009	9,223[309]	1,674[65]	1,791[11]	3,465[76]	12,688[385]
2010	4,363[135]	4,304[96]	6,037[16]	10,341[112]	14,703[247]
2011	9,410[79]	2,439[67]	192[14]	3,780[81]	13,190[160]
2012	1,795[55]	466[25]	–	466[25]	2,261[80]
2013	3,644[61]	1,096[39]	193[8]	1,289[47]	4,933[180]
2014	3,742[66]	1,753[70]	2,912[12]	4,665[82]	8,407[148]
2015	4,639[54]	3,153[115]	1,368[27]	4,521[142]	9,160[196]
2016상	2,594[29]	810[21]	271[10]	1,081[31]	3,675[60]

주) 1) 기간 중 발행기준. 유가증권시장 및 코스닥시장 상장기업 기준. [　]내는 건수
자료: 금융감독원

자료: 한은, *한국의 금융시장(2016)*, 265쪽.

(21-5) 유통시장

유통시장은 이미 발행된 주식이 매매되는 시장으로 제2차 시장(secondary market)이라고도 한다. 우리나라는 유가증권시장, 코스닥시장, 코넥스시장, K-OTC 시장(장외시장)이 있다. 투자자의 매매주문은 금융투자회사를 거쳐 한국거래소에서 체결된다. 결제는 매매일로부터 3일째 되는 날(T+2일) 한국예탁결제원을 통해서 이루어진다. 이러한 시장제도(제도, 인프라, 조직)는 경험에서부터 배워 역사적으로 진화된 것이며 시장거래의 사소한 부분까지 모든 과정을 규정하고 있다. 시장은 제도이고 시장은 만들어지는 것이다.

◎ 유가증권시장

유가증권시장에 주식을 신규로 상장하고자 하는 기업은 영업활동기간, 기업규모, 주식분산 등과 관련된 심사요건을 충족해야 하며 매출액, 영업이익 등과 관련된 경영성과도 일정 수준 이상이어야 한다. 유가증권시장 상장기업은 영업활동을 하는 과정에서도 일정 요건을 계속 충족해야만 한다. 한국거래소는 상장 유가증권의 상장요건 충족 여부와 기업내용의 적시공시 실시 여부를 관찰하여 상장기업이 이를 지키지 못한 경우 상장을 폐지할 수 있다.

유가증권시장은 현재 토요일, 공휴일 근로자의 날 및 연말일을 제외하고 매일 개장되며 매매거래시간에 따라 09:00 – 15:30의 정규시장과 장 개시전 시간외시장(07:30 – 09:00) 및 장 종료후 시장외 시장(15:40 – 18:00)으로 구분한다.

매매거래 단위는 호가의 경우 주식가격에 따라 1원(1,000원 미만 종목) – 1,000원(50만원 이상 종목)이고 수량단위는 1주가 원칙이다. 매매계약의 체결은 원칙적으로 한국거래소가 투자자별 호가를 접수하여 일정한 매매체결원칙에 따라 합치되는 호가끼리 거래를 체결하는 개별경쟁매매방식(ask – bid)에 의해 이루어진다.

주가의 급격한 변동을 방지하기 위해 한국거래소가 운영하고 있는 제도로는 가격제한폭 제도, 매매거래중단제도(circuit breaker), 변동성 완화장치(volatility interruption)가 있다.

◎ 코스닥시장

코스닥시장은 유망 중소기업, 벤처기업 등이 진입하는 시장이므로 유가증권시장에 비해 완화된 상장요건을 적용하고 있다. 코스닥시장에 신규로 상장하고자 하는 기업은 자기자본 30억원 이상 또는 시가총액 90억원 이상(규모요건)이고, 의결권 있는 주식을 소유하고 있는 소액주주 수가 500명 이상(분산요건)이면 된다. 이익규모 등 경영성과에 대한 요구수준도 대체로 낮은 편이다.

코스닥시장의 거래시간과 매매계약 체결방식은 유가증권시장과 동일하며 매매수량 단위는 1주이고 호가 단위는 주식가격에 따라 1원(1,000원 미만 종목) – 100원(5만원 이상 종목)이다. 개별종목의 일중 주가변동폭은 전일 종가의 상하 30%로 제한되며 매매거래중단제도, 변동성 완화장치 및 프로그램매매호가 일시효력정지제도가 운영되고 있다.

🔵 코넥스시장

코넥스시장은 설립 초기 중소기업에 특화된 시장으로 '중소기업기본법' 상 중소기업만 상장이 가능하다. 상장요건은 코스닥시장에 비해 크게 완화되어 있으나 지정자문인 선임 등이 필요하다. 코넥스시장의 거래시간, 매매단위 및 호가단위는 코스닥시장과 동일하다. 매매계약 체결방식은 개별경쟁매매를 원칙으로 하면서 시간외거래시 경매매를 일부 허용하고 있다.

🔵 K-OTC 시장

K-OTC 시장에서 비상장 주식이 거래되기 위해서는 한국금융투자협회가 발행요건을 충족하는 비상장 주식을 등록 또는 지정해야 한다. 등록이란 기업의 신청에 따라 한국금융투자협회가 매매거래대상으로 등록하는 것이고 지정이란 기업의 신청없이 협회가 직접 매매거래대상으로 지정하는 것을 말한다. 일정 요건이란 1) 자본잠식률 100% 미만, 2) 매출액 5억원 이상, 3) 감사의견 적정, 4) 한국예탁결제원이 정한 통일규격 충족, 5) 명의개서 대행계약 체결, 6) 주식양도 가능 등을 말한다(한은, *한국의 금융시장 (2016)*, 266 – 277쪽).

다음 [표 21-2]는 주식유통시장별 매매거래제도를 비교하고 있다.

▌표 21-2: 주식유통시장별 매매거래제도 비교

	유가증권시장	코스닥시장	코넥스시장	K-OTC
거래시장	정규시장 09:00 - 15:30 시간외시장 07:30 - 09:00 15:40 - 18:00	좌동	좌동	09:00 - 15:30
가격제한폭	기준가격 ±30%	좌동	기준가격 ±15%	기준가격 ±30%
매매방식	경쟁매매 동시호가매매	좌동	경쟁매매 동시호가매매 경매매	상대매매
위탁증거금	증권회사 자율경쟁	좌동	좌동	매수: 현금100% 매도: 주식100%
결제전 매매	가능	가능	가능	가능

양도소득세	면제	면제	면제	대기업주식:20% 중소기업주식:10%
증권거래세	거래세 0.15% 농특세 0.15%	거래세 0.3%	거래세 0.3%	거래세 0.5%
호가	지정가 시장가 최유리지정가 최우선지정가 조건부지정가 경쟁대량매매 호가	좌동	지정가 시장가	지정가
기준가	전일종가	전일종가	전일종가	전일거래량 가중평균주가
매매단위	1주	좌동	좌동	좌동
신용공여	가능	가능	가능	불가능

주: 1) 주식매도시에만 부과되며 세율은 매도금액 기준
자료: 한은, *한국의 금융시장(2016)*, 277쪽.

주식 발생시장 및 유통시장에서 살펴 본 바와 같이 주식의 매매 유통은 엄격한 기준을 정하여 주식매매가 이루어질 수 있도록 제도적 장치를 마련하고 있다. 투자자의 재산권을 보호하고 주식투자에 대한 신뢰를 확보하기 위한 제도 장치이다. 이상에서 소개된 제도장치들은 예외 없이 모두 개별 회사에 투자하는 주주와 주주의 투자에서 사업자금을 확보하는 사업가들 간의 투자에 선행되어야 하는 신뢰확보의 문제를 다루고 있다. 이것은 주식시장이 배타적으로 가격에 의해서 작동되는 시스템이 아니고 그보다 더 근본적으로 신뢰, 즉 공감과정에 의해서 작동되는 시스템이라는 것을 말해준다. 주식시장의 자금거래는 $D(r) = S(r)$에 의해서 이루어지는 것이 아니라, 개별 투자자와 사업가 간의 신뢰, 즉 공감과정을 통해서 이루어지는 것이다.

주식시장은 자금을 필요로 하는 사업가(회사)와 자금으로 수익을 창출하려는 투자자(주주) 간에 발생하는 투자의 원금과 수익금 회수에 대한 의구심을 어떻게 해결해야 하는가 하는 공감차원의 문제를 주식회사제도로 해결하고 있다는 특수성을 가지고 있다. 즉, 주식시장 시장제도 양식은 사업가(회사)의 사업모델과 투자자(주주)의 사업모델 간에 발생하는 사업가(회사)의 신뢰성 그리고 투자자(주주)의 의구심을 주식회사제도로 풀어내기 위한 제도 양식이다([표 21-3]).

이 제도양식으로 인해서 투자자의 망설임(wavering)이 상당히 해소되어 지금과 같은 주식시장을 만들어 내게 된 것이다. 시장은 만들어지는 것이며 따라서 공감차원의 경험론적 현상이다.

다수 투자자를 주주로 모집하기 위해서 회사법인 제도가 장구한 세월 동안 문화적 진화의 결과로 만들어졌다. 또한 주주의 유한책임제도가 도입되었다. 경쟁질서에 특기할 사항은 가격경쟁이 아니고 공감차원에서 나타나는 관계교환 행동 상의 경쟁을 만들어내는 행동의 준칙이라는 점이다. 이때 가격은 공감과정에 일부분이다. 즉, 경쟁행동은 가격 경쟁에만 국한되어 있지 않다는 말이다.

예컨대 주식회사의 설립은 누구에게나 열려 있는 행동이지만, 법적 행동이지 가격경쟁이 아니다. 경제학자의 생각과 달리 경쟁은 관계교환 행동에서 나타나는 것이지 가격 경쟁에 국한되는 것이 아니다. 경쟁에서 공정성(fairness)의 시비는 관계교환 행동에서(또는 공감과정에서) 경쟁의 공정성을 말한다.

어떻게 주주의 재산권을 확보함으로써 이들이 안심하고 투자를 할 수 있게 하느냐 하는 것이 주식시장 시장제도 양식의 핵심이다. 발행시장의 주식 공모가격은 기업의 경영성과 및 전망을 분석하여 인수인이 결정한다. 관리가격의 모습을 보여준다. 시장청산 시스템 $D(p) = S(p)$와는 무관하다. 유통시장의 주식가격은 타토노망(ask-bid) 방식에 의해서 결정된다. 역시 시장청산 시스템과 무관하다.

표 21-3: 주식시장의 시장제도 양식

시장 특수성	경쟁질서	재산권	가격결정 방식
(1) 다수 투자자의 사업 참가 (2) 회사법인의 법적 능력 (3) 주주의 유한책임	(1) 상법상 회사법인의 요건 및 등록 (2) 소유와 경영의 분리: 이사회 경영책임과 주주총회 (3) 회계-감사 제도 (4) 사업자(회사)의 사업 모델과 투자자(주주)의 사업모델 간의 교류로서의 공감과정에서 나타나는 경쟁질서 (가격 경쟁이 아님)	(1) 회사법인의 법적 능력 (2) 주주의 유한책임 (3) 주인-대리인 문제 (이사회 대리 경영) (4) 주주의 재산권	(1) 발행시장: 공모 -사모에서 관리 가격에 의한 가 격결정 (2) 유통시장: 팔자- 사자 또는 타토 노망(ask-bid) 방식

제22장 채권(bond) 시장

이표채권(coupon bond)과 채권 시장

　채권(bond)은 자금을 필요로 하는 사람과 그 자금으로 금리소득을 얻고자 하는 사람을 연결해주는 도구수단(instrumental vehicle)이라고 할 수 있다. 이 도구수단이 생겨나기까지는 엄청나게 많은 세월이 소요되었을 것이다. 수많은 시행착오를 거쳐서 오늘의 채권이라는 도구수단이 만들어진 것이다. 그것을 제도의 진화(institutional evolution or cultural evolution)라고 부를 수 있다([그림 8-4] 참조). 그것을 어떻게 부르는지는 중요하지 않다. 다만 이것이 경험론의 세계라는 것이다.

　경험론의 세계에서 채권이라는 편리한 도구수단을 만들어내는 데는 장구한 세월과 수많은 시행착오를 필요로 한다. 그 과정을 거쳐서 모두가 신뢰하여 자금을 빌려주고 빌릴 수 있는 도구로서의 채권이 만들어지는 것이다.

▌그림 22-1: 미국 재무성 채권

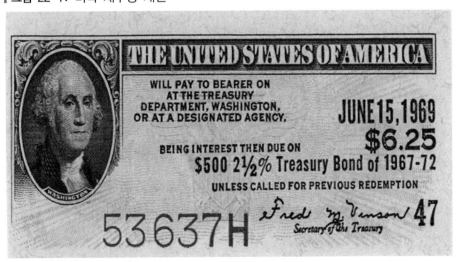

자료: https://www.google.co.kr/search

앞의 사진([그림 22−1])은 미국 재무성 채권이다. 액면 500달러이고 연금리 2.5%로 1967년에 발행되어 1972년 만기가 되는 채권이다. 따라서 매년 12.5달러의 이표(coupon)가 1968년부터 1972년까지 지급되는데 매 6개월마다 2회로 나누어 매번 6.25달러가 지급된다. 이렇게 편리한 국채가 발행되기 위해서 얼마나 많은 조건이 갖추어져야 하는지 따져보는 것은 흥미롭다. 무엇보다 국가의 신용도, 통화의 안정성이 보장되어야 한다. 미국과 같은 든든한 국가 정부에 대한 신뢰 그리고 달러라고 하는 가장 신뢰가 가는 통화가 갖추어져야 하는 것이다.

이러한 신뢰의 조건은 역사적 현상이고 따라서 필연이 아니라 우연적(ICP) 현상이다. 경험론의 세계에서 현상의 대부분은 열린−비결정적 시스템이며 따라서 우연적 산물이다. 우연은 이것만이 아니다. 이표(coupon)의 지급을 해마다 1년을 2회로 나누어 지급한다는 제도의 등장도 놀라운 혁신적 아이디어이지만, 열린−비결정적 시스템의 세계이고 그런 점에서 우연의 산물이라고 할 수 있다. 이표의 지급은 예측 가능한 미래 기간별 수입의 보장을 필요로 하는 많은 사람의 필요성을 충족시켜주는 제도인 것이다.

만약 이러한 조건 중 어느 하나라도 갖추어지지 못했다고 한다면 미국 재무성 채권 시장은 작동하였을까? 예컨대, 미국의 달러화 가치가 안정적이지 못했다면, 또는 이표채권(coupon bond)이라는 제도가 아니었다면 적어도 지금과 같은 원활한 기능을 수행해내지는 못했을 것이다. 자금을 빌려주고 그 대가로 안정된 이자수입을 기대하는 사람 그리고 자금을 필요로 하는 사람(기업, 정부)을 채권이란 수단으로 연결해주는 작업은 당연한 과정은 아니었다. 이표라는 혁신적 아이디어를 필요로 하였고, 자금을 빌리는 측에 대한 공신력 있는 신용평가를 필요로 하는 것이다. 또한 이를 발행해주는 발행사, 유통시장이 필요하다. 이 모든 과정이 공감차원의 경험론적 현상이다.

공감차원 또는 제한적 합리성 차원에서 만들어지는 공백상태(vacuum)인 열린−비결정적 시스템의 캔버스에 경험(experience)이라는 도선사(navigator)에 의해서 그려지는 제도가 채권시장 성립의 배경인 것이다.

시장이 어떻게 만들어지는가? 자금조달자 전체와 채권투자자 전체의 채권시장, 즉 채권의 합산된 수요와 채권의 합산된 공급이 만들어내는 것이 아니다. 특정 채권에 투자하는 개별 투자자와 그 특정채권을 발행하는 특정 자금조달 사업가 사이에서 만들어지는 것이다. 채권시장의 시장청산식 $D(r) = S(r)$의 합산

단위에서 시장이 만들어지는 것이 아니라, 개별투자자들의 공감차원에서 시장이 만들어지는 것이다.

22-2 채권의 발행만기와 듀레이션

채권의 발행방식은 다양하다. 이자(interest)의 지급방식도 그러하다. 해마다 일정 급여를 이자로 지급하고 만기가 되면 원금(principal)을 지급하는 이표채권 (coupon)도 있지만, 오직 만기가 되어야 일정 액면금액(face value)을 지급하는 할인채(discount bond 또는 zero-coupon bond)도 있다.

채권의 발행만기는 채권 투자에 대한 이자와 원금이 최종적으로 회수되는 시점을 의미한다. 그러나 이자 및 원금의 지급방식에 따라서 같은 발행만기의 채권이라고 하더라도 회수의 내용이 같지 않다. 예컨대 회수기간으로 구분해볼 때, 이표채권은 매년 이표(coupon)를 지급하기 때문에 이표의 지급 없이 만기에 액면을 지급하는 할인채와는 원금의 회수기간이 같지 않다.

따라서 채권의 발행만기가 표시해주는 정보는 채권의 원금 회수기간에 대한 정보를 제공해주는 데 불충분하다고 할 수 있다. 이를 보완하기 위한 지표가 듀레이션(duration)이다. 듀레이션이란 채권에서 발생하는 현금흐름을 가중치로 해서 지급기간의 길이를 가중평균해서 계산한 가중평균만기이다. 아래의 산식과 같은 방식으로 가중평균 계산한 가중평균만기이다.

$$\text{듀레이션} \quad D = \sum_{t=1}^{T} t \times W_t$$

$$W_t = \frac{CF_i/(1+y)^t}{\sum_{i=1}^{T} CF_i/(1+y)^t}$$

$$= \frac{i\text{번째 현금흐름의 현재가치}}{\text{채권의 현재가치}}$$

$$CF_i: i\text{번째 현금흐름}, \quad y: \text{채권수익율}, \quad T: \text{발행만기}$$

듀레이션은 채권투자액의 현재가치 1원이 회수되는 데 걸리는 평균회수기간을 가리킨다. 공감차원의 경험론 현상에서도 필요에 따라서 공식(formula)이 제시하는 지표는 불완전한 대로 현상의 파악과 의사결정에 필요한 정보를 제공한다고 하는 것을 의미한다. 이것은 가치−비용 합리성 차원에서 구조방정식에서 유도된 분석적 공식이 경제구조의 실체를 가리키고 있다고 생각하는 것과는 다르다. 듀레이션 공식은 공감차원의 경험론적 현상을 파악하는 한 도구가 된다.

22-3 채권의 종류

이자와 원금을 지급하는 방법만으로도 발행방식은 다양한데, 실제로는 채권의 발행이 다양하게 이루어진다. 보증채와 무보증채, 정부보증채와 일반보증채, 담보부 채권과 무담보부 채권, 일반담보부 채권과 자산유동화 증권 등 다양하다. 이와 같이 다양한 발행방식의 채권이 공존한다는 것은 채권시장이 열린−비결정적 시스템이라는 것을 말한다.

채권은 발행주체에 따라 구분된다. 발행주체에 따라 같지 않다는 말이다. 채권시장은 하나의 상품이 있는 것이 아니다. 채권시장은 발행주체에 따라서 얼마든지 시장의 내용이 바뀔 수 있다. 즉, 시장은 만들어지는 것이다.

정부가 발행하는 국고채권(국고채), 국민주택채권 등 국채, 한국은행이 발행하는 통화안정증권, 지방자치단체가 발행하는 지방채, 상법상의 주식회사가 발행하는 회사채, 은행 금융투자회사 리스회사 신용카드회사 등 금융회사가 발행하는 금융채, 한국전력공사 예금보험공사 등 법률에 의해서 설립된 법인이 발행하는 특수채 등으로 구분된다.

채권시장은 만들어지는 것이다. 어떻게 만들어지는가 하면, 그것이 잘 작동되도록 경험에 입각해서 디자인 되는 것이다. 발행하는 주체에 따라서, 보증여부에 따라서, 담보부 채권과 무담보부 채권으로, 구분되어 발행되는 이유는 경험상 그렇게 발행되어야 원활한 시장 형성이 되기 때문이다.

다음의 [표 22−1]은 채권이 발행기관, 근거법 및 발행한도로 구분되는 내용을 정리하고 있다. 또한 채권 종류별 발행규모 통계[표 22−2]를 보여준다.

┃ 표 22-1: 주요 채권의 발행기관, 근거법 및 발행한도

	발행기관	발행근거법	발행한도
국고채권	정부	「국채법」	국회동의를 받은 한도 이내
국민주택채권	〃	「주택도시기금법」	〃
재정증권	〃	「국고금관리법」	〃
통화안정증권	한국은행	「한국은행 통화안정증권법」	〃
은행채	은행	「은행법」	금융통화위원회가 정하는 한도 이내
회사채	주식회사	「상법」	자기자본의 5배 이내
산업금융채권	한국산업은행	「한국산업은행법」	없음[1]
한국전력채권	한국전력공사	「한국전력공사법」	자본금 및 적립금의 30배 이내
예금보험기금채권 상환기금채권	예금보험공사	「예금자보호법」	국회동의[2]를 받은 한도 이내
부실채권 정리기금채권	한국자산관리공사	「한국자산 관리공사법」[3]	〃

주: 1) 2012년 4월부터 발행한도가 폐지되었음
2) 통상적으로 정부보증에 의해 발행되며 이 경우 국회동의가 필요함
3) 정식명칭은 「금융회사부실자산 등의 효율적 처리 및 한국자산관리공사의 설립에 관한 법률」임

자료: 한은, *한국의 금융시장(2016)*, 156쪽.

┃ 표 22-2: 채권 종류별 발행규모

단위: 조원

	2000	2005	2010	2012	2014	2015	2016상
국채[1]	24.7	87.0	86.7	111.9	147.7	164.0	83.0
(국고채)[2]	12.6	62.6	77.7	79.7	97.5	109.3	58.2
지방채[3]	1.6	2.2	4.2	3.7	4.5	6.0	1.9
특수채[4]	24.5	22.1	66.2	89.6	35.5	35.7	14.1
통화안정증권	98.8	165.1	248.2	167.2	193.3	191.5	90.8
금융채[5]	15.7	84.4	109.7	97.5	130.5	142.5	73.6
회사채	58.7	48.1	45.8	57.2	42.3	40.9	18.9
(ABS)	49.4	16.8	11.1	18.4	18.2	19.5	7.8
합계	224.0	442.0	560.8	527.1	553.8	580.6	282.3

주: 1) 국고채권, 재정증권, 국민주택채권(1종, 2종, 3종) 등
2) 양곡기금채권(2000년 1월 이후) 및 외국환평형기금채권(2003년 11월 이후) 포함
3) 도시철도채권, 지역개발채권 등
4) 예금보험기금채권, 한국전력채권 등
5) 은행채(산업금융채권과 중소기업금융채권의 창구발행분 포함), 신용카드채권, 할부금융채권, 리스 채권

자료: 한은, *한국의 금융시장(2016)*, 157쪽.

이렇게 다양한 채권이 존재한다는 것은 시장이 개별투자자들과 다양한 특정 채권 사이에 작동하는 것이란 사실을 말해준다. 모든 채권의 투자를 합산한 시장청산식 $D(r) = S(r)$의 단위에서 작동하는 것이 아니다.

22-4 원금이자분리채권과 시장동향

원금이자분리채권(STRIPS: separate trading of interest and principal of securities)은 이표채의 원금과 이자를 분리하여 각각을 별개의 무이표채권(zero-coupon bond)으로 거래되도록 만든 채권을 말한다. 예를 들어, 10년 만기 국고채는 6개월마다 이자를 지급하고 만기일에 원금을 지급하는 현금흐름을 가지는데, 이 채권의 원금과 이자를 1개의 원금 무이표채와 20개의 이자 무이표채로 분리하여 유통시장에서 거래할 수 있다.

이표채는 매 6개월마다 지급되는 이표소득을 가지고 생활자금으로 사용하고자 하는 일반투자자에게는 인기가 있는 상품이지만, 보험사, 신탁자금 등의 장기투자기관에게는 맞지 않는 채권이다. 왜냐하면 장기투자기관은 매 6개월마다 지급되는 이표소득을 그때마다 어떻게 처리하느냐 하는 것이 자금운용의 어려운 과제이기 때문이다. 이들이 취급하는 자금이 막대한 단위의 자금이기 때문이다.

채권시장에서 이들 장기투자기관의 비중은 막중하다. 따라서 이들의 투자 구미에 맞추어 개발한 상품이 원금이자분리채권이다. 원금이자분리채권의 발행 액수는 2016년 6월에 60조 원에 달하고 있다. 이것은 시장이 만들어지는 것이라는 공감차원의 시장의 현실성을 입증하고 있다. 보다 활발한 채권시장을 만들어 내기 위해서 원금이자분리채권이 발행된 것이다.

채권시장은 유사한 이유에서 물가연동국채를 만들었고 또한 50년만기 국고채, 즉 국고채 50년물을 발행하였다. 특히 후자의 경우 그만큼 채권시장에서 시장의 기능성이 두터워졌다는 것을 입증한다. 다시 되풀이하지만 시장은 개별투자자와 그 투자자의 (비즈니스 모델 구성요소로서) 관심을 끌 수 있는 특정채권 사이에서 작동하는 것이다.

채권 발행시장: 국채

채권의 유통시장과 발행시장을 구분하는 것은 시장이 그 자체로 시장구조(라는 실체)를 가지고 있다는 것을 말한다. 이것은 시장이 공감차원의 경험론 현상이라는 것을 말한다. 채권은 종류에 따라 국채, 지방채, 회사채, 특수채 등 다양하며 그 종류에 따라 발행방식 및 발행요건 등이 차이가 있다. 국채와 회사채 발행시장에 국한해서 우선 국채 발행시장을 보기로 한다.

국채는 국고채권, 재정증권, 국민주택채권, 보상채권 등 자금용도에 따라 네 가지 종류로 나누어지며 종목에 따라 발행방식 및 이자지급방식 등이 서로 다르다. 발행방식을 보면 국고채권과 재정증권은 경쟁입찰, 국민주택채권은 인허가와 관련하여 의무적으로 매입토록 하는 첨가소화방식, 보상채권은 당사자 앞 교부방식으로 각각 발행된다.

이자지급방식을 보면 국고채권은 6개월마다 이자가 지급되는 이표채(coupon bond)이며 재정증권은 할인채(discount bond or zero-coupon bond)이다. 국민주택채권과 보상채권은 원리금이 만기에 일시 상환되는 복리채(compound-interest bond)이다. 발행만기별로는 국고채권의 경우 3년, 5년, 10년, 및 30년으로 나뉜다([표 22-3]).

이것은 모두 개별 국채 발행자와 개별 국채 투자자 간에 보다 활발한 거래를 유도하기 위해서 만들어진 제도로써, 오랜 경험을 통해서 얻은 지식의 결과이다. 국채의 거래는 국채 발행자 전체와 국채 투자자 전체 사이에서 일어나는 것이 아니라는 것을 말해준다.

	관련법률	발행목적	발행조건			
			발행방법	표면금리	금리지급	만기
국고채권	「국채법」	회계·기금에의 자금 예탁	경쟁입찰	입찰시 결정	이표채 (매6개월)	3~50년
국고채권 (물가연동)	〃	〃	〃	100%[1]	〃	10년
재정증권	「국고금관리법」	재정부족자금 일시 보전	〃	낙찰 할인율	할인	1년 이내[2]
국민주택 채권(1종)[3]	「주택도시기금법」	국민주택건설 재원 조달	첨가소화	1.25%[1]	연단위 복리후급	5년
보상채권	「공익사업을 위한 토지등의 취득 및 보상에 관한 법률」	용지보상비	교부발행	실세금리[4]	연단위 복리후급	5년 이내[5]

주: 1) 2016년 6월 기준
　　2) 실제로는 통상 3개월 이내로 발행
　　3) 국민주택채권 제2종은 2013년 5월 폐지, 제3종은 2006년 2월 폐지
　　4) 시중은행 3년 만기 정기예금금리
　　5) 실제로는 3년 만기로 발행

자료: 한은, *한국의 금융시장(2016)*, 170쪽.

22-6 국채 입찰방식

국채 입찰방식을 보면 '시장은 만들어지는 것'이란 사실을 생생하게 느낄 수 있다. 국고채전문딜러제도라고 하는 것은 일정한 조건을 갖춘 국고채전문딜러를 선정해서 이들에게 국고채 입찰에 참가할 수 있는 배타적 특권을 주는 제도이다. 다양한 용도와 내용으로 출시되는 국고채를 매입해서 수익성을 갖춘 금융상품화 한다는 것은 불확실한 시장전망을 다루어야 하는 전문성을 요구하는 일이다. 기본적 자본규모와 경험 및 전문성을 갖추지 못한 딜러가 시장에 참가하는 경우 거래를 활성화 하기 보다 시장의 혼란과 불확실성을 가중시킬 위험이 더 클 수 있다. 그 결과 시장 자체가 위축(애컬로프의 거래실종 또는 거래 망설임)되는 결과를 낳을 수 있다. 즉 국고채전문딜러제도의 도입이 국고채 시장을 활성화 하는 것이다.

국고채가 발행주체, 거래규모에서 다양한 종류가 발행되기 때문에 모든 국고채에 대해서 같은 금리를 적용한다는 것은 적절하지 않은 경우가 일반적이다. 국고채전문딜러제도가 도입되지 않은 상황에서 다양한 국고채에 다양한 금리를 적용해서 전문성, 자본규모 등이 제각각인 딜러에게 유통시킨다면 시장의 혼란이 국고채 거래시장 자체를 위축시킬 가능성이 크다. 전문딜러 제도를 도입하고 그 대신 다양한 종류의 국고채에 복수금리를 적용하여 최고금리를 입찰하도록 하는 제도는 고도의 전문적 형태로 시장을 만들어내는 작업이다.

시장청산식을 가지고 '시장은 주어진 것'으로 시장을 파악(견해 A, 문제 A)하지 않고, '시장은 어떻게 만들어내는 것인가' 하는 입장(견해 B, 문제 B)에서 시장을 설명하고자 하는 목적에서, 본 절(국채 입찰방식)과 다음 절(국고채전문딜러제도)을 독립절로 구분해서 소개하고 있다.

> 국채 중 국고채권 및 재정증권은 경쟁입찰방식으로 발행된다. 금리결정방식은 2009년 9월 이후 단일금리방식(dutch auction)에서 복수금리방식 (conventional auction) 요소를 가미한 방식으로 변경하여 최고낙찰금리 이하 응찰금리를 0.03% 간격으로 그룹화한 뒤 그룹별로 각 그룹의 최고 낙찰금리를 적용하고 있다(한은, *한국의 금융시장(2016)*, 170쪽).

▌그림 22-2: 국채판매 극대화를 위한 복수금리 시스템: 공감차원의 비즈니스 모델

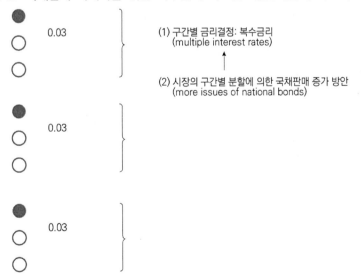

금리를 구간별로 달리해서 각 구간 최고금리에 낙찰을 한 것은 국채판매를 극대화 하기 위해서라고 할 수 있다. 이 복수금리 제도는 곧 소개되는 국고채전문딜러제도와 맞물려 있다. 국고채 입찰에는 국고채전문딜러로 지정받은 금융기관에 한해서 응찰에 참가할 자격이 주어진다. 특권이라고 할 수 있다. 따라서 국고채전문딜러들은 국채판매 극대화를 위한 정부정책에 긍정적으로 응할 도덕적 책임이 있다. 정부는 이를 이용해서 국채판매를 극대화하기 위해서 0.03%의 규격으로 응찰 금리를 구간 구분하여 각 구간에 최고금리를 그 구간의 낙찰자로 선정하는 시스템을 도입하고 있다.

전 응찰자를 한 구간으로 하여 최고 금리 제출자를 낙찰자로 선정하는 경우 판매되는 국채물량은 제한적일 수밖에 없다.

금리를 구간별로 달리해서 각 구간 최고금리에 낙찰을 하도록 하는 입찰방식을 사용한다는 것은 경험론적 현상, 즉 공감차원의 현상이다. 시장청산 시스템 $D(p) = S(p)$이 가격(금리)를 결정한다는 전제하에, 다양한 채권종류의 이질성과 거래방식의 구조적 다양성을 고려하지 못하고 일물일가의 법칙(the law of one price)이 적용된다고 주장하는 것은 전혀 현실과 부합하지 않는 가치 – 비용 합리성 차원의 접근방법이다. 시장의 현실은 국채전문딜러제를 도입함으로써, 그리고 복수금리제도를 도입함으로써 거래를 촉진시킬 수 있다는 공감차원에서 존재하고 있다.

22-7 국고채전문딜러제도

국고채전문딜러제도는 고도의 전문성으로 국고채시장을 만들어내는 작업이다. 열린 – 비결정적 시스템에서 어떻게 시장을 만들어 낼 수 있는지를 잘 보여준다. 이것은 시장이 시장제도(제도, 인프라, 조직)를 가지고 어떻게 만들어지는지를 잘 보여준다. 메커니즘 설계 이론(Milgrom and Weber, 1982; Roth, 1984)도 같은 문제의식에서 출발하고 있다. 그러나 닫힌 – 결정적 시스템 접근방법을 사용함으로써 현상의 설명이 불완전한 정도에 머물러 있다.

> 1999년 7월 국채자기매매업무 취급금융기관(은행, 증권회사, 종합금융회
> 사) 중 국채 인수 및 유통실적이 우수한 금융기관을 국채전문딜러로 선정

하였다. 국채의 원활한 소화와 국채시장 활성화를 위해서이다. 2011년 3월 에는 예비국고채전문딜러 제도를 도입하여 의무이행 실적이 부진한 국고채 전문딜러를 예비국고채전문딜러로 강등하고 실적이 우수한 예비국고채전 문딜러는 국고채전문딜러로 승격되도록 하였다. 2016년 6월말 국고채전문 딜러는 은행(9), 증권회사(10) 등 19개사이며, 4개 은행이 예비국고채전문 딜러로 지정되어 있다.

국고채전문딜러는 시장 조성을 위하여 지표종목별로 발행물량의 10% 이상 인수 의무, 국고채 지표종목에 대한 매수-매도 호가 제시(10개 이상) 의 무 외에 유통 및 보유 등에 관한 의무를 지게 되며 이에 대한 급부로 국고 채 경쟁입찰 참가, 비경쟁인수권한, 국채금융 등의 혜택을 부여 받는다(한 은, *한국의 금융시장(2016)*, 173쪽).

국고채전문딜러 제도는 일견 시장의 자율적 질서에 간섭을 하는 정책으로 보인다. 과연 그러한가? 우리는 많은 시장옹호론자들이 시장은 정부가 아무런 적 극적 행동을 하지 않는 것(이들은 이것을 '시장에 맡긴다'고 표현한다)이 시장질서가 가장 이상적으로 발현되는 것이라는 식으로 주장하는 것을 보곤 한다. 그런 입장 에서 본다면 국고채전문딜러제도는 시장의 자율적 질서에 간섭하는 것이 된다.

국고채전문딜러 제도가 도입된 것은 국채의 원활한 소화를 위해서이다. 이 를 통해서 국채시장이 활성화 된다. 국고채전문딜러들은 지표종목별로 발행물량 의 10% 이상 인수 의무를 지게 된다. 따라서 이들은 배타적 인수권한을 바탕으 로 국고채 시장에 대한 전망과 예측을 하고 국고채 유통을 기획하게 된다.

이러한 국고채전문딜러 제도가 도입되지 않았을 때, 국고채 인수, 유통에 대한 불확실성으로 인해서 처음부터 국고채 인수 자체를 망설이게(wavering) 되 었고, 국고채 시장 조성이 되지 않았었다. 이것은 또 다른 형태의 애컬로프 시장 해체의 사례인 것이다(Akerlof, 1970). 국고채전문딜러 제도의 도입은 금융기관으 로 하여금 망설임을 제어하고 국고채 인수, 유통에 적극성을 가지도록 하는 효 과를 주었다. 일견 시장의 자율질서에 반하는 듯이 보이는 국고채전문딜러 제도 가 시장 교환행동을 활성화 하는 효과를 만들어 내었던 것이다.

이것은 국고채의 거래가 공감과정을 통해서 이루어지는 관계교환이라는 것 을 의미한다. 즉, 국고채 거래는 채권시장에서 이루어지는 조직(또는 공감)행동이 다. 시장의 교환행동이지만 공감차원에서 본질적으로 조직(또는 공감)행동인 것 이다. 따라서 국고채전문딜러 제도가 도입되었을 때 국고채의 거래라고 하는 교환행동이 더 활성화 될 수 있는 것이다.

공감과정은 열린─비결정적 시스템의 경험론 세계이다. 국고채 입찰에 참가 자격제한이 도입되지 않았을 때, 비전문적 딜러가 제시하는 응찰가격이 국고채 시장을 교란함으로써 전문적 딜러들이 입찰에 망설이게(wavering) 되고 그 결과 로 국고채 물량이 시장에서 소화되지 못하는 현상이 나타날 수 있었던 것이다.

22-8 \ 채권시장 메커니즘

> 회사채 발행 방식에는 공모(public offering)와 사모(private placement)가
> 있다. 공모발행은 인수기관인 증권회사, 한국산업은행이 총액을 인수하여 일반
> 투자가에게 유통하는 것이고, 사모발행은 발행기업이 최종매수자와 발행조건
> 을 협의하여 직접 인수시키는 것이다. 공모발행의 경우 증권신고서를 금융위원
> 회에 제출해야 한다. 만기는 일반적으로 1, 2, 3, 5, 10년 등으로 발행되는데
> 대체로 3년 이하가 주종이다. 표면금리는 발행기업과 인수기관이 협의하여
> 자율적으로 결정된다. 2003년 이후 시장금리 수준이 낮아지면서 표면금리와
> 유통수익율 간에 차이가 0.5% 이내로 좁혀졌다. 표면금리를 유통수익률에
> 맞춰 발행하는 경우도 많아졌다(한은, *한국의 금융시장(2016)*, 176쪽).

이러한 제도 관행은 공감차원 현상의 비결정적(indeterminate) 현상에서 경 험으로부터(coincidental) 얻은 지식을 바탕으로 발전시켜 온(path dependent) 것 들이다([그림 8─4] 참조).

제도와 관행 중에서 회사채 신용평가제도는 투자자의 투자의사결정을 돕 고, 발행금리의 결정에 중요한 역할을 한다. 신용등급은 회사채의 신뢰도에 완 전한 평가지표가 아니다. 공감차원에서 완전한 지표란 존재하지 않는다. 그럼에 도 불구하고 신용평가는, 비결정적(indeterminate) 현상의 세계에서 경험으로부터 (coincidental and path─dependent) 찾아낸 투자자와 발행자에게 중요한 도선사 (navigator)의 역할을 하는 제도로써, 회사채시장제도를 이루는 중요한 요소가 된 다. 특히 회사채 발행이 무보증부로 전환되면서 기업의 신용도 평가는 투자자에 대한 보호장치로 더욱 중요해졌다.

시장이 작동하는 메커니즘은 시장의 기능적 구조를 보여준다. 이렇게 시장 은 기능적 구조를 가지고 있는 실체이다. 그리고 그 실체가 어떻게 생겨 났는가

에 따라 작동의 내용이 영향을 받는다. 예컨대, 비효율적 구조를 가지고 있으면 거래가 원활하지 않게 되고, 가격의 형성에도 영향을 받는다. 가격은 결정적(determinate)인 것이 아니라, 비결정적(indeterminate)인 것이라는 말이다.

같은 채권시장이라고 하더라도, 비효율적인 메커니즘을 가진 시장과 효율적인 메커니즘을 가진 시장을 비교한다면 전자에서 이루어지는 거래량과 가격은 후자에서 이루어지는 거래량과 가격에 비교하여 같지 않다는 말이다. 예컨대, 선진국 채권시장의 메커니즘과 비교하면 후진국의 채권시장은 거래량도 작고 금융조달 비용도 높은 편이다.

어떤 메커니즘이 최선(optimal)의 채권시장 메커니즘인가? 그런 질문은 공감차원에서 존재하지 않는다. 시장 메커니즘이 공감차원의 비결정적 경험론 현상이기 때문이다. 선진국 채권시장 메커니즘을 선망한다고 그 제도를 그대로 복사해서 도입한다면 그것이 후진국에서 작동할 수 있겠는가?[92] 시장 메커니즘은 역사적 산물(coincidental and path-dependent)이다.

시장 메커니즘 자체가 비결정적(indeterminate) 공감차원의 존재이기 때문에 그것에 변화를 줌으로써 보다 원활한 채권시장의 거래를 유도해낼 수 있다. 대체로 경제정책이란 정책을 통하여 제도에 변화를 줌으로써 원활한 거래를 유도하는 것을 내용으로 하고 있다.

22-9 우리나라 회사채시장 발행 및 유통 메커니즘

국고채 시장 메커니즘과 회사채 시장 메커니즘은 차이가 있다. 전자는 정부가 발행사무를 한국은행에 위탁해서 한국은행이 한은 전산망(BOK-Wire+)을 통한 전자입찰 방식으로 국고채전문딜러들에게 유통시킨다. 국고채 만기가 되면 역시 정부가 한국은행에 채권 상환업무를 위탁한다. 반면 회사채의 경우는 발행기업이 발행주관회사(주로 증권회사)를 선정하여 발행주관회사가 유통시킨다.

---

92) 좀 다른 맥락이지만, 보통법(common law) 전통이 좋아 보인다고 해서 제정법(statutory law) 전통의 국가에서 보통법 국가의 법체계를 복사하여 온다면 그것이 가능하지도 않고 효율적 작동을 하지도 않는다는 말이다.

그림 22-3: 회사채 발행 메커니즘

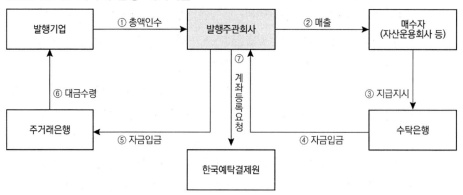

자료: 한은, *한국의 금융시장(2016)*, 179쪽.

[그림 22-3: 회사채 발행 메커니즘]은 회사채 발행시장구조의 개념도이다. 회사채를 발행하는 기업은 ① 발행주관회사(주로 증권회사)를 선정하여 회사채를 발행하고 발행주관회사는 발행된 회사채를 총액인수한다. ② 발행주관회사는 회사채 발행 당일 은행, 자산운용회사, 보험회사 등 기관투자가로 구성되어 있는 매수자에게 회사채를 매출한다. 발행주관회사는 금융투자협의회의 프리본드 시스템을 통하여 수요예측을 하고 그 결과를 참고하여 발행회사채의 수량, 가격, 매수자 등을 발행기업과 협의하여 결정한다. 즉, 회사채의 유통이 공감과정에서 이루어짐을 확인할 수 있다. ③ 매수자는 지정된 청약일시에 발행주관회사에 청약서를 제출하고 ④ 수탁은행에 청약내용을 통보하여 발행주관회사에 대금지급을 지시한다. ⑤ 발행주관회사는 거래당일에 회사채 발행기업의 주거래은행에 발행자금을 입금하고, ⑥ 발행기업은 주거래은행에서 대금을 수령한다. ⑦ 발행주관회사가 회사채를 매수자 명의로 한국예탁결제원에 개설된 계좌에 등록함으로써 회사채 발행 절차가 종료된다.

[그림 22-4]는 회사채 상환 메커니즘 개념도이다. 회사채 상환의 스텝은 ① 한국예탁결제원이 상환일 10일 전에 원리금지급대행 은행에 지급통보를 함으로써 시작된다. ② 예탁결제원은 상환일 7일 전에 원리금상환 대행 증권회사에 원리금지급명세를 통보한다. ③ 회사채 발행기업은 상환일 1일 전까지 원리금을 원리금지급 대행은행에 입금한다. ④ 한국예탁결제원은 상환일 1일 전에 회사채 및 이표 교환 청구를 채권교환 대행은행에 통지한다. 다른 한편 ⑤ 원리금지급 대행

은행은 발행기업에게서 수취한 원리금을 채권교환 대행은행에 입금한다. ⑥ 채권교환 대행은행은 동 원리금을 원리금 상환 대행 증권회사에 계좌이체한다. ⑦ 원리금상환 대행 증권회사는 원리금을 회사채 보유자에게 지급한다.

▌그림 22-4: 회사채 상환 메커니즘

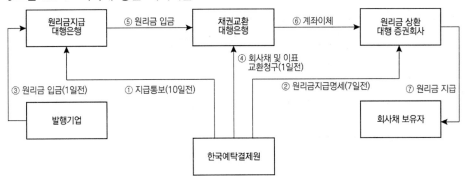

자료: 한은, *한국의 금융시장(2016)*, 179쪽.

    회사채 발행 메커니즘([그림 22-3])과 회사채 상환 메커니즘([그림 22-4])이 보여주는 것은 (회사채)시장이 세밀한 부분에 이르기까지 디자인 되어 있는 제도로 만들어진다는 것이다. 이러한 시장제도는 특정 회사채 발행기업과 특정 회사채 투자자 사이에 작동하는 공감과정을 원활하게 하기 위한 목적으로 만들어진 신뢰의 제도화 조치이다. 시장은 이러한 시장제도의 도입으로 한 스텝씩 만들어지는 것이다.

    왜 시장제도는 세밀한 부분까지 디자인하고 만들어야 하는가? 거래가 이루어지는 것은 시장청산 단위, 즉 $D(p) = S(p)$의 합산(aggregated) 단위가 아니라는 말이다. 거래가 이루어지는 것은 개인의 인지시스템이 작동하는 개별거래 단위(individual unit)라는 말이다. 개별단위의 거래에서는 시장의 시작시간, 종료시간이 문제가 되고, 한국예탁결제원이 상환일 10일 전에 원리금상환 대행 증권회사에 원리금지급 명령을 내리는 것이 좋은지 일주일 전에 지급명령을 내리는 것이 좋은지가 문제가 된다. 시장의 거래는 모두 공감차원의 경험론적 현상이다.

채권의 일반적 특성은 그것이 차용증서(IOU)라는 것이다. 개인간 금융의 대차는 관련된 개인들의 개인적 신뢰를 전제로 한다. 즉, 거래가 이루어지는 것은 시장청산 단위, 즉 $D(p) = S(p)$의 합산(aggregated) 단위가 아니라는 말이다. 거래가 이루어지는 것은 인지시스템이 작동하는 개별거래 단위(individual unit)라는 말이다. 개별단위의 거래에서는 신뢰가 가격에 우선하여 문제가 된다.

자본시장의 한 구성요소로서의 채권도 마찬가지이다. 극도로 정교하고 복잡한 채권시장의 제도와 금융시장 인프라는 채권시장을 통해서 자금을 조달하려는 사업가와 채권을 통해서 금융소득을 얻으려는 투자가 사이에 반드시 필요한 (원리금 상환에 대한) 신뢰를 제도화 해 놓은 것이다. 즉, 공감차원의 현상이다.

무엇보다 채권이 금융상품으로 유통되기 위해서 기능적 표준(공감차원)으로 분류되어야 한다. 기능적 표준으로 분류된 채권이 채권의 종류(국고채, 지방채, 회사채, 금융채, 특수채 회사채; 보증채, 무보증채; 담보부채권, 무담보부채권; 할인채, 이표채, 복리채; 전환사채, 교환사채 등)가 된다. 이러한 기능적 표준에 의해서 분류된 채권은 각각 서로 다른 시장의 특수성을 갖게 된다.

우리는 시장의 경쟁질서가 가격을 매개로 하는 가격경쟁이라고 하는 선입관에 잡혀 있다. 그러나 공감차원에서 그런 경쟁은 존재하지 않는다. 경쟁이 있지만 그것은 (회사채의 경우) 발행기업, 발행주관회사, 매수자 사이에서 각각의 시장 주체들이 자신의 (비즈니스) 사업모델로 만들어진 사업심으로 동일한(fair) 규범에 따라 거래를 한다는 의미의 경쟁이다.

12장 6절에서 시장을 '가격을 매개로 해서 관계교환이란 공감행동이 집중적으로 이루어지도록 조성해놓은 시장제도'라고 했다. 즉, 교환이란 관계교환이란 공감행동이다. 예컨대, 회사채의 경우, 발행기업, 발행주관회사, 매수자 사이에서 각각의 시장 주체들이 비즈니스 모델―사업심을 가지고 공감과정을 통해서 이룩해내는 관계교환이 회사채 시장의 교환이다. 이 (관계)교환은 가격이나 금리를 가지고 하는 경쟁 행동이 아니다. 이 공감과정과 관계교환은 규범을 가지고 하는 경쟁이다. 마치 스포츠 게임이 가격을 가지고 하는 것이 아니고 규칙(규범)을 가지고 하는 경쟁인 것과 같다. 따라서 문제가 되는 것은 규범 적용의 공정성(fairness)이다. 가격은 이 공감과정의 일부일 뿐이다.

거래가 이루어지는 것은 시장청산 단위, 즉 $D(p) = S(p)$의 합산(aggregated) 단위가 아니다. 거래가 이루어지는 것은 개인의 인지시스템이 작동하는 개별거래 단위(individual unit)이다. 개별단위의 거래에서는 어떤 기능적 표준이 채택되느냐 하는 것이 거래의 성사에 영향을 미치게 된다. 즉, 안되는 거래를 되게 할 수도 있고, 되는 거래를 안되게 할 수도 있다.

공감과정에서 가격경쟁은 존재하지 않고 공정성(fairness)이 문제가 될 뿐이란 것은 가격경쟁의 개념에 길들여진 경제학자들에게는 생소한 개념이다. 이것은 거래가 시장청산 단위(합산된 수요와 합산된 공급)로 이루어지는 것이 아니라 개인의 인지시스템이 작동하는 개별 거래단위(개인의 사업모델과 사업심)에서 이루어진다고 하는 것과 같은 개념이다.

개별 거래단위에서 개인의 인지시스템이 작동하는 교환거래는 공감과정에 의해서 이루어지게 된다. 즉, 공감교환 또는 관계교환이다. 공감(관계)교환에서는 경쟁은 공정성(fairness) 준칙에 따르는 경쟁이 된다. 이때 가격은 합산된 수요와 합산된 공급, 즉 $D(p) = S(p)$에 의해서 이루어지지 않는다. 따라서 '견해 A'의 스토리와 달리, 거래에 참가하는 사람들 간에 (경쟁적으로 가격을 낮추는 유형의) 가격경쟁이 일어날 수가 없다.

오직 공감과정에 있어서 공정성 준칙이 적용될 뿐이다. 즉, 견해 B가 실제 스토리가 된다. 근본적으로 공감(관계)교환의 성격을 가질 수밖에 없는 사업(비즈니스)모델-사업심 행동에서 공정성(fairness)의 준칙을 지켜야 한다는 것이다. 이때 가격은 공감과정에서 공감과정의 방식(haggling, ask-bid, auction, markup, administered pricing)으로 만들어지는 귀납적 가격이 된다.

채권시장에서는 대체로 마크업-관리가격 시스템에 의해서 결정된 금리가 개별 채권거래에 적용된다. 경쟁은 공감과정의 시장참가자 사이의 공감행동에서 나타난다. 이것이 분쟁의 소재가 되어 소송의 대상이 되곤 한다.

예컨대 국고채전문딜러제도를 보면 국고채전문딜러를 지정해서 그들만 국고채 유통 입찰에 참가 시킨다는 것은 네트워킹을 말한다. 이것은 ICP특성의 경험론적 현상이고 공감차원의 행동이다. 즉, 국고채 거래가 공감행동이라는 말이다.

국고채전문딜러 지정이 없이 국고채를 입찰하면, 국고채 판매가 원활하지 못하다(wavering). 그러나 국고채전문딜러를 지정하여 독점적 입찰 참여의 권리를 주고 이들이 국고채를 의무적으로 매입해야 하는 조건을 부과하면, 국고채

판매가 원활하게 이루어진다. 국고채전문딜러 지정제도는 국고채 시장의 조성을 위해서 필요한 과정, 즉 공감차원의 경험론적 현상이다. 국고채 거래라는 교환행동이 공감행동이라는 말이다.

회사채의 경우에도 시장거래가 시장청산 $D(p) = S(p)$ 시스템으로 이루어지는 것이 아니라, 발행주관회사-매수자(자산운용회사 등) 간의 네트워크를 통해서 이루어진다. 회사채가 발행-유통되는 (비즈니스) 사업모델의 도구로 하는 각각의 사업심(entrepreneurship) 행동이 채권 발행자, 발행주관회사, 매수자, 거래은행, 예탁결제원, 신용평가사 간에 연결되어 거래가 성립되는 시스템이다.

채권시장의 가격결정은 발행시장과 유통시장이 구분된다. 발행시장은 발행주관회사가 금융투자협의회의 프리본드 시스템을 통하여 수요예측을 하고 그 결과를 참고하여 발행사채의 수량, 가격, 매수자 등을 발행기업과 협의하여 결정한다. 이것은 마크업 내지 관리가격 방식이다.

유통시장은 대체로 타토노망(ask-bid) 방식이라고 할 수 있다. 이것은 공감과정(SP)이며 합산거래단위의 시장청산시스템, 즉 $D(p) = S(p)$과는 다르다.

▎표 22-4: 공감차원에서 본 채권 시장의 제도형식

	채권시장의 특수성	채권시장의 경쟁질서	채권시장의 가격결정 방식
공감차원에서 본 채권 시장 제도형식의 내용	(1) 일반적 특성: 차용증서(IOU) (2) 채권의 종류: 발행 및 유통현장의 특수성에 따른 기능적 분류	(1) 가격을 매개로 한 가격경쟁이 아니라 공감과정: 발행-유통시장 메커니즘(국고채전문딜러제도, 발행주관회사-매수자(자산운용회사 등) 간의 네트워크를 통한 유통)을 통한 국고채 및 회사채 유통 (2) 회사채 신용평가제도: 공감과정(indeterminate) (3) 시장거래가 합산거래단위의 시장청산 $D(p) = S(p)$ 시스템으로 이루어지는 것이 아니라, (1), (2)의 제도를 (비즈니스) 사업모델의 도구로 하는 각각의 사업심(entrepreneurship) 행동이 채권 발행자, 발행주관회사, 매수자, 거래은행, 예탁결제원 간에 연결되어 거래가 성립되는 개별거래단위의 비즈니스 모델 시스템	(1) 발행시장: 마크업-관리가격 (2) 유통시장: 타토노망(ask-bid)

제23장 집합투자 시장

집합투자란?

　집합투자(fund)란 전문투자가가 다수 개인 투자자의 투자자금을 모집하여 개인 투자자를 대신하여 투자해주고 투자의 결과 얻은 수익을 개인 투자자에게 배분하여 주는 업무행위를 말한다. 전문투자자는 개인 투자자들로부터 투자업에 대한 보상으로 수수료를 받게 된다. 집합투자는 펀드(fund)라고 불린다.

　현대 자본주의는 엄청난 자본시장과 그것을 운영하는 전문성에 의해서 지탱되고 있다. 개인 투자자들은 투자자금을 가지고 있지만, 자본시장에서 개별적으로 참가하기에는 전문성과 시간이 부족하다. 따라서 자본시장의 전문성을 가진 전문가들이 이들을 대신해서 투자자금을 운영해주고 그로 인한 수익성을 배분 받기를 원한다.

　자본시장 전문가들은 그들의 전문성을 발휘할 수 있는 투자자들의 투자자금을 필요로 한다. 고도로 발달한 현대 자본주의는 거대하고 정교한 자본시장의 기반 위에 구축되어 있다. 발달된 자본시장의 핵심적 수단이 집합투자이다. 자본시장에 투자되기를 원하는 다수 개별 투자자들의 투자자금을 모아서 전문성을 가진 집단이 운영하게 하여 그 수익금을 투자자들에게 배분해주는 시스템이다.

　이것은 전적으로 공감차원의 현상이다. 가치－비용 합리성만으로는 설명할 수 없는 개념이다. 이 집합투자를 가능하게 하려면 투자자들이 신뢰하고 투자자금을 맡길 수 있는 집합투자 시스템을 구축해야 한다. 이 시스템 구축의 핵심 개념은 투자자들의 신뢰(trust)이다.

　이것은 개별투자자와 펀드운영자 개인 간의 문제이다. 여기에 개별 펀드상품이 대상이 된다. 그리고 이들이 운영되는 개별 특정시장 제도의 특수성이 거래를 성사시키기 위해서 역할을 하게 된다. 예컨대, '자본시장과 금융투자업에 관한 법률(2018개정)'(이하 자본시장법 2018) 이전에 금융회사 A가 출시한 뮤추얼 펀드(예컨대, MMF형 펀드)와 자본시장법 2018 이후에 동법률에 의거하여 금융위원회에 적법하게 등록된 MMF가 개인 투자자에게 주는 공감과정은 같지 않다. 여기서 투자는 금융회사 A가 출시한 특정 MMF와 여기에 공감과정을 공유하는 특정 투자자 사이의 관계(또는 공감)교환의 문제이다. 이때 MMF의 수익률은 공감과정의 한 부분일 뿐이다.

특정 금융회사 A가 출시한 MMF에 대한 신뢰에 흠결이 발생한다면 공감과정의 제도절차에 거래행동을 제약하는 불필요한 규제적 행정절차가 개입되기 때문에 투자자가 주저함을 가지게 된다면 수익률을 따지기 전에 (투자)거래는 망설임(wavering)으로 상실될 수 있다.

이것은 펀드투자가 합산단위의 거래, 즉 $D(p) = S(p)$가 아니라는 것을 말한다. 합산단위의 거래에서는 개별투자자와 펀드운영자 그리고 개별 펀드상품의 신뢰의 문제가 등장할 여지가 없다.

이러한 펀드거래의 개별적 특수성 현상은 공감차원의 현상이다.

나라마다 제도를 만들어 가는 방식이 다르다. 미국은 보통법(common law)의 전통을 가지고 있다. 우리는 입법부가 법을 제정하는 제정법(statutory law)의 전통을 가지고 있다. 그러나 그것이 어느 전통에 따르고 있든, 입법부가 제정한 법과 하위 규정으로 정하느냐, 보통법의 하위 규정에 따르느냐의 차이일 뿐이지 모두 규정으로 정하는 수밖에 없다. 이것이 법치(the rule of law)이다. 우리나라는 '자본시장법 2018'을 모법으로 하여 집합투자와 그 운영사항을 규정하고 있다.

'자본시장법 2018'은 집합투자업자가 되기 위해서는 법에 규정한 요건을 구비하여 금융위원회에 등록하게 되어 있다. 구체적인 집합투자(fund)가 결정되고 투자자를 모집하기 위해서도 이를 운영할 주체로써 집합투자기구를 금융위원회에 등록하도록 하고 있다. 집합투자 프로그램의 공신력을 확보하기 위해서이다. 이것은 공감차원의 현상이다.[93]

---

93) 공감차원에서, 특히 금융시장에서는 더욱, 신뢰(trust)가 중요한 경험적 현상으로 자리매김하고 있는 것은, 비결정적(indeterminate)이고, 우연적(coincidental)이며, 경로의존적(path dependent)인 공감차원의 세계에서 인간이 경험적으로 의지할 중요하고 거의 유일한 버팀목은 신뢰(trust)라는 것을 깨달았기 때문이다.

집합투자 시장 참가자

　　자본시장법 90조에 규정된 집합투자업자(금융투자업)는 금융감독당국(금융위원회)에 등록해야 한다. 경제주체로서의 집합투자업자는 가치 － 비용 합리성 차원에서는 실체가 파악되지 않는 존재이다. A라는 집합투자업자가 금융위원회에 등록한다는 사실이 어떻게 가치 － 비용 합리성 차원에서 파악될 수 있는가? 이것은 공감차원의 경험론적 현상인 것이다. 법은 집합투자 행위의 공신력을 확보하기 위해서 집합투자업자의 금융위원회 등록을 규정하고 있다고 할 수 있다.[94]

　　시장은 수요함수, 공급함수로만 구성되어 있는 것이 아니다. 시장은 기본적 구성요소의 하나로 시장참가자를 필요로 한다. 시장참가자라는 구성요소는 공감차원의 존재이다. 가치 － 비용 합리성 차원에서는 시장의 구성요소로서 시장참가자라는 개념이 발붙일 여지가 없다. 다만 시장이 작동하고 있다고 가정하는 것으로 그친다.

　　시장 참가자, 즉 집합투자업자가 A인지 아니면 B, C, D, E...인지 또는 (A, B, C)인지, (C, D, E)인지 또는 다른 누구인지 하는 것은 비결정적(I: indeterminate), 우연적(C: coincidental), 경로의존적(P: path dependent) 현상이다. 즉, 공감차원의 경험론적 현상이다. 다른 시장 또는 금융시장도 마찬가지이지만, 집합투자 시장도 기본적으로 공감차원의 경험론적 현상이다.

　　이러한 ICP(indeterminate, coincidental, path dependent)현상 속에서 금융시장을 안정적으로 작동시키기 위해서, 또는 집합투자시장을 안정적으로 작동시키기 위해서 금융시장인프라(FMI: financial market infrastructure)로서 여러 제도적 장치가 마련되고 있는데, 집합투자업자로 하여금 금융감독당국에 등록하도록 의무화하는 것도 그 중 하나이다. 이러한 금융시장 인프라의 제도 장치가 마련되었다고 해서 ICP현상이 사라지는 것이 아니다. 공감차원에서 ICP는 본질적 특성이다. 결코 사라지지 않는 기본 특성이라는 말이다.

　　예컨대, 금융위원회에 등록하기 위해서는 각종의 규정에서 요구하는 조건을 만족시켜야 등록이 가능하다. 이런 조건을 만족시키고 등록을 하는 집합투자업자는 필연적으로 특정인 A여야 하는가? 그럴 수가 없다는 말이다. 조건을 만족시키고 등록을 하는 집합투자업자도 역시 ICP일 수밖에 없다. 시장 참가는 본

---

94) 이러한 규정이 민간의 경제활동을 제약하는 과도한 규제인가 하는 것은 별개의 문제이다.

질적으로 공감차원의 경험론적 현상이다.[95)]

집합투자기구는 펀드거래에 신뢰를 확보하여 투자자를 모으기 위한 제도 장치이다. 집합투자기구가 필요한 이유는, 펀드별로 회계, 경영, 법적 책임성 (accountability)을 확보하기 위해서이다. 집합투자업자는 다른 많은 자본시장 상품을 취급하고 있기 때문에 개별펀드만의 독립된 회계 및 경영 시스템을 마련할수가 없다. 그러나 펀드투자는 개별펀드별로 이루어질 수밖에 없다. 따라서 개별펀드의 운영이 독립적으로 이루어지지 않으면 투자자를 확보할 수가 없다.

이것은 공감차원의 경험론적 현상이다.

펀드 운용의 회계, 경영, 법적 책임성 자체가 ICP현상이다. 그 운용을 회계, 경영, 법적 책임성의 엄격한 규정을 마련하고 이를 지키도록 의무화 하는 것은 안정적이고 신뢰 있는 펀드 시장 구축을 위해서 필수적 조건이다. 그러면 예컨 대 아주 엄격한 특별한 조건이 있다고 하고 그 조건을 만족하도록 시장참가자들을 독려하면 완전한 시장에 이르게 되는가? 물론 좀더 신뢰받는 안정적 시장에 다가갈 수는 있지만 완전한 시장이란 존재하지 않는다. 본질적으로 시장의 ICP 현상의 특성에서 벗어날 수는 없다. 왜냐하면 시장은 공감차원의 경험론적 현상이기 때문이다.

펀드의 판매와 운용은 증권사, 은행, 보험회사 등 전문성을 가진 집단에서 담당한다. 집합투자기구는 이들에게 신탁하여 펀드운용을 의뢰한다. 이밖에 펀드평가회사, 채권평가회사 등 회계 및 신용평가 기관이 시장구성요소이다.

23-3 집합투자시장 운용 메커니즘

집합투자기구 제도의 도입으로 펀드 운용에서 펀드별로 회계, 경영, 법적 책임성이 확보되고, 이로써 펀드시장의 신뢰를 구축하게 된다. 그러나 펀드의 효과적 운용을 위해서는 이들만으로는 부족하다. 펀드 판매의 효과적 마케팅을 위해서 펀드의 판매회사가 필요하다. 법적으로 판매회사는 집합투자기구의 지시를 받는다. 그러나 집합투자기구가 서류상 회사(paper company)이고 그 실체는 집합투자업자의 회사조직이기 때문에 실질적 관리위탁은 집합투자업자가 한다.

---

95) 불특정 금융업 지망자로부터 집합투자업자를 만들어내는 것은 규범(규칙)이다. 즉, 법치(the rule of law)이고 이는 공감차원의 현상이다.

이 펀드운영의 경험적 현상은 합산적 거래단위의 시장청산 시스템, 즉 $D(p) = S(p)$ 현상이 아니고, 개별 거래단위, 즉 개별 사업심 단위에서 이루어지는 공감차원의 현상이다.

[그림 8-3: 공감과정으로서의 사업심과 (비즈니스) 사업모델]에서와 같이 공감차원의 ICP시스템에서는 사업심과 (비즈니스) 사업모델이 공감과정을 만들어 내고 그 결과 (관계)교환거래가 이루어진다. 따라서 성공적 펀드 판매를 위해서 사업심과 (비즈니스) 사업모델을 유도해낼 필요가 있다. 펀드 판매의 효과적 마케팅을 위해서 펀드의 판매회사가 필요한 이유이다.

[그림 23-1: 펀드시장 운용 메커니즘]은 공감차원에서 펀드시장의 구조, 즉 시장운용 메커니즘을 개념도로 보여주고 있다. 시장이 이러한 금융시장인프라(FMI)의 구조를 가지고 있다는 것은 가치-비용 합리성 차원과 다른 분석적 차원이 존재한다는 것을 의미한다. 물론 그것은 인간인지의 제한적 합리성에서 부여한 공감차원이다. 즉, 경험론의 세상인 것이다. 이러한 시장구조, 즉 금융시장 인프라는 경험으로 알아낸 현상이라는 말이다.

[그림 23-1]에서 개념도로 표시한 내용을 설명하면 다음과 같다. 우선 집합투자업자는 특정한 펀드 A를 개발-출시하면서 이 사업이 집합투자기구 A라는 존재(entity)로 금융감독기구에 등록한다([그림 23-1]에서 ①의 단계). 공감차원에서 펀드라는 추상적 개념은 존재하지 않으며 오직 집합투자기구 A라고 인식되는 펀드가 있을 뿐이다. 그리고 집합투자기구 A의 명의로 펀드 A를 출시한다.

집합투자기구 A는 서류상 회사(paper company)이다. 실제로는 집합투자업자에 의해서 운용되지만, 이 펀드 운용과 관련된 모든 회계, 경영, 법적 책임성은 집합투자기구 A에 의해서 경영된다. 즉 회계, 경영, 법적 관리를 모두 집합투자기구 A에게로 독립시켜 운용되도록 하였다는 말이다. 집합투자가 현실적으로 공감차원에서 운용될 수밖에 없다는 것을 말한다. 이 현상은 가치-비용 합리성 차원에서 설명할 수 있는 방법은 존재하지 않는다(Rhee, 2018c, 2018d, 2020).

이미 설명한 바와 같이 투자자들의 투자를 유도하여 펀드 A의 판매를 촉진하기 위해서 증권사, 은행, 보험사 등의 판매회사의 힘을 빌려야 한다. 집합투자업자는 판매회사를 선정하여 판매계약을 맺는다([그림 23-1]에서 ②의 단계). 물론 법적으로는 집합투자기구 A가 계약 체결자이다. 회계, 경영, 법적 책임성도 그것의 구체적 실체가 있어야 하는데, 이 구체적 실체의 문제는 가치-비용 합리성 차원에는 존재하지 않는다. 즉, 이것도 공감차원의 현상이다.

집합투자에 대한 투자는 주식의 구매이다. 즉, 투자자는 집합투자기구 주식을 구매하는 것이다. 각 집합투자기구는 각기 고유의 (비즈니스) 사업모델을 가지고 있다. 수월한 투자를 가능하게 하기 위해서 주식은 소액의 단위로 만들어져 있다. 이 투자는 언제든지 투자자가 집합투자업자에게 환매를 요구할 수 있거나(open-end funds) 또는 시장에서 매도가 가능하게 되어 있다(closed-end funds)(이 부분의 설명은 다음 절에서 논의한다). 이것이 ICP시스템에서 투자자를 모으는 (비즈니스) 사업모델이고 사업심이다.

판매회사는 (비즈니스) 사업모델을 가지고 투자자에게 접근한다. 일종의 마케팅이다. 마케팅은 사업심(entrepreneurship)을 말한다. 사업심은 공감차원에서만 존재하는, 즉 ICP현상으로만 존재하는 것이다. 투자자는 판매회사의 (비즈니스) 사업모델을 보고 투자를 결정한다([그림 23-1]에서 ③의 단계). 제한적 합리성의 인지구조를 가진 인간이 행동할 수 있는 반경은 그 이상일 수가 없다.

판매회사가 이렇게 마케팅을 해서 자본시장의 투자자에게서 조달한 자금은 집합투자기구 A의 계정에 이체가 된다([그림 23-1]에서 ④의 단계). 이 자금을 사용하여 금융시장의 투자상품(주식, 회사채, 국채, 부동산 등)에 운용을 하게 된다. 이것은 자본시장 전문가에게 위탁하여야 한다. 어느 투자상품에 투자할 것인가? 이것은 그야말로 ICP현상이다. 오직 전문가의 판단을 요하는 사항이고 정답이 없다. 이것이야말로 공감차원의 현상이다. [그림 23-1]에서 ⑤의 단계에 해당한다. 신탁업자가 수탁자가 되는데, 신탁업자는 [그림 23-1]에서는 은행, 증권금융으로 단순히 표기되어 있지만, 이것은 단순한 금융의 문제만이 아니고, 자본시장에서 투자의 문제이다. 따라서 증권회사, 은행, 보험사가 모두 관련된다. 그 운용은 금융투자업자인 집합투자업자 스스로 관계되지 않을 수 없다. 집합투자업자 자신이 자본상품에 대한 투자를 전문업으로 하는 전문가이기 때문이다.

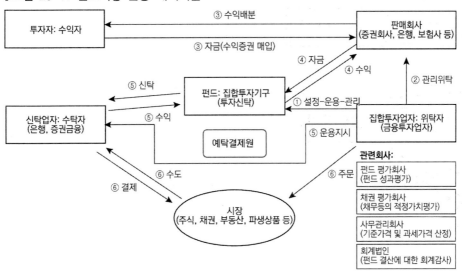

자료: http://www.joseilbo.com, 김용민, '집합투자기구의 구조 및 분류'를 수정함.

집합투자업자가 운용지시를 신탁업자에게 하고([그림 23 – 1]에서 ⑤의 단계), 집합투자업자가 자본시장에 주문을 낸다. 그리고 신탁업자에게 결제를 하도록 지시하고 신탁업자가 주문된 주식, 채권, 파생상품 또는 부동산을 수도하게 한다(⑥의 단계). 물론 모든 거래는 집합투자기구 A의 회계적, 법적 책임 하에서 진행된다. 이 모든 과정, 즉 실제로는 집합투자업자의 판단 하에서 진행되지만, 회계 및 법적 책임은 집합투자기구 A의 책임성으로 이루어지고, 수도와 결제는 신탁업자의 명의로 이루어지는 현상은 공감차원의 현상이다. 가치 – 비용 합리성 차원에서는 이러한 구분이 소속할 분석적 영역이 존재하지 않는다.

이 때 투자의 대상이 된 주식, 채권, 파생상품 등은 결제 – 수도 시스템에 따라(DvP) 예탁결제원에 각 계약주체의 계정에 예탁이 이루어진다.

이러한 펀드시장 운용 메커니즘이 작동하기 위해서는 시스템 운용에 대한 신뢰(trust)가 확보되어야 한다. 이것을 제도화 한 것이 회계 및 신용평가 제도이다. 이 회계 및 신용평가 제도가 구체적으로 작동하는 실체가 공감차원의 현상이다. 회계법인을 선정하여 정해진 규정에 맞게 회계 및 경영이 집행되었는지를 평가하는 것이다(자본시장법 185조). 펀드의 운용이 정당하게 집행되었는지를 평가함에 있어서 우리는 이 행동차원 이상을 넘어설 수가 없다. 우리는 ICP 세계, 즉 공감차원에 살고 있기 때문이다.

뮤추얼 펀드(Mutual Fund)

고도의 전문성을 요구하는 자본시장 상품에 대한 투자를 일반투자가들의 자금을 모아서 하는 (비즈니스) 사업모델로 디자인 하여 제도로 만들어 놓은 것이 다름 아닌 뮤추얼 펀드이다. 공감차원에서 경제현상은 I(indeterminate, incomplete), C(coincidental), P(path dependent)라고 하였다. 경제행동, 즉 교환거래는 수요와 공급 스케줄이 아니라, 그보다 개인 단위로 세분화된 개인별 (비즈니스) 사업모델, 즉 사업심(entrepreneurship) 행동이 결정한다. 자금을 필요로 하는 사업가의 사업모델과 여기에 투자하는 투자자의 사업모델이 만나서 금융거래를 결정하는 것, 그것이 공감과정(SP: sympathy process)이다.

이 과정에 동원된 도구가 뮤추얼 펀드 모델이다. 이 모델을 제도화 하는 과정은 미국과 한국이 같지 않다. 미국은 Managed Investment Company(우리의 집합투자업자에 해당)가 펀드투자상품을 개발하고 출시한다. 이때 자체 내에 이를 운영하는 경영단위를 만들기도 하고(Fidelity Management and Research Corporation이 Fidelity Mutual Funds를 운영) 외부의 운영회사에 외주를 주기도 한다(Vanguard가 Wellington Fund를 운영하기 위해서 컨설팅회사로 Wellington Management를 계약 고용). 그것이 내부의 집합투자조직이든 외부의 운영회사이든 우리의 집합투자기구에 해당하는 셈이다. 그러나 양국의 모델은 다르다. 미국은 보통법의 체계에서 개별경영단위의 경영과 경영책임성이 자신의 공신력에 의존하는 시스템이다. 반면 한국은 개별경영단위의 공신력이 금융감독당국에 의해서 관리되는 시스템이다. 이때 금융감독당국은 집합투자기구라는 법인을 통해서 관리하도록 설계되었다.

이것은 두 나라의 법체계가 미국은 보통법(common law) 체계이고 한국은 제정법(statutory law or code law)이라는 차이에서 비롯되는 어쩔 수 없는 차이이다. 경로의존성(path dependence)이 작동하고 있다. 동일한 (비즈니스) 사업모델의 개념, 즉 뮤추얼 펀드라는 개념이지만, 그것을 실현하는 제도와 정책은 같지 않다. 이것이 공감차원의 경험론적 현상이다.

뮤추얼 펀드의 투자 수익

뮤추얼 펀드 투자에는 개방형 펀드(open-end funds)와 폐쇄형 펀드(closed-end

funds)의 두 종류가 있다. 개방형 펀드는 투자자가 언제든지 집합투자업자([그림 23-1] 참조)에 대해서 환매를 청구할 수 있는 펀드이다. 환매청구를 받은 집합투자업자는 순자산가치(NAV: net asset value)를 계산하여 환매가격을 정한다(수수료 제외).

순자산가치(NAV) = (자산의 시장가치 − 부채)/총발행주식수

뮤추얼 펀드의 특징은 환매에서 순자산가치를 환급해주는 모델을 제시하고 있다는 것이다. MMF가 개방형 펀드(open-end funds) 사례이다. MMF는 중요한 단기금융시장의 펀드투자 상품이다.

폐쇄형 펀드(closed-end funds)는 환매가 안된다. 따라서 환금을 하려면 시장에서 매도하여야 한다. 인덱스 펀드(S&P 500 Fund나 ETF: exchange traded fund)가 사례이다. 이때 매도가격으로 계산한 투자수익율은 일반적으로 순자산가치(NAV)와 같지 않다.

이상의 뮤추얼 펀드는 공감차원의 ICP시스템에서 개별 자금수요자(집합투자기구)와 자금 공급자 개인(뮤추얼 펀드에 투자하는 개별투자자)을 연결해서 투자를 유도해내는 (비즈니스) 사업모델에 기반을 둔 제도라고 할 수 있다. 이것이 공감차원의 현상이며, 개별 자금수요자의 사업모델과 개별자금공급자의 사업모델이 만나서 공감과정을 통한 거래를 만들게 된다.

23-6 공감차원에서 본 펀드시장의 제도형식

펀드시장은 고도로 정교하게 디자인 된 자본시장이다. 시장은 주어진 것이 아니라 만들어지는 것이라는 것을 단적으로 보여주는 또 다른 사례이다. 자본주의 시장경제를 떠받치는 자본시장이 이렇게 고도로 디자인 되고 감독 됨으로써 비로소 작동할 수 있다는 것은 놀라운 것이다. 뿐만 아니라 이렇게 시장이 어렵게 만들어지고 유지될 수 있다는 사실이 경제학에서 인지되지 못하고 있다는 것은 더 놀라운 일이다.[96]

---

96) 시장이 '만들어지는 것'이란 기본 개념은 효율적 시장 가설(EMH: efficient market hypothesis)에서 충분히 이해되고 있지 못한 것으로 보인다.

시장은 주어진 것이 아니라, 만들어지는 것이라는 사실은 시장이 공감차원의 현상(ICP)이라는 것을 말한다. 특히 집합투자(펀드) 시장은 개별투자가와 개별 자본시장 전문가를 연결하여 일반 투자자의 자금을 자본시장에 직접투자하도록 하는 핵심적 개념을 (비즈니스) 사업모델로 개발한 것이다. 펀드의 출현으로 ICP의 공감차원에서 개별투자가는 자본시장상품(MMF와 같은 뮤추얼 펀드)에 투자하는 사업심과 비즈니스 모델을 구상할 수 있게 되었다. 마찬가지로 펀드의 출현으로 개별 자본 수요자는 자신만의 매력적 펀드 상품을 출시하는 사업심과 (비즈니스) 사업모델을 구상할 수 있는 것이다. 이 제도를 매개로 하여 공감과정을 성공적으로 만들어내서 (관계)교환, 즉 자금의 투자를 유도해낼 수 있게 된 것이다.

이 과정은 시장은 만들어지는 것이라는 사실을 말해주는데, 펀드자금의 투자대상에서부터 시장의 참가자 자격, 그리고 펀드 모델의 디자인에 이르기까지 행동의 기준이 규정으로 정해지고 감독되고 있다. 이러한 감독의 유형은 미국식의 보통법 전통과 한국식의 제정법 전통이 구분된다.[97]

펀드시장의 경쟁질서는 법규정과 금융감독 당국에 의해서 관리된다. 집합투자업자는 집합투자기구와 분리되어, 집합투자기구가 독립적 경영, 회계, 책임성의 주체로서 법인으로 설립된다. 집합투자기구를 감독기구(금융위)에 등록하게 함으로써 투자자의 신뢰를 확보하여 펀드시장을 조성하도록 한다(또한 집합투자업자를 금융위에 등록하게 함).

투자자는 펀드의 모델에 따라서 수시로 집합투자업자에게 환매를 요청하거나(개방형 펀드: MMF), 시장에 매도하여 환금하거나(폐쇄형 펀드: ETF) 할 수 있다. 투자자가 환매한 경우 순자산가치(NAV)의 가격으로 환매한다(MMF).

회계의 각 단계에서 이루어지는 수익률은 원칙적으로 시가평가(신뢰할 만한 시가가 없는 경우만 취득가액 등 공정가액)를 기준으로 해서 '금융투자업규정'에 의거 금융투자협회 또는 채권평가회사가 공표하는 수익률을 기초로 평가(평균 수익률을 계산)한다. 이것은 일종의 (시가를 이용하여 계산한) 관리가격에 근사한 개념이라고 하겠다. 가격이 공감과정의 일부분이라는 것을 말해준다. 즉, 가격이 시장청산가격 $D(p) = S(p)$일 수 없다는 것을 말해준다.

---

97) 후자의 경우 금융감독당국의 시장 참가자의 자율적 행동에 지나친 간섭으로 비판되어 규제개혁의 문제가 제기되기도 한다.

	펀드시장의 특수성	펀드시장의 경쟁질서	펀드시장의 가격결정 방식
공감차원에서 본 펀드 시장 제도 형식의 내용	(1) 집합투자기구의 투자 대상: ① 금융투자상품(자본시장법 제3-5조), ② 부동산(부동산투자회사법), ③ 선박(선박투자회사법), ④ 문화상품(문화산업진흥기본법), ⑤ 벤처투자(벤처기업육성특별법) 등 (2) 시장참가자: 금융위 인가 자산운용회사, 집합투자기구, 신탁회사, 판매회사, 펀드평가회사, 채권 평가회사, 회계법인 등 (3) 펀드별 투자상품 디자인(예, MMF, ETF...)	(1) 집합투자업자와 분리되어, 독립적 경영, 회계, 책임성의 주체로서 집합투자기구를 펀드의 법적 실체로서 법인으로 설립 (2) 집합투자기구를 감독기구(금융위)에 등록하게 함으로써 투자자의 신뢰를 확보하여 펀드시장을 조성하도록 함(또한 집합투자업자를 금융위에 등록하게 함) (3) 펀드 경영관리의 세부적 사항을 엄격히 규정으로 정하여 그 운영사항을 금융위에 등록하게 함 (4) 투자자는 펀드의 모델에 따라서 수시로 집합투자업자에게 환매를 요청하거나(개방형 펀드), 시장에 매도하여 환금하거나(폐쇄형 펀드) 할 수 있다. (5) 투자자가 환매한 경우 순자산가치(NAV)의 가격으로 환매한다.	(1) 집합투자재산은 원칙적으로 시가평가(신뢰할 만한 시가가 없는 경우만 취득가액 등 공정가액) (2) 시가평가는 '금융투자업 규정'에 의거 금융투자협회 또는 채권평가회사가 공표하는 수익률을 기초로 평가 (3) 시가평가를 기초로 NAV (=(자산의 시가-부채)/총 펀드 액수) (4) 산식을 이용하여 평균하는 방식으로 일종의 관리가격 방식 (5) 환매의 경우 순자산가치(NAV)로 환매가격을 정한다(수수료 제외).

제24장 자산유동화증권 시장

24-1 \ 자산유동화증권이란?

자산유동화증권(ABS: asset-backed securities)이란 부동산, 매출채권, 유가증권, 주택저당채권(mortgage) 등과 같이 유동성이 낮은 자산을 기초자산으로 하여 발행되는 증권이다. 자산보유자(originator)가 특수목적기구(SPV: special purpose vehicle)를 설립하여 이 기구에 기초자산의 법률적 소유권을 양도하는 절차를 통하여 자산유동화증권이 발행된다. 이 증권의 원리금은 근본적으로 기초자산에서 발생하는 현금흐름으로 상환된다는 것이 특징이다.

재산권은 본래 공감차원의 개념이다(Rhee, 2018c, 2018d). 재산권은 소유의 법적 권리를 의미한다. 법적 권리는 공감차원의 개념이다. 우연적인 상황의 변화에 따라 법적 권리의 내용을 새롭게 해석해주어야 한다. 법적권리의 내용은 정의될 수 있지만, 그 법적권리의 가치-비용 지수(또는 이 지수를 원소로 하는 함수의 매핑으로 결정되는 이미지)는 결정될 수 없다. 법적권리의 내용이 상황의 변화에 따라 항상 새롭게 해석되기 때문에, 닫힌-결정적 개념이 아니고, 열린-비결정적 개념이 되기 때문이다(incomplete or indeterminate: Hart, 1995). 재산권은 '견해 B-문제 B' 영역에 속하지만, 재산권의 가치-비용 지수는 '견해 A-문제 A' 영역에 속한다. 유동성이 낮은 기초자산을 기준(개념적 또는 법적)을 정하여 재분류하는 신용보강 작업(credit enhancement)을 하고 이를 통해서 유동성이 낮은 자산이 신용도가 높은 자산유동화증권으로 재탄생하게 되는 것은 공감차원의 현상이다.

유동성이 낮은 기초자산을 가치척도로만 파악한다면 외생적 변화요인의 도입없이 가치의 비결정성(indeterminateness)을 설명하는 것이 가능하지 않다. 기초자산을 재분류하여 신용보강 작업이 이루어진 선순위 채권을 구분해내고 그 선순위채권의 시장매출을 만들어 가는 과정이 가치척도로만 설명되는 가치-비용 합리성 차원에서는 설명될 수 없기 때문이다.

그러나 자산유동화증권 시장이란 이렇게 조성된 자산유동화증권을 매각함으로써 유동성이 낮은 기초자산에서 유동성을 확보하는 것이 가능하게 되는 과정이다. 이 모든 과정은 공감차원의 경험적 현상이다.

혁신적 금융기법으로써 자산유동화증권(ABS)의 설명이 가능한 것은, 재산권의 비결정성에서 나타나는 경제현상의 ICP현상, 즉 본질적 공감차원의 현상이라는 설명이 가능한, 새로운 경제학 분석의 틀(견해 B)이 도입되기 때문이다. 가치−비용 합리성 차원에서는 이러한 혁신적 기법의 존재가 파악될 수가 없다.

유동성이 낮은 기초자산은 그 자체가 불완전하고 비결정적 개념이다. 이것을 기준을 정하여 재분류하는 작업은 비결정적 현상(유동성이 낮은)에서 또 다른 비결정적 현상(신용보강을 통한 유동성이 좋은 ABS)으로 이루어지는 공감차원에서 (공감차원으로의)의 매핑(mapping)이 된다(Rhee, 2018c, 2018d, 2020). 공감차원의 경험론의 현상이다. 이를 통해서 기초자산을 보유했던 기초자산 소유자의 유동성 (비결정적 현상)이 좋아지게 된다.

ABS는 증권의 법적 성격 및 기초자산에 따라 다른 명칭으로 불리기도 한다. ABS가 사채인 경우 ABS사채, CP인 경우 ABCP(asset−backed commercial paper), 출자증권인 경우 ABS출자증권, 수익증권인 경우 ABS수익증권이라고 부른다. 기초자산이 주택저당채권인 경우 MBS(mortgage−backed securities), 부채인 경우 CDO(collateralized debt obligations)라 하고, 이중채권인 경우 CBO(collateralized bond obligations), 은행의 대출채권인 경우 CLO(collateralized loan obligations), 신용카드매출채권인 경우 CARD(certificates of amortizing revolving debts), 자동차할부대출인 경우 auto−loan ABS 등으로 불린다.

이미 알려진 바대로, 자산유동화증권(ABS)은 2008년 금융위기를 유발하는데 결정적 역할을 한 금융자산이었다. ABS를 통한 혁신적 기법의 등장으로 금융권은 유동화에 큰 진전을 이루게 되었고 금융시장은 활성화 되었다. 이것은 공감차원의 경험적 현상이다. 유동성이 낮은 기초자산(재산권: 비결정적 indeterminate)을 기준(행동표준: 비결정적 시스템) 분류를 통해서 수익성 자산(ABS)으로 전환 시켜서(sympathy process mapping: Rhee 2018c), 금융투자자의 투자를 촉발하여(SP: sympathy process) 기초자산 보유자들의 유동성을 증가시키고 활발한 금융거래(투자자들의 낙관적 (비즈니스) 사업모델)를 견인하는 것이다.

이 과정은 [그림 8-3: 공감과정으로서의 사업심과 (비즈니스) 사업모델]에서 표현된 공감과정을 구성하고 있는 사업심과 (비즈니스) 사업모델로 설명된다. 자산유동화증권(ABS) 제도의 등장은, 이 제도를 혁신적 기법으로 이용하여 유동성이 낮은 기초자산으로부터 특수목적기구(SPV: special purpose vehicle)를 통하여 자산유동화로 유동성을 확보하려는, 자산소유자의 사업심과 (비즈니스) 사업모델을 유도하게 된다. 투자자는 이것을 새로운 투자의 기회로 보아 ABS를 자신의 사업모델에 포함시키게 된다. 이 ABS를 매개로 하여 자산유동화증권 공급자의 (비즈니스) 사업모델과 투자자의 (비즈니스) 사업모델이 공감과정으로 만나 금융거래(관계교환)를 성사시키게 된다.

모두가 공감차원의 비결정적 시스템이고, 경험론의 현상이다. 여러 단계의 금융기법(sympathy process mapping)과 투자자들의 낙관적 (비즈니스) 사업모델이 결합하여 연출된 활발한 금융거래는 똑같은 논리로 과열된 금융거래 속에서 우연적으로 촉발된 (비즈니스) 사업모델의 실패가 다른 투자자들의 낙관론을 비관론으로 대체하는 계기가 될 수 있다. 이것은 모든 단계에서 연결된 (비즈니스) 사업모델의 공감과정(신뢰, trust)을 무너뜨리게 된다. 2008년 금융위기의 상황은 공감차원의 경험론적 현상인 것이다.

24-2 자산보유자 및 특수목적기구

1998년 9월 '자산유동화에 관한 법률'(이하 ABS법)이 제정되고 동년 11월 '자산유동화업무 감독규정'(이하 ABS규정)이 마련됨으로써 자산유동화 비즈니스를 위한 행동규범(공감차원의 현상)이 마련되었다. 자산보유자는 ABS법에 규정되어 있다. 금융기관, 한국자산관리공사, 한국토지주택공사 및 금융위원회가 인정한 법인이다. 이후 자산보유자의 범위는 지금에 이르기까지 계속 확대되어 왔다. 이렇게 자산보유자의 범위를 규정으로 엄격히 정하고 있는 것은 신뢰를 관리하기 위한 조치(공감차원의 경험론적 현상)이다.

특수목적기구(SPV: special purpose vehicle)는 유동화증권을 발행하기 위하여 기초자산의 소유권을 자산보유자로부터 분리하여 이전 받는 기구이다. 이 현상도 공감차원의 경험론적 현상이다. 비결정적 시스템에서 거래를 촉진하기 위해서 기준-분류의 작업을 하여 새로운 (비즈니스) 사업모델을 유도하는 조치이다.

구체적인 경험론 세계의 조직으로 특수목적기구(SPV: special purpose vehicle)를 필요로 한다. ABS법과 규정은 이러한 특수목적기구가 유동화전문회사(SPC: special purpose company), 신탁회사 및 자산유동화를 전문으로 하는 외국법인이 될 수 있다고 규정하고 있다. 이러한 구체적 조직은 공감차원의 현상으로서의 조직이다.

특수목적기구(SPV)는 유동화증권 발행을 담당하는 기구의 개념적 모습이고, 이 기구의 실체는 특수목적회사(SPC)이다. SPC 설립은 2000년 1월에 사원 1인으로도 가능하게 하였다. 또한 근저당권에 의해 담보된 채권의 경우 자산보유자가 근저당권에 의해 담보된 채권 전부를 SPC에 양도한다는 사실을 채무자에게 통지하는 것으로도 자산의 양도가 이루어진 것으로 인정하게 하였다. SPC는 자산유동화증권(ABS)을 발행할 때마다 만들어지는 것이며 새로운 ABS가 발행되기 위해서는 새로운 SPC가 만들어진다. 이러한 절차적 현상은 행동의 표준화로 공감차원의 현상이다.

기초자산을 자산보유자에게서 분리하여 특수목적기구(SPV)로 소유권을 이전하는 것은 유동화자산을 발행하기 위한 기준-분류 작업인 동시에 기초자산과 자산보유자의 관계를 법적으로 단절함으로써 있을 수 있는 기회주의적 행동을 통제하기 위한 것이다. [그림 8-3]에서 사업심과 (비즈니스) 사업모델이 공감을 이루는 과정에서 (비결정적 시스템에서) 나타나는 기회주의적 행동을 제어하기 위한 장치이다. 이것은 공감차원의 현상이다.

24-3 ABS 발행을 위한 신용보강

신용(trust or confidence)의 문제는 금융의 핵심적 키워드이다. 금융의 모든 개념이 신용의 기초 위에 서있다. 그런데 신용은 본질적으로 공감차원의 현상이다. 금융의 모든 거래는 신용 위에 성립된다. [그림 8-3: 공감과정으로서의 사업심과 (비즈니스) 사업모델]은 이 사실을 잘 표현해주고 있다. 금융거래가 만들어지기 위해서는 거래 쌍방의 사업심 행동과 (비즈니스) 사업모델이 공감과정을 성사시켜주어야 한다. 그 핵심에 신용이 있다.

신용을 보강하는 작업(credit enhancement)은 이 유동성이 낮은 기초자산으로부터 만들어진 ABS가 보다 높은 공감과정을 성사시키도록 하는 작업이다.

기초자산은 유동성이 낮은 자산이다. 이 기초자산을 가지고 유동성이 높은 ABS를 발행하기 위해서 여러 가지의 신용보강 작업이 이루어진다. 크게 외부신용보강장치와 내부신용보강장치로 구분할 수 있다. 외부신용보강장치는 은행 또는 신용보증기관의 지급보증이나 은행의 신용공급(credit line)과 같은 제3자의 지급능력에 의존하여 ABS의 신용등급을 올리는 것이다.

내부신용보강장치는 ABS를 설계할 때 위험요소가 경감될 수 있도록 원리금 지급조건을 조정하거나 자산보유자가 보증하는 방법이다. 전자(원리금 지급조건 조정)의 가장 전형적인 방법은 ABS를 선−후순위로 구조화(subordination or credit−tranching)하는 것이다. 선−후순위의 구조화란 ABS 발행에서 원리금 지급 우선순위가 다른 두 종류(tranche) 이상의 증권을 발행하는 것으로 선순위채는 기초자산에서 나오는 현금흐름이 부족할 경우 후순위채보다 원리금을 우선적으로 지급받는다. 이 때 후순위채는 신용등급이 낮은 채권이 되는데, 정크본드시장에서 소화시키거나 자산보유자가 직접 인수하게 된다.

즉, ABS를 발행할 때, 기준을 정하고 선−후순위를 분류하여 신용등급이 높고 유동성이 좋은 선순위채권을 만들어내서 이 선순위채로 하여금 금융거래를 하도록 하는 것이다. 이렇게 유동성이 낮은 기초자산에서 유동성이 높은 선순위채 ABS를 만들어 내는 것이다. 상당히 혁신적 기교를 결합시킨 금융혁신 방식이다. 본질적으로 기초자산의 낮은 신용 또는 유동성이 제거되는 것이 아니기 때문에, 잘못 운용이 되는 경우 2008년 금융위기를 촉발시킨 위험적 요소가 있는 금융혁신 방식이라고 할 수 있다.

그러나 이 자산유동화 방식이 금융의 구조조정에 효과적 정책수단이 될 수 있다는 데 포인트가 있다. 우리나라도 일찍이 1997년 금융위기 때, 구조조정을 위한 성업공사의 부실채권을 처리함에 있어서 이 자산유동화 방식이 사용되었다. '자산유동화에 관한 법률'(ABS법)이 1998년 9월 제정되었던 것을 상기할 필요가 있다.

24-4 ABS 발행 메커니즘

ABS 발행 메커니즘은 4단계로 구분해서 볼 수 있다. 우선, 자산보유자의 유동성이 낮은 기초자산을 특수목적기구를 설립해서 소유권을 특수목적기구로 이전 시킴으로써 ABS 발행을 위한 기초작업을 하는 것이다. 이 작업은 이미 언급된 바와 같이 자산보유자의 기회주의적 행동을 차단하는 장치로, ABS 발행을 위한 신용을 확보하기 위한 작업으로 반드시 필요하다.

문제는 이 신용보강 작업이 자산보유자의 소유권이 유지되는 형태로 추진된다면 작업 자체가 매우 어렵고 복잡하게 된다는 것이다. 이 어렵고 복잡한 작업을 특수목적기구(SPV)라고 하는 편리한 제도를 도입함으로써 쉽고 행정적 처리가 단순하게 이루어지도록 했다. 특수목적기구는 1인 (합명)회사로 서류상 회사(paper company)이다. ABS를 발행할 때마다 새로운 특수목적회사(SPC)가 만들어지도록 했다. 공감차원에서 파악이 가능한 제도적 현상이다.

두 번째 단계는 신용보강의 단계이다. 신용보강이 필요한 이유는 그래야 자본시장에서 매출이 가능한 ABS를 만들어 낼 수 있기 때문이다. ABS의 매매 거래는 특정 ABS를 조성해서 판매하는 특정 ABS 공급자와 이 증권에 투자하는 특정 투자가 사이에서 공감과정을 통해서 이루어진다. 이 공감과정이 신뢰의 확인 과정이며 거래의 이 단계를 위해서 신용보강 작업이 이루어지는 것이다.

외부-내부 신용보강장치가 있지만, 무엇보다 선-후순위 채권을 분리해냄으로써 쉽게 유동화 할 수 있는 선순위채 ABS를 발행할 수 있게 하였다는 것이다. 이 방식을 혁신적이라고 할 수 있다면 어찌됐던 그것이 유동성이 낮은 기초자산을 가지고 유동성이 높은 신용도가 높은 ABS를 만들어 냈다는 데 있다. 여기에는 신용평가를 담당한 신용평가기관의 역할이 첨가된다. 금융시장이 신용을 바탕으로 한 거래, 즉 공감과정을 통한 관계교환을 바탕으로 세워진 것이라는 사실이 이 단계에서도 여실히 나타난다.

세 번째 단계는 자산관리를 전문기관에 의뢰하고 있다는 것이다. 이것은 금융시장이 금융전문가들의 제도적 축조물이라는 것을 말해준다. 자산관리 전문가들이 기초자산의 건전성을 높일 수도 있고, 반대로 자산의 유동화에만 치중하는 전문적 조치의 결과 금융시장의 건전성을 해치게 할 수도 있다. 경제현상은 본질적으로 비결정적 공감차원의 현상이다.

넷째 단계는 금융감독 당국의 역할이다. ABS법 제3조는 "유동화전문회사, 자산유동화업무를 전업으로 하는 외국법인 및 신탁업자는 자산유동화에 관하여 이 법의 적용을 받고자 하는 경우에는 유동화자산의 범위, 유동화증권의 종류, 유동화자산의 관리방법 등 자산유동화에 관한 계획을 금융위원회에 등록하여야 한다"고 규정하고 있다. 이것은 유동화증권의 공신력을 확보하고자 하는 취지이다. 이것은 공감차원의 경험론적 현상이다.

이상의 ABS발행 메커니즘의 내용은 [그림 24-1: 자산유동화 제도의 기본구조]에 개념도화 되어 있다.

┃ 그림 24-1: 자산유동화 제도의 기본구조

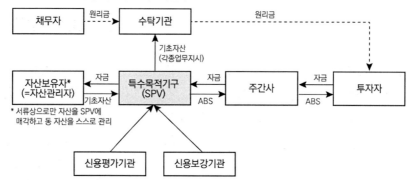

주: 실선은 ABS발생 시 자금흐름을, 점선은 유동화증권 발행 이후 원리금이 회수되는 순서를 나타냄.
자료: 한은, *한국의 금융시장(2016)*, 231쪽.

자산유동화증권 발행 현황은 [표 24-1]과 같다.

┃ 표 24-1: 자산유동화증권 발행현황[1]

단위: 십억 원

	2008	2010	2012	2014	2015	2015상	2016상
공모 ABS[2]	8,356	11,123	18,696	18,236	20,044	8,617	7,842
공모 수익증권[3]	4,152	7,785	19,985	14,498	55,117	36,974	14,552
전체	20,605	28,003	47,549	41,523	82,980	48,194	27,015

주: 1) 기간중 발행금액 기준
   2) 한국주택금융공사가 발행한 공모 MBB 포함
   3) 한국주택금융공사가 발행한 수익증권형 공모 MBS
자료: 한은, *한국의 금융시장(2016)*, 240쪽.

자산유동화증권ABS 제도는 처음부터 끝까지 공감차원의 현상이다. 신용보강을 하여 유동성이 낮은 기초자산을 신용도가 높은 그리고 유동성을 갖춘 ABS로 만들어내는 과정은 그 자체가 공감차원의 경험론적 현상이다. ABS공급자의 사업심−사업모델이 투자자의 사업심−사업모델과 공감을 이루어 낼 수 있도록 특수목적기구(SPV)를 설립하는 법제도화를 기하고, 그렇게 만들어진 ABS를 (관계)교환거래 함으로써 유동성이 낮은 기초자산의 한계를 극복하여 금융투자−자금조달이 이루어지게 하는 것이다.

이 과정에서 신용보강 작업은 공감과정의 거래를 이루려는 목적에서 필수적으로 거쳐야 하는 과정이다.

거래는 공감과정에서 만들어지는 것이고 가격은 공감과정의 한 부분이다. 이 경우에는 대체로 관리가격 방식을 따른다. 최근 거래실적에서 금융투자협회가 계산한 평균수익율을 특정 ABS의 신용평가 결과를 종합하여 참고해서 ABS의 가치평가가 이루어진다. 이 ABS가 시장거래되는 경우 가격은 타토노망(tatonnement), 즉 팔자−사자(ask−bid) 방식에 따르게 된다. 이것은 시장청산시스템 $D(p) = S(p)$이 아니다. 이것은 공감과정이다.

[표 24−2: 공감차원에서 본 ABS시장의 제도형식]이 이 ABS시장의 제도형식 개념을 표로 정리해놓고 있다.

┃ 표 24-2: 공감차원에서 본 ABS시장의 제도형식

	ABS시장의 특수성	ABS시장의 경쟁질서	ABS시장의 가격결정 방식
공감차원에서 본 ABS 시장 제도 형식의 내용	(1) 특수목적기구(SPV)를 통하여 유동성이 낮은 기초자산을 자산유동화증권(ABS)으로 유동화 함으로써 조성된 시장	(1) ABS법, ABS규정이 행동의 표준(code of conduct)으로 제정됨 (2) 시장참가자: 자산보유자(금융기관, 한국자산관리공사, 한국토지주택공사 및 금융위원회가 인정한 법인 외); 특수목적기구(SPV: 유동화전문회사(SPC), 신탁회사 및 자산유동화를 전문으로 하는 외국법인); 신용평가기관; 신용보강기관; 자산관리자(servicer); 수탁기관(trustee); ABS 발행 주간사; 투자자; 금융감독당국 (3) 유동화전문회사(SPC)를 통한 자산유동화를 메커니즘으로 하여 유동성을 확보하려는 자산소유자의 사업심을 (비즈니스) 사업모델로 만듦; 유동화증권 공급자와 투자자의 (비즈니스) 사업모델이 공감과정으로 나타나게 되어 자금의 대차거래를 성사시킴(관계교환)	(1) 관리가격: 최근 거래실적에서 금융투자협회가 계산한 평균수익율과 특정ABS의 신용평가를 참고한 ABS의 가치평가 (2) ABS가 시장 거래되는 경우에는 타토노망(ask-bid) 방식에 의한 가격결정(공감과정 SP)

제25장 금융파생상품시장

25-1 금융파생상품이란?

금융파생상품(financial derivatives)은 금융자산(financial assets)의 운용과정에서 발생하는 필요에 의해서 기초금융자산을 기반으로 하지만 기초금융자산과 구분하여 파생한 금융상품이다. 크게 선도계약(forward contracts), 선물(futures), 옵션(option), 스왑(swap)이 있다. 각각의 금융시장이 필요에 의해서 만들어져 있다는 특성을 가진다.

선도계약(forward contracts)은 거래 상품의 인도가 미래시점에 이루어지는 계약이다. 매매가 이루어지는 시점에 상품이 인도되는 거래를 현물거래(spot contract)라고 한다. 그러나 미래시점(예컨대, 3개월 후: t=3개월 후)에 그 상품(원유, 식량, 원자재 등)이 꼭 필요한데, 그때 수급사정에 불안을 느끼고 있다면, 그 미래시점에 인도되는 상품의 매매계약을 지금시점(t=0)에 하면 된다. 지금은 선도계약을 하기만 하고 계약에 따라 미래시점에 대금을 지불하고 상품을 인도받는 것이다. 물론 가격은 매매 쌍방이 미래시점에 상품인도를 전제로 현재시점에 결정한 미래시점의 가격을 미래시점에 지불하는 것이다. 이것이 선도계약이다. 기초상품의 시장과 구분되지만, 기초상품시장에서 파생된 시장이다.

선도계약은 그것이 제대로 실현된다면 그 자체만으로 편리한 거래수단이다. 지금 시점에 계약한 미래시점의 가격에 같은 미래시점의 상품인도가 될지 안될지 확신이 없다면, 선도계약이란 시장이 성립할 수 없다. 지금 계약한 미래시점의 가격에 같은 상품이 미래시점에 인도되도록 하는 시장제도(제도, 인프라, 조직)를 갖춰주어야 한다. 그렇지 않으면 애컬로프의 거래실종, 거래 망설임이 발생하여 시장거래는 이루어지지 않게 된다. 선도계약 시장이 성립하기 위해서는 그에 맞는 금융시장인프라(FMI)가 갖추어져야 하고 계약이 이행되지 않았을 때, 이를 처리하는 법집행 시스템이 구비되어 있어야 한다. 즉, 선도계약 시장은 시장제도(제도, 인프라, 조직)의 세밀한 부분까지 하나하나 만들어주어야 작동하게 된다. 그중 어느 하나가 모자라도 거래 실종, 거래 망설임으로 인해서 시장이 정상적으로 작동하지를 못한다. 시장은 만들어주어야 작동한다는 것은 공감차원의 열린 – 비결정적 시스템에서는 특징적 현상이다.

그러나 선도계약은 가격변화에 따르는 리스크를 아무런 방어 없이 감당해야 한다는 문제가 있다. 미래에 지불할 가격을 지금 정해서 미래시점에 그 가격으로 정해진 수량을 인도받을 수 있지만, 만약 그 가격이 변한다면 그래서 선도가격으로 계약을 했던 것이 계약을 하지 않았던 것보다 손해가 되는 상황이 발생한다면? 선도계약에 따르는 이러한 예측할 수 없는 가격변동의 문제를 어떻게 대처해야 할 것인가? 이에 대한 대책으로 등장한 것이 옵션(option)이고 선물(futures)이다.

옵션과 선물은 시장을 만들려는 적극적 의도에 의해서 도입된 창의적 디자인의 산물이라고 할 수 있다. 미래에 예측할 수 없는 가격변동에 대처할 필요성이 이들 시장을 생각하게 된 것이다. 만약 그러한 창의적 아이디어가 나타나지 않았다면 이 시장은 생겨나지 않았을 수도 있다. 좀 다른 방식의 아이디어가 등장했다면 시장은 다른 모습으로 나타났을 수 있다. 즉, 시장은 만들어지는 것이다.

이것은 교환에 대한 공감차원의 설명이 경험론적 현상에 적합하다는 것을 말해준다. ICP의 세계에서 (관계)교환에 이르는 공감과정은 (비즈니스) 사업모델을 수반하는 기업심 행동이라고 했다(Rhee, 2018d). 미래의 시점에 상품을 팔려는 사람과 이를 사려는 사람들이 있다고 하자. 이때 발생하는 가격변동의 리스크를 헷징(hedging)하고자 하는 필요성이 나타나게 되고 이것을 사업심으로 연결해준 것이 옵션과 선물이라는 (비즈니스) 사업모델이다. 선물시장은 이 사업모델 아이디어를 제도화한 것이다.

스왑(swap)은 복수기간 선도계약(multi–period forward contracts) 간에 교환을 의미한다. 역시 가격변동의 리스크를 헷징하는 (관계교환에 이르는 공감과정을 만들어 내는)(비즈니스) 사업모델을 제도화 한 것이다.

25-2 옵션시장

옵션(option)은 미래의 가격변화로 인해 발생할 위험에 대비(hedging)하기 위한 목적으로 의도적으로 만들어진 인위적 금융상품이다. 헷징의 목적이 아닌 투기(speculation)의 목적으로 이 상품을 매매하는 것도 가능하다. 이러한 인위적 금융상품이 시장 참가자의 신뢰를 잃지 않고 안정적으로 거래될 수 있도록 한다는 것은 결코 간단한 작업이 아니다. 따라서 옵션시장은 세심한 표준화(standardization)와 엄격한 행위기준 및 규정에 의해서만 안정적 운영이 가능하다. 이것이 바로 공감차원의 현상이다. 시장은 주어진 것이 아니라, 만들어지는 것이다.

옵션이란 사전에 약정한 가격(이하 행사가격(exercise price))으로 매입 또는 매도할 수 있는 권리(증서)로서 매입권리인 콜옵션(call option)과 매도권리인 풋옵션(put option)이 있다. 옵션거래에서 옵션 매도자는 옵션 매입자에게 옵션을 제공하고 그 대가로 프리미엄(premium 옵션가격)을 지급 받는다.

콜옵션의 경우 매수자는 만기일에 대상 상품의 현물가격이 행사가격보다 높아야 매입권리를 행사할 유인이 발생한다. 만기일 현물가격보다 낮은 행사가격으로 상품을 구입할 수 있기 때문이다. 만약 만기일의 현물가격이 행사가격보다 낮으면 콜옵션을 포기하고 시장에서 대상 상품을 구입하면 된다. 이때 콜옵션 권리는 포기된다.

풋옵션은 그 반대이다. 매도자에게 만기일에 대상 상품의 현물가격이 행사가격보다 낮으면 풋옵션을 행사할 유인이 발생한다. 만기일에 현물가격보다 높은 행사가격으로 상품을 매도할 수 있기 때문이다. 만약, 만기일의 현물가격이 행사가격보다 높으면 풋옵션을 포기하고 시장에서 현물로 판매하면 된다. 풋옵션 권리는 포기하게 된다.

옵션 거래에서 옵션의 판매자와 구매자의 입장이 구분된다. 옵션의 구매자는 그것이 콜옵션이든 풋옵션이든 옵션을 구매함으로써 미래의 가격변동에서 오는 리스크를 회피하고자 하는 동기에서 옵션을 구매한다. 그러나 옵션의 판매자는 다르다. 미래 가격변동 리스크 헷징의 상품을 제공하고 그 대가로 옵션의 프리미엄(premium)이라는 수익을 추구하는 것이다.

옵션의 프리미엄이 옵션 판매자의 수익을 보장할 수 있도록 설계되기 때문에 일반적으로 옵션 판매자의 충분한 수익을 보장하는 수준에서 결정되는 것이지만, 상품의 종류에 따라서 그리고 시장여건의 변화요인에 따라서 매우 투기적 불확실성에 노출된다고 할 수 있다. 실제로 서브프라임-모기지 금융위기 때, 미국에서 풋옵션을 파는 기금에 참여했던 가족(Robert O'Connor)이 엄청난 금융

재난을 당한 일화가 있다.

따라서 옵션(option) 상품은 오직 그 금융상품을 출시하겠다고 마음 먹은 옵션 판매자가 있을 때만 성립하는 상품이고 시장이다. 미래 시점에 상품을 매입(콜옵션), 매도(풋옵션)하겠다는 기발한 아이디어를 실제적 시장거래로 실현시킨다는 것은 얼마에 콜옵션-풋옵션을 사고 팔겠다는 교환가격만으로 설명될 수 없는 시장 인프라를 구축해야 하는 문제를 수반하고 있다. 그런 옵션시장의 시장인프라는 옵션거래 자체에 대해서 거래 당사자들의 신뢰를 확보할 수 있어서 거래 당사자들의 거래 참가를 유도해낼 수 있을 만큼 분명해야 하는 것이다.

이러한 신뢰의 제도화(institutionalization of trust)가 옵션시장의 전제조건이다.

또한 신뢰의 제도화를 통해서 이러한 시장이 성립하였다고 그 시장의 옵션 거래가 저절로 이루어지는 것도 아니다. 예컨대 A라는 사람이 풋옵션을 팔았다고 하자. 그런데 미래시점에 가격폭락이 있었다. 그러면 A씨는 미래시점의 폭락한 시장가격보다 높은 행사가격에 대상 상품을 울며 겨자먹기로 매입하여야 한다. 아무도 이러한 계약을 이행하고 싶지는 않을 것이다.

그럼에도 불구하고 옵션시장의 관리자는 이 계약의 실행을 이행해내야 하는 의무를 지고 있다. 즉, 특정한 옵션거래는 매 거래마다 옵션 매도자와 매입자 사이에 비즈니스 모델이 교류하는 것이며, 이 각각의 거래가 성립하도록 하는 엄격한 관리자의 의무가 거래의 전제조건이 되는 것이다. 즉, 옵션 거래는 옵션 가격이 얼마이냐의 문제 이전에 옵션 거래를 이행하도록 하는 신뢰, 즉 공감과정을 필요로 하는 것이다. 옵션가격은 이러한 공감과정의 일부분일 뿐이다.

옵션시장은 공감차원의 경험론적 현상인 것이다. 옵션의 판매자, 구매자가 거래의 이행을 확신하는 경우에만 성립되는 시장이다. 따라서 아무 상품이나 옵션시장을 만들어 낼 수 있는 것은 아니다. 그것이 가능한 상품은 금이나 외환, S&P 500 Index, KOSPI 200지수 같이 완전한 표준화가 이루어진 상품의 경우에만 정규적 거래와 옵션 상품화가 가능하고, 전문적 금융투자가(예: investment bank)가 옵션상품을 판매할 수 있다.

시장은 만들어지는 것이며, 언제나 시장을 만들 수 있는 것이 아니고, 조건(예컨대, 표준화의 조건)이 갖추어진 연후에 시장을 만드는 것이 가능한 것이다.

25-3 옵션의 이론가격과 SP(공감과정) 가격

옵션 매수자는 계약시 지급한 옵션가격으로 만기시 이익이면 옵션 권리를 행사하고 만기시 이익이 아니면 옵션 권리를 포기하면 더 이상 부담이 없다. 즉, 옵션가격이 부담의 전부이다. 그러나 옵션 매도자는 옵션 매수자가 권리를 행사할 때 이 권리행사를 받아 주어야 한다. 즉, 행사가격에 상품을 사주거나 팔아주어야 한다. 그것도 손해를 보면서. 따라서 시장의 안정성을 보장하기 위해서 거래소(clearing house 한국거래소)는 일일정산제(mark to market)를 적용한다. 즉, 매일 옵션의 가격변화에 따라서 매도자의 손실(이익이면 적용 안됨) 규모를 계산하여 증거금이 인상될 경우 추가증거금을 납입하도록(margin call) 해야 한다.

이것이 공감차원의 현상이다.

> 거래소는 안정적 시장관리를 위해서 옵션투자와 주식투자의 기대수익이 같다는 전제하에 이론가격을 작성해 발표하고 있다. 왜냐하면 옵션가격이 지나치게 이론가격 수준에서 벗어나는 경우 시장의 안정성이 위협을 받을 수 있기 때문이다. 이때 사용되는 이론가격 산정방정식으로는 블랙－숄즈 모형(Black－Scholes model)이나 이항모형(binomial model)이 있다. 우리나라의 코스피 200 옵션 및 주식옵션은 이항모형으로 이론가격을 산정하고 있다(한은, *한국의 금융시장(2016)*, 319쪽).

한국거래소에서 이론가격을 발표하는 이유는 무엇일까? 이유는 간단하다. 시장의 가격이 이론가격과 같지 않기 때문이다. 시장가격과 이론가격의 차이가 지나치게 벌어지면, 시장의 안정성이 위협을 받을 수 있기 때문이다. 이론가격은 무엇인가? 옵션투자와 주식투자의 기대수익이 같다는 전제 하에서 계산된 것이다. 옵션투자시장과 주식투자시장은 서로 다른 시장이다. 시장의 구성요소가 다르다. 그런데 두 시장이 같다고 하는 것은 재정거래(arbitrage)를 전제로 한 발상이다.

과연 두 시장 간에 완전한 재정거래가 일어날 것인가? 이것은 가치－비용 합리성 접근방법에 의한 합리적 의사결정이론(RAM)에 의하면 긍정적인 답이 나온다. 두 시장의 수익률이 다르다면 수익률이 낮은 쪽에서 높은 쪽으로 투자가 이동하지 않을 이유가 없다고 보기 때문이다. 그러나 과연 현실적으로 그러할까

하는 것은 별개의 문제이다(Shleifer and Vishny, 1997).

실제로 옵션시장에서 가격이 결정되는 과정을 보면 그것은 시장청산시스템 $D(p) = S(p)$에 따르는 것이 아니다. 시장청산시스템은 경제학자의 상상일 뿐이며, 실제로는 타토노망(ask-bid) 방식에 따르고 있다. 이것은 옵션을 사는 사람과 파는 사람 개개인이 각각의 사업심과 (비즈니스) 사업모델을 가지고 매매를 체결하는 것이지 가격으로 결정되는 수요스케줄과 공급스케줄을 일치시켜서 매매하는 것이 아니다. 즉, $D(p) = S(p)$이 아니라, 개별 옵션구매자 판매자 간에 공감과정에서 즉, 타토노망(ask-bid) 방식에 의해서 결정되는 것이란 말이다.

합산적(in aggregate)으로가 아니라, 개별적(by individual units)으로 결정되는 것이다. 그것도 가격에 의해서가 아니라 쌍방의 사업모델로 표현되는 공감과정에 의해서. 가격은 공감과정의 일부분이라고 했다.

가격은 오직 SP(공감과정)가격만 존재할 뿐이며, 시장청산가격은 존재하지 않는다는 말이다. (SP)가격은 공감과정의 일부분 일 뿐이다. 만약 양쪽의 가격이 일치하였지만 다른 공감과정이, 예컨대 거래소의 신뢰 등에서 의구심이 있다면 거래는 이루어지지 않는다. 이것은 2장 4절에서 말하는 망설임(wavering)으로 인해서 거래가 실패하는 경우가 된다. 또한 이것은 애컬로프의 레몬시장에서 이미 소개된 현상이다(Akerlof, 1970).

즉, 블랙-숄즈 모형이든 이항모형이든 그것이 옵션투자와 주식투자의 기대수익률이 재정거래 때문에 같다는 가정에서 출발하는 한 현실을 설명할 수 없는 이론이라는 말이 된다. 금융시장의 전문가들은 재정거래라는 이론적 가설의 존재에도 불구하고 현실의 금융시장에서 옵션의 (SP)가격결정이 불안정하게 이루어질 수 있다는 점을 인지하고 있기 때문에 이론가격을 발표한다고 볼 수 있다. 현실의 옵션가격(SP가격)이 지나치게 이론가격에서 벗어나서 시장을 불안정하게 만들지 않도록 하는 제도 장치의 방편으로 하기 위해서 말이다. 즉, 재정거래의 이론가격이 발표되는 이유는 공감과정의 일부분인 가격의 범위를 명백하게 해서 공감이 잘 이루어지도록 하고자 하는 데 있다.

25-4 우리나라 주가지수옵션시장

상품거래의 옵션이 존재하는 미국과 달리 우리나라에는 주가지수옵션만이 존재하고 있다. 옵션시장을 만든다는 것이 그만큼 많은 조건을 요하는 어려운 작업이라는 것(공감 현상)을 말한다. 이것이 공감차원의 현상이다. 시장은 저절로 만들어지는 것이 아니다. 옵션 매수자는 투자위험이 프리미엄에 국한되지만, 옵션 매도자는 큰 위험에 노출된다. 금융전문가라 하더라도 옵션매도의 위험내용이 분명히 밝혀지지 않는 상황에서 옵션매도를 하는 것은 불가능하다.

　무엇보다 옵션금융상품을 출시함에 있어서 기초상품에 대한 완벽한 표준화가 이루어지지 않으면 안된다. 그래야 옵션매도의 위험내용을 가능한 범위에서나마 예측할 수 있다. 이것이 가능한 것이 주가지수 옵션시장이다. 코스피200지수와 같이 거래대상 상품이 이미 표준화되어 있으면 옵션매도의 위험을 예측할 수 있고 따라서 옵션상품의 출시가 가능해진다. 이러한 시장의 디자인이 공감차원의 현상이다. 이 시장 디자인이 부실하게 되면 옵션매도자가 나서지 않게 되고 애컬로프의 레몬시장 같이 상품출시가 되지 않는다.

　　코스피200옵션시장은 총 11개 결제월물[98]을 대상으로 옵션상품이 만들어진다. 각 결제월물의 최종거래일은 만기월 두번째 목요일이고 최종거래일의 다음날 새로운 결제월물이 상장된다.

　　거래개시일의 최초 행사가격은 3, 6, 9, 12월물을 제외한 기타월물의 경우 전일 코스피200 종가에 가장 가까운 2.5포인트의 정수배 수치인 등가격 (예: 전일 코스피200 종가가 249.0일 경우 2.5의 배수 중 가장 가까운 수치가 250.0이므로 등가격은 250.0이 된다)과 이를 기준으로 2.5포인트 단위로 구해지는 내가격(콜옵션(풋옵션)의 권리행사가격이 기초자산가격보다 낮아(높아) 옵션매수자가 권리행사를 할 경우 이익이 발생하는 행사가격을 말한다) 12개, 외가격(내가격과 반대로 옵션매수자가 권리행사를 할 경우 손실이 발생하는 행사가격을 말한다) 12개 등 총 25개로 구성된다. 반면, 3월물 및 9월물은 5포인트 단위로 총 13개, 6월물 및 12월물은 10포인트 단위로 총 7개의 행사가격이 설정된다.

　　거래개시일 다음 날부터는 전일 코스피200 종가의 변동으로 등가격이 변동되면 최종거래일이 먼저 도래하는 6개 결제월물의 경우 내가격(또는 외가

---

98) 현 시점에 근접한 연말월(12월) 3개, 반기월(6월) 2개, 분기월(3월, 9월) 2개, 기타월(1월, 2월, 4월, 5월, 7월, 10월, 11월) 4개로 구성된다. 예컨대 2016년 10월 1일의 경우 2016년 10월물, 11월물, 2017년 1월물, 2월물(이상 기타월 4개), 2016년 12월물(연말월 1개), 2017년 3월물(분기월 1개), 6월물(반기월 1개), 9월물(분기월 1개), 12월물(연말월 1개), 2018년 6월물(반기월 1개), 12월물(연말월 1개)로 총 11개 결재월물이 된다.

격)이 12개가 될 때까지 2.5포인트 단위로 추가 설정되어 행사가격이 25개를 초과하게 된다.

코스피200옵션의 거래단위는 1계약이며 1계약의 거래금액은 포인트로 표시되는 옵션가격의 거래승수인 50만원을 곱하여 구해진다. 호가단위는 프리미엄이 10포인트 미만일 경우에는 0.01포인트이며, 그 외에는 0.05포인트이다. 그 밖의 매매거래시간, 거래체결방식 등은 코스피200선물시장과 동일하다(한은, *한국의 금융시장(2016)*, 319－320쪽).

25-5 옵션시장 결제이행담보장치

옵션이란 그것이 콜옵션(매입)이든 풋옵션(매도)이든, 행사가격으로 매입(매도)할 수 있는 권리(증서)이다. 옵션거래에서 옵션 매도자는 옵션 매입자에게 옵션을 제공하고 그 대가로 프리미엄(옵션가격)을 지급 받는다. 옵션시장 관리자는 전문성과 경험으로 프리미엄의 가격을 결정한다. 이때 프리미엄 가격을 결정하는 산식(formula)을 사용하는 것은 가능하다(option valuation: Bodie, *et al.*, 2013, ch. 16).

프리미엄 가격이 너무 높다면 옵션 매도자에게는 수익성이 높아져서 좋은 일이지만, 옵션의 매력이 그만큼 낮아진다. 프리미엄 가격이 너무 낮으면 옵션 매도자는 수익성이 악화되고 사업 자체가 위험에 직면할 수 있다. 어떤 수준에서 프리미엄 가격 수준을 정하느냐 하는 것은 옵션 시장의 생존(viability)과 관련된 문제이다. 그러나 어느 산식이 그 자체만으로 옵션 시장의 생존을 자동적으로 보장해줄 수는 없다. 산식은 닫힌－결정적 시스템(견해 A, 문제 A)이지만, 만기일 현물가격은 공감차원에 존재하는 열린－비결정적 시스템(견해 B, 문제 B)이기 때문이다.

옵션 매수자가 옵션 권리를 행사할 때, 옵션 매도자는 이 권리행사를 받아주어야 한다고 했다. 옵션 매도자는 손해를 보면서 행사가격(exercise price)에 대상 상품을 사주거나 팔아주어야 한다. 이 옵션 권리행사 실현이 보장되어야 옵션시장의 안정성이 확보되는 것이다. 이를 보장하기 위해서 일일정산제(mark to market)가 적용되고, 옵션 매도자의 손실 규모를 수시로 계산하여 증거금이 인상될 경우 추가증거금 납입을 통지(margin call)해야 한다.

시장이 이러한 결제이행담보장치를 엄격하게 운영해주지 못하면 시장은 작동하지 못하며, 시장의 매매거래는 애컬로프의 거래실종, 거래 망설임에 빠지게 되는 것이다. 이것은 시장의 운영이 조직의 특성을 가진다는 것을 말한다. 시장제도가 시장제도(제도, 인프라, 조직)이라고 표현된 바 있음을 기억하자. 시장은 공감차원의 현상이다.

> 코스피200옵션시장에서는 결제이행을 위한 담보로서 코스피200선물시장과 동일하게 기본예탁금, 위탁증거금제도가 운용되고 있다. 기본예탁금은 파생상품시장에 적용되는 기준이 주가지수옵션시장에 그대로 적용된다.
> 위탁증거금은 옵션매수자의 경우 프리미엄에 한정되는 반면 옵션매도자에게는 주문증거금과 유지증거금이 부과된다. 주문증거금은 신규주문증거금, 옵션가격증거금, 옵션가격변동증거금 및 장중옵션순매수금액으로 구성된다. 신규주문증거금은 계약당 5만원을 하한으로 하여 코스피200의 가격변화 가능성을 고려해 산정한 최대이론가격과 옵션 전일 종가의 차이를 감안하여 산출된다. 옵션가격증거금은 계약당 5만원을 하한으로 하여 코스피200의 가격변화와 변동성 변화를 모두 고려한 최대손실액으로 산출된다. 장중옵션순매수금액은 그날 중 매매거래가 성립된 옵션거래의 각 종목에 대한 매수의 약정금액 합계액에서 매도의 약정금액 합계액을 차감하여 구해지며 다음날 결제에 대한 일시적 충당금의 성격을 지닌다.
> 유지증거금은 위탁증거금이 결제담보기능을 다할 수 있도록 장이 끝난 후 미결제약정을 대상으로 그날의 종가를 적용하여 산출되며 옵션가격변동증거금 및 옵션가격증거금으로 구성된다. 한편 다음날의 예탁금 추산액이 유지증거금을 밑도는 것으로 나타나면 주가지수 선물과 마찬가지로 자금을 익일 12:00시까지 추가로 납입하여야 한다.
> 코스피200옵션시장에서도 투자자를 보호하기 위해 코스피200선물시장과 같이 단계적 가격변동 제한폭 제도를 두고 있다. 또한 현물시장에서 매매거래중단제도(circuit breaker)가 발동되면 코스피200옵션시장 거래도 자동적으로 중단된다. 한편 옵션매수자는 최종거래일 옵션거래가 끝난 다음 30분 이내에 권리행사 신고를 하여야 하나 권리행사로 인하여 0.01포인트 이상의 행사이익이 발생하는 경우에는 신고가 없더라도 자동적으로 권리행사가 실행된다(한은, *한국의 금융시장(2016)*, 321－322쪽).

이상의 코스피200옵션시장 기본구조와 결제이행담보장치는 공감차원의 경험론적 현상이다. 특정 옵션 투자자 개인과 특정 옵션 매도자 개인 간의 옵션거래를 성사시키기 위해서 옵션시장의 시장제도(예컨대, 결제이행담보장치)가 만들어지고 작동하도록 하는 것이다. 이러한 제도장치가 없다면 옵션거래의 양 당사자는 거래사항이 이행될 것이라는 확신을 가질 수 없어서 옵션거래에 임할 수 없을 것이다. 옵션거래는 공감과정을 거쳐서 이루어지는 관계교환 행동인 것이다.

어떤 제도를 통해서 공감과정을 거쳐서 이루어지는 관계교환을 성사시킬 것인가 하는 것은 경험론적 문제이다. 즉, 경험을 통해서 배운다는 말이다. 코스피200옵션시장의 안정적 작동을 위해서 이러한 시장의 기본구조와 결제이행담보장치가 필요하다는 사실을 선진국의 제도에서 배우고 우리나라에서 실행과정의 경험으로부터 배워서 알게 된 것이다. 옵션거래는, 거래 쌍방의 개인들이 옵션거래를 통해서, 그들 각각의 비즈니스 모델이 공감 행동, 즉 관계교환으로 성사될 수 있도록 하는 목적으로 도입된, 결제이행 장치에 의해서 이루어지는 것이다. 이것이 공감과정이다. 옵션가격은 그 공감과정의 일부분이다.

25-6 \ 표준화와 선물시장

선물(futures)도 옵션과 마찬가지로 미래 가격변동에서 발생하는 위험에 대한 헷징(hedging)의 동기로 인위적으로 만들어진 금융상품이다. 선물시장이 선도계약(forward contracts)과 다른 점은 선도계약은 미래시점에 일정수량의 특정 상품을 팔아야 하는 측과 공급받아야 하는 측이 매매의 계약을 하는 것이다. 그러나 선물시장은 특정상품의 확보나 판매에 목적이 있는 것이 아니라 가격변화에 대한 헷징과 투기에 목적이 있다. 선물이란 금융상품, 즉 일정 시점에 사고파는 계약을 금융상품화 하여 금융시장에서 매매하는 것이다.

선물이 금융상품으로 인정받아서 금융시장에서 판매되기 위해서는 마치 금이 시장에서 거래되거나, 주식, 채권, CD, RP, CP, ABS 등이 시장에서 거래되는 것과 같이 선물이 결제이행에 대한 공신력(공감차원 현상)을 갖추어야 한다. 선도계약은 양 당사자에게는 효력이 인정되지만, 그것이 시장에서 공신력을 갖기 위해서는 더 어렵고 복잡한 과정을 거쳐야 한다.

표준화는 선물이 금융상품으로 공신력을 얻기 위해서 반드시 필요한 과정이다. 이 점에서 선물은 옵션과 같은 과정을 거친다고 하겠다. 선물로 출시된 금융상품이 매우 제한적인 것은 공신력을 확보하기 위한 표준화 과정이 쉽지 않기 때문이다.

우선 왜 선물상품이 되기 위해서 표준화가 필요한지 생각해보자. 선물은 상품확보에 목적이 있지 않다는 점은 이미 확인한 바 있다. 가격변동에 대한 헷징이나 투기에 목적이 있다. 즉, 선물상품은 전문적 금융투자의 대상이란 의미이다. 전문적 금융투자를 유인하기 위해서는 상품의 특수성이 일반투자가의 정보능력에서 벗어나는 상품분류에 있어서는 안된다. 그래서는 일반투자가들이 투자를 망설이게(wavering) 된다. 즉, 시장이 실패한다.

따라서 선물은 금, 외환과 같은 특수하지 않은 상품 외에 미국에서는 엄격한 등급의 분류에 의해서 일반적 공급이 가능한 옥수수, 밀, 동 등이 포함되고 S&P500 Index같은 인위적 금융상품이 만들어지게 된다. 우리나라는 코스피200선물, 코스닥150선물, 3년국채선물 등의 선물 금융상품이 있다.

이러한 선물시장의 특수성과 구조는 정확하게 시장이 만들어지는 것이며, 공감차원의 경험론적 현상이라는 것을 확인해주는 것이다. 선물시장은 세심하게 디자인 되고 엄격하게 관리되지 않으면 성립할 수도 없고 작동되지 않는다. (선물)시장은 주어진 것도 아니고 저절로 굴러가는 것은 더욱 아니다.

25-7 선물시장

선물은 미래시점에 매수하는 측(long position)이 있고 매도하는 측(short position)이 있다. 하나의 선물상품에 대하여 양측은 1대1의 대응관계에 있다. 선물가격이 변하게 되면 손해보는 측과 이익보는 측이 정확하게 1대1의 대응관계이다. 제로섬 게임이라는 말이다. 거래소(clearing house)의 입장에서는 거래의 결제이행이 중요하다. 선물의 가격변동으로 이익을 보는 측은 상관없지만, 손해를 보는 측은 거래의 결제이행을 위해서 증거금을 추가 납부해야 한다. 이 점이 선물시장 운영의 핵심적 사항이다.

주가지수선물시장은 기초상품이 실물형태가 아닌 주가지수라는 점에서 결제수단과 결제방식이 일반 선물시장과 다르다. 결제수단은 실물의 양수도가 불가능하므로 거래시 약정한 주가지수와 만기일의 실제 주가지수 간의 차이를 현금으로 결제하게 된다. 그러므로 만기시 실제 주가지수가 거래시 약정한 주가지수를 상회할 경우에는 선물매수자가 이익을 수취하고 반대의 경우에는 선물매도자가 이익을 수취한다(한은, *한국의 금융시장(2016)*, 297쪽).

코스피200선물시장은 결제월인 3, 6, 9, 12월의 두 번째 목요일을 최종거래 일로 하는 총 7개 결제월물을 거래대상(표준화(standardization))으로 한다. 주식시장과 동시에 거래를 개시하고 미결제포지션을 정리할 수 있도록 주식시장 종료 15분 후에 거래가 종료된다. ...
거래는 계약단위로 하는데 최소 거래단위는 1계약이고 1계약의 거래금액 은 선물가격(약정지수)에 거래단위승수 50만원을 곱한 금액이다. 호가가격 단위는 0.05포인트이며, 최소 가격변동금액은 거래단위승수 50만원에 0.05 를 곱한 2.5만원이다(한은, *한국의 금융시장(2016)*, 297 – 298쪽).

25-8 선물시장의 결제이행담보장치

코스피200선물시장의 결제이행담보장치로는 기본예탁금과 위탁증거금 등 이 있다. 기본예탁금은 미결제약정을 보유하고 있지 않은 위탁자(선물 투자가)가 선물거래를 하고자 할 때 요구되는 최소한도의 예탁금을 말하며 위탁자의 신용, 거래경험 등을 감안하여 차등 적용하고 있다. 위탁증거금은 투자자가 선물거래시 납부하는 것으로 주문 제출 전에 납부하는 사전증거 금과 거래종료 후에 납부하는 사후증거금으로 구분된다. 적격투자자는 사후증거금이, 그 외 일반투자자는 사전증거금이 적용되고 있다.
위탁증거금은 신규거래 시 납부하는 주문증거금과 미결제약정을 유지하는 데 필요한 유지증거금으로도 나눌 수 있다. 코스피200선물의 경우 주문증 거금은 주문위탁금액의 9% 이상이고 유지증거금은 거래체결 이후 미결제 포지션의 6% 이상이다. 만약 실제증거금이 유지증거금 수준에 미치지 못 할 경우 선물투자자는 다음날 12:00시까지 주문증거금 수준으로 추가 납부 할 것을 요구(margin call) 받는데, 이를 이행하지 않으면 한국거래소가 미결제약정의 반대매매 또는 대용증권의 처분에 나서게 된다(한은, *한국의 금융시장(2016)*, 298 – 299쪽).

위탁증거금, 유지증거금이 필요한 이유는 선물계약을 할 때, 미래시점의 매매를 계약하는 것이기 때문에 선물계약의 대금을 지급할 필요가 없기 때문이다. 이 선물계약은 약정한 미래시점까지 계약을 가지고 있지 않는 한 그 이전에 다시 반대매매에 들어가는 것이 일반적이다. 따라서 거래소의 입장에서는 선물계약의 대금을 전액 예치하도록 요구할 이유가 없고 다만 거래가 안정적으로 지속될 수 있도록 주문증거금은 주문위탁금액의 9% 이상이고 유지증거금은 거래체결 이후 미결제포지션의 6% 이상을 납부하는 정도면 충분하다. 그러나 이 주문증거금, 유지증거금은 선물가격의 변동에 맞추어 유지되어야 한다. 이것이 선물시장의 결제이행 담보장치이다.

이러한 선물시장의 결제이행 담보장치는 선물시장 운용의 핵심적 제도 장치이다. 이를 위하여 한국거래소는 일일정산방식(mark to market)을 사용하여 매일 선물거래의 결과와 증거금 잔고의 확인을 매 투자자별로 계산하고 그 결과를 투자자에게 통지하게 된다.

선물의 매수자와 매도자는 각각 선물투자의 투기소득을 노리는 비즈니스 모델을 가지고 선물거래에 임하게 된다. 이것이 이들의 사업심 행동이다. 거래는 매수자, 매도자의 사업심이 만나서 이루어지는 것이다. 이것이 공감과정이다. 결제이행제도가 선물거래의 핵심장치이다. 선물거래는 이 결제이행제도의 작동을 통해서 관계교환 거래로 성사되는 것이라 할 수 있다.

선물거래를 성사시키는 것은 공감과정이며, 가격은 공감과정의 일부분이다. 이러한 공감과정이 반복됨에 따라서 얻은 경험으로부터 선물거래의 제도장치들이 만들어지게 된다(Rhee, 2018c, 2018d, 2020).

25-9 선물시장의 현물-선물 일치정리(spot-futures parity theorem)

선물시장에는 현물-선물 일치정리(spot-futures parity theorem)라는 것이 있다. 현재시점($T=0$)에서 현금(S_0)을 빌려서 상품(금)을 사고 금을 미래T 시점까지 가지고 가는 전략(전략 A)과 현재시점($T=0$)에 미래T 시점의 금 선물을 사는(F_0) 전략(전략 B)을 비교해보자는 것이다. T시점에 두 전략의 결과 이익의 크기는 다음과 같이 비교된다.

	T시점
전략 A:	$S_T - S_0(1 + r_f)^T$
전략 B:	$S_T - F_0$

F_0(전략 B의 비용)가 $S_0(1 + r_f)^T$(전략A의 비용)보다 크면 전략A가 유리하고 그 반대면 전략 B가 유리하게 된다. 그런데 선물시장에서 선물을 구입하는 것이나 국채시장에서 돈을 빌리는 것이나 시장이 완전하다면 차이가 없다. 따라서 시장 간의 재정거래(arbitrage) 덕분에 두 전략은 같은 결과를 낳아야 한다. 즉,

$$F_0 = S_0(1+r_f)^T \qquad\qquad (1)$$

라는 결과를 얻게 된다. 이것이 현물-선물 일치정리(spot-futures parity theorem)라는 것이다.

그러면 이 정리는 공감차원에서 성립하게 될까?

이것은 공감차원의 경험론(RXM)이 가치-비용 합리성 차원의 합리적의사결정이론(RAM)과 어떻게 다른지를 극명하게 보여주는 또 다른 사례이다. 결론은 간단하다. 재정거래(arbitrage)는 바로 공감차원의 현상을 가리키는 말이라는 것이다. 재정거래가 되도록 하는 제도장치 및 금융시장인프라(FMI)가 갖춰지면 이 정리는 성립하게 된다. 이 정리를 성립하게 하는 것은 FMI인 것이다. 즉, 공감차원의 경험론적 현상인 것이다. 그 기반 위에서 이 정리가 성립할 뿐이다(Shleifer and Vishny, 1997).

현실적으로 그러한 금융시장인프라를 갖추기 어렵다면 이 정리는 성립하지 않게 된다. 즉, 두 전략 사이에서 부족한 FMI 때문에 거래의 망설임(wavering)이 발생하게 되고 이것은 시장 간 재정거래를 완전한 것으로 만들지 못하게 된다. 즉, 식(1)은 성립하지 않게 되고 현물-선물 일치정리(spot-futures parity theorem)도 성립하지 않게 된다.

그런데도 이 일치정리가 자주 인용되는 이유는 무엇일까?

재정거래는 이상적 공감과정의 한 유형이라고 할 수 있다. 재정거래의 개념

자체가 공감과정이 존재한다는 것을 말해주는 것이다. 비록 이 일치정리가 의도한 바는 아닐지라도, 이 정리는 선물가격이 정해지는 범위를 지정해줌으로써 선물거래가 혼란스럽지 않고 안정적으로 운용되도록 하는 제도장치의 역할을 하는 효과를 준다.

25-10 ∖ 스왑(swap)거래

> 금리스왑(IRS: interest rate swap)은 차입금에 대한 금리변동 위험의 헷지(hedge)나 차입비용의 절감을 위하여 두 차입자가 각자의 채무에 대한 이자지급의무를 상호간에 교환하는 계약으로 일반적으로 변동(고정)금리를 고정(변동)금리로 전환하는 형식을 취한다.(한은, *한국의 금융시장(2016)*, 365쪽)

일종의 복수기간 간의 선도계약의 연장이라고 할 수 있다. 즉, 스왑거래는 거래계약이며 옵션이나 선물에서와 같이 새로운 상품을 출시하는 것이 아니다. 금리스왑에서는 중간에 딜러가 스왑의 성사를 중개해준다. 따라서 스왑이 가격을 공개적으로 찾아내는 과정, 예컨대 타토노망(ask−bid 과정)이 있지 않다. 전적으로 스왑딜러의 역할에 의존한다고 할 수 있다.

이러한 스왑거래는 타토노망에 의존하지 않는 거래 쌍방의 협상에 의존하는 또 다른 공감과정(SP)이라고 할 수 있다.

25-11 ∖ 파생금융상품시장의 제도형식

파생금융상품은 기초금융자산을 기반으로 하고 있지만, 필요에 의해서 인위적으로 만들어진 금융상품이다. 기초자산의 실체가 있는 것이 아니고 순전히 인위적으로 고안된 금융상품이다. 이 인위적 금융상품이 등장하게 된 동기는 미래의 가격변동에서 오는 위험에 대한 헷징(hedging)을 위한 필요성에서 출발하고 있지만, 파생상품의 거래는 실질적으로는 투기적 거래의 특성을 가지게 된다. 옵션이나 선물이라는 금융상품은 그 자체가 기발한 발상일 뿐만 아니라, 이들 파생금융상품의 거래가 이루어지는 시장은 그 자체가 '시장은 만들어지는 것'

이라는 사실을 확인해주고 있다고 할 수 있다.

옵션시장이나 선물시장이 만들어지기 위해서는 두 가지 단계를 거쳐야 한다. 하나는 옵션, 선물이라는 파생금융상품을 만들어 내기 위해서 기초금융자산에 대한 엄격한 표준화가 전제조건이다. 예컨대, 주가지수를 가지고 지수화 된 표준화를 시도하여 옵션 및 선물 상품을 만들어낸 S&P500 옵션, 코스피200 옵션, S&P500 선물, 코스피200 선물이 그것이다([표 25-1]의 파생금융상품시장의 특수성). 이렇게 기초금융자산의 표준화가 분명하지 않으면 거기에서 파생한 금융상품의 내용을 투자자가 분명하게 파악한다는 것은 불가능한 일이다. 즉, 파생상품은 그것을 만들어내는 과정 자체가 파생상품 공급자와 투자자 양자 간에 인지의 문제, 즉 공감과정의 문제이다.

다른 하나는 이렇게 출시된 상품을 가지고 거래를 안정적으로 영위한다는 일 자체가 엄격한 공감행동의 관리의 문제라는 것이다([표 25-1]의 파생금융상품시장의 경쟁질서). 제12장 6절[정의: 시장]에서 '시장이란 가격을 매개로 해서 관계교환이라는 공감행동이 집중적으로 이루어지도록 하는 시장제도'라고 정의하고 있다. 즉, 파생금융상품 옵션, 선물 거래는 관계교환의 공감행동인 것이다. 시장의 조직운영에서 이 현상이 두드러지게 드러나는 대목이 결제이행담보장치이다.

옵션, 선물 거래가 투기적 거래가 된다고 했다. 투기적 거래가 이루어지는 시장을 안정적으로 관리한다는 것은 시장에서 이루어지는 (관계교환의) 공감행동의 관리에 고도의 전문성을 필요로 한다. 투기적 거래행동으로 손실을 보는 측으로부터 거래의 결제이행을 확보하기 위해서 위탁증거금이 충분한지는 수시로 점검해서(mark to market), 부족분을 익일 12:00시까지 충당하도록 통지(margin call)하는 결제이행담보장치는 파생금융상품의 거래가 조직의 관리를 요구하는 관계교환의 공감행동이라는 점을 확인한다. 공감과정에 의해서 이루어지는 관계교환인 것이다.

가격은 무엇인가? 가격은 공감과정의 한 부분, 그러나 중요한 부분이다. [표 25-1]은 옵션-선물 가격이 팔자-사자(ask-bid)의 타토노망 공감과정 방식에 의해서 결정됨을 정리해 놓고 있다.

	파생금융상품시장의 특수성	파생금융상품시장의 경쟁질서	파생금융상품시장의 가격결정 방식
공감차원에서 본 파생금융상품시장 제도형식의 내용	[옵션] (1) 옵션시장 • 참가자: 거래소, 옵션매도자, 옵션매수자 • 상품: 코스피200옵션 (2) 상품의 표준화: 풋-콜 옵션 (3) 옵션과 선물의 (비즈니스) 사업모델: 풋-콜 옵션; 옵션 매수자-매도자; 옵션의 프리미엄 [선물] (1) 금리선물시장 참가자는 거래소, 파생상품회원 및 고객으로 구성 (2) 선물상품의 표준화: 상품선정 및 상품표준화(S&P500 선물, KOSPI200 선물)	[옵션] (1) 결제월물 결정방식; 표준 행사가격 결정방식; 거래단위 결정방식 (2) 위탁증거금: (옵션매수자) 프리미엄에 한정; (옵션매도자) 주문증거금-유지증거금 부과; (주문증거금) 신규주문증거금, 옵션가격증거금, 옵션가격변동증거금, 장중옵션순매수금액 (3) 결제이행담보장치(옵션매도자): 기본예탁금, 위탁증거금제도(주문증거금, 유지증거금); 유지증거금은 위탁증거금이 결제담보 기능을 다할 수 있도록 장이 끝난 후 미결제약정을 대상으로 그날의 종가를 적용하여 산출되며(mark to market) 옵션가격변동증거금 및 옵션가격증거금으로 구성된다. 다음날의 예탁금 추산액이 유지증거금을 밑도는 것으로 나타나면 자금을 익일 12:00까지 추가 납입하여야 한다(margin call). [선물] (1) 선물은 미래시점의 거래를 현재시점에서 약정하는 것이므로, 미래시점의 거래 확실성을 보장하기 위해서 거래소가 운영하는 결제이행담보장치가 필요 (2) 결제이행담보장치: 기본예탁금, 위탁증거금 (3) (코스피200선물) 주문증거금은 주문위탁금액의 9% 이상; 유지증거금은 거래 체결이후 미결제포지션의 6%(유지증거금률) 이상 (4) 실제증거금이 유지증거금 수준에 미치지 못할 경우(mark to market), 선물투자자는 다음날 12:00까지 주문증거금 수준으로 추가 납부할 것을 요구(margin call)받는데, 이를 이행하지 않으면 한국거래소가 미결제약정의 반대매매 또는 대용증권의 처분을 실시	[옵션-선물] 옵션-선물: 타토노망(ask-bid방식) [스왑] (공감과정으로서의) 스왑딜러의 중개

참고문헌

한국은행『국제금융기구』2018. 디지털 파일.

_____『한국의 금융시장』2016. 디지털 파일.

_____『한국의 지급결제 제도』2014. 12. 디지털 파일.

_____『한국의 금융제도』2011. 디지털 파일.

Akerlof, George A. (1970), "The market for 'lemons': quality uncertainty and the market mechanism," *Quarterly journal of economics*, 84(3): 488−500.

_____ (1982), "Labor contracts as partial gift exchange," *Quarterly journal of economics*, 97(4), 543−69.

_____ (1991), "Procrastination and obedience," *American economics review*, 81(2), 1−19.

_____ (2002), "Behavioral macroeconomics and macroeconomic behavior," *American economic review*, 92(3), 411−433.

Akerlof, George A. and Robert Shiller (2010), *Animal spirits: how human psychology drives the economy, and why it matters for global capitalism*, Princeton University Press.

_____ (2015), *Phishing for phools: the economics of manipulation and deception*, Princeton University Press.

Alchian, A. A. and H. Demsetz (1972), "Production, information costs, and economic organization," *American economic review* LXII (5), 777−795.

Kenneth Arrow (1951), *Social choice and individual values*, John Wiley & Sons.

Arrow, K. J. and G. Debreu (1954), "Existence of an equilibrium for a competitive economy," *Econometrica*, 22, 265−292.

Arrow, K. J. and F. H. Hahn (1971), *General competitive analysis*, San Francisco: Holden Day.

Bentham, Jeremy (1891). *A Fragment on Government*, Oxford at The Clarendon Press. upload.wiki:media.org＞commons＞Jeremy_Bentham.

Berle, A. A. and G. C. Means (1932), *The modern corporation and private property*, Macmillan, New York.

Zvi Bodie, Alex Kane and Alan J. Marcus (2013), *Essentials of Investments*, ninth edition, MaGraw−Hill and Irwin.

Bogen, Jim (2014), "Theory and observation in science," in: Edward N. Zalta (ed), The Standford encyclopedia of philosophy (Summer 2014 edition). https://en.m.wikipedia.org.

James M. Buchanan and Gordon Tullock (1962), *The calculus of consent*, The University of Michigan Press.

Shelly Chaiken and Yaacov Trope (1999), eds. *Dual process theories in social psychology*, New York: Gulford Press.

Chetty, Raj (2015), "Behavioral economics and public policy: a pragmatic perspective," *American economic review* 105(5), 1−33.

Coase, R. (1937), "The nature of the firm," *Economica* (New series), 4(16), 386−405.

_____ (1960), "The problem of social cost," *Journal of law and economics*, 3(1), 1−44.

_____ (2006), "The conduct of economics: the example of Fisher Body and General Motors," *Journal of economics and management strategy*, 15(2), 255−278.

Dore, Ronald (1983), "Goodwill and the spirit of market capitalism," *The British journal of sociology*, 34(4): 459−482.

Fama, Eugene (1965), "The behavior of stock market prices," *Journal of business* 38, 34−105.

_____ (1970), "Efficient capital markets: a review of theory and empirical work," *Journal of finance* 25(2), 383−417.

Gilbert, Daniel T. (2002), "Inferential correction,: in Thomas Gilovich, Dale Griffin, and Daniel Kahneman, eds., *Heuristics and biases: the psychology of intuitive thought*, New York: Cambridge University Press, 167−84.

Desvousges, William H., F.R. Johnson, R. W. Dunford, S. P. Hudson, K. N. Wilson and K. J. Boyle (1992), "Measuring natural resource damage with contingent valuation: tests of validity and reliability,: in Jerry A. Hausman, ed., *Contingent valuation: a critical assessment*, Amsterdam:

North—Holland, 91—164.

Goldberg, Victor P. (1980), "Relational exchange; economics and complex contracts," *American behavioral scientist,* 23(3): 337—352.

Green, D. P. and Shapiro I. (1994), *Pathologies of rational choice theory,* New Haven, CT: Yale Univ. Press.

Grossman S. and O. Hart (1986), "The costs and benefits of ownership: a theory of vertical and lateral integration," *Journal of political economy* 94(4), 691—719.

Hart, Oliver (1990), "Is 'Bounded Rationality' an important element of a theory of institutions?" *Journal of institutional and theoretical economics* 146(4), 696—702.

_____ (1995), *Firms, contracts and financial structure,* Clarendon Press: Oxford.

Hart, O. and J. Moore (1988), "Incomplete contracts and renegotiation," *Econometrica,* 56, 755—786.

_____ (1990), "Property rights and the nature of the firm," *Journal of political economy,* 98(6), 1119—1158.

_____ (1999), "Foundations of incomplete contracts," *Review of economic studies,* 66, 115—138.

Hayek, F. A. (1945), "The use of knowledge in society," *American economic review* 35(4), 519—530.

_____(1973), *Law, legislation and liberty,* Routledge & Kegan Paul. London, Melbourne and Henley.

_____ (1991), *The fatal conceit: the errors of socialism,* University of Chicago Press.

Eli Heckscher (1931), *Mercantilism,* The English translation (1935) by Mendel Shapiro, Revised 2^(nd) edition (1955) by E. F. Soderlund, London: George Allen and Unwin Ltd., New York: The Macmillan Company.

Tory E. Higgins (1996), "Knowledge activation: accessibility, applicability, and salience," in E. Tory Higgins and Arie W. Kruglanski, eds., *Social psychology: handbook of basic principles*, New York: Gilford Press, 133−68.

Thomas Hobbes (1650), Pirated edition of *The elements of law, natural and politic*, repackaged to include two parts: *Human nature*, or *fundamental elements of policie* (part one) and *De corpore politico* (part two).

_____ (1651), *Leviathan*, edited by C.B. Macpherson in 1968, Penguin Books in 1985.

Geoffrey M. Hodgson (1988), *Economics and institutions*, Polity Press.

_____ (2004), "Opportunism is not the only reason why firms exist: why an explanatory emphasis on opportunism may mislead management strategy," *Industrial and corporate change*, 13(2), 401−418.

_____ (2015), *Conceptualizing capitalism: institutions, evolution, future*, The University of Chicago Press.

Holmstrom, B. (1989), "Agency costs and innovation," *Journal of economic behavior and organization*, 12(3), 305−327.

Hsee, Christopher K.(1998), "Less is better: when low−value options are valued more highly than high−value options," *Journal of behavioral decision making*, 11(2), 107−21.

David Hume (1739), *A treatise of human nature*, produced 1992 by Prometheus Books.

_____ (1748), *The enquiries concerning human understanding*, printed 2015 by Amazon.

_____ (1751), *An enquiry concerning the principles of morals*, edited by J. B. Schneewind (1983), Hackett.

Jensen, M. C. and W. H. Meckling (1976), "Theory of the firm: managerial behavior, agency costs and ownership structure," *Journal of financial economics* 3(4), 305−360.

Kahneman, Daniel (2003), "Maps of bounded rationality: psychology for behavioral economics," *American economic review*, 93(5), 1449−1475.

Kahneman, Daniel and Shane Frederick (2002), "Representativeness revisited:

attribute substitution in intuitive judgment," in Thomas Gilovich, Dale Griffin, and Daniel Kahneman, eds., *Heuristics and biases: the psychology of intuitive thought*, New York: Cambridge University Press, 49–81.

Kahneman, Daniel and Amos Tversky (1979), "Prospect theory: an analysis of decision under risk," *Econometrica*, 47(2), 263–91.

Immanuel Kant (1781), *Critique of pure reason*, The Cambridge edition (1999), Cambridge University Press.

—————— (1783), *Prolegomena to any future metaphysics*, Hackett Publishing Company, 2nd edition(2001).

J. M. Keynes (1935), *The general theory of employment, interest, and money*, First Harbinger edition (1964), The Harbinger Book.

Klein, B., R. G. Crawford, and A. A. Alchian (1978), "Vertical integration, appropriable rents, and the competitive contracting process," *Journal of law and economics*, 21(2), 297–326.

Kuhn, Thomas S. (1962), *The structure of scientific revolution*, third edition (1996), The University of Chicago Press.

List, John A.(2002), "Preference reversals of a different kind: the 'more is less' phenomenon," *American economic review*, 92(5), 1636–43.

Macneil, Ian R. (1978), "Contracts: adjustment of long–term economic relations under classical, neoclassical, and relational contract law," *Northwestern university law review*, 72: 854–905.

Maskin, E. and J. Tirole (1999a), "Unforeseen contingencies and incomplete contracts," *Review of economic studies* 66, 83–114.

Milgrom, Paul R.(2000), "Putting auction theory to work: the simultaneous ascending auction," *Journal of political economy*, 108(2), 245–272.

Paul R. Milgrom and Robert J. Weber(1982), "A theory of auction and competitive bidding," *Econometrica*, 50(5), 1089–1122.

Paul R. Milgrom and John Roberts(1992), *Economics, organization and management*, Prentice Hall, Englewood Cliffs, New Jersey.

J. S. Mill (1863), *Utilitarianism*, paper–back edition(1998), Oxford University

Press.

Ludwig von Mises (1998), *Human action*, Mises Institute.

Modigliani, Franco and M. Miller (1958), "The cost of capital, corporation finance, and the theory of investment," *American economic review* 48(3), 261－297.

────────────────────────── (1961), "Dividend policy, growth, and the valuation of shares," *Journal of business* 34(4), 411－433.

Dennis C. Mueller (2003), *Public Choice III*, Cambridge.

Mussweiler, T. Strack, F.(1999), "Hypothesis－consistent testing and semantic priming in the anchoring paradigm: a selective accessibility model," *Journal of experimental social psychology*, 35(2), 136－164.

Muth, John F. (1961), "Rational expectations and the theory of price movements," *Econometrica* 29(3), 315－335.

North, Douglass C., John J. Wallis, Barry R. Weingast (2009), *Violence and social orders: a conceptual framework for interpreting recorded human history*, Cambridge University Press.

Elinor Ostrom (1990), *Governing the Commons: the evolution of institutions for collective action*, Cambridge University Press.

Rhee, Sung Sup (2004), "Judicial review and market institutions," presented at 2004 Southern Economic Association annual meeting at Baltimore and at Public Choice Center, George Mason University.

──────────── (2009), "제도와 사업심," *제도와 경제* (*Review of Institution and Economics*) 3(2), 37－60.

──────────── (2012b), "관계교환 경제학," *제도와 경제* (*Review of Institution and Economics*, 6(2), 123－151.

──────────── (2012d), "Is the rule of law friendly with exchange activities?" *Jaedo wa Kyongjae* (*Review of Institution and Economics*), 6(3), 19－48.

──────────── (2013b), "열린 경제학과 닫힌 경제학(Open system of economics vs. closed system of economics)", *제도와 경제* (*Review of Institution and Economics*), 7(2), 13－43.

_____ (2013c), "어떻게 정책을 분석적 구도에서 설명해낼 것인가?", *제도와 경제* (*Review of Institution and Economics*), 7(3), 209 – 221.

_____ (2014), *Relation exchange economics and market institutions*, unpublished monograph, 1 – 221.

_____ (2016), "Spontaneous order of relation exchange as the integral system of analytics for the study of public administration," *Jaedowakyongjae* (*Review of Institution and Economics*, 10(3), 119 – 149.

_____ (2018a), "The economics of empiricism and relation exchange," *Review of institution and economics* (Jaedo wa Kyongjae) 12(1), 51 – 89.

_____ (2018b), "Empiricist approach to incomplete contract theory," *Jaedo wa Kyongjae* (*Review of institution and economics*) 12(2), 15 – 39.

_____ (2018c), "Sympathy – consent process mapping as the model of bounded rationality," presented at 2018 Annual Conference of The Korea Econometric Society, February 1, 2018, revised version of the paper presented at 2017 WINIR conference in Utrecht, Netherland, September 14 – 17, 2017.

_____ (2018d), "Opportunism fails the price mechanism, not the market," presented at 2018 WINIR Conference in Hong Kong, September 14 – 17, 2018.

_____ (2018e), "공감차원의 비결정성과 사업심," *제도와 경제*, 12(3), 1 – 18.

_____ (2019a), "The Institutional modality of market with an application to financial assets," *Review of institution and economics* (Jaedo wa Kyongjae), 13(1), 31 – 68.

_____ (2019b), "From market clearing to sympathy – consent process: the micro – foundation of macroeconomics," presented at KASIO (Korean Academic Society of Industrial Organization) session of 2019 Allied KEA Conference.

_____ (2020), "Why are we not allowed to use rational agent

models as the instrument to recount the behavior in preference space?" submitted to the KASIO session of 2020 KEA Conference, Seoul, Korea and to be presented at 2020(virtual) Korean Economic Review International Conference. Seoul, Korea(http://editorialexpress.com/conference/KER2020/program/KER2020.html).

Richardson, G. B. (1972), "The organization of industry," *The economics journal*, 82(327): 883−896.

Roth, Alvin E.(1984), "The evolution of the labor market for medical interns and residents: a case study in game theory," *Journal of political economy*, 92(6), 991−1016.

_____(2002), "The economist as engineer: game theory, experimentation, and computation as tools for design economics, *Econometrica*, 70(4), 1341−1378.

_____(2008), "What have we learned from market design?" *Economic journal*, 118(527), 285−310.

Paul A. Samuelson (1947), *Foundations of economic analysis*, Harvard University Press.

Joseph A. Schumpeter (1934), *The theory of economic development*, 12th printing (2006), Transaction Publishers.

Shiller, Robert J. (2000). *Irrational Exuberance*, Princeton University Press.

Simon, Herbert A. (1957), *Models of man, social and rational: mathematical essays on rational human behavior in a social setting*, New York: John Wiley and Sons.

_____ (1996a), *Models of my life*, MIT Edition, Cambridge, MA: MIT Press.

_____ (1999), 'The potlatch between political science and economics,' in *Competition and cooperation: conversations with Nobelists about economics and political science*, ed. J Alt, M Levi, E. Ostrom, New York: Russell Sage Foundation.

Adam Smith (1759), *The theory of moral sentiments*, reprinted edition by D.

D. Raphael and A. L. Macfie Classics (1976), Oxford: Oxford University Press.

_____ (1776), *An inquiry into the nature and causes of the wealth of nations*, edited by Edwin Cannan, The Modern Library (1937), New York: Random House.

Shleifer, Andrei and R. W. Vishny (1997), "The limits of arbitrage," *The journal of finance*, 52(1), 35−55.

Spiegler, Ran (2019), "Behavioral economics and the atheoretical style," *American economic journal* 11(2), 173−194.

Kith E. Stanovich and Richard F. West (2002), "Individual differences in reasoning: implications for the rationality debate?" in Thomas Gilovich, Dale Griffin, and Daniel Kahneman, eds., *Heuristics and biases: the psychology of intuitive thought*, Hew York: Cambridge University Press, 421−40.

Thaler, Richard H. and Cass R. Sunstein (2003), "Libertarian paternalism," *American economic review 93*(2), 175−79.

_____ (2008), *Nudge: improving decisions about health, wealth, and happiness*, New Haven, CT: Yale University Press.

Tversky, Amos and Daniel Kahneman (1973), "Availability: a heuristic for judging frequency and probability," *Cognitive psychology*, 5(2), 207−232.

_____ (1974), "Judgment under uncertainty: heuristics and biases," *Science*, New series, 185(4157), 1124−1131.

_____ (1981), "The framing of decision and the psychology of choice," *Science*, 211(4481), 453−458.

_____ (1983), "Extensional versus intuitive reasoning: the conjunction fallacy in probability judgment," *Psychological review*, 90(4), 293−315.

_____ (1986), "Rational choice and the framing of decisions," *Journal of Business*, 59(4), S251−78.

Telser, Lester G.(1994), "The usefulness of core theory in economics," *Journal of economic perspective*, 8(2), 151−164.

D. A. Walker and Jan Van Daal (2014), *Elements of theoretical economics or the theory of social wealth*, translation of Leon Walras(1900), Cambridge University Press.

Leon Walras (1900), *Elements d'economie politique pure*, fourth edition, 4th edition, translated and edited by D. A. Walker and Jan Van Daal in 2014, Cambridge University Press.

Williamson, Oliver E. (1975), *Markets and hierarchies: analysis and antitrust implications*, New York: Free Press.

_____ (1985), *The economic institutions of capitalism: firms, markets, relational contracting*, New York: Free Press.

_____ (1990), "Chester Barnard and the incipient science of organization," in *Organization theory: from Chester Barnard to the present and beyond*, edited by O. E. Williamson, Oxford University Press, New York.

_____ (2010), "Transaction cost economics: the natural progression," *The American economic review*, 100(3), 673−690.

국문 색인

영문 색인

RWA / 244

저자 약력

이 성 섭

2018.2	"관계교환경제학," *제도와 경제*, 6(2), 123−151로 학술대상(한국제도−경제학회) 수상
2010.2−2011.2	한국경제학회 부회장
2004−2007	한국제도−경제학회 회장
2003−2004	George Mason대 교환교수(senior visiting scholar)
1992.8−1993.1	러시아 모스코 이공대(MIPT) 교환교수(강의)
1986−	숭실대 글로벌통상학과 교수(현 명예교수)
1982−86	KDI 부연구위원
1982	경제학 박사(뉴욕주립대 Buffalo)
1981.9−1982.5	Victoria대(캐나다) 강의교수(visiting lecturer)
1973	서울대 대학원(경제학과) 졸업
1971	서울대 상과대학(상학과) 졸업

시장제도 경제학: 금융시장

초판발행   2020년 7월 30일

지은이   이성섭
펴낸이   안종만·안상준

편 집   배근하
기획/마케팅   정성혁
표지디자인   BEN STORY
제 작   우인도·고철민

펴낸곳   ㈜ **박영사**
             서울특별시 종로구 새문안로3길 36, 1601
             등록 1959. 3. 11. 제300-1959-1호(倫)
전 화   02)733-6771
f a x   02)736-4818
e-mail   pys@pybook.co.kr
homepage   www.pybook.co.kr
ISBN   979-11-303-0890-6   93320

정 가   27,000원